Schriftenreihe

THEOS

Studienreihe Theologische Forschungsergebnisse

Band 156

ISSN 1435-6864 (Print)

Verlag Dr. Kovač

Der agonistische Aspekt der Gabe
Eine theologisch-anthropologische Einordnung

Dissertation zur Erlangung des akademischen Grades eines Doktors der Theologie kirchlichen Rechtes an der Theologischen Hochschule Chur

Vorgelegt von Leo Hug

Betreuer: Prof. Dr. Hanspeter Schmitt (Chur)

Zweitgutachterin: Prof. Dr. Veronika Hoffmann (Freiburg)

Zürich
2020

Leo Hug

Der agonistische Aspekt der Gabe

Eine theologisch-anthropologische Einordnung

Verlag Dr. Kovač

Hamburg
2021

VERLAG DR. KOVAČ GMBH
FACHVERLAG FÜR WISSENSCHAFTLICHE LITERATUR

Leverkusenstr. 13 · 22761 Hamburg · Tel. 040 - 39 88 80-0 · Fax 040 - 39 88 80-55

E-Mail info@verlagdrkovac.de · Internet www.verlagdrkovac.de

Bibliografische Information der Deutschen Nationalbibliothek
Die Deutsche Nationalbibliothek verzeichnet diese Publikation
in der Deutschen Nationalbibliografie;
detaillierte bibliografische Daten sind im Internet
über http://dnb.d-nb.de abrufbar.

ISSN: 1435-6864 (Print)
ISBN: 978-3-339-12246-9
eISBN: 978-3-339-12247-6

Zugl.: Dissertation, Theologische Hochschule Chur, 2020

© VERLAG DR. KOVAČ GmbH, Hamburg 2021

Printed in Germany
Alle Rechte vorbehalten. Nachdruck, fotomechanische Wiedergabe, Aufnahme in Online-Dienste und Internet sowie Vervielfältigung auf Datenträgern wie CD-ROM etc. nur nach schriftlicher Zustimmung des Verlages.

Gedruckt auf holz-, chlor- und säurefreiem, alterungsbeständigem Papier. Archivbeständig nach ANSI 3948 und ISO 9706.

Vorwort

Warum ist Gemeinschaft möglich oder wie können Beziehungen gestiftet und erhalten werden? Ausgangspunkt dieser Arbeit ist eine bald 30–jährige Faszination für Pierre Bourdieu, über den ich auf das Gabenparadigma von Marcel Mauss stiess. Sein Essay «Die Gabe» thematisiert den öffentlichen Überbietungstausch von Gaben zwischen Häuptlingen, der diese zu Verbündeten macht, ohne dadurch den Überbietungsvorgang aufzuheben. Mauss ortete in seinem Gabenparadigma auch ethisches Potenzial.

Neben dem öffentlichen Überbietungstausch gibt es zweifellos auch Gaben, die sich verborgen im privaten Raum liebenden Miteinanders ereignen. Der Fokus der vorliegenden Arbeit liegt jedoch bei jenen Gaben, die die öffentliche Arena konstituieren, wo um die Zukunft einer Gemeinschaft um ihrer selbst willen gerungen wird und gerade durch dieses öffentliche Ringen um Meinungen der Zusammenbruch von Gemeinschaft vermieden wird.

Im Verlaufe dieser Arbeit hat sich meine Beschäftigung mit dem Mauss'schen Essay von ökonomischen Fragestellungen zu anthropologischen Fragen hin verschoben. Systematisch wurde diese Reflexion erst durch wiederholtes Drängen von Prof. Dr. Hanspeter Schmitt, mich nicht durch angrenzende Themen ablenken zu lassen. Als wir die vorliegende Arbeit auf die Agonie der Gabe einschränkten, traten Begriffe wie Macht und Gewalt in den Vordergrund. Im Verlauf meiner Untersuchung bin ich zum Schluss gekommen, dass die von Mauss vorgestellte agonistische Gabe als Paradigma für das Entstehen von Macht zu verstehen ist. Allerdings verhandelt dieses Mauss'sche Paradigma Machtfragen noch in der Sprache der Ehre, einer Sichtweise, die sich an der Einhaltung geltender Normen und Verhaltensregeln orientiert. In der Moderne gilt wohl eher die Meinung der Historikerin Ute Frevert, dass sich Ehre heute nicht mehr von der Gesellschaft und dem Einhalten ihrer Regeln ableitet, sondern direkt vom Individuum beansprucht wird.[1] Folglich sehe ich auch das Mauss'sche Paradigma in einem personalen Kontext, in dem Respekt, Achtung und Anerkennung im Zentrum stehen. Ich werde dies im fünften und sechsten Kapitel in Form einer transzendentaltheologischen Interpretation der agonistischen Gabe und deren Umsetzung in Form einiger ethischer Leitlinien darlegen.

Die anthropologische Basis dieser Arbeit ist eine Sicht auf den Menschen als freies Geschöpf, das seine Freiheit auch in das politisch-gesellschaftliche Feld einbringt. Voraussetzung für ein Handeln in diesem Feld ist gemäss Marcel

---

[1] Vgl. U. Frevert, Die Politik der Demütigung 220.

Hénaff die Anerkennung des Anderen. Hannah Arendt spricht in diesem Zusammenhang von der Achtung der Person und meint Liebe in respektvoller Distanz, die dem Anderen das Einbringen seines eigenen Standpunktes erlaubt. Karl Rahner spricht ebenfalls von Liebe, gelegentlich auch von Nächstenliebe oder Brüderlichkeit, und meint damit das Einbringenlassen der jeweiligen individuellen Freiheitsgeschichte.

Die vorliegende Arbeit wurde Ende 2019 an der Theologischen Hochschule Chur als Dissertation eingereicht und für die Publikation durch kleine Änderungen ergänzt. Sie versteht sich als Beitrag zur Gabentheologie, eine Diskussion, die vor zweieinhalb Jahrzehnten einsetzte. Bei den daran beteiligten Theologen und den für diese Diskussion wichtigen Philosophen steht der agonistische Aspekt nicht im Vordergrund oder wird sogar explizit ausgeschlossen. Meine Dissertation soll diese Diskussion mit dem Aspekt der agonistischen Gabe ergänzen. Das führt zu einer möglicherweise ungewohnt erscheinenden Mauss-Rezeption. Auch das Bild, das ich mit demselben Fokus von Bourdieu skizziere, weicht von der Bourdieu-Rezeption der Gabentheologen ab. Der Schlüssel zu meiner Arbeit ist Rahners Referat «Theologie der Macht»: Auf diesen Beitrag wird zwar in diversen Lexikon-Artikeln verwiesen, aber eine breitere Fachdiskussion scheint er nie ausgelöst zu haben. Insgesamt resultiert ein Blickwinkel auf den Gabentausch, der innerhalb der theologischen Disziplinen am ehesten als politische Theologie bezeichnet werden kann.

An dieser Stelle bedanke ich mich bei all jenen, die mich beim Schreiben dieser Arbeit unterstützt haben. Allen voran danke ich Lore Kelly, meinem grössten Geschenk. Dank ihr verwirkliche ich meine Ideen mit Lust und Freude. Mein Dank geht auch meine frühere Arbeitskollegin Elsbeth Moser. Ihre sorgfältige Hilfe ging weit über das ursprünglich angebotene Korrekturlesen hinaus. Ich danke auch dem Wirtschaftshistoriker und Autor Wolfgang Hafner, den ich seit mehreren Jahrzehnten als gescheiten und inspirierenden Gesprächspartner schätze. Schliesslich danke ich Prof. Dr. Hanspeter Schmitt, der vor sechs Jahren die grosse Offenheit hatte, mich unter seine Studenten aufzunehmen, obwohl er mich damals noch nicht kannte, mein Lizenziat fast drei Jahrzehnte zurücklag und ich seitdem branchenfremden beruflichen Tätigkeiten nachgegangen bin.

Zürich, im Oktober 2020 *Leo Hug*

INHALT

Vorwort	5
Einleitung	17
Hinführung zum Thema	17
Warum eine Untersuchung des Gabentausches mit dem Fokus auf die Agonie?	20
Abwehr derer, die das kritisieren oder gar nicht sehen	22
Absicht meiner Dissertationsarbeit	24
Aufbau der vorliegenden Untersuchung	25
Kapitel 1: Zugang zum Thema agonistische Gabe	25
Kapitel 2: Die agonistische Gabe bei Mauss, Bourdieu und Caillé .	25
Kapitel 3: Pragmatische Anthropologie – Zwei Habitusformen der Agonie	26
Kapitel 4: Drei Sphären der Gabe	27
Kapitel 5: Transzendentalpragmatik – Macht und Freiheit bedingen sich	28
Kapitel 6: Handeln in der Sphäre der Macht	29
Erstes Kapitel: Annäherung an die Themen Agonie und Gabe / Gang durch die aktuelle theologische Diskussion	31
1. Agonistisches Schenken: Historisch-wissenschaftliche Elemente	31
1.1. Ursprünge des Begriffs „Agonie" und seine wissenschaftliche Adaption	31
1.1.1. Ein Kunstbegriff des 19. Jahrhunderts	31
1.1.2. Moderne politische Theorien	33
1.1.2.1. Hannah Arendt: Agonistischer, öffentlicher Raum und Privatbereich	33
1.1.2.2. Chantal Mouffe: Demokratie unter legitimen Konkurrenten	34
1.1.3. Konfliktforschung	35
1.2. Ambivalentes Verständnis der Gabe in Geschichte und Gegenwart	37
1.2.1. Etymologische Überlegungen zum Wort „Gabe"	37
1.2.2 Zwiespältige „Gabe"	39
1.2.2.1. Die „prächtige Gabe"	40
1.2.2.2. Karitatives Engagement in der Neuzeit	40
1.2.3. Abgrenzungen von Gabe und Ökonomie	43

1.2.4.	Soziologische Systematisierungen der Gabe	45
1.2.4.1.	Aafke E. Komter: Solidaritätsmodelle	45
1.2.4.2.	Jacques T. Godbout: Abhängigkeiten schaffen	46
1.2.5.	Unterschiedliche Gaben mit je eigenem Rechtfertigungssystem	48
1.3.	Zusammenfassung	50
2.	Die Agonie in der aktuellen theologischen Rezeption	50
2.1.	Einführung: Philosophische Vorlagen für die theologische Diskussion	51
2.1.1.	Lucius Anneus Seneca: Die Wohltat als reine Gunst	51
2.1.2.	Jacques Derrida: Die Gabe der Ökonomie entreissen	54
2.1.3.	Bernhard Waldenfels: Geben durchbricht die Tauschordnung	55
2.1.4.	Emmanuel Levinas: Die Gabe der Alterität	56
2.1.5.	Jean-Luc Marion: Reduktion der Gabe auf „Gegebenheit"	58
2.2.	Theologien der Gabe	60
2.2.1.	John Milbank: Den Gabentausch reinigen	61
2.2.2.	Magdalene L. Frettlöh: Asymmetrisches Verhältnis	63
2.2.2.1.	Paulinische Theologie der Kollekte	64
2.2.3.	Bo Kristian Holm: Gabe als klärendes Modell für das Luther-Verständnis	66
2.2.4.	Ingolf U. Dalferth: „Mere passive"	69
2.2.5.	Risto Saarinen: Die Struktur des Wortes „geben"	71
2.2.5.1.	(Nicht-) reziproke Lutherinterpretation	73
2.2.6.	Oswald Bayer: Eine Ethik der Gabe für die alte Welt	75
2.2.7.	Veronika Hoffmann: Reziprozität durch Doppelbesetzung	77
2.2.8.	Kathryn Tanner: Gesellschaftsmodell nach innertrinitarischen Prinzipien	80
2.2.9.	Theodor Ahrens: Gabe verbirgt sich in der ökonomischen Reziprozität	83
2.2.9.1.	Die fehlgegangene Gabe	84
2.2.10.	Martin M. Lintner: Nicht-ökonomische Gabe und Ethik der Alterität	86
2.2.11.	Ralf Miggelbrink: Fülle statt Mangelfixierung	89

2.2.12. Jürgen Werbick: Transzendentale Aufhebung der
 Agonie 93
2.2.13. Rückblick auf die theologische Gabentauschdiskussion
 und Ausblick 95

ZWEITES KAPITEL: DIE AGONISTISCHE GABE IN DEN SOZIALWISSENSCHAFTEN 99
1. «Die Gabe» von Marcel Mauss 99
 1.1. Skizze von «Die Gabe» 99
 1.2. Eingrenzung des Themas 101
 1.3. Die nicht-agonistische Gabe 103
  1.3.1. Exkurs: Relecture der nicht-agonistischen Gabe nach
   50 Jahren 105
 1.4. Agonistische Formen der Gabe 106
  1.4.1. Der Kula-Tausch auf den Trobiandinseln 107
  1.4.2. Der indianische Potlatsch 109
   1.4.2.1. Die ruinöse Verausgabung 110
 1.5. Agonistische Gabe und Krieg 111
 1.6. Fazit: Eigenschaften agonistischer Gaben 113
2. Pierre Bourdieu 114
 2.1. Der Gabentausch von Mauss im Spiegel von Bourdieus
  Terminologie 115
  2.1.1. Der Habitus des Ehrgefühls 115
  2.1.2. Auf utilitaristische Ökonomie reduzierbare
   symbolische Realitäten 118
 2.2. Gabe als Paradigma einer generellen Ökonomie der
  Praxisformen 119
  2.2.1. Abgrenzung vom Ökonomismus 119
  2.2.2. Ökonomie der symbolischen Güter 120
   2.2.2.1. Die Möglichkeit nicht-utilitaristischen Handelns 121
  2.2.3. Verkennung und Legitimation als Effekt des
   symbolischen Kapitals 123
   2.2.3.1. Kampf zwischen den Feldern um die
    Interpretationshoheit 125
   2.2.3.2 Verkannte Agonie als Habitus praxeologischer
    Erkenntnis 126
 2.3. Grenzbereich agonistischer Anerkennung 127
 2.4. Fazit zu Bourdieus Integration der Gabe in seine
  soziologische Theorie 128

3. Alain Caillé 130
  3.1. Agonistische Gabe als Äquivalent zum Krieg 131
  3.2. Motivation zur agonistischen Gabe 132
  3.3. Das Risiko in der agonistischen Handlungstheorie 133
    3.3.1. Caillés Angst vor Missverständnissen 137
  3.4. Agonistische Gabe in der Gegenwart 138
    3.4.1. Gabe in Primärgesellschaften 138
    3.4.2. Gabe in Sekundärgesellschaften 139
    3.4.3. Gabe in der globalisierten Gesellschaft 140
  3.5. Moderne Anwendungsbereiche der agonistischen Gabe 140
    3.5.1. Agonistische Gabe und Demokratie 140
    3.5.2. Agonistische Gabe und Karitas 141
    3.5.3. Agonistische Friedensarbeit in der globalen Gesellschaft 142
  3.6. Kritische Bemerkungen zu Caillés soziologischer Theorie 143
4. Rückblick auf die agonistische Gabe bei Mauss, Bourdieu und Caillé 145

DRITTES KAPITEL: AGONISTISCHE GABE AUS ANTHROPOLOGISCHER SICHT **149**

1. Agonie als soziale Grunderfahrung 149
  1.1. Bourdieus Sicht auf das Subjekt (erste Annäherung) 150
  1.2. Agonie als Voraussetzung für die Konstruktion von Sinn 152
    1.2.1. Adaption des Feldes befähigt zu Strategien 152
    1.2.2. Gabe als Paradigma für eine habituelle Strategie 152
  1.3. Die Zeiterfahrung in der allgemeinen Logik der Praxis 154
    1.3.1. In Spielstrategien zu investieren schafft sinnvolle Zeit 155
    1.3.2. Zeitstrategien dienen der Machtausübung 157
      1.3.2.1. Wertvolle und weniger wertvolle Zeit 157
      1.3.2.2. Sinnlose Zeit 158
  1.4. Freiheitsgefühl als Resultat von Reflexion 159
    1.4.1. Der Sinn im Spannungsfeld von „illusio" und „doxa" 160
    1.4.2. Soziologie des eigenen Standpunktes im sozialen Raum 161
    1.4.3. Befreiende Wirkung der Reflexion 163
  1.5. Der Akteur als austauschbares Ich 163
  1.6. Zwischenergebnis 166
2. Perspektivenwechsel: Die Demütigung als soziale Grunderfahrung 167

2.1.	Demütigung und Macht	168
2.2.	Richard Rorty: Demütigung als Erfahrung von Grausamkeit	170
2.2.1.	Einleitende Bemerkung zu Richard Rorty	170
2.2.2.	Formen der Demütigung	171
2.2.2.1.	Intellektuelle Formen der Demütigung	172
2.2.2.2.	Demütigungen auf sozialer Ebene	175
2.2.3.	Fazit	177
2.3.	Zwischenergebnis und weiteres Vorgehen	179
2.3.1.	Unklare Abgrenzung von symbolischer Gewalt, Terror und Sadismus	179
2.3.2.	Problematik des Gabenparadigmas als Positionierungskampf	179
2.3.3.	Ausblick zum Kapitel über die Sphären der Gabe	181

VIERTES KAPITEL: DIE GABE IN UNTERSCHIEDLICHEN SPHÄREN **183**

1.	Einleitung zu Marcel Hénaff	183
2.	Keine Güter ohne Preis?	183
2.1.	Michael Walzers These über nicht verhandelbare Güter	184
2.2.	Hénaffs Kritik an Walzer	186
3.	Drei Sphären der Gabe	187
3.1.	Die Gabe, die keinen Preis hat: Die zeremonielle Gabe	187
3.1.1.	Die zeremonielle Gabe ist agonistisch	188
3.1.2.	Zeremonielle Gabe bleibt ein prekärer politischer Pakt	190
3.1.3.	Die zeremonielle Gabe heute	191
3.1.4.	Fazit	193
3.2.	Die Gabe, die ihren Preis hat: Die solidarische Gabe	194
3.2.1.	Der Andere und die Gegenseitigkeit	194
3.2.1.1.	Gegenseitigkeit auf der Zeitachse	195
3.2.2.	Agonie in der alternierenden Asymmetrie	197
3.2.3.	Die Diachronie der Zeit	198
3.2.4.	Der Dritte als Realitätsprinzip	199
3.3.	Die wohltätige Gabe	201
3.4.	Zusammenfassung	204
3.4.1.	Tabellarischer Zusammenzug von Hénaffs drei Sphären der Gabe	205
4.	Schlussfolgerungen und Ausblick	206
4.1.	Kritische Anmerkungen zu Hénaff	206

4.2.	Ausblick zum Kapitel über transzendentale Agonie	208

FÜNFTES KAPITEL: TRANSZENDENTAL VERSTANDENE MACHT **209**

1. Rahners transzendentale Anthropologie 209
   - 1.1. Die transzendentale Methode 209
   - 1.2. Freiheit 210
     - 1.2.1. Werden ist aktive Selbsttranszendenz 210
     - 1.2.2. Der Vorgriff 211
     - 1.2.3. Die geschöpfliche Freiheit 212
     - 1.2.4. Freiheit ist sich selbst gegenüber frei 213
       - 1.2.4.1. Freiheit und Rechtfertigung 214
     - 1.2.5. Freiheit gewinnt sich in der Begegnung mit anderer Freiheit 215
     - 1.2.6. Freiheit verwirklicht sich in der Zeit 215
   - 1.3. Macht 217
     - 1.3.1. Rahners drei Thesen zur Macht 217
       - 1.3.1.1. Macht ist ein Existenzial und eine schöpfungsmässige Anlage 217
       - 1.3.1.2. Macht ist ambivalent 218
       - 1.3.1.3. Macht betrifft das ganze menschliche und gesellschaftliche Dasein 220
     - 1.3.2. Einschränkungen der Macht 221
     - 1.3.3. „Gebrochen positives Verhältnis zur Macht" 224
     - 1.3.4. Reziproke Demütigung als Kriterium der Unterscheidung 225
     - 1.3.5. Personale und agonistische Beziehung zur Macht 226
     - 1.3.6. Macht ist Prinzip der Demokratie 227
       - 1.3.6.1. Macht als Freiheitsverpflichtung im politischen Raum 229
   - 1.4. Schlussfolgerungen und weiteres Vorgehen 230
     - 1.4.1. Liebe und Freiheit sind der Macht übergeordnet 230
     - 1.4.2. Rahner und die agonistische Gabe 231
2. Hannah Arendts agonistischer Machtbegriff 232
   - 2.1. Gewalt ist keine Extremform von Macht 232
   - 2.2. Macht ist wesentlich für das Gemeinwesen 235
   - 2.3. Gewalt ist funktional und nie legitim 237
   - 2.4. Freier Diskurs setzt Macht voraus 238

2.5. Abgrenzung der Macht von der privaten und
gesellschaftlichen Sphäre 239
2.5.1. Handeln aus Güte 243
2.5.2. Handeln aus Mitleid 244
2.6. Schlussfolgerungen und weiteres Vorgehen 245
2.6.1. Unklare Grenzen zwischen den gesellschaftlichen
Sphären 245
2.6.2. Agonistische Rationalität für alle öffentlichen Sphären 246
2.6.3. Vergleich mit Hénaffs Sphären der Gabe 247
2.6.4. Weiteres Vorgehen 248

Sechstes Kapitel: Handeln in der Sphäre der Macht **251**
1. Moraltheologische Systematik 251
   1.1. Präsittliche Gegebenheiten und sittlich relevante Einsichten 252
   1.2. Freiheit wächst mit der Einsicht in die Endlichkeit 253
   1.3. Die Handlungsprämissen müssen kommunizierbar bleiben 254
   1.4. Schlussbemerkungen zu Böckle und Ausblick 255
       1.4.1. Eine agonistische Ethik erfordert eine pluralistische
       Gesellschaft 255
       1.4.2. Eine agonistische Ethik erfordert eine „erweiterte
       Denkungsart" 256
       1.4.3. Eine agonistische Ethik erfordert die Gleichheit aller 258
2. Vergleich der Machtbegriffe und ethische Folgerungen 258
   2.1. „Macht ist durch freie Individuen verantwortet." 259
   2.2. „Macht darf nicht zu Gehorsam zwingen." 261
       2.2.1. Arendt 261
       2.2.2. Rahner 264
       2.2.3 Fazit 264
   2.3. „Gewalt ist nur kurzfristig rechtfertigbar und nur im
   Hinblick auf Freiheit." 265
       2.3.1. Arendt 266
       2.3.2. Rahner 267
       2.3.3. Fazit 267
   2.4. „Gewalt ist öffentlich im politischen Diskurs zu
   rechtfertigen." 267
       2.4.1. Arendt 268
       2.4.2. Rahner 268
       2.4.3. Fazit 269

2.5. „Jeder Mensch soll grundsätzlich Zugang zum Machtraum haben." 269
    2.5.1. Arendt 269
    2.5.2. Rahner 270
    2.5.3 Fazit 270
3. Schlussbemerkung 271

LITERATURVERZEICHNIS.. 273

Editorische Bemerkungen:

Zwischen der vorliegenden Arbeit und einigen der darin behandelten Publikationen liegen mehrere Neuregelungen der deutschen Rechtschreibung. Konkret führt das zu Inkonsistenzen in der Schreibweise von "der andere". Ich übernehme in zitierenden Stellen die jeweilige Schreibweise ohne einen besonderen Hinweis und halte mich selbst an die aktuelle Regelung der 24. Duden-Rechtschreibeausgabe.

Der Name des 1906 in Litauen geborenen und 1930 französischer Staatsbürger gewordene Emmanuel Levinas wird in machen Publikationen als „Lévinas" und in anderen als „Levinas" geschrieben. Ich übernehme die Version „Levinas", und halte mich in Zitaten und Literatur-Angaben kommentarlos an die jeweilige Schreibweise.

Einleitung

Hinführung zum Thema

Marcel Mauss hat 1924 die These[2] aufgestellt, dass ein weltweit einigermassen verpflichtender Zyklus zwischen dem Geben, Annehmen und der Erwiderung von Gaben besteht, der soziale Gruppen über Generationen zusammenhalten und reproduzieren kann. Der von ihm beschriebene Gabentausch zeichnet sich dadurch aus, dass zwischen Gabe und Gegengabe eine gewisse Zeitspanne verstreicht, in der die Reziprozität des Gabentausches verschleiert wird und zugleich Raum für die Geste der Grosszügigkeit entstehen kann.

Mauss unterscheidet grundsätzlich zwei Arten des Gabentausches: den agonistischen und den nicht-agonistischen. In seinem Klassiker «Essai sur le don» beschränkt er sich primär auf die oben skizzierte agonistische Gabe. Bei der agonistischen Gabe herrscht unter den Tauschpartnern Rivalität und Konkurrenz. Entscheidend ist, dass der Beschenkte die vorangehende Gabe mit einer grosszügigeren Gegengabe überbietet.[3] Die nicht-agonistische Gabe hat Mauss nie näher konkretisiert. Das haben die Anthropologen Annette Weiner[4] und Maurice Godelier[5] in den 90er-Jahren nachgeholt und nachgewiesen, dass sich der nicht-agonistische Tausch dadurch auszeichnet, dass die Beteiligten sich gegenseitig ergänzen.

Semantisch scheint das Begriffspaar "agonistisch" und "Gabe" schlecht zusammenzupassen: Ein geschenkter Sieg ist für den Wettkämpfer kein echter Sieg. Eine erkämpfte Gabe wirkt ebenfalls in sich widersprüchlich. Und doch nimmt

---

[2] M. Mauss, Die Gabe. Form und Funktion des Austauschs in archaischen Gesellschaften, Frankfurt a. M. 1990. Die erste Veröffentlichung erfolgte in der Zeitschrift «Année sociologique» im ersten Band des Jahrgangs 1923/24 (30–186) unter dem Titel «Essay sur le don». Eine breitere Leserschaft fand der Aufsatz 1950 im Todesjahr von Mauss. Damals erschien die Aufsatzsammlung «Sociologie et Anthropologie», für die Claude Lévy-Strauss seine «Einleitung in das Werk von Mauss» verfasste. Diese Aufsatzsammlung ist 2010 auch auf Deutsch erschienen. Die vorliegende Arbeit hält sich an die deutsche Übersetzung, die 1990 bei Suhrkamp, Frankfurt a. M. erschienen ist, und bis anhin im grösseren Teil der deutschen Arbeiten über Mauss zitiert wird.
[3] Vgl. M. Mauss, Die Gabe 40f, 51, 56f, 91f, 100.
[4] A. Weiner, Inalienable Possessions.
[5] M. Godelier, L'Énigme du don, Paris, 1996. Deutsch: Ders., Das Rätsel der Gabe.

die erkämpfte, oder wie Marcel Mauss es nennt „agonistische" Gabe eine paradigmatische Stellung bei bedeutenden französischen Sozialwissenschaftlern ein.

Der Gabe-Essay hat seit seinem Erscheinen unterschiedliche Denkströmungen beschäftigt. Seine Interpretationsgeschichte ist vor allem durch die vermeintliche Ähnlichkeit des Gabentausches mit dem Handelsaustausch geprägt.

- Eine frühe „gabenökonomische" Interpretation stammt von Georges Bataille.[6] Er sieht im Essay von Mauss vor allem dessen anti-utilitaristische Tendenzen und postuliert das Prinzip der „unproduktiven Verausgabung", das er dem Nützlichkeitsprinzip entgegenhält.[7] Als Beispiel einer solchen Verausgabung nimmt er den von Mauss beschriebenen Potlatsch, den er als Bedürfnis des Menschen nach Zerstörung und Verlust auslegt. In einer Überhöhung von Mauss beschreibt er die Vernichtung von Kriegsgefangenen auf den aztekischen Pyramiden als agonistischen Akt der unproduktiven Verausgabung, in dem der Ewigkeit begegnet werde. In der Verausgabung und Zerstörung unterbreche der Mensch das Nützlichkeitsdenken durch das Prinzip der Verschwendung und ermögliche dadurch dem Subjekt Souveränität gegenüber ökonomischer Reziprozität.[8] Die Verschwendung führe zu einer Neuverteilung und einem Ausgleich des gesellschaftlichen Reichtums. Eine konsequente Anhäufung von Reichtum, der nicht verschwendet wird, ist gemäss Bataille sogar eine Gefahr für die Gesellschaft.[9] Zu dieser Mauss-Interpretation, die hier nicht kommentiert wird, sei angefügt, dass Bataille Mitglied und Gründer der 1937 gegründeten Gruppe des Collège de Sociologie war. Mauss selbst stand dieser Gruppe kritisch gegenüber und bestritt deren Wissenschaftlichkeit.[10]
- Anders als Bataille tut sich Claude Lévi-Strauss schwer mit dem Thema Agonie. Lévi-Strauss hat in der Exegese von Mauss allein darum schon einen privilegierten Status, weil er 1950 die Einleitung zum klassischen Sammelband der Mauss'schen Schriften «Soziologie und Anthropologie»

---

[6] G. BATAILLE, Die Aufhebung der Ökonomie.
[7] Vgl. G. BATAILLE, Die Aufhebung der Ökonomie 11.
[8] Vgl. J. NEGEL, Überfülle und Erlösung 257.
[9] Vgl. T. J. HOFFMANN, Verschwendung 52.
[10] Vgl. S. MOEBIUS, Die Zauberlehrlinge 492; DERS., Marcel Mauss 39.

schrieb[11]. Dieses Vorwort prägte die Mauss-Interpretationen über eine lange Zeit. In Lévi-Strauss' strukturalistischer Deutung werden die drei Verpflichtungen des Gebens, Annehmens und Erwiderns auf formale Strukturen des Austauschs reduziert. Die Gabe ist bei Lévi-Strauss eine Totalität, die diesen drei Einzelhandlungen zugrunde liegt. Der Gabentausch ist in dieser Sichtweise eine die Tauschakte transzendierende, auf Gegenseitigkeit beruhende unverbrüchliche Struktur, in der auf die Gabe unweigerlich eine Gegengabe folgen muss.

- Der Soziologe Pierre Bourdieu steht in gewisser Nähe zum objektivierenden Strukturalismus von Lévi-Strauss. Er distanzierte sich aber von seinen objektivistischen und subjektlosen Strukturen des Gabentausches und legte den Gabentausch als Struktur und strategische Praxis aus.[12] In der Spannung zwischen objektiven Strukturen und subjektiven Erfahrungen sozialer Akteure[13] entwickelt er eine dynamische Gabentheorie und später eine generelle Sozialtheorie, in der die Agonie eine zentrale Rolle spielt. In der scheinbar kalkülosen Grosszügigkeit des agonistischen Gabentausches sieht Bourdieu ausschliesslich den Wettkampf, mit dem Ziel, soziales Gefälle herzustellen und Macht zu erwerben.
- Auch der Soziologe Alain Caillé geht auf Distanz zur Mauss-Interpretation von Lévi-Strauss. Dieser habe Untersuchungen des Inhalts, der Intentionalität oder die Erscheinungsarten der Gabe ignoriert und alles auf die Tausch-Struktur reduziert.[14] Als Folge davon, dass er im Gabentausch eine „logifizierte Theorie der Reziprozität"[15] zu erkennen glaubt, habe er den agonistischen Aspekt der Gabe völlig ausgeblendet. Demgegenüber bettet Caillé die Gabe in ein umfassenderes anthropologisches Modell ein, das auch den ökonomischen Aspekt als wesentlichen Teil der agonistischen Gabe berücksichtigt.

---

[11] C. LÉVI-STRAUSS, Einleitung in das Werk von Marcel Mauss 7–41.
[12] Vgl. P. Bourdieu, Sozialer Sinn 180–183.
[13] Markus Schwingel fasst in seiner Einführung Bourdieus wissenschaftstheoretischen Ansatz wie folgt zusammen: „Der Ausgangspunkt seiner Soziologie ist ein konstruktivistischer, der den Bruch mit den Primärerfahrungen der ‚Spontansoziologie' vollzieht, diesen Bruch jedoch in einem zweiten Schritt durch die ‚Rehabilitierung' der Primärerfahrung sozialer Akteure relativiert." (Vgl. M. SCHWINGEL: Bourdieu zur Einführung 51).
[14] Vgl. A. CAILLÉ, Anthropologie der Gabe 44.
[15] Vgl. B. LIEBSCH, Umsonst 41.

- Für die Theologie ist Jacques Derrida der wohl wichtigste philosophische Mauss-Interpret. Derrida hat die Gabe als ökonomische Figur thematisiert und als Unmöglichkeit dekonstruiert. Derrida veröffentlichte 1991 mit «La fausse monnaie»[16] eine grundsätzliche Kritik an der Gabe, die sich durch die Pflicht zur Rückgabe selbst annulliert. Er unterscheidet streng zwischen dem ökonomischen Tausch und der Gabe. Letztere dürfe nicht durch einen Tauschprozess entwertet werden, womit auch der die Gegenseitigkeit voraussetzende Aspekt der Agonie nicht zum Gabentausch gehören dürfe.
- Die meisten Theologen, die sich in den letzten mehr als zwei Jahrzehnten mit dem Essay von Mauss auseinandersetzten, machten ihren ersten philosophischen Zwischenhalt bei Derrida, um von dort aus ihren eigenständigen Weg zu ihrer in der Regel nicht-agonistischen Position einzuschlagen.

Warum eine Untersuchung des Gabentausches mit dem Fokus auf die Agonie?

Im Zentrum dieser Arbeit über die Gabe steht nicht die im Kirchenlatein auf dem Todeskampf eingeengte „agōnia", sondern im Sinne des griechischen „ἀγών" der Kampf(platz), der Wettkampf, die Versammlung[17]. Zur Themenwahl hat die verbreitete Zurückhaltung gegenüber dem agonistischen Gabenparadigma in der Theologie mit beigetragen.

Agonistisches Verhalten ist nicht zum Vornherein unchristlich. Immerhin scheute sich auch Paulus nicht, beim Kollektenprojekt in Korinth (vgl. 2 Kor 8–9), das er relativ kurz vor seiner Reise nach Jerusalem in den Jahren 57/58 zu Ende führte, an den Geist des Wettbewerbs zu appellieren: Paulus hatte Mühe, die Gemeinde von Korinth für die Geldsammlung „für die Armen unter den Heiligen Jerusalems" (Röm 15,26) zu motivieren. Um ihre Grosszügigkeit anzufeuern, rühmte er den vorbildlichen Spendeeifer der Gemeinden der Mazedonier (2 Kor 8,1–6).[18] Zudem stachelte er den Ehrgeiz der Korinther mit der Bemerkung an, dass er überall in Mazedonien die Freigebigkeit in der Provinz Achaia,

---

[16] Deutsche Übersetzung: J. DERRIDA, Falschgeld: Zeit geben I.
[17] Etymologisches Wörterbuch des Deutschen 18.
[18] Vgl. E. GRÄSSER, Der zweite Brief an die Korinther 38.

deren Hauptstadt Korinth war, gerühmt habe (2 Kor 8,2–5 9,2).[19] Paulus hat also das agonistische Potenzial zwischen den Gemeinden klar genutzt, die Korinther provoziert und mit dem Hinweis auf den für sie sorgenden Herrn zu Grosszügigkeit beim Liebeswerk ermutigt.

In der modernen Welt ist der Wettbewerbsgedanke fast omnipräsent. Schon die Kinder stehen unter Wettbewerbsdruck. Der institutionalisierte Wettbewerb beginnt in den Schulen, wo das Notensystem sich immer früher von der Bewertung einer Fähigkeit zu einem Ranking unter den Prüfungsteilnehmern wandelt. Nach der Ausbildung orientieren sich Personalabteilungen nicht nur an der Qualifikation in den Schulabschlüssen, sondern berücksichtigen zusätzlich das Ranking der Ausbildungsstätten, an denen die Abschlüsse erfolgten.

Im Berufsleben wird in Mitarbeitergesprächen unerbittlich eine Wettbewerbssituation unter den Mitarbeitenden inszeniert. Nicht nur im Beruf wird selektiert und verglichen. In der Öffentlichkeit richten sich Politiker schneller, als sie zuzugeben bereit sind, auf bessere Umfragewerte aus. Auch in der Privatsphäre wird viel Aufwand für die „feinen Unterschiede"[20] an der sozialen Selektion gearbeitet.

Eine nicht zu unterschätzende Aufmerksamkeit in der modernen Gesellschaft erhält der sportliche Wettbewerb. Laut dem schweizerischen Bundesamt für Sport bekundeten im Jahr 2014 31 Prozent der Schweizer Bevölkerung grosses und 47 Prozent mittleres Interesse am Mediensport.[21] In anderen Ländern ist mit vergleichbaren Werten zu rechnen. Bei so viel Interesse erstaunt es nicht, dass Nationen Volksvermögen verschwenden, um für wenige Wochen Gastland von Weltmeisterschaften oder Olympiaden zu werden.

Konkurrenzverhalten bestimmt selbst die Wohltätigkeit. Spendenaufrufe werden in „medial vermittelten altruistischen Shows" verpackt und wie Wettbewerbe als öffentlicher Wettstreit inszeniert.[22] Immer neue Rekord-Spendesummen sorgen für eine anhaltende Aufmerksamkeit der Medienkon-

---

[19] Vgl. W. KLAIBER, Der zweite Korintherbrief 172.
[20] Vgl. P. BOURDIEU, Die feinen Unterschiede.
[21] Vgl. M. LAMPRECHT u.a., Sport Schweiz 44.
[22] Vgl. T. AHRENS, Vom Charme der Gabe 22.

sumenten. Die grosszügigsten Spender werden beim Namen genannt und einzelne Empfänger der Spenden mit einem persönlichen Statement vorgestellt.[23]

Wettkampf und Selbstdarstellung bis zur Selbstverausgabung sind agonistische Phänomene. Agonie ist omnipräsent im sozialen Miteinander und hat durchaus auch Aspekte, die den gesellschaftlichen Zusammenhalt fördern. Das omnipräsente Ranking kann helfen, in einer komplexen Welt Ordnung und Überblick zu schaffen. In diesem Kontext ist auch die Aufforderung von Jean Starobinski zu verstehen, das Licht nicht unter den Scheffel zu stellen.[24]

Und doch scheint das allgegenwärtige agonistische Sozialverhalten nicht vorbehaltslos in ein christliches Weltbild zu passen. Im christlichen Kontext schwingt im Zusammenhang mit der Gabe immer das Wort aus der Bergpredigt mit, dass bei demjenigen, der Almosen gibt, die linke Hand nicht wissen soll, was die rechte tut (Mt 6,3). Jesus brandmarkt religiöses Prestigeverhalten als heuchlerisch (Mt 6,5; 6,16). Vergleichbare Aussagen findet man im Koran in Sure 2, Verse 262–265.[25] Uneigennützigkeit beim Geben scheint keine rein christliche oder religiöse, sondern auch eine kulturelle Forderung zu sein. Gemäss Caillé beharrt auch der moderne Zeitgeist generell auf der Uneigennützigkeit der Gabe, wobei Gabe durchaus im Sinne christlicher Karitas verstanden werde.[26] Agonistisches Verhalten und insbesondere die agonistischen Gabe wird nicht nur im christlichen Kontext, sondern in der säkularen Gesellschaft als etwas Ambivalentes wahrgenommen.

Abwehr derer, die das kritisieren oder gar nicht sehen

Falls agonistisches Geben kein grundsätzlich verwerfliches Verhalten ist, müsste dieses Verhalten aus christlicher Sicht zumindest als ethisch neutral eingestuft, möglicherweise sogar positiv bewertet werden können. Skeptiker einer positiven Würdigung des agonistischen Gebens braucht man nicht weit zu suchen. Schon Mauss weist darauf hin, dass Geschenke verletzend wirken können:

---

[23] Vgl. M. GODELIER, Das Rätsel der Gabe 24f.
[24] Vgl. J. STAROBINSKI, Gute Gaben, schlimme Gaben 106.
[25] Der Religionswissenschaftler und christliche Theologe Bertram Schmitz zieht in seinem religionshistorischen Kommentar zu Sure 2 die Verbindung zwischen dem Vers 262 und Matthäus 6,2–4 (vgl. B. SCHMITZ, Der Koran 317).
[26] Vgl. A. CAILLÉ, Anthropologie der Gabe 206.

„Milde Gaben verletzen den, der sie empfängt, und alle unsere moralischen Bemühungen zielen darauf ab, die unbewusste schimpfliche Gönnerhaftigkeit des reichen ‚Almosengebers' zu vermeiden."[27]

Beim Almosengeben werden also nicht nur soziale Abhängigkeiten sichtbar. Der Vorgang wirkt auch verletzend. Magdalene L. Frettlöh erwähnt den Fall, dass man aus Angst zum Almosenempfänger zu werden, sich lieber nichts schenken lässt, um die eigene Würde zu erhalten. Das könne soweit führen, dass aus lauter Scham sogar auf Leistungen verzichtet wird, auf die ein rechtlicher Anspruch besteht.[28]

Um Demütigungen zu vermeiden, wird Karitas oft durch Institutionen des Sozialstaates oder einer Grossorganisation organisiert. Beim öffentlich organisierten Spendenwesen scheint der Grundsatz von der Linken, die nicht weiss, was die Rechte tut, besser gewahrt. Der Empfang von Hilfeleistungen von Organisationen mit mehr oder weniger professionellen Mitarbeitern ist weniger und im Idealfall gar nicht verletzend.

Doch selbst bei diesen anonymisierenden Organisationsformen lässt sich die oben zitierte „unbewusste schimpfliche Gönnerhaftigkeit des reichen ‚Almosengebers'" nicht völlig ausblenden: Auch wenn Karitas an grössere und anonymisierende Institutionen delegiert wird, müssen letztlich Spender, Steuerzahler und Politiker zu gönnerhaftem Verhalten motiviert werden. Die Karitas-Organisationen und ihre Exponenten stehen in der Diskussion mit der Öffentlichkeit, die wissen will, welche Werte sie vertreten, wie sie die Prioritäten in ihrer Arbeit rechtfertigen – und vor allem auch, ob sie in der Lage sind, ihr Tun und Lassen so zu kommunizieren, dass ihre Organisationen weiterhin gesellschaftliche oder politische Unterstützung bekommen. Wo es am Willen fehlt, andere von den eigenen Zielen zu überzeugen, versiegen auch staatlich gestützte Finanzierungsquellen. Der Wettkampf um Gelder gehört darum auch zum Kern staatlicher Hilfseinrichtungen oder staatlich mitfinanzierter Karitas-Organisationen. Und da dieser Wettkampf ein öffentlicher Vorgang ist, wird auch für die Hilfeempfänger, oder zumindest für deren Exponenten, die Abhängigkeit von der Grosszügigkeit der Geber sichtbar.

---

[27] Vgl. M. Mauss, Die Gabe 157.
[28] Vgl. M. L. Frettlöh, Der Charme der gerechten Gabe 117.

Absicht meiner Dissertationsarbeit

Meine Vorannahme war, dass Mauss mit seinem Essay eine wirtschaftsethische Grundlage geschaffen hat. Immerhin schreibt Mauss darin, er glaube den „Felsen" und eine „Basis des moralischen Handelns" gefunden zu haben, die allen Gesellschaften gemeinsam ist, den entwickeltsten wie den am wenigsten fortgeschrittenen.[29] Bei näherem Studium verstärkte sich mein Eindruck, dass Mauss mit dem Titel «Die Gabe» verwirrende Spuren gelegt hat. Das hat er auch durchaus selbst gesehen, wenn er fast schon entschuldigend schreibt: „Unsere Ausdrücke ‚Geschenk' und ‚Gabe' sind nicht immer ganz exakt, aber wir haben keine anderen."[30]

Vor bald zweieinhalb Jahrzenten haben Theologen die Spur von Mauss aufgenommen. Allerdings fokussierten sie sich stark auf die Frage, wie das reziproke Gabenmodell für die vertikale Beziehung Gott-Mensch verstanden werden kann. Wie soll das wesentlich ungleiche Verhältnis zwischen Gott und Mensch als Tausch dargestellt werden? In solchen Kontexten muss die agonistische Gabe schnell wie eine Fehlform der Gabe wirken.[31] Die Theologin Veronika Hoffmann erklärt sich die Zurückhaltung der Theologen gegenüber der agonistischen Gabe damit, dass sich die theologische Debatte über die Gabe auf philosophische Forschungen abstütze und nicht auf ethnologische und historisch-sozialwissenschaftliche[32].

Die Absicht meiner These bleibt jedoch die im Vorwort erwähnte: Ausgehend von sozialwissenschaftlichen Erkenntnissen soll die theologische und philosophische Gabendiskussion durch eine theologisch-anthropologische Reflexion des in der Gabentheologie der letzten Jahre vernachlässigten agonistischen Aspekts ergänzt werden. Die von Mauss beschriebene Agonie ereignet sich im Rahmen eines Ehrenhandels unter Stammesführern. Anstelle der Adelsethik gilt in der modernen Gesellschaft die Gleichheit vor dem Gesetz. Theologische Relevanz kann die Agonie folglich erst durch die Einbettung in diesen Kontext bekommen.

---

[29] Vgl. M. Mauss, Die Gabe 163.
[30] Vgl. M. Mauss, Die Gabe 167.
[31] Vgl. V. Hoffmann, Skizzen 108.
[32] Vgl. V. Hoffmann, Skizzen 188.

Aufbau der vorliegenden Untersuchung

Kapitel 1: Zugang zum Thema agonistische Gabe

Einleitend zum ersten Kapitel skizziere ich kurz das Feld von Agonie und Gabe. Diese erste Annäherung an das Thema besteht aus etymologischen, historischen und sozialwissenschaftlichen Hinweisen dazu. In einem zweiten Schritt werden jene Philosophen gestreift, die in den Publikationen zur Theologie der Gabe als relevante Quellen auftauchen. Die anschliessende Präsentation verschiedener Gabentheologien wurde mit dem Fokus auf mögliche agonistische Elemente verfasst.

Die meisten Theologen, die im ersten Kapitel vorgestellt werden, verweisen direkt oder indirekt auf «Die Gabe» von Mauss, um sich dann aber von dem dort beschriebenen Überbietungswettkampf zu distanzieren. Tatsächlich bewegt sich die theologische Auseinandersetzung mit dem Gabentausch näher an dem von Seneca in «De Beneficiis» behandelten Begriff „Wohltaten", der sich durch den Appell an die Gesinnung auszeichnet und mit agonistischem Verhalten unvereinbar ist.

<u>Fazit des ersten Kapitels:</u> In der theologischen Gabendiskussion wird die Agonie in einigen wenigen Fällen zwar thematisiert, erhält aber – ausser in Oswald Bayers «Ethik der Gabe» und in Theodor Ahrens «Vom Charme der Gabe» – keine positive theologische Deutung.

Kapitel 2: Die agonistische Gabe bei Mauss, Bourdieu und Caillé

Das zweite Kapitel beschäftigt sich mit den französischen Sozialwissenschaftlern Mauss, Bourdieu und Caillé. Für alle drei ist die „agonistische Gabe" ein homogener Begriff. Ziel dieses Kapitels ist zu zeigen, was sie mit dem Begriff Agonie meinen und warum der agonistische Aspekt in ihren Theorien einen zentralen Stellenwert hat.

<u>Fazit des zweiten Kapitels:</u> Die weiterführende Erkenntnis dieses Kapitels besteht darin, dass Bourdieu die agonistische Gabe soweit in seine praxeologische Sozialtheorie integriert hat, dass sie auch auf gesellschaftliche Bereiche angewandt werden kann, die nicht zum üblicherweise mit der Gabe in Zusammenhang gebrachten Ehrenhandel zählen. Die agonistische Gabe kann mit Bourdieu als Paradigma für die soziale Positionierung verstanden werden. Caillé unterscheidet unterschiedliche gesellschaftliche Sphären und weist darauf hin, dass

sich die agonistische Gabe in primären, sekundären oder globalisierten Gesellschaften in unterschiedlichen Phänomenen zeitigt.

Kapitel 3: Pragmatische Anthropologie – Zwei Habitusformen der Agonie

Dieses sozial-anthropologische Kapitel übernimmt Bourdieus Interpretation der agonistischen Gabe als gesellschaftliche Positionierung und untersucht die anthropologischen Implikationen dieser Sichtweise. In einem ersten Teil behandle ich Bourdieus Anthropologie und skizziere, wie er in einer wesentlich agonistischen Welt das Entstehen von Sinn erklärt. Darauf aufbauend werden Elemente einer Anthropologie der agonistischen Gabe analysiert. Dabei wird deutlich, dass jedem sozialen Handeln eine agonistische Einstellung vorausgeht, ja dass sinnvoll erlebte Zeit erst durch agonistisches Handeln geschaffen wird. Die Grosszügigkeit, die im Zusammenhang mit Gabe intuitiv als Eigenschaft des Gebenden verstanden wird, wird in Bourdieus Anthropologie zu einer strategischen Fähigkeit, die eigene soziale Position zu stärken und den Mitbewerber zu demütigen. Wer über diese Eigenschaft – Bourdieu spricht von Habitus – verfügt, nimmt an der agonistischen Welt teil, nimmt sich als zukunftsgerichtetes Wesen wahr und erfährt Zeit als sinnvoll. Wer hingegen keine Aussicht hat, im sozialen Wettkampf je als grosszügig erscheinen zu können, ist vom agonistischen Spiel ausgeschlossen, erlebt die Zeit als sinnlos und ist letztlich unfähig, sozial zu handeln.

Wie die Grosszügigkeit gehört die Fähigkeit, Demütigung zu erleiden, zum agonistischen Wettkampf. Über den Habitus, Demütigung erleiden zu können, äusserte sich Bourdieu jedoch nur punktuell. Ausführlicher wurde die Demütigung in der neueren Zeit durch den US-Philosophen Richard Rorty[33] thematisiert. Bei Rorty wird deutlich, dass die Demütigung auch anders entstehen kann als durch agonistisch-sportliche Herausforderungen. Nach einer Definition der Grenze zwischen agonistischer Demütigung und Grausamkeit sucht man bei ihm jedoch vergeblich. Für ihn ist jede Demütigung eine Grausamkeit. Da jeder Mensch fähig sei, die Erfahrung von Demütigung zu machen, leitet er daraus ein generelles Grausamkeitsverbot ab.

<u>Fazit des dritten Kapitels:</u> Die anthropologische Vertiefung von Bourdieus Interpretation der agonistischen Gabe als soziale Positionierung führt über das

---

[33] R. Rorty, Kontingenz, Ironie und Solidarität.

Phänomen der Demütigung in unmenschliche Abgründe. Bourdieus sozialwissenschaftliche Interpretation der agonistischen Gabe als Positionierung wird der von Mauss beschriebenen wettkampfmässigen gegenseitigen Herausforderung nicht gerecht. Die Agonie schliesst bei ihm einen Machtbegriff ein, der Zwang oder Grausamkeit nur verkennt, aber nicht ausschliesst. Die agonistischen Gabe im Sinne einer sozialen Positionierung ist ein Denkmodell für die Durchsetzung bestehender Machtverhältnisse durch symbolische Macht, Zwang oder auch schiere Gewalt und Grausamkeit. Eine Unterscheidung von agonistischer Gabe und Gewalt ist weder mit Rortys Grausamkeitsverbot noch mit Bourdieus Gabenparadigma möglich.

Kapitel 4: Drei Sphären der Gabe

Eine weitere Ambivalenz der agonistischen Gabe ist die Frage des Verhältnisses von Gabe und Ökonomie, also die Frage, ob eine Gabe einen Preis hat. Bereits Bourdieu hat die Gabe stark vom Handel emanzipiert. Ausführlich beschäftigt sich der liberale Kommunitarist Michael Walzer mit der Unterscheidung von Handelbarem und nicht Handelbarem. Er stellt Regeln und Werte auf, die von der eigenen Gesellschaft anerkannt werden, sich aber nicht als allgemeingültige, geschichts- und kulturunabhängige Grundsätze begründen lassen.[34] Die von ihm aufgestellten Regeln rechtfertigt er als „geteilte Werte" innerhalb bestimmter gesellschaftlicher Sphären. Diese seien zwar für den ökonomischen Kreislauf tabu, würden aber dennoch verhandelt. Folglich gäbe es auch Preise für „geteilte Werte".

Gegen diese ökonomisierende Sichtweise sträubt sich Hénaff.[35] Er stellt solchen Versuchen, „kategorische Imperative" ohne allgemeingültige Begründung zu formulieren, oder gar insgeheim eine Ökonomisierung der Werte zu akzeptieren, eine Interpretation der agonistischen Gabe entgegen, der zufolge jedem sozialen Handeln ein Pakt vorausgeht, der auch primordial zur Ökonomie ist. Hénaff geht in seinen Werken den Erscheinungen der Gabe nach. Dabei tauchen drei unterschiedliche Gabentypen auf: die zeremonielle, die solidarische und die wohltätige Gabe. Jede der drei lässt sich – wenn auch nicht immer eindeutig – auch einer bestimmten sozialen Sphäre zuordnen.

---

[34] M. WALZER, Sphären der Gerechtigkeit.
[35] M. HÉNAFF, Der Preis der Wahrheit.

Fazit des vierten Kapitels: Hénaff verschiebt die Sicht auf die Gabe auf eine primordiale Ebene, die sozialwissenschaftliche Phänomene erst ermöglicht. Er präsentiert die von ihm unterschiedlich charakterisierten drei Gabetypen als transzendentale Bedingungen für die politische, die gesellschaftliche und die private Sphäre. Die in die Moderne transformierte agonistische Gabe gehört der politischen Sphäre an und konkretisiert sich in der staatlichen Macht. Allerdings äussert sich Hénaff nicht zum Gewaltmonopol des Staates gegenüber seinen Bürgern.

Kapitel 5: Transzendentalpragmatik – Macht und Freiheit bedingen sich

Ziel des fünften Kapitels ist eine transzendentaltheologische Einordnung der agonistischen Gabe. Ausgangspunkt dieser Einordnung soll, wie im bisherigen Vorgehen, die Anthropologie sein, allerdings eine theologische Anthropologie. Ich halte mich dabei an Karl Rahner, der das Wesen des Menschen in der Freiheit sieht, die auf das umfassende Sein vorgreift. Nachdem im dritten Kapitel gezeigt wurde, wie die agonistische Gabe in einem sozialwissenschaftlichen Kontext auch als Demonstration von Macht und abgründiger Gewalt interpretiert werden kann, soll nun angelehnt an Rahner, reflektiert werden, wie sich Macht und Gewalt gegenüber der Freiheit verhalten. Gemäss Rahner ist die Ausübung von Macht auf andere – auch ohne deren Zustimmung – ein zur menschlichen Natur gehörendes Existenzial, das notwendig neben der Freiheit besteht.

Im christlichen Sinn muss Macht und die damit einhergehende Gewalt also grundsätzlich als etwas Positives gesehen werden, weil sie zu Gottes Schöpfung gehört. Macht darf aber auch nicht schlechthin bejaht werden, denn so, wie es sie gibt, gibt es sie nur in der gefallenen Welt. Daraus folgert Rahner, dass derjenige, der die Macht braucht, sich darum zu bemühen hat, sich bei der Bestimmung über Mitmenschen durch Macht möglichst zurückzuhalten.

Die Schwäche von Rahners Machtbegriff liegt darin, dass dieser Gewalt miteinschliesst. Als Alternative dazu wähle ich Arendts Definition von Macht, die sich von Gewalt darin unterscheidet, dass letztere immer nur ein Mittel zum Zweck sein kann und darum auch immer einer Rechtfertigung bedarf. Macht, wie Arendt sie versteht, ist das Produkt des freien Diskurses, der sich dadurch legitimiert, dass er sich selbst zum Zweck hat.

Fazit des fünften Kapitels: In Rahners theologischer Anthropologie ist Macht etwas Gottgewolltes, allerdings bleibt sein Machtbegriff ambivalent. Für die ethische Machtdiskussion des letzten Kapitels orientiere ich mich darum auch am Machtbegriff von Arendt.

Kapitel 6: Handeln in der Sphäre der Macht

Im letzten Kapitel werden ethische Grundsätze im Umgang mit dem Phänomen der Macht formuliert. Methodisch halte ich mich an die moraltheologische Umsetzung von Rahners Transzendentaltheologie durch Franz Böckle. Dies erlaubt eine gradlinige Weiterführung der Überlegungen im vorangehenden Kapitel: Auch Böckle geht von einem personal Seienden aus, das über sich selbst hinausweist und die letzte Begründung des Sollens in der Freiheit erfährt. Böckle äussert sich allerdings nicht direkt zur Macht.

Der zweite Teil des Schlusskapitels verlängert die Linie von Böckles Fundamentalmoral durch einige grundsätzliche Hinweise im Umgang mit der Macht. Da ich mich auf den von Arendt vertretenen Machtbegriff stütze, müssen sich die daraus abgeleiteten ethischen Grundsätze auf jenen anthropologischen Bereich fokussieren, dem sie Macht oder Agonie zuordnet. Dies ist die Politik, also jener Bereich, der in der Öffentlichkeit stattfindet und sich genau durch diese Öffentlichkeit legitimiert. Ich formuliere fünf entsprechende Leitlinien, wobei diese Böckles und Rahners These konkretisieren sollen, dass mit jeder ethischen Handlung der Raum der Freiheit wachsen soll.

Fazit des sechsten Kapitels: In der modernen Gesellschaft kann sich der agonistische Raum als demokratisches Gebilde konkretisieren, in dem Freiheit unter Gleichen Prinzip des politischen und rationalen Diskurses ist.

Erstes Kapitel: Annäherung an die Themen Agonie und Gabe / Gang durch die aktuelle theologische Diskussion

Der erste Teil dieses Kapitels öffnet den Fächer der sehr unterschiedlichen wissenschaftlichen und gesellschaftlichen Aspekte von Gabe und Agonie. Allein die punktuelle Auswahl von Themen und Autoren zeigt, dass die Agonie nicht selbsterklärend ist, und es sich bei der Gabe um ein ambivalentes Phänomen handelt. Gabe und Agonie werden in diesem ersten Kapitel vorerst als zwei heterogene Phänomene behandelt und nicht wie bei Mauss als der feste Begriff „agonistische Gabe". Der Grund dafür, dies sei vorweggenommen, liegt darin, dass die im zweiten Teil dieses Kapitels präsentierten Gabentheologien vereinzelt zwar das Thema Agonie aufnehmen, aber nie auf den Mauss'schen Begriff „agonistische Gabe" rekurrieren. Auf letzteren wird im zweiten Kapitel näher eingegangen.

In der Rekapitulation der aktuellen Gabendiskussion in der Theologie wird abgeklärt, ob und wo in den verschiedenen Beiträgen auf agonistische Elemente Bezug genommen wird. Dabei sollen auch die geistesgeschichtlichen Wurzeln dieser theologischen Diskussion im Auge behalten werden. Ich stelle darum dem Teil über die Gabe-Theologien eine kurze Präsentation von fünf Philosophen voran, die diese Diskussion direkt oder indirekt geprägt haben.

1. Agonistisches Schenken: Historisch-wissenschaftliche Elemente

1.1. Ursprünge des Begriffs „Agonie" und seine wissenschaftliche Adaption

Agonie ist einerseits ein Begriff, der sich in der Wissenschaftssprache des 19. Jahrhunderts für Konkurrenz, Wettbewerb und Leistungsstreben herausgebildet hat und von Mauss und Bourdieu übernommen wurde. Ein zweiter Strang des Agonalen beruft sich direkt auf das griechische „ἀγών", Wettkampf, und erlangte vor allem in der politischen Theorie von Arendt eine zentrale Bedeutung.

1.1.1. Ein Kunstbegriff des 19. Jahrhunderts

Woher nahm Mauss den Begriff „Agonie" als er den Ausdruck „agonistische Gabe" in die Welt setzte? Aufgrund seiner enormen historischen Kenntnisse liegt die Vermutung nahe, dass er sich damit direkt an klassische Texte anlehnte. Frank Nullmeier weist jedoch in seinem Buch «Politische Theorie des Sozialstaates»[36] darauf hin, dass das Wort „Agonie" ein Kunstbegriff ist, der sich in der zweiten Hälfte des 19. Jahrhunderts in der deutschen Wissenschaftssprache vorerst als Agonistik im Sinne von Wettkampf etablierte. Der Basler Historiker und Kulturgeschichtler Jacob Burckhardt habe jedoch in seiner «Griechischen Kulturgeschichte»[37] diesen Begriff zum Agonalen abgeändert und damit eine semantische Erweiterung vom bloss sportlichen Wettkampf auf weitere Felder gesellschaftlichen Lebens vollzogen. Das semantische Feld des Agonalen erstrecke sich von der Kultur über das Wirtschaftsleben bis hin zum Krieg. Gemäss Nullmeier sieht Burckhardt in der Agonie einen kulturellen Wettbewerb mit komparativer Ausrichtung. Dieser Wettbewerb habe keine ständische oder Klassendifferenz zum Ziel, sondern die Vorherrschaft der Besten.[38] Bemerkenswert sei am Kunstbegriff „Agonie", dass agonistische Rivalität nicht notwendigerweise einen Konflikt miteinschliesse.[39]

Basierend auf den Burckhardtschen Wettbewerbsbegriff unternimmt Nullmeier einen Streifzug durch die Geschichte der Ökonomie und Politikwissenschaft. Dabei arbeitet er zwei Arten von Wettbewerb heraus: den agonalen Wettbewerb und den Leistungswettbewerb:[40]

- Im agonalen Wettbewerb gehe es um den sozialen Vergleich mit dem Konkurrenten bis hin zur aggressiven Rivalität.
- Am Leistungswettbewerb würden sich sozial desinteressierte (Eigen-) Nutzmaximierer beteiligen.

Der sozialkomparativen Sichtweise hätten bei Hesiod noch Ehrenvorstellungen einer bäuerlichen Oberschicht entsprochen, die Distanz gegenüber Nützlichkeitserwägungen, aber auch gegenüber Demokratie und Tyrannei pflegte, hält

---

[36] F. Nullmeier: Politische Theorie des Sozialstaates.
[37] Burckhardt hielt die Vorlesung erstmals 1872 und letztmals 1885/86. Die «Griechische Kulturgeschichte» wurde von 1989 bis 1902 durch Burckhardts Neffen Jacob Oeri veröffentlicht (vgl. F. Nullmeier, Politische Theorie des Sozialstaates 150).
[38] Vgl. F. Nullmeier: Politische Theorie des Sozialstaates 156.
[39] Nullmeier geht davon aus, dass Mauss das Wort „Agonie" im Sinne von Burckhardt kannte und es in dieser Bedeutung in seinem Essay «Die Gabe» verwendete (vgl. F. Nullmeier: Politische Theorie des Sozialstaates 239).
[40] Vgl. F. Nullmeier: Politische Theorie des Sozialstaates 17.

Nullmeier fest. Die ökonomische Konkurrenz sei jedoch nur eine verbürgerlichte und veralltäglichte Schwundform des agonalen Wettbewerbs.[41]

1.1.2. Moderne politische Theorien

1.1.2.1. Hannah Arendt: Agonistischer, öffentlicher Raum und Privatbereich

Den Einzug in die zeitgenössische politische Theorie schaffte der Begriff des Agonalen wie erwähnt durch Hanna Arendt. In ihrem Werk «Vita activa oder Vom tätigen Leben» entwickelt sie eine Philosophie der Existenz des politisch handelnden Menschen. Ausgangspunkt und gesellschaftlicher Raum der Agonie ist in ihrem Werk die griechische Polis. Wenn sich deren freie Bürger auf der Agora zur politischen Diskussion zusammenfanden, habe derjenige gewonnen, der besser argumentierte.[42] Die politische Umgangsart auf dieser Bühne sei das „Einander-Überreden und -Überzeugen" gewesen.[43] Als Strukturprinzip dieses politischen Prozesses sieht Arendt den Kampf um öffentliche Meinung im Gegensatz zum gewaltsamen Kampf.[44] Auf der Agora hat man sich also aneinander im agonalen Geist gemessen, um den Kurs des Gemeinwesens festzulegen.[45]

Arendt vertritt die These, dass es im griechischen Stadtstaat eine scharfe Grenze zwischen dem Zusammenleben in Haus und Familie und dem agonistischen Handeln auf der öffentlichen Bühne gegeben habe. Es handle sich um zwei Seinsordnungen.[46] Das natürliche Zusammenleben im Haushaltsbereich oder im Clan habe in den griechischen Stadt-Staaten zum Ziel gehabt, die Lebensnotwendigkeiten zu beherrschen und dem Hausherrn die Freiheit zu ermöglichen, sich im politischen Raum zu bewegen.[47]

Arendts Grundbegriffe in «Vita activa» sind die Tätigkeitsbereiche Arbeiten, Herstellen und Handeln. Die dem biologischen Lebensprozess dienenden und an die Grundbedingungen des Lebens geknüpften Tätigkeiten nennt Arendt Ar-

---

[41] Vgl. F. NULLMEIER: Politische Theorie des Sozialstaates 152–156.
[42] Vgl. H. ARENDT, Über die Revolution 11.
[43] Vgl. H. ARENDT, Was ist Politik? 97.
[44] Vgl. H. ARENDT, Vita activa 36f.
[45] Vgl. O. KALLSCHEUER, Weder Habermas noch Heidegger 373.
[46] Vgl. H. ARENDT, Vita activa 35.
[47] Vgl. H. ARENDT, Vita activa 41f.

beit.[48] Davon unterschieden ist der Tätigkeitsbereich der Handwerker und Händler, den sie Herstellen nennt. Anders als die Arbeitenden könnten die Herstellenden über ihre Produkte bestimmen und sie sogar zerstören, wenn sie ihren Vorstellungen nicht entsprächen.[49]

Wer arbeitete oder herstellte, war im politischen Raum nicht zugelassen.[50] Sich im politischen Raum zu bewegen, sei ein Privileg jener gewesen, die andere Menschen mit Gewalt und Herrschaft zwingen konnten, für sie zu arbeiten, schreibt Arendt in einem ihrer Entwürfe zu einem Buch über Politik.[51] Die im politischen Raum zugelassenen Eliten hätten sich im ständigen Wettbewerb befunden, einander durch ausserordentliche Leistungen für die Bürger der Polis an Vortrefflichkeit zu übertreffen.[52] Dieses Agieren im politischen Raum nennt Arendt das Handeln oder die Praxis. Handeln ist für sie die kommunikative gesellschaftliche Kooperation der freien Bürger in der Polis.

Im Sinne der Griechen sei die Polis der agonistisch-politische und zugleich einzige öffentliche Raum gewesen, der sich von dem unterscheidet, was den Bürgern privat gehört.[53] Teil dieser gemeinsamen öffentlichen Welt sei alles, was vor der Allgemeinheit erscheine und für jedermann sicht- und hörbar werde.[54] Die athenische Polis ist also für Arendt der exemplarische agonistische Raum, in dem die (freien) Menschen ihre kommunikativen Fähigkeiten ausspielen, sich zusammenschliessen und einvernehmlich handeln können.[55]

1.1.2.2. Chantal Mouffe: Demokratie unter legitimen Konkurrenten

In jüngerer Zeit hat die belgisch-britische politische Philosophin Chantal Mouffe die Agonie zu einem Schlüsselbegriff ihrer Arbeit gemacht.[56] Ihr zufolge ist es höchst gefährlich, den Konsens und die Versöhnung zum Ziel demokratischer Politik zu machen. Politisch zu denken bedeutet für sie, die Unauflöslichkeit politischer Gegensätze – Mouffe spricht von Antagonismen – zur Kenntnis zu

---

[48] Vgl. H. ARENDT, Vita activa, 16.
[49] Vgl. H. ARENDT, Vita activa 170.
[50] Vgl. H. ARENDT, Vita activa 22f, 46.
[51] Vgl. H. ARENDT, Was ist Politik? 39, 75.
[52] Vgl. H. ARENDT, Vita activa 53.
[53] Vgl. H. ARENDT, Vita activa 65.
[54] Vgl. H. ARENDT, Vita activa 62.
[55] Vgl. H. ARENDT, Macht und Gewalt 45.
[56] C. MOUFFE, Agonistik.

nehmen.[57] Wo im Streben nach Vernunft und Konsens Vielfalt und Dissens ausgeblendet wird, „besteht die Gefahr, dass der demokratische Widerstreit durch eine Auseinandersetzung zwischen nicht verhandelbaren moralischen oder essentialistischen Formen der Identifikation ersetzt wird."[58] Der Gegner werde nur noch als „zu vernichtender Feind" wahrgenommen.[59] In der Folge würden Scheinkonsense aufgebaut, und die Diskussion möglicher politischer legitimer Begründungen eingeschränkt.

Mouffe vertritt ein Konzept der Gegnerschaft, in der sich die Parteien innerhalb eines demokratischen Systems als legitime Konkurrenten mit unterschiedlichen Auffassungen sehen. Die Auseinandersetzungen in dieser so verstandenen Gegnerschaft seien agonistische Konflikte. Sie charakterisierten sich zugleich durch Dissens und Konsens, wobei die Verbindung der beiden dazu beitrage, dass der „konfliktuale Konsens"[60] meist nicht in Gewalt ausarte, sondern eine agonistische Form annehme.[61]

1.1.3. Konfliktforschung

In den modernen Sozialwissenschaften existiert eine eigentliche Konfliktforschung mit unterschiedlichen Denkansätzen. Thomas Ley und Frank Meyhöfer besprechen in ihrer Einführung in die Soziologie[62] in einem eigenen Kapitel neuere Positionen der Konfliktsoziologie. Dies geschieht anhand der vier richtungsweisenden Autoren Ralf Dahrendorf, Lewis A. Coser, Pierre Bourdieu und Axel Honneth:[63]

- Dahrendorf entwickelt in seinem Werk «Konflikt und Freiheit» eine systematische Unterscheidung von 15 verschiedenen Formen des Konflikts.[64] Einleitend zum Buch schreibt er, dass es seine Absicht sei,

---

[57] Vgl. C. MOUFFE, Agonistik 39.
[58] Vgl. C. MOUFFE, Agonistik 29.
[59] Vgl. C. MOUFFE, Über das Politische 12.
[60] Vgl. C. MOUFFE, Über das Politische 158.
[61] Vgl. C. MOUFFE, Agonistik 12. In diesem Zusammenhang kritisiert Frick, dass Mouffe keine Strategie gegen Kräfte entwickelt hat, die die Agonie nur zum Schein aufrechterhalten, bis sie imstande sind, die Demokratie auszuschalten (vgl. M. – L. FRICK, Zivilisiert streiten 32f).
[62] T. LEY, F. MEYHÖFER, Soziologie des Konflikts.
[63] Vgl. T. LEY / F. MEYHÖFER, Soziologie des Konflikts 35–59.
[64] Vgl. R. DAHRENDORF, Konflikt und Freiheit 27.

„Freiheit durch Konflikt zu bestimmen und die Formen des Konflikts im Hinblick auf die Möglichkeit der Freiheit zu untersuchen."[65] Für Dahrendorf bedingen sich also Freiheit und Konflikt gegenseitig.

- Coser untersuchte die Prozesse, die zu Änderungen innerhalb des Sozialsystems führen oder das System selbst verändern. In seinem Buch «Theorie sozialer Konflikte»[66] vertritt er die Ansicht, dass Konflikte integrativ wirken können, falls die Gesellschaft flexibel genug ist, mediativ zu vermitteln. Konflikte konstituieren Gruppen und grenzen diese gegenüber anderen Gruppen oder den Rest der Gesellschaft ab.[67] Laut Coser ändern also Konflikte die Gesellschaft und werden durch diesen Prozess zum Verschwinden gebracht.

- Bourdieus konflikttheoretischer Ansatz ist sozialkomparativ und zeichnet sich durch Konkurrenz, Wettbewerb und Leistungsstreben aus.[68] Er entwickelt eine Theorie sozialer Praxis als fortwährenden Kampf um Positionen und immer wieder neue Regelung von Konkurrenzverhältnissen mithilfe verschiedenster Ressourcen, deren Relevanz vom jeweiligen sozialen Feld abhängt.[69]

- Honneth vertritt eine Theorie der sozialen Wertschätzung. Er unterscheidet in seiner Konfliktforschung[70] drei Sphären der Anerkennung und Missachtung: jener der liebevollen Primärbeziehungen, der rechtlichen Anerkennung und der gesellschaftlichen Wertschätzung. Auf der Seite der Missachtung entsprechen dem die Sphäre der Misshandlung, die der Entrechtung und gewaltsamen Einschränkung der Autonomie, sowie auf der dritten Ebene die Beleidigung und Entwürdigung. Honneths Analyse des sozialen Konflikts setzt bei Erfahrungen

---

[65] Vgl. R. DAHRENDORF, Konflikt und Freiheit 7.
[66] L. A. COSER, Theorie sozialer Konflikte (Erstveröffentlichung 1956).
[67] Mit dieser Position grenzt sich Coser von soziologischen Vertretern seiner Zeit ab, die in sozialen Konflikten zu vermeidende Störungen innerhalb eines gesellschaftlichen Gleichgewichts sehen; u.a. von Talcott Parsons (vgl. L. A. COSER, Theorie sozialer Konflikte 39).
[68] F. NULLMEIER: Politische Theorie des Sozialstaates 17.
[69] Ich werde im Verlauf der vorliegenden Arbeit auf Bourdieu zurückkommen und die These vertreten, dass Bourdieu seine Konfliktsoziologie als eine Verallgemeinerung des Mauss'schen Modells der agonistischen Gabe versteht.
[70] A. HONNETH, Kampf um Anerkennung.

von Missachtungen ein, die zum Kampf um Anerkennung führen können.[71]

Als fünften modernen Konfliktsoziologen besprechen Ley und Meyhöfer Niklas Luhmann, dem sie ein separates Kapitel widmen. Für Luhmann bildet der Konflikt den Gegensatz zum Konsens, der in der Zuspitzung, in einer Alternative oder in der Ablehnung münde. Empirisch greifbar liege ein Konflikt dann vor, wenn einer kommunizierten Erwartung widersprochen wird; die Kommunikation werde dann vorübergehend im Konfliktmodus weitergeführt.[72]

1.2. Ambivalentes Verständnis der Gabe in Geschichte und Gegenwart

1.2.1. Etymologische Überlegungen zum Wort „Gabe"

In seiner Dissertation «Eine Ethik des Schenkens» hat Lintner im Abschnitt über die Etymologie der Gabe darauf hingewiesen, dass die Verben „geben" und „nehmen" auf dieselbe indogermanische Stammwurzel zurückgehen. Die indogermanische Wurzel „ghabh" könne sogar noch weiter auf die Wurzel „do" zurückgeführt werden, was „in den Händen halten" meine. Je nach Handlungskontext könne das Gehaltene also das Gegebene oder Erhaltene sein.[73] Später hätten sich die beiden Verben zwar bedeutungsmässig in entgegengesetzter Richtung entwickelt, seien aber durch den Übergabeakt in enger Verbindung geblieben.

> „Die enge Verbindung von Geben und Nehmen bleibt durch den physischen Akt der Übergabe eines Gegenstandes erhalten, bei dem sich die Hände des Gebers und des Empfängers berühren."[74]

Derrida verweist in seinem Werk über die Gabe ebenfalls auf die semantische Verwandtschaft von „geben" und „nehmen".[75] Waldenfels hält in seiner Derri-

---

[71] Anders als beim Mauss'schen Gabentausch, wo die Tauschpartner gegenseitige Anerkennung anstreben, ist es bei Honnet jeweils ein Unterlegener, der für seine Anerkennung kämpft. Insofern kann Honneth nicht zu den Interpreten des Mauss'schen Gabenmodells gerechnet werden (s. auch Fn 856).
[72] «Ein Konflikt ist die operative Verselbstständigung eines Widerspruchs durch Kommunikation.» (N. LUHMANN, Soziale Systeme 530f).
[73] M. M. LINTNER: Eine Ethik des Schenkens 35f.
[74] Vgl. M. M. LINTNER: Eine Ethik des Schenkens 37.
[75] Vgl. J. DERRIDA, Falschgeld 107.

da-Interpretation eine dreifache Erklärung für dieses Phänomen bereit:[76] Auf psychologischer Ebene erinnere das an einen frühkindlichen Synkretismus, bei dem eigenes und fremdes Erleben ineinander verschwimmen. Zweitens unterscheide die Tauschaktion strikt zwischen dem Geben und dem Nehmen, wobei beide Seiten funktional gleichwertig seien. Diese Gleichsetzung verstehe sich alles andere als von selbst, gelte doch schon bei Aristoteles, dass Wohltun höher steht als das Empfangen von Gaben und im italienischen Wort „regalo" sei das Schenken aus etymologischer Sicht eine Geste des Königs. Warenfelds dritte Erklärung, warum „geben" und „nehmen" verwandt seien, ist die Deutung des Gabenereignisses als eines Vorgangs, der in seiner Ambivalenz über sich hinausweise. Der äquivalente Tausch reiche über sich hinaus, weil der Gebende nicht bestimmen könne, wie der Empfangende auf das Gegebene reagiert. Insofern wohne dem Geben ein Nehmen inne. Erst im Vollzug des Gabenereignisses zeige sich, ob das Geben gelingt.

Hénaff vertritt in seiner etymologischen Exkursion zum Begriff „Gabe" die These, dass das indogermanische „ghebh" ursprünglich „machen, dass jemand etwas in Besitz nimmt" bedeute. Das Entscheidende bei diesem Vorgang sei nicht das Geben gewesen, sondern die Fähigkeit, etwas legitim in Besitz zu nehmen und sich gegenüber dem Gebenden zu verpflichten. Das Handlungszentrum sei also beim Empfänger und nicht beim Geber zu lokalisieren.[77] Daneben vermutet Hénaff eine zweite indogermanische Wurzel für den Begriff Gabe: „kep" („in Besitz haben"). Diese könnte sich mit „ghebh" überkreuzt haben und sich zu den germanischen Wortstämmen „geben" und „haben" auseinanderentwickelt haben.

Eng mit „geben" hänge „schenken" zusammen, das ursprünglich „zu trinken geben" meine, schreibt Lintner. Dem Gast oder Wanderer, der über die Hausschwelle trat, sei als alter Brauch ein Willkommenstrunk eingeschenkt worden. Der Beschenkte habe durch die Annahme des Begrüssungstrunks ausgedrückt, dass er Vertrauen in die Aufrichtigkeit des Gastgebers habe[78]. Aus diesem Brauch habe sich ab dem 14. Jahrhundert das Geschenk als unentgeltlich dargereichte Sache und Ehrengabe entwickelt. Vor dem Aufkommen des heute

---

[76] B. WALDENFELS, Das Un-Ding der Gabe 400ff.
[77] Vgl. M. HÉNAFF, Die Gabe der Philosophen 157f.
[78] Vgl. M. M. LINTNER: Eine Ethik des Schenkens 40.

noch so gebrauchten Begriffes „schenken", habe man für das unentgeltlich Übergebene die Wörter „geben" oder „Gabe" benutzt.[79]

Zusammengefasst sei festgehalten, dass der Begriff „Gabe / geben" historisch in enger Beziehung mit den Verben „nehmen", „haben" und „schenken" steht und nicht immer eindeutig von ihnen abgegrenzt ist. Waldenfels charakterisiert das deutsche „geben" als semantischen Herd mit Ausstrahlungen in verschiedene Richtungen.[80]

1.2.2 Zwiespältige „Gabe"

Einen semantischen Zugang zum Wort Gabe findet man in einem entsprechenden sprachgeschichtlichen Exkurs von Mauss. Seine Überlegungen dazu sind von besonderer Relevanz, weil er diesen Begriff mit dem «Essai sur le don» zu einem Grundbegriff der Soziologie gemacht hat. Was ihn dazu bewegte, das Wort Gabe für das von ihm beobachtete gesellschaftliche Phänomen auszuwählen, lässt sich aufgrund seines kurzen Artikels «Gift, Gift»[81] erahnen. Mauss scheint fasziniert von der Doppeldeutigkeit dieses germanischen Wortes mit denselben etymologischen Wurzeln wie die Gabe: einerseits Geschenk, andererseits Giftstoff. Je nach Dosierung oder Absicht kann „Gift" dem Empfänger guttun oder ihn vernichten. Im Deutschen existiere „Gift" in positiver semantischer Besetzung nur noch als „Mitgift". Diese Doppelbesetzung habe bei den Germanen und Skandinaviern eine besondere Bedeutung gehabt, da dort Geschenke Getränke gewesen seien, die im „gemeinsam gegebenen und erwiderten Trankopfer getrunken wurden". Grundsätzlich habe das gegossene Geschenk die Trinkenden miteinander verbunden. Die Möglichkeit des Gifttranks habe aber immer bestanden. Den kurzen Artikel zur Semantik des Wortes „Gabe" beendet Mauss mit dem Hinweis, dass Geschenke und Gaben auch heute noch zwiespältige Gefühle auslösen können.[82]

---

[79] Vgl. M. M. Lintner: Eine Ethik des Schenkens 35.
[80] Vgl. B. Waldenfels, Das Un-Ding der Gabe 396. Begriffe, die Waldenfels im semantischen Umfeld von „geben" ortet, sind: Aushändigen, Über- und Weitergeben, Ausleihen, Verkaufen, Schenken, Abgaben und Ausgaben. Zum Umfeld des Begriffs „geben" seien auch private Stiftungen zu zählen „bis hin zu der patriarchalischen Figur des ‚Arbeitgebers', der so freigebig ist, zu geben, was er bekommt" (vgl. 396ff).
[81] M. Mauss, Gift-Gift 13–17.
[82] Die Ambivalenz der Gabe als Geschenk und Gift thematisiert auch Derrida in J. Derrida, Falschgeld 23.

1.2.2.1. Die „prächtige Gabe"

Das Schenken als ein zutiefst ambivalenter Vorgang hat auch Jean Starobinski beschäftigt. Anhand von Beispielen aus der europäischen Kunst dokumentiert er, wie dort die Wohltätigkeit gezeigt und interpretiert wurde. Unter anderem untersucht er die Geste der Verteilung an das Volk als Zeremoniell des Königtums, des hohen Klerus und des Adels im katholischen Europa sowie im byzantinischen Osten.[83] In der Welt des Rittertums habe die Verschwendung des Besitzes unter die Armen als edle Geste gegolten.[84] Kehrseite dieser Demonstration der Pracht sei jedoch gewesen, dass sie den Spendern auch dazu gedient hätte, die eigene Pracht zu zelebrieren. Im ersten Kapitel seines Buches zeigt Starobinski, wie „Die prächtige Gabe"[85] sogar Züge einer Lustbarkeit annehmen konnte, bei der die Herrschenden Geschenke unter das Volk warfen und sich darüber amüsierten, wie sich die Armen um sie rauften. Heute werde das öffentliche Verteilen als archaisches Ritual wahrgenommen, schreibt Starobinski.[86]

1.2.2.2. Karitatives Engagement in der Neuzeit

Erhellendes über die Gabe ergibt sich aus der Organisation der Wohltätigkeit in westlichen Gesellschaften. Deutschland besass vom Mittelalter bis ins 19. Jahrhundert eine ausgeprägte Kultur bürgerlichen Engagements im sozialen und kulturellen Feld. Das karitative Engagement, aber auch die Mäzenenkultur, wurde später teils durch den Staat verdrängt. Seit Mitte des 19. Jahrhunderts begannen sich private Organisationen zu professionalisieren. Einige arbeiten heute als wichtige Wohlfahrtsverbände im Subsidiaritätsprinzip mit dem Staat zusammen. In Deutschland sind der Caritasverband oder das Diakonische Hilfswerk mit annähernd 1 Mio. Arbeitnehmenden wesentliche Einrichtungen des Wohlfahrtstaates.[87] In diesem System sind individuelle Spender zwar wenig in Entscheidungsprozesse einbezogen, dafür wird der Demütigungseffekt bei den Empfängern abgeschwächt.

---

[83] Vgl. J. STAROBINSKI, Gute Gaben, schlimme Gaben 27.
[84] Vgl. J. STAROBINSKI, Gute Gaben, schlimme Gaben 31.
[85] Titel des ersten Kapitels von J. STAROBINSKI, Gute Gaben, schlimme Gaben 13–38.
[86] Vgl. J. STAROBINSKI, Gute Gaben, schlimme Gaben 171.
[87] Vgl. A. GRUND, Bindekraft und Polyvalenz der Gabe 17; K. GABRIEL / H.-R. REUTER, Sozialstaat 83.

Die öffentlichen Wohlfahrtseinrichtungen verkörpern heute den Anspruch gegenüber Staat und der Gesellschaft, Gerechtigkeitsdefizite zu beseitigen.[88] Diese Haltung spiegelt sich etwa in der gemeinsamen Diskussionsgrundlage der EKD und der Katholischen Bischofskonferenz «Zur wirtschaftlichen und sozialen Lage in Deutschland», in der gefordert wird, dass „diejenigen, die nicht in der Lage sind, ihre eigene, ausreichende Arbeitsleistung zur Wirtschaft beizusteuern, von der Gesellschaft so viel erhalten, dass sie menschenwürdig leben können."[89] Anstelle der grosszügigen Geste verbunden mit einem Demütigungseffekt soll also ein Recht oder ein Anspruch auf Unterstützung treten. Staatliche Instrumente zur direkten Umsetzung dieser Forderung sind neben dem Unterhalt aus Sozialhilfe auch steuerliche Entlastungen.[90]

In den USA sind Spenden ein wichtiger Teil des privaten bürgerlichen Engagements. Hauptquelle für Wohltätigkeit sind gemäss Krimphove nach wie vor religiöse Quellen, wobei im Vergleich zu verschiedenen europäischen Staaten zu berücksichtigen sei, dass es in den USA keine Kirchensteuer gibt.[91] Doch auch unter Berücksichtigung der via Kirchensteuer wohltätigen Zwecken zugewendeten Geldern bleibe etwa die Spendefreudigkeit der Deutschen deutlich hinter jener der US-Amerikaner zurück, behauptet Krimphove.[92]

Die unterschiedliche Entwicklung karitativer Kultur in der US-Gesellschaft und in Europa erklärt Krimphove durch den zivilgesellschaftlichen Konsens über die Mitverantwortung des Individuums in der Gesellschaft, aber auch mit der eigenen Biographie: Da sich die US-Gesellschaft von Beginn an nicht durch Standesunterschiede definiert habe, hätten sich die Bürger im öffentlichen und politi-

---

[88] Vgl. R. MIGGELBRINK, Lebensfülle 122.

[89] KIRCHENAMT DER EKD UND SEKRETARIAT DER KATHOLISCHEN BISCHOFSKONFERENZ, Zur wirtschaftlichen und sozialen Lage in Deutschland, Ziff. 123. Im finalen Text wurde daraus die Forderung, dass vergleichbar geringe vom Arbeitgeber zu bezahlende Entlohnungen durch ein Sozialeinkommen ergänzt werden sollen (vgl. RAT DER EKD UND DER DEUTSCHEN BISCHOFSKONFERENZ, Für eine Zukunft in Solidarität und Gerechtigkeit, Ziff. 174).

[90] Vgl. S. KEIL, Vom Almosen zum Rechtsanspruch 172–184.

[91] Vgl. P. KRIMPHOVE, «Es wird hier einfach erwartet» 135ff.

[92] Vgl. P. KRIMPHOVE, «Es wird hier einfach erwartet» 144. Zu Krimphoves Schätzung sei angemerkt, dass sie keine Quellen angibt, die es erlauben, die tatsächliche wirtschaftliche Bedeutung gemeinnütziger Stiftungen und Vereine nachzuvollziehen. Die Bemerkung von Toepler aus dem Jahr 2006 dürfte bis heute zutreffen, dass das tatsächliche Ausmass der Aktivitäten gemeinnütziger Stiftungen und Vereine nicht bekannt ist (S. TOEPLER, Stiftung in den USA 194).

schen Raum selbst definieren und Anerkennung verschaffen müssen. Daraus habe sich eine lebendige Kultur entwickelt, in der sich die Bürger nicht nur für den Staat, sondern auch für das Gemeinwesen verantwortlich fühlten. Generosität gehöre darum in den USA zur Erziehung, sei Teil der Sozialisierung in Familie und Schule und werde bei Stellenbewerbungen oder Aufnahmen an Universitäten gewürdigt. Der Staat fördere die Spendenkultur durch steuerliche Erleichterungen. Das private Engagement der US-Amerikaner wirke als Kompensation zu einem gewollt schwachen Staat, damit gesellschaftliches Zusammenleben überhaupt funktionieren könne. Reiche und Arme würden in den USA beim privaten Engagement für die Gesellschaft mitmachen, wobei es dafür grundsätzlich zwei Spielarten gebe. Einerseits das elitäre Spenderverhalten der Oberschichten, das unter den Begriff Philanthropie fällt, und andererseits die freiwilligen Tätigkeiten der US-Bürger, die als „Volunteering" gelten.[93]

Eine Untersuchung von Francie Ostrower[94] über elitäre philanthropische Gesellschaften in den USA zur Zeit der Reagan-Ära in New York zeigt, dass es diesen Organisationen nicht nur um die Vermittlung von Spendern und Empfängern geht. Auch die wohltätige Organisation selbst sei Gegenstand der Interessen und des Engagements ihrer Mitglieder.[95] Die Vorstände solcher Organisationen seien aus besonders spendekräftigen Mitgliedern zusammengesetzt, die sich gegenseitig und die Spender anderer Organisationen zu immer grösseren Spenden animieren. Elite-Philanthropie werde so zu einem Mittel, um ein exklusives Spendernetz in Abgrenzung gegenüber jenen zu schaffen und weiter zu sichern, die nicht zur Elite gehören.[96] Elite-Philanthropen seien zwar der Meinung, dass ihre Tätigkeit dem Gemeinwohl dienen soll, setzten dies aber nicht gleich mit Wohlfahrt oder Hilfe an die Armen.[97] Sie würden zu einem Gesellschaftsmodell tendieren, in dem Generosität unterschiedliche Formen annehmen kann, und in dem die Macht zwischen Staat und Privaten aufgeteilt ist. Obwohl die Selbstpositionierung und der Wille, einer Elite anzugehören, den amerikanischen Elite-Philanthropen durchaus bewusst sei, sähen die meisten von ihnen in dieser Tätigkeit nicht etwa eine Strategie, die eigene Machtpo-

---

[93] Vgl. P. KRIMPHOVE, «Es wird hier einfach erwartet» 132ff.
[94] F. OSTROWER, Why the wealthy give.
[95] Vgl. F. OSTROWER, Why the wealthy give 141.
[96] „Philanthropy thus comes to function as a mark of class status that is connected to elite identity." (F. OSTROWER, Why the wealthy give 133).
[97] Vgl. F. OSTROWER, Why the wealthy give 123, 136.

sition auszubauen. Philanthropie bedeute für sie primär, Verantwortung wahrzunehmen. In ihren Augen seien Reiche, die sich nicht als Gönner betätigen, Menschen, die ihre Verantwortung nicht wahrnehmen.[98]

1.2.3. Abgrenzungen von Gabe und Ökonomie

Im Essay «Die Gabe» stellte Mauss eine wachsende Dominanz der Ökonomie gegenüber dem Gabentausch fest: „Zum Glück ist noch nicht alles in Begriffen des Kaufs und Verkaufs klassifiziert."[99] Daraus entstand die Diskussion, ob es eine kategoriale Unterscheidung zwischen „Gabengesellschaften" und „Gesellschaften mit moderner kapitalistischer Ökonomie" gibt.[100] Existieren diese beiden Gesellschaftstypen ungetrennt, nacheinander oder nebeneinander? Diese Frage hat auch Ökonomen beschäftigt. Eine Systematisierung der ökonomischen Antworten hat David Cheal in seinem Aufsatz «Moral Economy» vorgenommen und in fünf grundsätzlichen Theorien zusammengefasst:

1. Die Theorie der kapitalistischen Transformation besagt, dass der Gabentausch für die ökonomischen Beziehungen in vorkapitalistischen Gesellschaften typisch war, aber durch das System der modernen Marktwirtschaft abgelöst wurde. Einflussreicher Protagonist dieser Interpretationsrichtung sei Karl Polanyi, der in «The Great Transformation»[101] die Ablösung der Ökonomie vom sozialen Ganzen kritisiere. Die „disembedded economy", wie es Polanyi nannte, habe alle anderen gesellschaftlichen Bereiche rücksichtslos unterworfen. Cheal lehnt diese These nicht grundsätzlich ab, ergänzt sie aber mit dem Hinweis auf die Differenzierung der Funktion der Gabe in der modernen Gesellschaft und Ökonomie. In der modernen Gesellschaft würden Gaben nicht mehr zur gegenseitigen Unterstützung gebraucht, sondern als symbolische Instrumente, um die emotionalen Aspekte von Beziehungen zu handhaben.

2. In der Theorie der Absonderung der Privatsphäre werden emotionale und symbolische Prozesse in die Familien hinein verlegt und dadurch

---

[98] Vgl. F. Ostrower, Why the wealthy give 125. Adloff interpretiert die Verbindung von Selbstpositionierung und durch die Spende eingegangene Verantwortung als Akt der Selbstlegitimation (vgl. F. Adloff, Ambivalenz des Gebens 96).
[99] M. Mauss, Die Gabe 157.
[100] H. P. Hahn, Einleitung 11f.
[101] K. Polanyi, The Great Transformation.

streng von der öffentlichen Sphäre von Politik und Wirtschaft abgetrennt. Die Gabe werde dabei auf enge personale Beziehungen eingeschränkt, die wichtig für die Reproduktion des Lebens selbst sind, aber auch für das Überleben dieser kleinsten sozialen Einheiten, schreibt Cheal. Oft übernähmen in diesen intimen gesellschaftlichen Einheiten die Frauen die Pflege der Familiensolidarität. Dies deckt sich mit Cheals eigenen Untersuchungen, die zeigen, dass Frauen beim Schenken aktiver sind als Männer.[102]

3. Die Theorie der ökonomischen Rationalisierung betrachtet die Tausch-Akteure als Individuen, die ausschliesslich ihre Eigeninteressen verfolgen. Grosszügigkeit werde als versteckter Individualismus ausgelegt. Gegen diese ökonomische Tauschtheorie wendet Cheal unter anderem ein, dass sie der Eltern-Kind-Beziehung, dem Urbild menschlicher Interaktion, nur ungenügend gerecht werde und man sich durchaus Fragen zur Relevanz derartiger Rationalisierungen stellen könne.

4. Ein vierter Ansatz, um Wirtschaft und Gabentausch auseinanderzuhalten, ist die Unterscheidung von Waren und Geschenken. So habe C.A. Gregory[103] mit dem Verweis auf Mauss das Geschenk in Clan-basierten Gesellschaften als etwas Unveräusserliches beschrieben, dessen Besitzrechte beim Schenkenden verbleiben und zugleich die Verpflichtung zu Gegengabe und damit zu einem Bündnis mit dem Schenkenden schaffen. Demgegenüber würden in der kapitalistischen Gesellschaft mit der Geschenkübergabe auch alle Eigentumsrechte die Hand wechseln und zu einer veräusserbaren Ware. Für Cheal hat Gregorys Unterscheidung von vormodernen und modernen Gesellschaften die Schwäche, dass Veränderungen der Rahmenbedingungen zur Schaffung gesellschaftlicher Verpflichtungen unberücksichtigt bleiben. Cheal vertritt die Ansicht, dass Geschenke in der modernen Gesellschaft andere Funktionen haben als in Clan-basierten.

5. Cheal selbst argumentiert traditionell ökonomisch: Gaben seien zusätzliche Leistungen, die nicht erbracht werden müssten. Aus ökonomischer Sicht seien Geschenke als Akt der Verschwendung einzustufen. Die Gabe sei darum eine redundante Transaktion, um soziale Kooperationen effizi-

---

[102] D. CHEAL, Showing them you love them.
[103] C. A. GREGORY, Gifts and Commodities.

enter zu machen. Ausgehend von diesem Phänomen der Redundanz mit sozialer Implikation entwickelt er die Forderung nach einer „moralischen Ökonomie". Ziel dieser Ökonomie sei ein System von gesellschaftlich erwünschten Transaktionen zur Erhaltung und Pflege sozialer Beziehungen.[104]

Damit verschiebt sich die ökonomische Sicht auf die Gabe in Richtung Soziologie, wo es ebenfalls unterschiedliche Interpretationen des Gabenphänomens gibt.

1.2.4. Soziologische Systematisierungen der Gabe

1.2.4.1. Aafke E. Komter: Solidaritätsmodelle

Eine soziologische Systematisierung aktueller Formen des Gebens präsentiert Aafke E. Komter in ihrer Studie über Solidarität und Gabe.[105] Sie unterscheidet vier Gabenmodelle:[106]

1. Im Gemeinschaftsmodell („community sharing") würden Geschenke das Einzigartige, die hohe Wertschätzung sowie den persönlichen und dauerhaften Charakter von Beziehungen symbolisieren. Bei solchen Geschenken erwarte man keine Gegengaben. Laut Komter werden sie aus Sympathie, Liebe oder dem Wunsch gegeben, jemandem in einer Notlage zu helfen. Typischerweise kämen solche Geschenke innerhalb von Familien und in Freundeskreisen vor.
2. Im Rangordnungsmodell („authority ranking") soll mit Geschenken Autorität, Macht und Abhängigkeit gefestigt werden. Das können zum Beispiel geschenkte Handtücher der Schwiegereltern an die Schwiegertochter sein. Damit werde signalisiert, was man von der Beschenkten erwartet. In dieselbe Gabenkategorie reiht Komter auch den Potlatsch ein, bei dem nordamerikanische Häuptlinge ihren Besitz vor ihrem Volk zerstören, statt es ihnen zu geben. Dies sei, schreibt Komter, ein Zeichen ultimativer Überlegenheit und Macht. Zum Rangordnungsmodell gehöre

---

[104] „By a moral economy I mean a system of transactions which are defined as socially desirable (i.e. moral), because through them social ties are recognized, and balanced social relationships are maintained." (D. CHEAL, Moral Economy 91).
[105] A. E. KOMTER, Social Solidarity and the Gift 26–30.
[106] Komter übernimmt diese Systematik von Alan Page Fiske über die fundamentalen psychologischen Motive des sozialen Lebens. (A. P. FISKE, Structures of Social Life).

auch die Karikatur der Banquiers, der seine Zigarre mit einer Banknote anzündet.[107]

3. Das Gleichheitsmodell („equality matching") sei die häufigste Form des Gebens. Man helfe gegenseitig aus oder lade sich gegenseitig ein. Diese Form des Gebens komme auch innerhalb der Familie vor, wenn etwa die Tochter aus Dankbarkeit die alte Mutter pflege und das als völlig normal empfinde, nach allem, was die Mutter früher für sie getan habe.

4. Eher dem öffentlichen Bereich ortet Komter das Marktmodell („market pricing") zu. Im Extremfall würden Geschenke zur Bestechung oder Erpressung dienen. Als Beispiel dazu verweist sie auf Zuwendungen an politische Parteien oder Geschenke der Pharmaindustrie an Ärzte. Geschenke im Geschäftsumfeld seien generell im Rahmen des Marktmodells zu sehen. Aber auch innerhalb der Familie könne das Marktmodell spielen, wenn etwa die Grosseltern (allzu) häufige Besuche bei ihren Enkelkindern durch grosse Geschenke erkauften.

Unter den vier von Komter präsentierten soziologischen Gabenmodellen hat das Rangordnungsmodell einen ausgesprochen agonistischen Charakter. Demgegenüber ist die Gabe im Gemeinschaftsmodell primär ein einseitig gerichtetes Geschenk und kann erst in einem weiteren gesellschaftlichen und zeitlichen Zusammenhang als gegenseitiges und damit auch agonistisches Verhalten gedeutet werden. Das Gleichheitsmodell und das Marktmodell schliessen eine Gegengabe ein, setzen gleichwertige Partner voraus und können einen agonistischen Charakter annehmen.

1.2.4.2. Jacques T. Godbout: Abhängigkeiten schaffen

Eine andere sozialwissenschaftliche Gabensystematik präsentierte Godbout in seinem Beitrag «Homo Donator versus Homo Oeconomicus»: Ziel des „Homo donator" sei nicht das Gegengeschenk, sondern dessen Ausbleiben. Denn dadurch verschulde sich der Beschenkte und gerate in Abhängigkeit. Godbout unterscheidet fünf Arten der Abhängigkeit, die durch Geschenke erzeugt werden:[108]

---

[107] A. E. KOMTER, Social Solidarity and the Gift 28.
[108] Vgl. J. T. GODBOUT, Homo Donator 42f.

1. Das Solidaritätsmodell: Es verschleiert die Verschuldung durch die Vorstellung, dass die Gesellschaft eine Verpflichtung gegenüber dem Beschenkten habe.
2. Das agonistische Schenken unter Gleichen: Hier wird die Schuld des Beschenkten durch ein Gegengeschenk ausgeglichen.
3. Das hierarchische Geschenk: Es verpflichtet den Beschenkten dauerhaft gegenüber dem Schenkenden.
4. Die Zelebration einer wechselseitigen Verschuldung unter Gleichen: Dieses Ritual soll mit gegenseitigen Geschenken das gemeinsame Zusammenleben bestätigen.
5. Die Gabe gegenüber Fremden: Hier handle es sich um eine indirekte Strategie, die mit der Gabe nicht auf den Fremden, sondern auf einen Dritten abzielt, der von der neugeschaffenen Relation zum Beschenkten ausgeschlossen ist.

Vergleicht man die Systematik von Godbout mit dem von Mauss beobachtete Gabentausch, fällt auf, dass Godbout ausser bei der Gabe gegenüber Fremden eine von Beginn an konkretisierte Gegengabe voraussetzt oder das Element der Überbietung ausblendet.

1. Im Solidaritätsmodell ist die gesellschaftliche Leistung mit einer gesellschaftlichen Verpflichtung gleichgesetzt. Die Gegengabe ist vorweg als Verpflichtung definiert.
2. Was Godbout als „agonistisches Schenken" unter Gleichen bezeichnet, behält den Charakter eines ökonomischen Austauschs, weil etwas ausgeglichen wird. Der Mauss'sche Gabentausch zeichnet sich aber durch ein gegenseitiges Sich-Überbieten mit Geschenken aus.
3. Das hierarchische Geschenk bestimmt von Anfang an, was als Gegengabe erwartet wird. Wenn die Gegenleistung von Beginn an feststeht, handelt es sich um einen Kontrakt oder einen ökonomischen Handel, nicht aber um einen Gabentausch.
4. Die Zelebration einer wechselseitigen Verschuldung unter Gleichen stärkt zwar die gegenseitigen Banden, bleibt aber im Unterschied zum agonistischen Schenken eine ökonomische Verschränkung ohne das Element der Überbietung.
5. Als agonistisch im Sinne einer provokativen Herausforderung kann das Geschenk an Fremde interpretiert werden; etwa als Aufforderung an

Dritte, frühere Gastgeber an Grosszügigkeit gegenüber dem Fremden zu überbieten.

1.2.5. Unterschiedliche Gaben mit je eigenem Rechtfertigungssystem

Eine philosophische Interpretation der Mauss'schen Gabe findet man bei Marcel Hénaff. Der französische Literaturwissenschaftler und Kulturanthropologe schlägt vor, das Phänomen der Gabe innerhalb der gesellschaftlichen Ordnungen zu klären, in denen es vorkommt. Aus seiner Analyse resultieren drei unterschiedliche Gabenkategorien mit je eigenem Rechtfertigungssystem:[109]

1. Die archaische oder zeremonielle Gabe mit imperativer Verpflichtung zur Gegengabe: Mit dieser Gabenkategorie bezeichnet Hénaff einladende Gesten, sich gegenseitig öffentlich als Bündnispartner anzuerkennen. Er interpretiert den archaischen Gabentausch als beidseitig akzeptierten rituellen Tausch, in dem sich die beiden Seiten vor dem Hintergrund eines potenziellen Konflikts als grosszügige Rivalen mit kostbaren Gegenständen oder Festtagsnahrungsmitteln übertrumpfen und so ihr eigenes Ansehen steigern. Die agonistische Beziehung der Erwiderung und öffentliche Kommunikation seien zentral für die zeremonielle Gabe. Im Akt der Anerkennung würden sich die Beteiligten öffentlich zur Koexistenz verpflichten. Das Element der Verpflichtung transzendiere das soziale Band zu einem politischen Band. Hénaff bemerkt wiederholt, dass dieses Band der Anerkennung nicht mit einem Friedenszustand gleichzusetzen ist, sondern einen latenten Konflikt gleichsam zu einer Art „bewaffneter Friede"[110] macht. Das semantische Feld der zeremoniellen Gabe charakterisiert Hénaff mit der Beziehung der griechischen Begriffe „dosis" und „antidosis", wobei er sich auf die homerische Welt berufend, „dosis" / „antidosis" als Unterpfänder gegenseitiger Anerkennung interpretiert,[111] durch die im Rahmen von Rivalität streng geregelt geantwortet werde.[112]
2. Die gegenseitige Hilfe: Sie finde im Bereich der sozialen Solidarität häufig in direkter Weise gegenüber Nahestehenden, aber auch als Hilfeleistung gegenüber Unbekannten (etwa bei Katastrophen) statt, was im Griechi-

---

[109] Vgl. M. Hénaff, Die Gabe der Philosophen 58–62.
[110] Vgl. M. Hénaff, Die Gabe der Philosophen 70.
[111] Vgl. M. Hénaff, Die Gabe der Philosophen 173.
[112] Vgl. M. Hénaff, Die Gabe der Philosophen 60.

schen dem semantischen Feld der gegenseitigen Freundschaft („philia" und „philanthropia") entspreche.[113] Die Gegenseitigkeit könne bei diesem Gabentypus erwünscht sein. Aber auch die einseitige Gabe aus Grosszügigkeit komme in dieser Kategorie vor. Der Kontext der solidarischen Gabe sei ein mit Bedürftigkeit verbundenes Handeln. Als bewegende Kraft wirke das Mitleid.

3. Selbstloses, wohltätiges Geben ohne Erwartung und ohne eine Garantie einer Erwiderung: Es sei in der Regel privat, häufig diskret und meist einseitig. Diese Gabenkategorie erfolge aus spontaner und freudiger Grosszügigkeit gegenüber geliebten Menschen, denen man eine Freude bereiten will, und entspreche im Griechischen dem semantischen Feld der „charis", gehöre aber auch ins Feld der christlichen „gratia" und „agape".[114] Bei der wohltätigen Gabe sei die Gegenseitigkeit nicht relevant. Häufig charakterisiere sich die wohltätige Gabe durch Diskretion.

Die umfassende Klammer um Hénaffs Systematisierung ist das „Denken der Anerkennung". Die Gabe kann Geste des jedem Menschen geschuldeten Respekts sein, sei es gegenüber dem politischen Mitspieler, als Geste des Mitgefühls gegenüber dem notleidenden Anderen oder als grosszügige Geste im privaten Bereich. Für Hénaff garantiert das „Denken der Anerkennung" jedem Einzelnen den Status seiner Staatsbürgerschaft und seines Menschseins.[115]

Mit seiner kategorischen Unterscheidung dreier Gaben will Hénaff einerseits die wohltätige und uneigennützige Geste vor argwöhnischen, ökonomisch-utilitaristischen Unterstellungen schützen. Sein Anliegen besteht aber darin, dass er die zeremonielle Gabe gegenüber religiösen und moralischen Themen abgrenzt.[116] Moralisch sei der zeremonielle Gabentausch allein schon darum nicht, weil in dieser Tauschkategorie keine Überlebensgüter für bedürftige Empfänger die Hand wechseln, sondern kostbare Güter als Unterpfänder von Bündnissen. Eine religiöse Interpretation der rituellen Praktiken der Gabe erübrigt sich für Hénaff, weil es sich um politische Anerkennungszeremonien handle.[117] Nicht moralische oder religiöse Argumente würden die Beteiligten zum

---

[113] Vgl. M. Hénaff, Der Preis der Wahrheit 386.
[114] Vgl. M. Hénaff, Der Preis der Wahrheit 375–385.
[115] Vgl. M. Hénaff, Die Gabe der Philosophen 262.
[116] Vgl. M. Hénaff, Die Gabe der Philosophen 77.
[117] Vgl. M. Hénaff, Die Gabe der Philosophen 77, 260.

zeremoniellen Gabentausch bewegen und damit zur Pflege des „bewaffneten Friedens" beizutragen, sondern die drohende Alternative, als politischer Versager da zu stehen.[118]

Ich werde im vierten Kapitel ausführlicher auf Hénaff eingehen. Vorläufig sei festgehalten, dass alle drei Gabenkategorien nichts mit einem Handelsaustausch zu tun haben.[119] Der Gabentausch ist in der Interpretation Hénaffs auch kein juristisches Vertragsverhältnis, das eine ökonomische Verpflichtung zeitlich begrenzt und berechenbare Forderungen mit entsprechenden Sanktionen umschreibt.[120]

1.3. Zusammenfassung

Der Blick auf die Historie des Begriffs „Agonie" sowie seine Umsetzung im Zusammenhang mit dem Geben ergibt ein inkonsistentes Gesamtbild. In den Politikwissenschaften und generell in den Sozialwissenschaften wird Agonie eher im öffentlichen, politischen Feld verortet (Arendt, Mouffe, Bourdieu). In philanthropischen Kreisen kann die Agonie sich im privaten Raum als Alternative zum politischen Betrieb abspielen, unter anderem mit entsprechenden Folgen auf die Organisationsform karitativer Tätigkeit. Für einige Wissenschaftler sind agonistische Verhältnisse etwas Vorübergehendes und zu Überwindendes (Honneth, Coser, Luhmann). Dem gegenüber stehen jene Theoretiker, die Agonie als Basis einer moralischen Ökonomie betrachten (Cheal) oder als wesentliche Struktur des sozialen Miteinanders (Bourdieu). Einen grundsätzlich positiven Zugang zur Agonie als etwas, das sein soll, impliziert Dahrendorfs Ansatz, Freiheit durch Konflikt zu bestimmen, und wie wir noch ausführlich sehen werden das „Denken der Anerkennung" von Hénaff sowie Arendts agonales Verständnis des öffentlichen Diskurses.

2. Die Agonie in der aktuellen theologischen Rezeption

Der folgende Abschnitt rekapituliert die theologische Diskussion über die Gabe, die in der zweiten Hälfte der 1990er Jahre einsetzte. Veronika Hoffmann stellte in einer ihrer neueren Publikationen zur Gabe[121] fest, dass es inzwischen eine

---

[118] Vgl. M. HÉNAFF, Die Gabe der Philosophen 69.
[119] Vgl. M. HÉNAFF, Die Gabe der Philosophen 57, 253.
[120] Vgl. M. HÉNAFF, Die Gabe der Philosophen 57f.
[121] Vgl. V. HOFFMANN, Christus – die Gabe 13.

ganze Reihe von Gabentheorien gibt. Eine ausführliche Übersicht über die meisten theologischen Gabeninterpretationen, die ich in diesem Kapitel bespreche, findet sich in Hoffmanns 2013 erschienenen Habilitationsschrift[122]. Anders als Hoffmann fokussiere ich mich in meiner Übersicht auf die bestehenden Gabentheologien auf die Frage, ob und gegebenenfalls wie diese Theologien den agonistischen Aspekt der Gabe integrieren. Die meisten Gabentheologien lehnen sich an bestimmte Philosophien an. Darum wird einleitend zum nächsten Abschnitt auf jene fünf Philosophen verwiesen, die einen besonders starken Einfluss auf die theologische Gabendiskussion hatten.

2.1. Einführung: Philosophische Vorlagen für die theologische Diskussion

Zu den Philosophen mit grossem Einfluss auf die theologische Gabendiskussion zählen neben Jacques Derrida auch Bernhard Waldenfels, Emmanuel Levinas und Jean-Luc Marion. Ein Philosoph, der in der Gabendiskussion eher im Hintergrund erscheint, dennoch einen nachhaltigen Einfluss auf die Theologie hatte, ist Seneca. Seine Sicht auf die wohltätige Gabe strahlt über Luthers Rechtfertigungslehre in die moderne Gabentheologie hinein.

2.1.1. Lucius Anneus Seneca: Die Wohltat als reine Gunst

Lucius Annaeus Senecas «De Beneficiis»[123] ist die erste grosse Schrift der westlichen Philosophie, die sich ausschliesslich der Gabe widmet. Der Essay «Über die Wohltaten», der zwischen 56 und 64 n. Chr.[124] datiert wird, blieb nicht ohne Einfluss auf die christliche Theologie.[125] Im Mittelalter und in der Reformationszeit war das Werk gut bekannt. Auch Luther nutzte diese Schrift.[126] Der lutherische Theologe Risto Saarinen stuft sie als philosophische Parallele zu Luthers Lehre von Gottes Gnadenhandeln ein.[127]

---

[122] Vgl. V. HOFFMANN, Skizzen.
[123] L. A. SENECA, De Beneficiis.
[124] Vgl. J. WOLKENHAUER, Senecas Schrift *De beneficiis* 75.
[125] Eine jüngere Publikation zu Seneca, die in einem separaten Kapitel Senecas Einfluss auf die christliche Tradition behandelt, ist die Seneca-Einführung des Philologen Michael von Albrecht. Allerdings erwähnt v. Albrecht dort weder das Werk «De Beneficiis», noch geht er auf den Aspekt der christlichen Gnadenlehre ein (vgl. M. V. ALBRECHT, Seneca 161–204).
[126] Vgl. R. SAARINEN, Im Überschuss 78; DERS., The Language of Giving in Theology 252, 260–263.
[127] Vgl. R. SAARINEN, The Language of Giving in Theology 260–263, 270f.

«De Beneficiis» handelt von einer moralischen Gabe als wohlwollendes Verhalten ohne Erwartung einer Erwiderung oder von Dankbarkeit. Die Erwartung einer Gegengabe stehe im Widerspruch zur Seelengrösse.[128] Wer sich einen Vorteil aus dem wohltätigen Verhalten ausrechne, verdiene kein Mitleid, wenn er enttäuscht wird.[129] Nötigenfalls, empfiehlt Seneca, sollten Wohltaten im Verborgenen geschehen, um den Empfänger möglichst nicht zu beschämen.[130] Die Vergeltung der Wohltat ist ihre dankbare Entgegennahme, womit die eigentliche Wohltat vergolten ist.[131] Für Seneca gib es auch eine Pflicht, die Wohltat materiell zu vergelten,[132] sofern die Umstände es erlauben,[133] wobei zwischen Wohltat und dankbarer Erwiderung eine gewisse Zeit verstreichen solle, sonst würde die Gegenleistung nur zu einem Abschütteln der Wohltat.[134] Auch solle die Gegenleistung nur so gross sein, dass nicht ein Gefühl der Befreiung von der Schuld entsteht.[135] Zur Pflicht des Empfängers gehöre auch, nie die Wohltat zu vergessen.[136]

Gegen Ende von «De Beneficiis» behandelt Seneca den Fall, dass ein Beschenkter die Wohltat zurückweist. Seneca empfiehlt, sich davon nicht beirren zu lassen, denn der Beschenkte könnte später, bewegt durch die anhaltende Grosszügigkeit, seine Gesinnung ändern und bereit werden, die Wohltaten anzunehmen.[137] Das bedeutet aber auch, dass Seneca zwar die Erwartung von Gegenseitigkeit in Verbindung mit grosszügigem Verhalten ablehnt, die Gegenseitigkeit selbst jedoch nicht ausschliesst und vielleicht sogar zur Nachahmung des Wohltäters ermuntert. Grundsätzlich vertritt Seneca die Ansicht, dass die Beziehung des Wohltäters zum Beschenkten auf der Reinheit des Her-

---

[128] Vgl. L. A. SENECA, De Beneficiis, I, 4, 2.
[129] Vgl. L. A. SENECA, De Beneficiis, I, 1, 9.
[130] Vgl. L. A. SENECA, De Beneficiis, II, 10, 1.
[131] Vgl. L. A. SENECA, De Beneficiis, II, 32, 4.
[132] Vgl. J. WOLKENHAUER, Senecas Schrift *De beneficiis* 116.
[133] Vgl. etwa im Kapitel V, 5 von «De Beneficiis», wo die Frage beantwortet wird, ob ein Mensch sich selbst eine Wohltat geben kann. Die Antwort ist nein, da er sich nicht selbst dankbar sein kann.
[134] Vgl. L. A. SENECA, De Beneficiis, VI, 35,3f.
[135] Vgl. L. A. SENECA, De Beneficiis, II, 35, 5.
[136] Vgl. L. A. SENECA, De Beneficiis, II, 10, 4.
[137] Vgl. L. A. SENECA, De Beneficiis, VII, 29, 9–32.

zens und der individuellen moralischen Forderung beruhen soll, bei der Geste des Gebens bedingungslos um des Gebens willen zu geben.[138]

Im Unterschied zum Gabentauschmodell von Marcel Mauss, bei dem das Geben, Annehmen und Erwidern zusammengehören, sind die bedingungslosen Wohltaten in Senecas Essay nicht primär reziprok. Die Gesinnung oder innere Haltung („animus")[139] des gebenden Individuums zähle, denn die tatsächliche Grösse oder Bedeutung der Wohltat hänge von Umständen ab, für die der Erweisende nichts könne.[140] Dasselbe gelte für den Empfangenden, der sich mit allen Kräften bemüht, die erhaltene Wohltat zurückzuerstatten. Er habe sich bereits durch seine Bemühungen als dankbar erwiesen, selbst wenn ihm die effektive Rückerstattung wegen widerlicher Umstände misslingen sollte.[141] Moralisch messen sich Erweisen und Empfangen von Gaben bei Seneca an der inneren Haltung. Ob die Umsetzungen der Handlungen auch tatsächlich gelingen, hänge hingegen ganz vom göttlichen Schicksal ab.[142]

Ein Wettstreit mit Wohltaten ist für Seneca grundsätzlich ausgeschlossen, weil der „animus" für Seneca unbesiegbar ist[143] und wirtschaftliche oder soziale Unterschiede im Bereich des „animus" keine Rolle spielten.[144] Damit unterstellt er eine völlige Trennung zwischen Gesinnung und Handlung sowie eine Reinigung der Wohltaten von allem Prahlerischen und Kommerz.[145] Dies mag erklären, warum Mauss das Werk von Seneca nicht einmal erwähnt. Senecas Beschreibung der Wohltaten ist nicht agonistisch. Hénaff interpretiert «De Beneficiis» sogar als eine Gegenposition zum viel älteren zeremoniellen Gabentausch, wie ihn Mauss beschrieben hat.[146] Senecas Werk über die wohltätige Gabe nehme einen Gedanken auf, der damals in der römischen Gesellschaft als „Gunst ‚von oben'"[147] herangereift sei und „der gleichzeitig aufkommenden christlichen

---

[138] Vgl. L. A. SENECA, De Beneficiis, I, 4, 1–2; vgl. dazu M. HÉNAFF, Der Preis der Wahrheit 393f, 398f.
[139] Vgl. L. A. SENECA, De Beneficiis, I, 6, 1; I, 9, 1.
[140] Vgl. L. A. SENECA, De Beneficiis, V, 5, 3.
[141] Vgl. L. A. SENECA, De Beneficiis, VII, 14f.
[142] Vgl. D. PROBUCKA, Ethics in Ancient Greece and Rome 48.
[143] Vgl. J. WOLKENHAUER, Senecas Schrift *De beneficiis* 116, 127.
[144] Vgl. L. A. SENECA, De Beneficiis, III, 22, 3f.
[145] Vgl. M. HÉNAFF, Der Preis der Wahrheit 406.
[146] Vgl. M. HÉNAFF, Der Preis der Wahrheit 394.
[147] Vgl. M. HÉNAFF, Der Preis der Wahrheit 374.

Predigt – insbesondere der des Paulus – nahestand"[148]. Mit dieser Feststellung zieht Hénaff den Bogen zur Reformation:

> „Auf diese Weise bereitet sich vor, was die implizite und wesentliche These des Denkens der Reformatoren sein wird: allein Gott kann geben; er allein gibt, und es braucht die Gabe der Menschen nicht."[149]

2.1.2. Jacques Derrida: Die Gabe der Ökonomie entreissen

Jacques Derridas «Donner le temps 1.: La fausse monnaie»[150], ist ein radikaler philosophischer Versuch, die Gabe dem ökonomischen Tauschzwang zu entreissen.[151] Er veröffentlichte diese grundsätzliche Kritik an der ökonomischen Figur der Gabe 1991. Als zentrales Argument für die Dekonstruktion der Gabe führt er an, dass die Gabe sich durch die Pflicht zur Rückgabe selbst annulliere. Ein zentraler Satz in «Falschgeld» lautet:

> „Die Gabe als Gabe dürfte letztlich nicht als Gabe erscheinen: weder dem Gabenempfänger noch dem Geber. Gabe als Gabe kann es nur geben, wenn sie nicht als Gabe präsent ist."[152]

Die reine Gabe wäre demnach als Handlung ohne jede Wechselseitigkeit eine reine, rückkehrlose Gabe ohne Anspruch und Schuldgefühle,[153] also völlig etwas anderes als die wechselseitige und zirkuläre Struktur beim Gabentausch. Die Gabe darf gemäss Derrida erst gar nicht als Gabe erkannt werden.[154]

Derridas Dekonstruktion der Gabe hat Philosophen und Theologen inspiriert. Er hat das Thema Wohltätigkeit weiter vorangetrieben, als das noch bei Seneca der Fall war. Während bei Seneca die Erwartung einer Erwiderung der Gabe den Wohltäter disqualifiziert, ist bei Derrida bereits die eigene Erinnerung, etwas gegeben zu haben, eine Gegengabe, die dem Verdienstdenken des „do ut des" entspringe.[155] Ziel von Derridas Dekonstruktion der Gabe sei das Auf-

---

[148] Vgl. M. Hénaff, Der Preis der Wahrheit 395, 405.
[149] M. Hénaff, Der Preis der Wahrheit 405.
[150] Der Titel der deutschen Übersetzung von 1993 ist exakt anders herum: «Falschgeld: Zeit geben I».
[151] Vgl. J. Wohlmuth, „… mein Leib, der für euch gegeben" 58.
[152] J. Derrida, Falschgeld 25. Hervorhebungen im Original.
[153] Vgl. J. Derrida, Falschgeld 22f.
[154] Vgl. J. Derrida, Falschgeld 25.
[155] Vgl. V. Hoffmann, Christus – die Gabe 13f, 22f; Dies., Die Gabe. Ein „Urwort der Theologie 10.

sprengen der Totalität des ökonomischen Gabentauschsystems und damit die Bewährung des Anökonomischen der Gabe, fasst Magdalene L. Frettlöh zusammen.[156] Ähnliche Interpretationen von Derridas Gabe findet man bei J. Todd Billings und Susanne Lüdemann: Für Billings handelt es sich um ein störendes Einfallen in eine Tausch-Wirtschaft[157] und für Lüdemann um eine Figur, die den Kreislauf der Ökonomie transzendiert[158].

2.1.3. Bernhard Waldenfels: Geben durchbricht die Tauschordnung

Der Philosoph Bernhard Waldenfels hat sich in «Das Un-Ding der Gabe»[159] mit Derrida auseinandergesetzt. Einfluss auf die theologische Gabendiskussion gewann dieser Beitrag durch den 2001 erschienen Gaben-Artikel von Magdalene L. Frettlöh[160].

In seiner Phänomenologie der Gabe unterscheidet Waldenfels zwischen der ordentlichen Gabe und dem ausserordentlichen Geben. Voraussetzung der ordentlichen Gabe sei ein ungeschriebener Vertrag.[161] Das ausserordentliche Geben als Schenken hingegen entziehe sich der ordentlichen Gabe, indem es unentgeltlich ist und so „den Kreislauf der Vergeltung und Vergütung durchbricht, ihn unterbricht und die Grenzen der Tauschordnung überschreitet."[162] Dieses schenkende Geben existiere jedoch nicht jenseits des Tausches.[163] Während bei Derrida die „reine Gabe" im Zentrum steht, bei der Gebern und Empfängern gar nicht bewusst werden darf, dass sie gegeben oder empfangen haben, fokussiert sich Waldenfels auf die Beziehung zwischen Gebenden und Empfangenden. Diese Beziehung des Schenkens und Beschenktwerdens zeige sich „im unaufhörlichen Durchbrechen von Tauschordnungen"[164].

---

[156] M. L. FRETTLÖH, Der Charme der gerechten Gabe 127.
[157] J. T. BILLINGS, John Milbank's Theology of the "Gift" 88.
[158] Vgl. S. LÜDEMANN, Jacques Derrida zur Einführung 122. Derrida selbst spricht sogar von einer „transzendentalen Illusion der Gabe": „Wir werden uns also der Illusion hingeben und uns auf sie einlassen, eine Art transzendentale Illusion der Gabe zu denken oder neuzudenken." (J.DERRIDA, Falschgeld 44).
[159] B. WALDENFELS, Das Un-Ding der Gabe 395–409.
[160] M. L. FRETTLÖH, Der Charme der gerechten Gabe.
[161] Vgl. B. WALDENFELS, Das Un-Ding der Gabe 386.
[162] Vgl. B. WALDENFELS, Das Un-Ding der Gabe 399, 408.
[163] Vgl. B. WALDENFELS, Das Un-Ding der Gabe 398f. Gabe ohne Tausch und Tausch ohne Gabe seien nicht in zwei Reiche getrennt, sondern nur als Grenzfälle denkbar (vgl. 399).
[164] Vgl. B. WALDENFELS, Das Un-Ding der Gabe 408.

Ein zweiter Aspekt der Gabe, den Waldenfels in die Diskussion einbringt, ist der Überschuss. Durch das Geben entstehe ein Überschuss, der über das Gegebene hinausgeht. Paradigmatisches Modell des Ansatzes von Waldenfels ist das Antworten. Das Antworten ist ein Wort, das anderswo bei einem fremden Anspruch beginnt.[165] Ohne „Vor-gabe" könne man nicht antworten.[166] Entscheidend für Waldenfels ist jedoch, dass in der Antwort mehr stecke, als dem Gehalt der vorausgehenden Frage entspricht. Die Antwort gehe auch auf den Anspruch ein, dem in der vorausgegangenen Frage begegnet wurde. Dadurch werde das Ereignis des Gebens einer Antwort gegenüber ihrem Gehalt überschüssig. Waldenfels vergleicht den Überschuss mit dem Vertragsabschluss selbst, der nicht Teil des Vertragstextes ist.

Der Überschuss beim Gabentausch, der über das Gegebene hinausweist[167] habe die Form des „Ausser-ordentlichen", das aber nur indirekt erfassbar sei.[168] Der äquivalente, ökonomische Tausch weise über sich hinaus, weil der Gebende nicht bestimmen könne, wie der Empfangende auf das Gegebene reagiert. „Insofern wohnt dem Geben ein Nehmen inne als eine ‚innere Schwäche', die verhindert, dass der Gebende je vollends der Gebende ist."[169] Der Gebende sei darum immer auch ein nehmender Geber, der etwas gibt, das er nicht hat.[170]

2.1.4. Emmanuel Levinas: Die Gabe der Alterität

Emmanuel Levinas dürfte der Erste gewesen sein, der eine Phänomenologie der Gabe entwickelte, auch wenn er es vorzog, statt von Gabe von Gebung („le donné", „la donnée") zu sprechen.[171] Levinas verbindet mit seiner phänomenologischen Arbeit den Anspruch, aufzuweisen, wie sich Gebung zeigt.[172] Das Ergebnis seiner Gedanken zur Gebung ist eine Gabe ohne Gegengabe, die sich durch die Betonung des anderen Menschen und des göttlichen

---

[165] Vgl. B. WALDENFELS, Das Un-Ding der Gabe 395.
[166] „Antwort als ein Wort, das anderswo beginnt, ist ohne ein Moment der Vor-gabe nicht zu denken." B. WALDENFELS, Das Un-Ding der Gabe 395.
[167] Vgl. B. WALDENFELS, Das Un-Ding der Gabe 399.
[168] Vgl. B. WALDENFELS, Das Un-Ding der Gabe 409.
[169] B. WALDENFELS, Das Un-Ding der Gabe 402.
[170] Vgl. B. WALDENFELS, Das Un-Ding der Gabe 402; An dieser Stelle macht Waldenfels eine Anspielung auf das "Geben, was man nicht hat" von Derrida in: J. DERRIDA, Falschgeld 10 Fn 4, 203 Fn 41.
[171] Vgl. J. WOHLMUTH, „... mein Leib, der für euch gegeben" 55 Fn.
[172] Vgl. E. LÉVINAS, Totalität und Unendlichkeit 103ff.

Anrufs des Anderen auszeichnet.[173] Das alles Entscheidende ist die Beziehung zum Anderen, die sich wie ein Einbruch der Transzendenz in die Immanenz ereignet.[174]

In seinem 1961 erschienenen Werk «Totalité et Infini»[175] unterscheidet Levinas zwischen Totalität der Freiheit und Freiheit des Unendlichen. Die Totalität der Freiheit bezieht sich auf das Bewusstsein und die Erkenntnis, die gewalttätig, nur auf sich selbst bezogen und auf uneingeschränkte Machtausbreitung angelegt ist. Diese nur auf sich selbst bezogene Freiheit erträgt keine Einschränkung oder Begrenzung. Ihr stellt Levinas die Freiheit des Unendlichen gegenüber. Möglich wird diese Art von Freiheit erst durch die Scham darüber, dass die eigenen Ansprüche sich über jene des Anderen hinwegsetzen.[176] Als Auslöser dieser Scham identifiziert Levinas die sinnliche Wahrnehmung des leibhaftig Anderen in seiner Verwundbarkeit[177] – er nennt dies „Antlitz" – und die Ahnung des Unendlichen seiner Andersheit. Die Freiheit des Unendlichen werde in der Wahrnehmung des Andern zur Aufgabe[178] und gehöre folglich in die Ordnung der Ethik.[179]

Mit der Scham werde sich der Mensch der Schuld gegenüber dem Anderen bewusst und übernehme für ihn Verantwortung. Je mehr Verantwortung das Ich für den Andern übernehme, desto mehr lege es seine Freiheit als herrschendes Subjekt ab und desto grösser werde die Schuld gegenüber ihm.[180] Das Bedürfnis nach dem Anderen schaukle sich mit jeder Erfüllung dieses Bedürfnisses auf, weil es nicht vom Begehrenden, sondern vom Begehrten herkomme. Bei Levinas ist es somit ausschliesslich der Andere, der mich in die unendliche Freiheit[181] oder meine Beziehung zu Gott[182] einsetzt. Von diesem Anderen

---

[173] Vgl. K. WOLF, Gabe der Freiheit 127f.
[174] Vgl. M. M. LINTNER, Eine Ethik des Schenkens 172.
[175] Deutsch: E. LÉVINAS, Totalität und Unendlichkeit.
[176] Vgl. E. LÉVINAS, Totalität und Unendlichkeit 114f.
[177] Vgl. E. LÉVINAS, Totalität und Unendlichkeit 306.
[178] Vgl. E. LÉVINAS, Totalität und Unendlichkeit 360f.
[179] Vgl. E. LÉVINAS, Totalität und Unendlichkeit 115.
[180] Vgl. E. LÉVINAS, Totalität und Unendlichkeit 362; DERS., Jenseits des Seins 249.
[181] Vgl. E. LÉVINAS, Totalität und Unendlichkeit 122.
[182] Vgl. E. LÉVINAS, Wenn Gott ins Denken einfällt 18.

komme die Gabe, die das Subjekt als Hingabe an den Anderen oder als desinteressiertes, rückkehrloses Begehren des Anderen vollziehend konstituiert.[183]

Zusammenfassend folge ich Lintners Interpretation, dass die Subjektivität durch die Gabe des Anderen bestimmt ist und das Subjekt nur gebend existieren kann.[184] Allerdings fokussiert diese Sichtweise ausschliesslich die Ordnung der moralischen Freiheit des Unendlichen. Wie verhält sich aber die ethische Zweierbeziehung zur Gesellschaft und damit zu politischen Forderungen wie jene nach Gerechtigkeit, Gleichheit oder Freiheit? Levinas sucht die Lösung auf solche Fragen in der Einführung der Figur des „Dritten". Der „Dritte" ist der Andere, insofern er mir als Mitglied der Gesellschaft begegnet und die asymmetrische, ethische Zweierbeziehung korrigiert.[185] Im Zusammenhang mit dem Gabentausch wurde der „Dritte" einzig durch Hénaff thematisiert, und zwar im Zusammenhang mit der solidarischen Gabe. Hénaff interpretiert den „Dritten" als Realitätsprinzip. Ich komme darauf im vierten Kapitel zurück.

2.1.5. Jean-Luc Marion: Reduktion der Gabe auf „Gegebenheit"

Während Derrida die Gabe als Aporie charakterisiert, die darum als Phänomen gar nicht existieren kann, vertritt der französische Philosoph Jean-Luc Marion die phänomenologische Sicht auf die Gabe als „Gegebenheit". In seinen Werken übersetzt er diesen Husserlschen Begriff mit „donation". Marion geht zwar auch auf das sozialwissenschaftliche Gabentauschmodell ein, doch dient es ihm ausschliesslich dazu, sich davon zu distanzieren, weil es nur den Tausch und nicht das Gegebene behandeln wolle.[186]

Wie für Derrida ist auch bei Marion eine Gabe nur dann eine Gabe, wenn es keinen Gebenden, keine Gabe und keinen Empfangenden gibt oder die Gabe radikal vergessen wird. Marion geht aber einen anderen Weg als die Dekonstruktion. Er unterwirft die Gabe einer phänomenologischen Reduktion zum Geschehen einer „Gegebenheit" und streift so den ökonomischen Gabentausch, alles Empirisch-Geschichtliche und alles Metaphysische oder Transzendente von der Gabe ab. Der Gebende, die Gabe und der Empfangende werden eingeklammert. Anstelle der ökonomischen Gabe tritt schliesslich ein Akt der

---

[183] Vgl. E. Lévinas, Totalität und Unendlichkeit 36.
[184] Vgl. M. M. Lintner, Eine Ethik des Schenkens 178.
[185] Vgl. A. Gelhard, Levinas 107–109.
[186] Vgl. J.-L. Marion, Gegeben sei 153 Fn 1.

„reinen Schenkung" oder der „Gegebenheit". „Was sich zeigt, gibt sich zuerst".[187] Nach erfolgter phänomenologischer Reduktion gibt es im Denken Marions keine intentionalen Akte des Bewusstseins mehr. Es bleibe einzig das, was das Bewusstsein als vollendete Tatsachen („datum") erlebe.[188] Dabei erfahre sich das Subjekt selbst als gegeben[189] und habe den Wunsch, dass andere sich ebenso als Empfänger des Gegebenen erfahren. Dieser Wunsch entspringe dem Phänomen, dass sich die „Gegebenheit" durch einen Anschauungsüberschuss auszeichne,[190] der über die das Ich umschliessenden Grenzen hinausfliesse und die Gabe überhaupt erkennbar mache.[191] In seinem Hauptwerk über die Gabe nennt Marion dies auch das „gesättigte Phänomen".[192] Im Anschluss an die phänomenologische Reduktion auf die „Gegebenheit" definiert Marion in «Gegeben sei» die Gabe ausgehend von der reinen Gegebenheit neu und rekonstruiert sie in einem stufenweisen Aufstieg von den mit wenig Anschauung erfüllten Phänomenen bis hin zur überwältigenden Anschauung der religiösen Erfahrung.

Bei Lévinas hat noch die Gebung durch den Ruf des Anderen auf einen transzendenten Geber hingewiesen. Marion hingegen vertritt die Auffassung, dass die Gabe nicht auf einen Geber zurückgeführt werden dürfe, auch nicht auf einen transzendenten Geber.[193] Für Marion ist der Ruf nicht durch einen Geber hervorgebracht, sondern erst im Antwort-Ruf des Angesprochenen als Phänomen gegeben.[194] Das impliziere die Anerkennung, dass der Ruf mir gegolten habe.[195] Die „Gegebenheit" müsse als inneres Ereignis oder inneren Bewusstseinsvorgang gesehen werden.[196] Der Empfänger der Gegebenheit spüre einen Ruf, der ihm zuvorkomme und dem er sich hingeben müsse. Marions Hingege-

---

[187] Vgl. J.-L. MARION, Gegeben sei 23f.
[188] Markus Enders spricht von einem Selbstgebungscharakter der phänomenalen Wirklichkeit (vgl. M. ENDERS, Vom Glück des Gebens 289f).
[189] Vgl. J.-L. MARION, Gegeben sei 114–117.
[190] Vgl. J.-L. MARION, Gegeben sei 441.
[191] Vgl. J.-L. MARION, Sättigung als Banalität 98.
[192] Vgl. J.-L. MARION, Gegeben sei 335–340.
[193] Vgl. J.-L. MARION, Gegeben sei 183.
[194] Vgl. J.-L. MARION, Gegeben sei 445, 472ff.
[195] Vgl. J.-L. MARION, Gegeben sei 471. Damit wird auch der Unterschied zu Levinas deutlich: „Was sich vom Anderen nämlich zu zeigen vermag – und egal, ob man davon guten oder schlechten Gebrauch macht –, hängt genau von der Antwort ab, die ich seinem lebendigen Ruf gebe." (DERS., Gegeben sei 482).
[196] Vgl. J.-L. MARION, Gegeben sei 441.

bener steht im Gegensatz zum transzendentalen Ich, das sich von sich her entfalte und in einem „erbärmlichen Solipsismus" abgrenze.[197] Für Marion ist es dieser Ruf, der mich mir gibt und mich individualisiert, indem er mich von allem Besitz von Eigenem löst.[198] Subjektivität muss bei Marion als „hingegeben" verstanden werden.

Kritiker werfen Marion vor, dass er mit „Gegebenheit" auf eine Leerformel rekurriere: Dieser Begriff müsse erst noch als Gabe gedeutet werden, schreibt Liebsch. Und sollte Gabe sich nicht von sich aus zu erkennen geben, lasse „sich alles Mögliche – von der Anerkennung über den Takt und die Rücksichtnahme bis zur Höflichkeit und zum Vertrauen [...] – als Gabe rekonstruieren."[199] Ähnlich argumentiert Dalferth: Bei Marion gebe es nichts, was nicht als Gegebenheit erscheine. Alle Phänomene sind zur Gabe geworden. Gaben sind keine besonderen Phänomene, womit es mit Marion ebenso unmöglich sei wie mit Derrida, die Gabe als Phänomen zu sehen.[200]

2.2. Theologien der Gabe

Im folgenden Abschnitt werden ein Dutzend theologische Theorien aufgegriffen, die ich als grundsätzliche Beiträge zur Theologie der Gabe einstufe, auch wenn nicht alle in gleichem Masse ausgearbeitet wurden. Mangels einer übergeordneten Systematik hat die Reihenfolge dieser Entwürfe zum Teil willkürlichen Charakter. Thematisch habe ich mich bemüht, jene Theologen, die sich explizit im Umfeld der Rechtfertigungstheologie bewegen, zusammenzuhalten. Als katholischen Beitrag, der ebenfalls in diese Gruppe gehört, stufe ich Hoffmanns «Skizzen» ein. Mit Blick auf die Zeitachse ist es wohl gerechtfertigt, mit Milbank, Frettlöh und Holm zu beginnen. Dass Tanner, Lintner, Miggelbrink und Werbick den Abschluss bilden, erklärt sich damit, dass sie weder zu den frühesten Gabentheologen zählen noch der Gruppe der expliziten Rechtfertigungstheologen zuzurechnen sind.

---

[197] Vgl. J.-L. MARION, Gegeben sei 442, 476.
[198] Vgl. J.-L. MARION, Gegeben sei 446.
[199] Vgl. B. LIEBSCH, Umsonst 50.
[200] Vgl. I. U. DALFERTH, Umsonst 93ff.

2.2.1. John Milbank: Den Gabentausch reinigen

Mitte der 90er-Jahre stellte der anglikanische Theologe John Milbank mit Hilfe des Gabenvokabulars eine trinitarische Theologie vor, die beim anthropologischen Gabentauschmodell ansetzt.[201] In «Can a Gift Be Given?» aus dem Jahr 1995 interpretiert Milbank den Mauss'schen Gabentausch in übersichtlichen, lokalen Gabengesellschaften als einen Vorgang, bei dem die Schuld oder die Pflicht zurückzugeben, der spontanen Generosität übergeordnet ist. Die Schuld repräsentiere ein System, das über dem Subjekt stehe und die Bestätigung von Status zum Ziel habe. Milbank interpretiert den Gabentausch als Teil eines eng definierten Gabenzyklus, der wenig Raum für Kreativität offenlasse und bei dem es letztlich immer um die Begleichung einer Schuld gehe. Gewalt sei darum dem Gabentausch inhärent.[202]

Als christliche Alternative präsentiert Milbank eine von allem Gewaltsamen gereinigte Gabenökonomie.[203] In einem ersten Schritt setzt er der „archaischen Gabe" den von „archaisch agonistischen Elementen" graduell „gereinigten" Gabentausch des alttestamentlichen Bundes gegenüber, in dem es vermehrt auch um Gerechtigkeit gehe und der Aspekt der Schuld zurückgedrängt werde.[204] Beispielsweise werde dort in regelmässigen Abständen mit einem neuen Gabenzyklus begonnen, verbunden mit dem Erlass von Schulden[205]. Die im Bund vereinten Israeliten könnten zwar zu Gläubigern anderer Völker werden, nicht aber gegenüber Vertretern des eigenen Volkes. Im Neuen Testament öffne sich diese Sicht zusätzlich, indem das Blutsband bis auf Adam zurückgeführt werde und es darum niemanden ausserhalb dieser Gabengesellschaft gebe.[206] Die „gereinigte Gabe" des Christen ist für Milbank eine Gabe, die der christlichen Agape entspricht: Der Selbstlosigkeit des Gebenden stehe die Fähigkeit gegenüber, anzunehmen, ohne sich verpflichtet zu fühlen, weil sich hinter der Gabe die unendliche Liebe Gottes verberge, deren Zyklus sich durch Dankbarkeit und Verpflichtung schliesse.[207]

---

[201] J. MILBANK, Can a Gift Be Given?
[202] J. MILBANK, Can a Gift Be Given? 145.
[203] J. MILBANK, Can a Gift Be Given? 131ff.
[204] Vgl. J. MILBANK, Can a Gift Be Given? 131.
[205] Milbank verweist auf das Jubeljahr (Lev 25,10) und die Siebenjahresregel (Deut 15, 1–6).
[206] J. MILBANK, Can a Gift Be Given? 148.
[207] Vgl. J. MILBANK, Can a Gift Be Given? 131.

Beim Tauschakt selbst legt Milbank den Finger auf den Aspekt der Gegenseitigkeit. Gegen Derrida und Marion, denen er vorwirft, sie hätten eine „reine Gabe" entwickelt, in welcher das Subjekt ausgeblendet werde, vertritt Milbank einen von allem Archaischen und Agonistischen gereinigten Gabentausch mit Gebenden und Empfangenden, die als konkrete handelnde Personen miteinander in Beziehung treten.[208] Milbanks exemplarisches Beispiel dafür ist die lukanische Geburtserzählung, in der Maria die Gabe der Empfängnis Christi frei annimmt und dadurch wieder zurückgibt.[209] Der personale Bezug ist für Milbank bereits trinitarisch im Heiligen Geist als Beziehung zwischen Vater und Sohn vorgegeben.[210] Durch den Heiligen Geist würden die Menschen untereinander wie auch im Verhältnis zu Gott aktiv am innertrinitarischen Austausch teilnehmen.[211]

---

[208] Das Anliegen von Milbank, die Gabe auch theologisch als reziprok zu verstehen, wurde im deutschsprachigen Gabendiskurs nach der Jahrtausendwende im Zusammenhang mit Luthers Rechtfertigungslehre verschiedentlich thematisiert und wird auch in dieser Arbeit noch mehrmals aufgegriffen. Im angelsächsischen Raum erschien im 2005 dazu der Aufsatz von J. T. BILLINGS «John Milbank's Theology of the ‚Gift' and Calvin's Theology of Grace». Darin kritisiert Billings, Milbank setze sich mit «Can a Gift be Given?» von reformatorischen Rechtfertigungstheologien ab, denen er – ohne sie direkt zu nennen – eine einseitige Sicht auf die Gnade als unilaterales Geben unterstelle (vgl. ebd. 87). Am Beispiel von Calvins Gnadenlehre widerspricht ihm Billings. Richtig sei zwar, dass die Gläubigen Gottes Gnade rein passiv empfangen, doch habe diese Rechtfertigung aus Gnade in der Heiligung eine zweite Seite, nämlich die, dass der Gerechtfertigte durch den Heiligen Geist zu einem aktiven Leben in Frömmigkeit und Liebe bewegt wird. In Christus zu leben sei ein Leben in Liebe entsprechend dem „tertius usus legis" von Calvin. Erklärend dazu schreibt Billings in einer Fussnote: „With Luther, Calvin affirms that the first use of law is to reveal our sinfulness and thus lead to repentance; the second use of the law is to restrain evildoers in civil society [...] However, Calvin also teaches a third use of the law which he considers to be primary: guidance for Christians in living a life of holiness [...]" (ebd. 91) Das Empfangen der Gnade sei für Calvin zwar kein „aktives Empfangen", aber ein „aktivierendes Empfangen" und damit auch kein unilaterales Geben (vgl. ebd. 91f), folgert Billings. Nur die aktivierende Gegenwart Gottes befähige den Menschen, Gutes zu tun (vgl. ebd. 96).
[209] J. MILBANK, Can a Gift Be Given? 136.
[210] „God gives his Spirit; this, says the New Testament, ist the gift, yet it is the relationship between Father and Son in which the Father, in fully giving himself to the Son also fully consigns himself, as giver, to this infinite form, shape or image of his donation." J. MILBANK, Can a Gift Be Given? 137.
[211] Vgl. J. MILBANK, Can a Gift Be Given 137, 154.

Fazit:

Milbanks Reinigung des Gabentausches von ökonomischen Vorgängen und Überführung in die christliche Agape schliesst die Auflösung der von Mauss festgestellten Agonie beim Gabentausch mit ein. Agonie muss bei Milbank als etwas „Unreines" ohne Bedeutung für den personalen Bezug verstanden werden.

2.2.2. Magdalene L. Frettlöh: Asymmetrisches Verhältnis

Magdalene L. Frettlöh zählt zu den massgeblichen Initiantinnen der aktuellen Gabendiskussion in der Theologie. 1996 hat sie die Asymmetrie von göttlicher und menschlicher Gabe in einem Aufsatz zur Theologie des Segnens thematisiert.[212] Wenn der Mensch Gott segnet, ist das laut Frettlöh ein Lobpreis Gottes, in dem sich der Segnende zugleich auch in seiner Menschlichkeit erkenne. Im gegenseitigen Segnen durch Gott und den Menschen entstehe eine beziehungsstiftende Dynamik aufgrund einer vertikalen asymmetrischen Reziprozität, die sich in der horizontalen Dimension als Übernahme ethischer Verantwortung zeitige.

Diesen Grundgedanken hat Frettlöh später im Zusammenhang mit der Gabe weiterverfolgt. Im Beitrag «Der Charme der gerechten Gabe», der 2001 erschien, geht sie einleitend explizit auf Mauss ein und reflektiert im Anschluss daran die Asymmetrie beim Geben im Verhältnis von Gott und Mensch anhand der Eucharistie nochmals gnadentheologisch. Die Gefahr bestehe immer, dass das Sakramentale der Eucharistie in einen ökonomischen Gnadenhandel eingeordnet wird. Die Gabenbeziehung zwischen Gott und den Menschen sei aber nicht symmetrisch, hält sie fest, vielmehr seien Gottes Geben und seine Gabe ursprünglich und den menschlichen Gaben vorgelagert. Frettlöh unterscheidet in diesem Kontext das „gebende Nehmen" Gottes vom „nehmenden Geben" des Menschen.[213]

Damit übernimmt sie den Ansatz von Waldenfels, erweitert ihn aber zu einem chiastischen Geben und Nehmen. Den aus dieser Verschränkung hervorgehen-

---

[212] M. L. FRETTLÖH, Gott segnen.
[213] Vgl. M. L. FRETTLÖH, Der Charme der gerechten Gabe 141. Diese Verdoppelung von Geben und Nehmen übernimmt Frettlöh der „responsiven Phänomenologie von Geben und Nehmen" von Waldenfels (vgl. ebd. 136).

de Überschuss, der den Gehalt der Gabe übersteigt, bezeichnet Frettlöh als Begabung zum Teilen dessen, was der Mensch von Gott „zur Genüge" und unverdient als Überschuss bereits angenommen habe.[214] Weil das Verhältnis von Gott zu Mensch asymmetrisch ist, könne das verschränkte Verhältnis auch kein Tauschverhältnis sein. Es gehe um das „damus quia dedisti" und nicht um das ökonomische „do ut des", fasst Frettlöh die Reziprozität der Gott-Mensch-Beziehung zusammen.[215]

2.2.2.1. Paulinische Theologie der Kollekte

Als Beispiel für das „gebende Nehmen" Gottes und „nehmende Geben" des Menschen verweist Frettlöh auf die paulinische Kollekte für die Jerusalemer Gemeinde. Leitmotiv der paulinischen Kollekte sei die „charis". In 2 Kor 8,1 und 9,14 bezeichne dies zunächst die Gnade und Gunst, die der Gemeinde als jeweilige Begabung im Überfluss geschenkt wurde. Darüber hinaus meine „charis" das Teilen der jeweiligen Begabungen zwischen den Gemeinden (2 Kor 8,4.6.19). Es gehe demnach „nicht nur um das Teilen des Lebensnotwendigen, sondern um die Teilhabe an der göttlichen Lebens*fülle*".[216] Schliesslich meine „charis" den Dank (2 Kor 8,16; 9,15) als Bewegung der von Gott ausgegangenen Begabung zu ihm zurück. Für Frettlöh ist der Dank die exemplarische symbolische Form der Gegengabe.[217] Allerdings weist Frettlöh darauf hin, dass die Jerusalemer Gemeinde ihren Dank an Gott richte und somit ihn in der „eucharistia" als den wahren Geber der Kollekte anerkenne.[218] Die Kollektenspender nehmen in Frettlöhs Paulusinterpretation das eigene Hab und Gut als unverdiente Gabe Gottes wahr. Diese Einsicht sei dann der Grund für die Gabe an Andere.[219]

Weiter weist Frettlöh darauf hin, dass es sich bei der Kollekte unter den heidenchristlichen Gemeinden für jene in Jerusalem nicht um Almosen reicher Gemeinden für ärmere, sondern um eine Gegengabe für die Verkündigung des

---

[214] Vgl. M. L. FRETTLÖH, Der Charme der gerechten Gabe 144f, 161.
[215] Vgl. M. L. FRETTLÖH, Der Charme der gerechten Gabe 161.
[216] Vgl. M. L. FRETTLÖH, Der Charme der gerechten Gabe 143. Hervorhebung im Original.
[217] Vgl. M. L. FRETTLÖH, Der Charme der gerechten Gabe 143 Fn 83.
[218] Vgl. M. L. FRETTLÖH, Der Charme der gerechten Gabe 160.
[219] Vgl. M. L. FRETTLÖH, Der Charme der gerechten Gabe 145.

Evangeliums handle, das von Jerusalem aus als Überfluss an geistigen Gaben in die Völkerwelt getragen worden sei.[220]

Aus ihrer Auslegung von 2 Kor. 8–9 rekonstruiert Frettlöh die Gabe als ein komplementäres Überlassen von Gütern. Diakonie sei folglich nicht einseitige Hilfe, sondern ein gegenseitiger Ausgleich, der der Einsicht entspringe, dass wir unterschiedlich begabt sind und darum einander gegenseitig bedürfen.[221] Jedem zwischenmenschlichen Geben gehe ein Nehmen göttlicher Gaben voraus.[222] Im Genuss und Teilen dieser Vorgaben und in der Rückgabe als Dank an Gott reichere sich die göttliche Gnade und Gunst zur überfliessenden Gabe Gottes an.[223]

Fazit und Kritik:

Frettlöhs Interpretation der paulinischen Kollekte liegt eine Verteilung von Mitteln im Rahmen einer nicht-agonistischen Ergänzungs- oder Komplementärökonomie zugrunde. Dabei scheint gerade das paulinische Kollektenprojekt nicht frei von Agonie zu sein. So weist der Neutestamentler Friedrich W. Horn darauf hin, dass die Kollekte nach dem Zeugnis der paulinischen Briefe nicht nur als eine Aktion der heidenchristlichen Gemeinden für die Armen unter den Heiligen in Jerusalem diente, sondern auch eine Massnahme des Paulus war, um seine Verkündigung des Evangeliums unter den Heiden zu rechtfertigen.[224] Die Kollekte hatte also unter anderem auch die in jener Zeit in Jerusalem umstrittene Anerkennung der Heidengemeinden zum Ziel. Anerkennung ist aber ein zentraler Aspekt im Mauss'schen Überbietungswettkampf.[225]

---

[220] Vgl. M. L. FRETTLÖH, Der Charme der gerechten Gabe 147.
[221] Vgl. M. L. FRETTLÖH, Der Charme der gerechten Gabe 146f.
[222] Vgl. M. L. FRETTLÖH, Der Charme der gerechten Gabe 144.
[223] Vgl. M. L. FRETTLÖH, Der Charme der gerechten Gabe 161.
[224] Vgl. F. W. HORN, Die Kollektenthematik 134.
[225] Frettlöh sieht durchaus den agonistischen Aspekt im Gabentausch, wie er von Mauss beschrieben wurde. Allerdings stuft sie diesen als sekundär ein. Primär gehe es Mauss um Frieden und ein Bündnis. „Das starke Interesse, das M. Mauss dem Potlatsch entgegengebracht hat, sollte nicht darüber hinwegtäuschen, dass er den Gabentausch in den archaischen Gesellschaften *trotz aller agonistischen Elemente* [Hervorhebung durch L.H.] primär als ‚Bündnis und Friedenspolitik' sieht [...]." (M. L. FRETTLÖH, Der Charme der gerechten Gabe 115). Dem gegenüber werde ich in den folgenden Kapiteln die These vertreten, dass Agonie primär ihr eigenes Fortdauern zu Ziel haben muss, damit Frieden und Bündnisse – im öffentlichen Bereich – überhaupt bestand haben können.

2.2.3. Bo Kristian Holm: Gabe als klärendes Modell für das Luther-Verständnis

Bo Kristian Holm schliesst mit seiner Gabentheologie eng an die Rechtfertigungstheologie der Reformatoren an. Er geht aber – immer mit Blick auf Luther – gezielt auf die Wechselseitigkeit im Verhältnis Gott und Mensch und unter Menschen ein. In seinem Artikel «Wechsel ohnegleichen» von 1998 vertritt er die Ansicht, dass Luthers Verständnis der göttlichen Einseitigkeit im Erlösungsprozess durch das Wechselseitigkeitsprinzip des Gabentausches verdeutlicht werden könne.[226] Gegen die These einer unilateralen Beziehung Gottes zu einem rein passiven Menschen wendet er ein, dass Gemeinschaft gegenseitiges Geben erfordere[227]. Wo nichts gegeben werden könne, sei es auch unmöglich, Gemeinschaft zu stiften. Darum müsse es auch in der Gemeinschaft mit Gott eine Wechselseitigkeit geben. Holm stellt sich dem Anspruch, die Einseitigkeit des göttlichen Gebens neben der Gegenseitigkeit des Gott-Mensch-Verhältnisses sowie der zwischenmenschlichen Verhältnisse zu denken.[228] Wie er sich das vorstellt, führt er in seiner 2006 publizierten Dissertation über Luther aus. Dem Reformator gehe es um eine Ökonomie, die Heil bringe, indem sie den Menschen in den göttlichen Austausch einsetze,[229] und zwar als aktiv Empfangender.[230]

Holms Absicht ist ein Gegenseitigkeitsmodell, das weder auf ökonomisches Geben und Nehmen reduzierbar ist[231], noch bloss einen Gegensatz dazu bildet.[232] Den Ausgangspunkt für ein solches Modell sieht Holm in der lutherschen Absetzungsbewegung von einer Werkgerechtigkeit verstanden als ein berechnendes „do ut des" gegenüber Gott.[233] Was Luther Sünde nennt, sei „der immer andauernde Versuch der Maximierung von symbolischem Kapital Gott gegen-

---

[226] Vgl. B. K. HOLM, Wechsel ohnegleichen 182.
[227] Vgl. B. K. HOLM, Wechsel ohnegleichen 184.
[228] Vgl. B. K. HOLM, Der fröhliche Verkehr 42.
[229] Vgl. B. K. HOLM, Gabe und Geben bei Luther 240.
[230] Vgl. B. K. HOLM, Positive Ökonomie als Promissio 159. Holm räumt allerdings auch ein, dass Luther in einer frühen Phase in Abgrenzung von jeder Werkgerechtigkeit den Menschen gegenüber Gott als rein passiven Empfänger gesehen und damit jede Wechselseitigkeit ausgeschlossen habe.
[231] Vgl. B. K. HOLM, Der fröhliche Verkehr 40.
[232] Vgl. B. K. HOLM, Der fröhliche Verkehr 33.
[233] Vgl. B. K. HOLM, Wechsel ohnegleichen 184.

über".[234] Bei einer solchen zerbrochenen Gottesrelation sei der Mensch in der Ökonomie gefangen und dadurch isoliert und gemeinschaftslos „in sich selbst gekrümmt".[235] Ihm bleibe nur die Wahl, sich dieser Ökonomie zu unterwerfen oder daran zu verzweifeln.[236] Der Ausweg aus diesem Dilemma sei eine Situation, in der Strafe und Lohn keine Bedeutung haben. Dies sei dann der Fall, wenn sich der Mensch die Unmöglichkeit einer Gegengabe eingesteht und erkennt, dass er sich nur noch als reine Möglichkeit Gott schenken kann.[237] Bezogen auf das Gabenmodell schliesst Holm daraus, dass bei Luther das Unvermögen des sündigen Menschen den Platz der Gegengabe einnimmt.[238] Der Mensch, der sich selbst gibt, dürfe gewiss sein, dass Gott dies als gute Gabe empfängt, auch wenn es objektiv gesehen nicht immer eine gute Gabe sei. Die Wahrnehmung der Güte des rechtfertigenden göttlichen Gebens befreie den Menschen zur Gemeinschaft in echter Gegenseitigkeit.[239]

Analog zum Dilemma von einseitiger Gabe Gottes und wechselseitigem Verhältnis verhält sich laut Holm die reformatorische Unterscheidung von Rechtfertigung und Heiligung: Die Gabe der Rechtfertigung sei eine „erste unbedingte Gabe" mit einem nicht einzuholenden Überschuss. Als Gabe konstituiere die Rechtfertigung auch ein Machtverhältnis.[240] Insofern sei aus der Perspektive des Sünders auch die Asymmetrie im Gott-Mensch-Verhältnis gegeben.[241] Daneben könne Gottes Heiligungswirken aus einer Inkarnationsperspektive[242] gesehen werden als Christi Selbsthingabe an die Menschen: Durch Gottes Menschwerdung nehme der Mensch teil an einem nicht einzuholenden Überschuss göttlichen Gebens, an einer durch die „erste Gabe" bereits einge-

---

[234] Vgl. B. K. HOLM, Der fröhliche Verkehr 33.
[235] Vgl. B. K. HOLM, Der fröhliche Verkehr 43.
[236] Vgl. B. K. HOLM, Der fröhliche Verkehr 43.
[237] Vgl. B. K. HOLM, Wechsel ohnegleichen 187.
[238] Vgl. B. K. HOLM, Wechsel ohnegleichen 193.
[239] Vgl. B. K. HOLM, Der fröhliche Verkehr 52f.
[240] Vgl. B. K. HOLM, Wechsel ohnegleichen 183.
[241] Vgl. B. K. HOLM, Gabe und Geben bei Luther 243f.
[242] „Die Inkarnationsperspektive drückt Gottes Selbsthingabe an die Menschen aus, während die Sündenperspektive die Selbsthingabe des Menschen an Gott als eine Art der Selbsthingabe in den Blick bekommt, die nur mit der ‚ersten Gabe' als Voraussetzung selbst als ‚Gabe' begriffen werden kann. Anders gesagt: Nur im Lichte des Evangeliums kann die Selbsthingabe als eine solche verstanden werden." (B. K. HOLM, Gabe und Geben bei Luther 241).

richteten Gemeinschaft mit Gott.[243] Im Glauben werde dem Christen göttliche Gestalt gegeben. Und auf diese Gestalt solle der Christ, wie Christus am Kreuz seine Göttlichkeit den Menschen einseitig hingegeben hat, verzichten und sich im gegenseitigen Tausch der Heiligung selbst dem Nächsten hingeben.[244] Holm entwickelt also aus einem Defizitmodell, in dem sich der Sünder als Sünder anerkennt, ein Überschussmodell von empfangendem Geben und gebendem Empfangen.[245]

Übertragen auf Holms Gabentheologie bedeutet das, dass aus der Perspektive der Rechtfertigung die Gott-Mensch-Beziehung als asymmetrisches Geben verstanden werden muss mit dem freiwilligen Kreuzestod Christi als überschüssige unilaterale Gabe. Aus Sicht der Heiligung hingegen zeigt sich der Überschuss der göttlichen Hingabe durch Christus als eine Gemeinschaft echter Gegenseitigkeit unter Menschen. Möglich ist dies, weil die „erste Gabe" die entscheidende Gemeinschaft zwischen Gott und Mensch konstituiert hat.[246] Holm interpretiert also Rechtfertigung als wiederhergestellte Gegenseitigkeit.

Fazit:

Holm sieht zwar, dass die „erste Gabe" ein Machtverhältnis konstituiert und damit einem charakteristischen Aspekt der Mauss'schen Gabe entspricht. Allerdings ist dies nur eine Sichtweise auf die Rechtfertigungslehre. Diese ist durch die Inkarnationsperspektive zu ergänzen. Der Teilnahme des gerechtfertigten Menschen am gekreuzigten Christus entspricht strukturell der chiastischen Verschränkung des Gebens und Nehmens, wie sie von Waldenfels formuliert wurde. Wie bei Waldenfels führt auch bei Holm die Verschränkung zu einem Überschuss, der nicht durch Überbietung (wie bei Mauss), sondern durch einen fremden, nicht einholbaren Anspruch gespeist wird. Damit hat Holm die sozialanthropologische Gabentheorie von Mauss, auf die er sich einleitend zu «Wechsel ohnegleichen» beruft,[247] hinter sich gelassen.

---

[243] „Die Gabe der Rechtfertigung ist eben ein fröhlicher Verkehr von empfangendem Geben und gebendem Empfang." (B. K. HOLM, Der fröhliche Verkehr 51; vgl. auch DERS., Positive Ökonomie als Promissio 149f).
[244] Vgl. B. K. HOLM, Wechsel ohnegleichen 190, 195.
[245] Vgl. B. K. HOLM, Gabe und Geben bei Luther 68f.
[246] Vgl. B. K. HOLM, Wechsel ohnegleichen 194f.
[247] Vgl. B. K. HOLM, Wechsel ohnegleichen 183.

Dies bestätigt auch Holm selbst, wenn er schreibt, dass aufgrund der Teilnahme des gerechtfertigten Menschen an Christus der Gabentausch eine Folge und nicht die Motivierung zur Bildung von Gemeinschaft mit Gott und dem Nächsten sei. Durch die „erste Gabe", die sich nicht ausgleichen lasse, sei diese Gemeinschaft uneinholbar gegeben.[248] Die Analyse von Luthers Rechtfertigungslehre durch Holm führt somit zu einer Aufhebung der agonistischen Gabe in die Wechselseitigkeit einer von Gott ermöglichten Gemeinschaft.[249]

2.2.4. Ingolf U. Dalferth: „Mere passive"

Eine Theologie, die sich als lutherische Gegenposition zu Holm versteht, vertritt Ingolf U. Dalferth. Sein Ausgangspunkt ist ein anthropologischer, nämlich die Passivität des Lebens als Kreativitätszentrum.[250] Dalferth will die Gabe als soziale Praxis verstehen und plädiert für eine „hermeneutische Lebensweltphänomenologie"[251], die von „konkreten lebensweltlichen Zusammenhängen"[252] ausgeht. Sein Ausgangspunkt ist ein Mensch, der ganz passiv empfängt. Beweggrund seines Handelns sei die Gabe, die für jemanden da ist und sich verständlich macht, „indem sie dazu provoziert, mich als Empfänger und sie als das mir Gegebene zu verstehen"[253]. Wenn jemand nicht verstehe, dass die Gabe für ihn da ist, könne es für ihn auch keine Gabe sein, schreibt Dalferth.[254] Die Gabe befähige dazu, den selbstbezüglichen ökonomischen Tausch im kommunikativen Vollzug zu überschreiten. Das sei allerdings nur möglich, wenn wir durch die Gabenbeziehung zu denjenigen werden, die wir für andere sind. In diesem Vollzug würden wir, wozu wir uns nicht machen können, nämlich zu „passiven" und „absolut fremdbestimmten" Empfängern.[255] Die Gabe macht also den Empfänger zum Empfänger und das rein passive Empfangene, macht den Geber zum Geber.

---

[248] Vgl. B. K. HOLM, Wechsel ohnegleichen 194.
[249] Mit seiner Interpretation der Beziehung zwischen Gott und Mensch nähert sich Holm der katholischen Gnadenlehre. Holm bestreitet dies auch nicht. Bezugnehmend auf die Habilitationsschrift von Hoffmann vertritt er in «Positive Ökonomie als Promissio» die Auffassung, dass sich bei den Gabentheologien kaum Grenzen zwischen lutherischen und katholischen Positionen ziehen lassen (vgl. K. Holm, Positive Ökonomie als Promissio 141).
[250] Vgl. I. U. DALFERTH, Umsonst 6.
[251] Vgl. I. U. DALFERTH, Umsonst 104.
[252] Vgl. I. U. DALFERTH, Umsonst 107.
[253] Vgl. I. U. DALFERTH, Umsonst 104f.
[254] Vgl. I. U. DALFERTH, Umsonst 104.
[255] Vgl. I. U. DALFERTH, Umsonst 109–112.

Diese anthropologischen Überlegungen setzt Dalferth auf der theologischen Ebene um: Als Person empfange sich der Mensch in reiner Passivität von Gott her.[256] Im Umgang mit anderen Menschen werde er einzig dadurch zu einem besonderen Menschen, indem aus seiner Biographie besondere Fälle eines Allgemeinen partikularisiert werden.[257] Was aber den Menschen die Würde als Individuum gebe, sei seine Gottesbeziehung. Diese individualisiere ihn als Person vor Gott, und zwar in einem Vorgang, in dem einzig Gott aktiv ist.

Die Tatsache, dass der Mensch rein passiv empfange, weise auf die den Menschen bestimmende Begrenztheit und auf seine Mängel hin. Dalferths theologische Antwort auf diese Mängel ist jedoch nicht eine Theologie der Beseitigung dieser Mängel, sondern eine göttliche Gabe als Überschussphänomen, welches das Leben neu mache und definiere.[258] Damit erscheine Gottes Gabe als etwas, das man subjektiv vorher gar nie benötigt habe. Erst nach ihrem Eintreffen merke man, was gefehlt hat, weil man vorher „keine Ahnung hatte, was einem fehlen könnte, wenn man sie nicht hat".[259] Das Bedürfnis nach Gottes Gabe komme infolgedessen vom Begehrten her und sei darum ein Gut und keine blosse Aufhebung eines Mangels.

Eine zentrale Stelle in Dalferths theologischer Anthropologie nimmt seine Auslegung von Luthers Rechtfertigungslehre ein. Dabei geht er von Luthers 32. These der «Disputatio de homine» von 1536 aus. Dezidiert hält Dalferth fest, dass für Luther die Rechtfertigung durch den Glauben allein im Blick auf den sündigen Menschen „mere passive" erfolge.[260] Seitens des Menschen gäbe es keine Aktivität, gerechtfertigt werde man nicht durch das Empfangen, sondern allein durch das Empfangene. Erst wenn die Menschen in einer Neuschöpfung nicht „ex nihilo", sondern vom Sünder zum Gerechtfertigten werden[261], könnten sie als *„passiv gerechtfertigte"*[262] zwar nicht mit Gott zusammenwirken, aber Aktivitätszentrum des durch sie wirkenden gut und gerecht machenden Gottes sein.[263]

---

[256] Vgl. I. U. DALFERTH, Umsonst 46, 50–91.
[257] Vgl. I. U. DALFERTH, Umsonst 35.
[258] Vgl. I. U. DALFERTH, Umsonst 127.
[259] Vgl. I. U. DALFERTH, Umsonst 124f.
[260] Vgl. I. U. DALFERTH, Umsonst 46, 58.
[261] Vgl. I. U. DALFERTH, Umsonst 65.
[262] Vgl. I. U. DALFERTH, Umsonst 58f. Hervorhebung im Original.
[263] Vgl. I. U. DALFERTH, Umsonst 73, 87.

Die Aktivität des Menschen wird von Dalferth also trotz der Betonung des „mere passive" nicht bestritten, aber auf eine „basale Passivität" zurückgeführt und der menschliche Lebensvollzug als „Passivitätsaktivität" charakterisiert, die auf der zwischenmenschlichen Ebene die Weitergabe der Gabe Gottes ermögliche. Gott mache den Menschen „zum Ort seiner kreativen Gegenwart"[264] und spiele ihm Möglichkeiten zu, „durch die er zu dem wird, der er im Rahmen der ihm zufallenden Möglichkeiten werden kann"[265]. Reziprozität wird also bei Dalferth zur Weitergabe statt zur Rückgabe.[266]

Fazit:

Dalferth anthropologisch begründete Gabenbeziehung wird in einen theologischen Kontext integriert, in dem die Aktivität des Menschen sehr gering eingestuft und wie auch immer geartete Gabenbeziehungen Ausfluss eines von aussen kommenden Überschusses sind. In Dalferths Lutherinterpretation hat eine agonistische Gegenseitigkeit keinen Platz.

2.2.5. Risto Saarinen: Die Struktur des Wortes „geben"

Im Spannungsfeld von Holms Rechtfertigung und gegenseitiger Heiligung in der Gemeinschaft sowie Dalferths „Passivitätsaktivität" ohne Gegenseitigkeit bewegt sich der finnische Lutherforscher Risto Saarinen.

Methodisch setzt Saarinen bei der linguistischen Dimension des sozialen Phänomens an und analysiert die Relationen der Begriffe „geben" und „Gabe". Der 2017 publizierte Artikel «The Language of Giving in Theology» ist nur einer aus der Liste seiner umfangreichen Veröffentlichungen zu diesem Thema.[267] Entscheidend für seine Systematik ist die Ergänzung der dreistelligen Gabenrelation von Geber, Gabe und Empfänger durch eine vierte Stelle, jene des Nutzniessers. Der Nutzniesser könne vom Akt des Gebens profitieren, ohne direkt

---

[264] Vgl. I. U. DALFERTH, Die Selbstverkleinerung des Menschen 122.
[265] Vgl. I. U. DALFERTH, Die Selbstverkleinerung des Menschen 121.
[266] Vgl. U. LINK-WIECZOREK, Kann Gott unseren Schuldigern vergeben? 342. Joane Beuker spinnt diesen Faden weiter und stellt die These auf, dass bei Dalferth Gott und Mensch Akteure im kreativen Akt sind. Insofern könne auch von einer gegenseitigen Beziehung zwischen Gott und Mensch gesprochen werden (vgl. J. BEUKER, Gabe und Beziehung 127). Die Rückgabe in dieser Beziehung seien der Dank und das Lob aus dem Bewusstsein, dass Gott uns das Leben geschenkt hat (vgl. ebd. 156).
[267] R. SAARINEN, The Language of Giving in Theology. DERS., God and the Gift. DERS. Die Gabe als Sprachphänomen. DERS., Im Überschuss.

daran teilzunehmen, etwa, wenn jemand mit Geld beschenkt werde und dieses für die Begleichung einer Schuld verwende. Der Gläubiger sei dann der Nutzniesser. Die Relation des Nutzniessers sei nicht in jedem Fall nötig, etwa beim gewöhnlichen Schenken. Bei einer Fürbitte hingegen brauche es notwendigerweise einen Nutzniesser.

Ein zweiter Aspekt, auf den Saarinen aufmerksam macht, ist jener, dass einzelne Akteure beim „geben" mehrere relationale Stellen einnehmen können. Der „klassische theologische Fall"[268] der „Identifizierung von zwei oder mehreren Argumenten" sei Augustins Bestimmung des Opfertodes von Christus, wo dieser alle vier Positionen einnehme:[269] Als Gott sei er Geber und Empfänger. Als Gekreuzigter sei er Gabe. Und die Stelle des Nutzniessers nehme er als Mensch ein.[270] Es könnten aber auch zwei Personen dieselbe Stelle einnehmen. Saarinen zieht als Beispiel einer Doppelbesetzung Christus und den katholischen Priester als Repräsentant Christi in der Eucharistie heran.[271]

Als dritte sprachanalytische Eigenart des Gaben-Gebens erwähnt Saarinen das unterschiedliche Aktivitäts- und Willensniveau von Geber und Empfänger. Beim Geber werde im Gabenakt vorausgesetzt, dass er geben wolle und es auch tue, während dem Empfänger nur unterstellt werde, dass er die Fähigkeit habe, die Gabe anzunehmen. Er müsse die Annahme aber nicht wollen.[272] Das impliziere, dass Geber und Empfänger von Gaben normalerweise Personen und keine leblosen Objekte sind und in Beziehung zu einander stehen.[273] Wenn in der christlichen Verkündigung das Heil als Gabe verstanden werden solle, „muss der Empfänger eine Fähigkeit zur Offenheit und zum Reagieren besitzen"[274], ein kleiner „Rest der menschlichen Freiheit muss stets mitgedacht werden"[275], schreibt Saarinen.

---

[268] Vgl. R. SAARINEN, Liebe 334.
[269] AUGUSTINUS, De trinitate (4, 14, 19) aufgenommen von THOMAS VON AQUINS Summa theologiae III (q48 a3 c) [Angaben übernommen aus R. SAARINEN, Liebe, 334].
[270] Vgl. R. SAARINEN, Liebe, Anerkennung und die Bibel 334; DERS., Im Überschuss 75f.
[271] Auf katholischer Seite beeinflusste Saarinens These der Mehrfachbesetzung vor allem die Gabentheologie von Veronika Hoffmann.
[272] Vgl. R. SAARINEN, The Language of Giving in Theology 251f.
[273] Vgl. R. SAARINEN, Im Überschuss 74.
[274] Vgl. R. SAARINEN, Im Überschuss 76.
[275] Vgl. R. SAARINEN, Im Überschuss 78.

2.2.5.1. (Nicht-) reziproke Lutherinterpretation

In Saarinens Luther-Interpretation ist Gott Geber und Gabe und der sündige Mensch Nutzniesser des Werkes Christi und Empfänger des Heiligen Geistes. Wäre der Mensch nur Nutzniesser, müsste die Sündenvergebung als ausschliesslich negative Geste verstanden werden, die den Adressaten von einer Last befreit.[276] Das käme einer bloss forensisch verstandenen Rechtfertigung gleich, bei der Akte des Gebens und Empfangens ausschliesslich zwischen Vater und Sohn stattfinden.[277] Effektive Sündenvergebung schliesst für Saarinen aber auch den Empfang einer positiven Gabe als Überschuss mit ein. Dieser Überschuss der Sündenvergebung mache aus dem Nutzniesser auch einen Empfänger der Gabe[278] und befähige ihn, aus göttlichem Reichtum heraus zu handeln, womit der Christ an der göttlichen Reziprozität teilhabe.[279]

Saarinen nennt diesen Überschuss ein „passives Empfangen" und vergleicht dies mit Blumen, die sich von uns begiessen lassen, dieses Wasser aber selbst nie willentlich annehmen können. Zurückgespiegelt auf die theologische Diskussion bedeutet das, dass die Menschen Nutzniesser der Rechtfertigung sein können, aber erst in der Heiligung an der Selbsthingabe Christi teilnehmen und so zu Teilhabern der heilswirkenden Früchten Christi werden.[280]

Im Spannungsfeld zwischen Holm und Dalferth sieht sich Saarinen eher auf der Linie von Dalferths Darstellung der Rechtfertigung als Neuschöpfung des Menschen als Aktivitätszentrum des gerecht machenden Gottes. Wo bleibt dann aber der von Saarinen geforderte „Rest menschlicher Freiheit"? Seine Lösung ist die Unterscheidung von Rechtfertigung und Heiligung als durch Reflexion gereifter Perspektivenwechsel. Demnach sei die Heiligung ein sekundäres, erst rückblickend dankbar wahrgenommenes Geschenk, das Aktivität aus der Passivität denkbar mache.[281]

Aus Sicht des Gebers könne die Heiligung durchaus den Aspekt der Reziprozität haben, da dieser davon ausgehen könne, dass der Gerechtfertigte später refle-

---

[276] Vgl. R. SAARINEN, Im Überschuss 76.
[277] Vgl. R. SAARINEN, The Language of Giving in Theology 261f.
[278] Vgl. R. SAARINEN, Im Überschuss 84.
[279] Vgl. R. SAARINEN, Im Überschuss 80.
[280] Vgl. R. SAARINEN, The Language of Giving in Theology 260–263.
[281] Vgl. R. SAARINEN, The Language of Giving in Theology 270.

xiv die Rechtfertigung erkennt und damit nicht nur Nutzniesser ist, sondern auch zum Empfänger der Rechtfertigung wird. Heiligung sei so gesehen eine Verlängerung der Rechtfertigung.[282] Saarinen verweist dabei auf das Kind, das die an ihm vollzogenen Erziehungsmassnahmen möglicherweise erst später einmal dankbar annehmen kann. Aus menschlicher Sicht seien theologische Gaben primär einseitige Gaben, die von den Empfängern nur passiv empfangen, aber rückblickend verdankt werden können. Aus Sicht des Gebenden bedeute das, dass die Gabe gelungen ist, wenn die Gelegenheit gewahrt wird, dass der Empfänger rückblickend dankbar werden kann.[283] Mit dieser These des verzögerten Perspektivenwechsels erschliesst Saarinen Zeit, in der sich menschliche Freiheit realisieren kann. In der Zeit kann der Mensch als „belebter Rezipient" den Überschuss der Rechtfertigung dankbar reflektieren.[284]

Was aber, wenn diese Reflexion nicht stattfindet und der Dank ausbleibt? Saarinen würde das Ausbleiben des Dankes kaum je als Akt der Ablehnung oder eines agonistischen Ausflusses der Freiheit interpretieren. Der Undankbare sei möglicherweise noch nicht reif, die Gabe zu anerkennen.[285] Saarinen schreibt, dass er primär an einseitigen Gaben und Anerkennungen als theologische Phänomene interessiert sei, entscheidend sei für ihn die Intention des Gebenden.[286]

Fazit:

Saarinens Artikel «Im Überschuss» beginnt zwar mit einer Fussnote zu Mauss. Die Überlegungen zu menschlicher Freiheit und Reziprozität bleiben für Saarinen aber von untergeordneter Bedeutung. Wichtiger ist ihm zu zeigen, dass es ihm in der theologischen Diskussion um einen anderen Gabentypus geht. Sein Artikel behandelt ausführlich die Bedeutung von Senecas Auffassung von Gaben und Wohltaten von der Antike bis zur Gegenwart und verdichtet sich in der

---

[282] "It would therefore be more adequate to say that sanctification is nothing else than the prolongation of justification." (R. SAARINEN, The Language of Giving in Theology 270).
[283] Vgl. R. SAARINEN, The Language of Giving in Theology 268.
[284] „God's categorical giving liberates the faithful from all their own efforts, but it does not turn them into stones or puppets. Instead it defines the faithful as animate recipients who have openness and the potential of becoming grateful partners and neighbours." (R. SAARINEN, The Language of Giving in Theology 274).
[285] Vgl. R. SAARINEN, Liebe 332.
[286] Vgl. R. SAARINEN, Liebe 333.

These, dass das Entscheidende bei der Gabe die Intention ist. Saarinens primäres Gaben-Paradigma ist nicht das agonistisch-reziproke von Mauss, sondern Senecas nicht-agonistische „reine Gabe" als „Gunst von oben".[287]

2.2.6. Oswald Bayer: Eine Ethik der Gabe für die alte Welt

Oswald Bayer ist ehemaliger Leiter des Instituts für christliche Gesellschaftslehre an der Universität Tübingen. Als er 2009 seine Gabentheologie in «Ethik als Gabe» in einer von Hoffmann herausgegebenen Aufsatzsammlung[288] erläuterte, galt er wegen seinem im Jahr 2000 im RGG publizierten Artikel «Gabe. II. Systematisch-theologisch» bereits als wichtiger Gabentheologe. Der erste Satz seines Lexikonartikels „G. ist ein Urwort der Theol."[289] wirkt wie ein Programm und eine Aufforderung, in der Theologie vermehrt über die Gabe nachzudenken.

Einleitend zu «Ethik als Gabe» verortet Bayer den Menschen inmitten von Machtverhältnissen, „die dem Menschen jene eigentümliche Freiheit und Würde geben, die sein Menschsein ausmacht"[290]. In dieser Freiheit bewege sich der Mensch im gemeinsamen Spiel und Konflikt, wobei er weder den Anfang noch das Ende des Spiels in der Hand habe. Das gemeinschaftliche Spiel in Raum und Zeit vollziehe sich nicht als herrschaftsfreie Kommunikation und auch nicht als Vorgriff darauf.[291] Der Mensch befinde sich in einer durch die Logik der Macht durchsetzten Welt, die Bayer als Auftrag durch die Schöpfung deutet.[292] Der durch Gottes unbedingte Gabe neu geschaffene Mensch müsse sich zur alten Welt der Selbstverkrümmung verhalten, „die er zwar nicht mehr ist, aber in sich und um sich hat".[293]

Mit Verweis auf Luther hält Bayer fest, dass die unbedingte Gabe des Evangeliums – Bayer spricht auch von der kategorischen Gabe – rein passiv empfangen werde.[294] Ebenfalls mit Berufung auf Luther vertritt er die These, dass die unbedingte und ungeschuldete Gabe die Antwort des Glaubens erwarte und zu

---

[287] Vgl. R. Saarinen, Im Überschuss 73.
[288] V. HOFFMANN (Hrsg.), Die Gabe – ein Urwort der Theologie.
[289] O. BAYER, Art. «Gabe. II. Systematisch-theologisch.» 445.
[290] Vgl. O. BAYER, Ethik der Gabe 103.
[291] Vgl. O. BAYER, Ethik der Gabe 104.
[292] Vgl. O. BAYER, Ethik der Gabe 100, 103.
[293] Vgl. O. BAYER, Ethik der Gabe 121.
[294] Vgl. O. BAYER, Ethik der Gabe 108f.

einer Gegengabe ermächtige.[295] Damit bewegt sich Bayer im gleichen Themenbereich, wie die in den vorangehenden Abschnitten besprochenen lutherischen Theologen, nämlich dem Verhältnis von „erster Gabe" und dem „Segnen" als Gegengabe. Bayer bestimmt die Gegengabe als das antwortende Lob, das dem Überfluss der unbedingten Gabe entspreche, ein Lob, das nicht nur die vertikale Antwort als Glaube, sondern gleich ursprünglich die horizontale Weitergabe an den Nächsten in der Liebe umfasse.[296]

Für die Umsetzung dieser Luther-Exegese in eine „Ethik der Gabe" orientiert sich Bayer an Luthers Unterscheidung von Christus als Gabe und Christus als Vorbild: Als kategorische Gabe mache Christus den Menschen zum Christen. Christus sei das Vorbild für die Werke des Christen, zu dem dieser schon zuvor durch die kategorische Gabe gemacht wurde.[297] Im Verhältnis zu Gott sei die Gegengabe das Segnen desjenigen, der uns gesegnet hat.[298] Aus diesen Überlegungen leitet Bayer eine Gabenethik ab, die dem traditionell lutherischen Ansatz des „tertius usus legis" oder „usus in renatis", entspricht: Christus als kategorisches Geschenk macht Menschen zu Christen, denen Christus zum Exempel wird. Gemäss Bayer muss eine Ethik im Modus des „tertius usus legis" sich der Erhaltung der alten und durchaus auch gottgewollten Welt und deren Vollendung widmen. Es handle sich um eine Ethik von Menschen, die mit Christus vor Augen „in der alten, vergehenden Welt als eines Kampfes aller gegen alle um gegenseitige Anerkennung auf Leben und Tod" die Gerechtigkeit des Gesetzes anstreben und „auch unter Androhung und Ausübung von Gewalt für Recht und Frieden" sorgen.[299]

Diesem sogenannt dritten Weg geht die Unterscheidung in Evangelium und das Gesetz voraus. Im Evangelium („iustitia Dei") schenkte der dreieine Gott die Gemeinschaftstreue in alle Ewigkeit. Daneben diene das gottgewollte Gesetz („iustitia civilis") der Erhaltung der vergehenden Welt.[300] Ginge die „iustitia dei" neben der „iustitia civilis" oder das Evangelium neben dem Gesetz unter, wür-

---

[295] Vgl. O. BAYER, Ethik der Gabe 115. Bayer lehnt Derridas These ab, dass die Gegengabe die reine Gabe vernichte.
[296] Vgl. O. BAYER, Ethik der Gabe 116f.
[297] Vgl. O. BAYER, Ethik der Gabe 117.
[298] Vgl. O. BAYER, Art. «Gabe. II. Systematisch-theologisch» 445f.
[299] Vgl. O. BAYER, Ethik der Gabe 122.
[300] Vgl. O. BAYER, Ethik der Gabe 122.

de das Weltliche absolut und es gäbe kein Entrinnen aus seiner Eindimensionalität. So aber lasse die Gegenwart des Evangeliums in dieser Welt immer wieder eine andere Logik als die des ökonomischen Tausches aufblitzen, schreibt Bayer gegen Schluss von «Ethik als Gabe».[301] Aber auch die durch die „iustitia civilis" vertretene Herrschaft sei positiv zu bewerten, denn sie sorge für Recht und Frieden.[302] Das bedeute aber auch, dass der Mensch „bis zu seinem Tode und der Weltvollendung" mit „einem Kampf mit der Macht der alten Welt" rechnen müsse.[303]

Fazit:

Oswald Bayers gabentheologische Interpretation der lutherischen Lehre vom Dritten Weg unterscheidet sich von anderen Gabentheologien dadurch, dass sie auch die weltlichen Machtverhältnisse einschliesslich der Gegengewalt als durchaus gottgewollt einbezieht.[304] Bayers „Ethik der Gabe" ist eine Ethik in einem agonistischen Kontext und deutet diesen auch theologisch durch Gottes Schöpfung. Die Gegengabe als Segnung erfolgt in einer agonistischen Welt, in der unter den Bedingungen der „iustitia civilis" für Recht und Frieden gerungen werden muss.

2.2.7. Veronika Hoffmann: Reziprozität durch Doppelbesetzung

Hoffmanns 2013 publizierte Habilitationsschrift ist ein breit abgestützter Beitrag zur Gabendiskussion in der Theologie mit dem Fokus auf die Zuwendung Gottes zur Welt und der antwortenden Zuwendung des Menschen zu Gott und zum Nächsten.[305] Zentrum der These von Hoffmann ist eine theologische Interpretation der Gabe, bei der Geber, Empfänger und Gabe jeweils doppelt, nämlich göttlich und menschlich „besetzt" sind.[306]

---

[301] Vgl. O. BAYER, Ethik der Gabe 123.
[302] Vgl. O. BAYER, Ethik der Gabe 122.
[303] Vgl. O. BAYER, Ethik der Gabe 121f.
[304] Vgl. O. BAYER, Ethik der Gabe 122.
[305] Vgl. V. HOFFMANN, Skizzen 17f.
[306] Mit der Doppelbesetzung übernimmt Hoffmann das Modell, das Saarinen schon im 2005 mit «God and the Gift. An Economical Theology of Giving» als Systematik der Gabe vorgestellt und später immer wieder bei der Erörterung von Spezialthemen angewandt hat (s. Abschnitt 2.2.5. über Risto Saarinen).

Wenn Gott gibt und die Menschen geben, dann handle es sich um einen einzigen Akt, der aus menschlicher Sicht als „imitatio göttlichen Gebens"[307] zu verstehen sei. Was die Doppelbesetzung aus Sicht des Empfangenden bedeuten kann, bespricht Hoffmann unter anderem anhand der karitativen Praxis, wie sie in der Lukasperikope vom Festmahl (Lk 14,12–14) gefordert wird. Dort werde davon ausgegangen, dass die Beschenkten die Gabe nicht vergelten können und dem Gebenden erst in der „Auferstehung der Gerechten" vergolten wird.[308] Die Lohnverheissung beruhe also darauf, dass Gott anstelle jener trete, die zu einer Gegengabe unfähig sind. Gottes Eintreten in den Gabentausch durch die Teilhabe an seiner „Logik der Überfülle" entziehe sich somit innerweltlicher Kalkulation und müsse eschatologisch im Kontext der Gemeinschaft im Reich Gottes gesehen werden.[309]

Mit Blick auf die Lukasperikope verweist Hoffmann auf die sozialwissenschaftliche Beobachtung, dass Gabenbeziehungen immer auch Machtbeziehungen sind: „Mit Hilfe der Gabe werden Über- und Unterordnung, Abhängigkeit und die Zugehörigkeit zu oder die Exklusion aus sozialen Gruppen gesteuert, wobei es zu selbstverstärkenden Effekten kommt."[310] Dem setzt Hoffmann eine Mahlpraxis Jesu gegenüber, an dem als Merkmal des angrenzenden Gottesreiches auch die Ausgeschlossenen teilhaben sollen[311], und in dem eine neue Wechselseitigkeit des Verhältnisses zwischen Gebenden und Empfangenden hergestellt wird[312]. Der Geber in Lk 14 werde aufgefordert, sich beim Einladen den Ausgeschlossenen gegenüber so offen zu verhalten als seien es Freunde oder Familienmitglieder.[313]

Das „Gabe-Gut" im Gabenakt interpretiert Hoffmann als symbolische Selbstgabe, die mit der Initialgabe der göttlichen Anerkennung beginnt und den Menschen zum Eintritt in die Gegenbewegung herausfordert. Der Mensch könne als Sünder nur in diese Anerkennungs-Tauschbeziehung eintreten, weil Christus stellvertretend auf der Seite des Menschen Empfänger dieser Aner-

---

[307] Vgl. V. HOFFMANN, Skizzen 485.
[308] Vgl. V. HOFFMANN, Skizzen 471.
[309] Vgl. V. HOFFMANN, Skizzen 512.
[310] V. HOFFMANN, Skizzen 468.
[311] Vgl. V. HOFFMANN, Skizzen 469.
[312] Vgl. V. HOFFMANN, Skizzen 472.
[313] Vgl. V. HOFFMANN, Skizzen 470.

kennung wird. Allein auf sich verwiesen wäre er unfähig, sich ganz zu geben.[314] Aus schöpfungstheologischer Sicht verhalte sich Gott gegenüber dem Sünder in „verkennender Anerkennung", weil dieser das geliebte Geschöpf ist, das er geschaffen hat.[315] Die skizzierte christologische und theologische Anerkennungsbewegung der Gabe führe in jene eschatologische Vollendung, in der der Anerkannte in dem aufgeht, was Gott in ihm sieht.[316]

Fazit:

Hoffmanns Gabentheologie ist eine trinitarische, die „den Menschen in die göttliche Lebensbewegung des Sich-Gebens und Sich-Empfangens durch den Geist" hineinnimmt.[317] Mit der Anerkennungs-Tauschbeziehung folgt sie der Gabeninterpretation von Hénaff als zeremonielle Gabe, die sich jenseits der Kategorien von Gütern und Bedürftigkeit ansiedelt.[318] Allerdings tut dies Hoffmann ohne den agonistischen Aspekt: Sie thematisiert zwar die Machtfrage, löst die Agonie dann aber durch die Bewegung in den eschatologischen Kontext nicht-konfliktiv auf.

Diese theologische Argumentation ist schlüssig. Weniger gut nachvollziehbar ist hingegen ihre Behauptung, dass schon Hénaffs Anerkennungskonzept als grundlegend nicht-konfliktives Modell gedacht sei, weil die „Agonalität von Gabenpraktiken" keinen „Kampf um Anerkennung" meine.[319] In Spannung zu dieser These steht ein Hinweis auf den Moment der Rivalität bei der zeremoniellen Gabe in ihrem eigenen Resümee von Hénaffs «Der Preis der Wahrheit».[320]

---

[314] Vgl. V. HOFFMANN, Skizzen 336f.
[315] Vgl. V. HOFFMANN, Skizzen 323–326.
[316] Vgl. V. HOFFMANN, Skizzen 338–344.
[317] Vgl. V. HOFFMANN, Skizzen 545.
[318] Vgl. V. HOFFMANN, Skizzen 334.
[319] Vgl. V. HOFFMANN, Skizzen 279.
[320] Vgl. V. HOFFMANN, Skizzen 200.

2.2.8. Kathryn Tanner: Gesellschaftsmodell nach innertrinitarischen Prinzipien

Die in Chicago lehrende Theologin Kathryn Tanner stellt in «Economy of Grace»[321] ein Denkmodell vor, mit dem sie nicht nur Theologen, sondern auch Ökonomen ansprechen will. Implizit setzt ihr Modell voraus, dass es keine gesellschaftlichen Vorgänge gibt, die sich der theologischen Sichtweise als gnadenhafte Ereignisse entziehen.[322] In ihrer Argumentation geht sie zu Beginn ihres Buches auf Bourdieus Handelbarkeit von Werten in und zwischen verschiedenen gesellschaftlichen Sphären ein[323] und vertritt mit ihm die These, dass der Wechselkurs bei der Konvertierung verschiedener sozialer Kapitalsorten historisch bedingt ist. So habe religiöses Ansehen im mittelalterlichen Europa wirtschaftlichen Wohlstand mit sich gebracht, was heute in den USA weniger der Fall sei.[324]

Tanners Beitrag zur Gabentheologie will eine „Ökonomie der Gnade" und nicht etwa eine „Ökonomie der Gabe" sein. Aufgrund des von Mauss beschriebenen agonistisch-wettbewerbsorientierten Gabentausches könne es gar nicht sinnvoll sein, von einer von der Ökonomie separierten Gabenökonomie zu sprechen. Vielmehr bestehe durch die Pflicht zur Erwiderung der Gaben faktisch von Anfang an ein Handelsvertrag,[325] so dass Gabe und ökonomischer Tausch nicht getrennt gedacht werden könnten.[326] Ein Gabentausch ist gemäss Tanner also immer ein ökonomischer Tausch.

Ein Extremfall der Gabe sei die anonymisierte karitative Gabe, die durch Organisationen verteilt wird. Wichtig sei dabei das Übertragen von Gütern, und nicht der Akt des Gebens oder Erhaltens.[327] Letztlich sei es auch nicht angemessen, bei der anonymisierten karitativen Verteilung von Gütern von Gabe zu sprechen, da bei solchen Transaktionen vom Empfänger keine Gegengabe erwartet werde.

---

[321] Das Buch entstand aus Vorlesungen und Beiträgen der Jahre 1996–2004 (vgl. K. TANNER, Economy of Grace XII).
[322] Vgl. K. TANNER, Economy of Grace 6ff.
[323] Vgl. K. TANNER, Economy of Grace 10–22.
[324] Vgl. K. TANNER, Economy of Grace 14.
[325] Vgl. K. TANNER, Economy of Grace 53.
[326] Vgl. K. TANNER, Economy of Grace 52ff.
[327] Vgl. K. TANNER, Economy of Grace 55.

Dem stellt Tanner eine „Ökonomie der Gnade" gegenüber, die sich vom göttlichen Geben ableitet. In dieser Theologie geht Tanner davon aus, dass die Figur des Gebens in innertrinitarischen Verhältnissen dieselbe ist wie im menschlichen Bereich. Drei Prinzipien charakterisieren dieses Denkmodell: Bedingungslosigkeit, Universalität und Nonkompetitivität.

- Bedingungslos sei Gottes Geben, weil Gott schon alles hat, was wir als Gegengabe zurückgeben könnten.[328] Allenfalls könne ein Lobpreis Gottes als Gegengabe aufgefasst werden, doch auch diese Gegengabe brauche Gott nicht und würde sie als grössere Gabe wieder zurücksenden.[329]
- Universal sei Gottes Geben, weil es sich an alle Bedürftigen und Ausgeschlossenen richte. Weil wir alle Gottes Geschöpfe sind, habe niemand einen exklusiv-individuellen Besitz. Das Überlassen des gemeinsamen Besitzes an Bedürftige sei darum kein Akt der Generosität, sondern Pflicht von uns Geschöpfen.[330]
- Das Prinzip der Nonkompetitivität geht von einer Gesellschaft ohne Wettbewerb aus. Wie innertrinitarisch die Personen einander geben ohne etwas zu verlieren, solle es auch in der menschlichen Gemeinschaft sein. Wer gibt, verliere nichts, weil das Gegebene ohnehin schon allen gehöre.[331]

Tanner plädiert also für ein Geben, das den Charakter von Gottes eigenem Schenken spiegelt. Ihr schwebt ein Kommunismus ohne Wettbewerb unter den Individuen vor, der als Ergänzungswirtschaft ohne Privateigentum organisiert ist und in dem man Vorhandenes bedingungslos teilt und gemeinsam geniesst.

Der Grund, warum Gott uns beschenke, seien unsere Nöte und Schwächen und nicht etwa unsere Gerechtigkeit oder Grosszügigkeit.[332] Den Weg zum kommu-

---

[328] Vgl. K. TANNER, Economy of Grace 63–72.
[329] Vgl. K. TANNER, Economy of Grace 71.
[330] Vgl. K. TANNER, Economy of Grace 72–75.
[331] Vgl. K. TANNER, Economy of Grace 83f.
[332] Vgl. K. TANNER, Economy of Grace 63f. Kathryn Tanner nimmt diese zentrale Aussage auch in ihren Gifford Lectures auf, die sie unter dem Titel «Christianity and the New Spirit of Capitalism: An Introduction» im Frühjahr 2017 hielt. Die Vorlesungsreihe, die primär eine Auseinandersetzung mit der finanzdominierten Ökonomie ist, mündet in die Vision einer „noncompetitive Church", in der die sozialen Beziehungen durch Gott vermittelt sind und keine Mitglieder im Wettbewerb um Güter stehen. Die christliche Gemeinde gründe einzig auf

nistischen Gesellschaftsmodell ohne Wettbewerb konkretisiert Tanner im dritten Teil von «Economy of Grace». Dort plädiert sie unter anderem für die Abschaffung des internationalen Steuerwettbewerbs zu Lasten der Arbeitskräfte[333], die Re-Regulierung der Finanzmärkte[334] oder auch die Förderung von Emissionsabgaben[335] und die Steuerung der Nutzung öffentlicher Güter durch fiskalische Massnahmen.[336]

Fazit:

Für Tanner ist Gabe immer an einen Tausch gebunden, und der Tausch wird auf einen ökonomischen Tausch reduziert. Daraus folgt, dass es sinnlos ist, überhaupt von Gabe zu sprechen. Als Alternative zum unmöglichen Gabentausch entwickelt Tanner anhand sehr konkreter ökonomischer Theorien, die sie kritisch hinterfragt, eine Vision christlichen Zusammenlebens. Ihre Kritik an ökonomischen Theorien orientiert sich an Argumenten, die sie direkt vom innertrinitarischen Geben ableitet. Dabei überstülpt sie die innergöttliche Ökonomie auf historische Gesellschaften, was David Albertson zur Frage veranlasste, ob Gottes Gaben zirkulieren können, ‚wie im Himmel, so auf Erden'?[337]

Diesen Einwand thematisiert sie in ihrem Beitrag «Trinity»[338]. Darin räumt sie zwar ein, dass trinitarische Beziehungen nicht mit gesellschaftlichem Verhalten gleichgesetzt werden können. Sie weist auch auf einzelne Unterschiede hin, verzichtet aber auf eine weitergehende Analyse menschlicher Möglichkeiten. Aus theologischer Sicht sei aber entscheidend, dass die Trinität in menschliche Beziehungen eingehe, sie trinitarisch umforme und in die innertrinitarischen Relationen aufnehme.[339]

Gott, darum seien Unterschiede unter den Menschen bedeutungslos (vgl. K. TANNER, Christianity).
[333] Vgl. K. TANNER, Economy of Grace 103.
[334] Vgl. K. TANNER, Economy of Grace 128.
[335] Vgl. K. TANNER, Economy of Grace 134.
[336] Vgl. K. TANNER, Economy of Grace 136f.
[337] D. ALBERTSON, On «The Gift» in Tanners Theology 108.
[338] K. TANNER, Trinity. In: W. CAVANAUGH / P. MANLEY (Hrsg.), Companion to Political Theology 363–375. (Die Erstauflage stammt aus dem Jahr 2004, ich stütze mich auf die Ausgabe ²2019).
[339] Vgl. K. TANNER, Trinity 371f.

Tanner vertieft sich zwar in «Economy of Grace» in konkrete sozialwissenschaftliche Zusammenhänge, liefert aber selbst in diesem Bereich keine Hinweise auf die gesellschaftlichen Funktionen der Agonie. In der theologischen Argumentation kann es neben dem Prinzip der innertrinitarisch abgeleiteten Nonkompetitivität ohnehin keinen Platz für agonistische Aspekte geben.

2.2.9. Theodor Ahrens: Gabe verbirgt sich in der ökonomischen Reziprozität

Der Missionswissenschaftler Theodor Ahrens thematisiert in seinem Buch «Vom Charme der Gabe» ein Dilemma des Tauschprozesses: Einerseits würden Gaben vom ökonomischen Kalkül vereinnahmt, andererseits sei die Arena des Tausches unbegrenzt und gehorche der Logik einer durchaus auch konfliktiven Reziprozität. Das gelte auch von karitativen Gaben, die immer wieder vom ökonomischen Kalkül eingeholt und vereinnahmt würden. Aber wie könne, fragt sich Ahrens, eine solche Logik mit einer Religion in Übereinstimmung gebracht werden, die das „sola gratia" im Zentrum habe.[340] Er räumt ein, dass die Gabe heute nicht mehr in der Lage ist, den Markt zu strukturieren. In der westlichen Welt habe sich die Gabe nur noch peripher behauptet.[341] Doch selbst in diesen Fällen seien Gabe und Tausch phänomenologisch kaum zu unterscheiden. Ahrens Auflösung des Dilemmas heisst: „Die Gabe verbirgt sich im Tausch".[342] Dieser Tausch könne auch als konfliktive ökonomische Reziprozität verstanden werden.[343]

Wenn aber der Gabentausch sich nicht der Ökonomie entziehen kann, wie kann sich dann im Tausch Karitas verbergen? In Anlehnung an Waldenfels vertritt Ahrens die These, dass die Karitas nicht in der Gegenseitigkeit der Tauschverhältnisse aufgehe, sondern den Tausch unterbreche.[344] Diese Unterbrechung transzendiere die Reziprozität des Tausches in eine Begegnung zwischen Personen. Die mitlaufenden Tauschvereinbarungen würden im Moment der per-

---

[340] Vgl. T. AHRENS, Vom Charme der Gabe 14.

[341] Als Beispiele erwähnt Ahrens die Erneuerung sozialer Beziehungen wie anlässlich von Eheschliessungen oder an Weihnachten. Weitere Beispiele sind Stiftungen sowie akademische oder öffentliche Anerkennungen wie Ehrenpromotionen oder „Kupferplatten in unseren Gehsteigen" (vgl. T. AHRENS: Vom Charme der Gabe 21f).

[342] T. AHRENS: Vom Charme der Gabe 121; vgl. ebd. 33: „Caritas verbirgt sich im Tausch".

[343] Vgl. T. AHRENS, Vom Charme der Gabe 22f.

[344] Vgl. T. AHRENS: Vom Charme der Gabe 40.

sonalen menschlichen Beziehung zu etwas anderem als einem bloss ökonomischen Handel. Dies ist für Ahrens der Gabentausch.

> „Im Netz der sozialen Beziehungen gilt es, den anderen nicht nur als Partner sozialer Tauschverhältnisse wahrzunehmen, sondern als Person, deren Würde ausserhalb jeden sozialen Tauschverhältnisses steht und deren Freiheit, so viel von sich zu geben und so viel zu behalten wie nötig, nicht verhandelbar ist. So bleibt die Person der Vermarktung entzogen".[345]

Damit die Würde der am Gabentausch beteiligten Personen möglichst geschützt bleibt, plädiert Ahrens für die Anonymisierung von Spendern und Empfängern. Geber und Empfänger von Kollekten sollten anonym bleiben und so der Vermarktung, den Zwängen und den unterdrückenden Strukturen entzogen werden.[346] Konkret soll diese Anonymisierung durch die Vermittlung der Kollektengelder durch stellvertretende, grosse Organisationen geschehen. Auf der Ebene der kirchlichen Gemeindepartnerschaften hingegen, wo es nicht um ökonomische Reziprozität gehen solle, sondern um den Austausch von Erfahrungen über den Glauben und über Hoffnungen, setzt Ahrens jedoch ganz auf persönliche Beziehungen.[347]

2.2.9.1. Die fehlgegangene Gabe

Auf diese persönlichen Beziehungen auf Gemeindeebene könne sich die Diskussion abstützen, wenn Geber und Empfänger unterschiedliche Auffassungen über die Verwendung der Spendengelder haben oder unterschiedliche Interessen an der Kollekte vertreten. Damit ist noch nicht konkretisiert, wie der gegenseitige Umgang strukturiert sein soll, wenn der Eindruck entsteht, dass eine Kollekte fehlgeht. Ahrens Buch «Vom Charme der Gabe» behandelt genau diesen Themenkreis. Ein Teil dieser Publikation spiegelt eine Befragung von Mitarbeitenden evangelischer Missions- und Hilfswerke über die Korruption.[348] Ergänzt wird diese Befragung durch einen empirischen Vergleich solcher Phänomene in China, Indien und Papa-Neuguinea.[349] Dabei kommt Ahrens zum Schluss, dass Korruption in diesen Kulturen in ein Alltagsverhalten

---

[345] T. AHRENS, Vom Charme der Gabe 38f.
[346] Vgl. ebd.
[347] Vgl. T. AHRENS, Vom Charme der Gabe 40.
[348] «Wenn Gaben fehlgehen... Korruption als Problem ökonomischer Beziehungen», in T. AHRENS, Vom Charme der Gabe 41–143.
[349] Vgl. T. AHRENS, Vom Charme der Gabe 97–112.

eingebettet sei und in einem ständigen Fluss von Beziehungen und Rivalitäten gepflegt oder abgebrochen werde, um bisherige Aktionsräume zu sichern oder neue zu erschliessen.[350]

Auch die Kirchen vor Ort seien Teil der dortigen Lebensformen und „können nie ganz anders, sondern immer nur etwas anders sein als die Gesellschaft, in der sie wirken". Das könne bei Interventionen durch Spenderorganisationen zu Konflikten führen, weil lokale Lebensformen tiefer in der Historie verankert seien als von aussen aufgedrängte Antikorruptionskampagnen.[351] Auf der Ebene der Gesamtkirche mit politisch und ökonomisch abgesicherten Organisationen mit eigener Rechtspersönlichkeit hingegen würden andere Zusammenhänge dominieren, was zur Folge habe, dass deren Mitarbeiter auf eine Verrechtlichung der Beziehungen und Massnahmen drängten.[352] Eine Lösung dieser Problematik verschiedener Machtstrukturen sieht Ahrens in komplexen und möglicherweise konfliktiven Kommunikationsprozessen, „in denen die Freiheit der anderen und ihr Eingebundensein in eine andere Situation gewürdigt werden"[353].

Ahrens setzt also auf die Anerkennung der „Freiheit der anderen, die unauflösliche Identität der anderen und die Begrenzungen, die diese Haltung beiden Seiten auferlegt"[354]. Darum müssten in einer Weltkirche, die primär einen Ausgleich für alle sucht und eine Kultur des Gebens pflegt, problematische Folgen des Gebens wie Misstrauen oder Korruption ernst genommen werden. Es müsse auch gezeigt werden, wie Korruption den Nutzen der Kollekte schmälere und dem Vertrauensvorschuss der Institution Kirche schade. Doch bei alledem – fordert Ahrens – sollen solche Phänomene ein nachgeordnetes Problem bleiben. Vorrangig sei die Anerkennung der Freiheit der Anderen und die unauflösliche Identität aller an der Gabe Beteiligten.[355] Dies gilt gemäss Ahrens selbst dann, wenn die Fakten auf eine fehlgegangene Gabe hindeuten:

> „Noch durch die Korruption der Verkündiger und ihrer Absichten hindurch wird das Evangelium wirksam. Hauptsache: Es wird verkündigt. Und es kann ja auch

---

[350] Vgl. T. AHRENS, Vom Charme der Gabe 113.
[351] Vgl. T. AHRENS, Vom Charme der Gabe 115.
[352] Vgl. T. AHRENS, Vom Charme der Gabe 131.
[353] Vgl. T. AHRENS, Vom Charme der Gabe 133f.
[354] Vgl. T. AHRENS, Vom Charme der Gabe 141
[355] Vgl. ebd.

sein, dass in und durch Zweckentfremdung von Geldmitteln auf andere Weise Gutes entsteht, jenseits der Absichten der Geber."[356]

Fazit:

Philosophisch argumentiert Ahrens mit der Unterbrechung des Tausches in Anlehnung an Waldenfels, der die Gabe nicht-agonistisch deutet. Gleichzeitig setzt er aber auch auf den agonistischen Diskurs zwischen Gemeinden oder Kollektiven. Dabei hält er sich an historisierende sozialwissenschaftliche Erkenntnisse: Beispielsweise erklärt er Spendenaktionen, die nicht wie gewünscht enden, mit der *„Erfahrung ungleicher Machtverteilung* im Netz ökumenischer Beziehungen",[357] dessen man sich bewusst sein müsse, wenn es um die Verteilung von Geldern geht.[358] Die Lösung sieht er in Verständigungsarbeit in Foren, „in denen das Weitergeben der Gaben verhandelt wird."[359]

Ahrens sieht also die Kollekten als einen Gabenvorgang, bei dem die unterschiedliche Interessen in einem agonistischen Diskurs geklärt werden sollen, wobei der Respekt vor der Freiheit aller Beteiligten höher gewichtet wird als der Erfolg der Kollektengabe.[360] Damit wird die Agonie bei Ahrens zu einer Eigenschaft des Diskurses unter Menschen, die mit Respekt voreinander und unter Berücksichtigung historischer Realitäten ihre jeweiligen Interessen vertreten. Ahrens fordert also eine agonistische Gesprächskultur bei der Verteilung von Kollektengaben.

2.2.10. Martin M. Lintner: Nicht-ökonomische Gabe und Ethik der Alterität

Ein Autor, der Derridas Gabeninterpretation theologisch auf der Linie von Waldenfels reflektiert, ist Martin M. Lintner. 2006 publizierte er seine Dissertation[361], die zum Ziel hat, von einem bibeltheologischen und christologischen Zugang her ein theologisches Verständnis von einer nicht-ökonomischen Gabe

---

[356] T. AHRENS, Vom Charme der Gabe 141f.
[357] Vgl. T. AHRENS, Vom Charme der Gabe 57. Hervorhebung im Original.
[358] Vgl. T. AHRENS, Vom Charme der Gabe 137.
[359] Vgl. T. AHRENS, Vom Charme der Gabe 46.
[360] Eine ähnliche Sicht auf die „Rationalität des Helfens" nimmt T. Moos ein. Er fordert allerdings, dass bereits die Erwartungen bei Helfenden und Hilfeempfangenden durch Rationalisierung unter Kontrolle gebracht werden müssen. Wenn die Auseinandersetzung erst in einem späteren Stadium einsetze, drohe eine Skandalisierung des ganzen Hilfswerks (vgl. T. MOOS, Religiöse Rationalität 114).
[361] M. M. LINTNER, Eine Ethik des Schenkens.

zu erschliessen[362], die absichtslos und ohne Zweck ist und sich nicht um Gegenseitigkeit oder Aussicht auf Erfolg kümmert[363]. Dabei setzt Lintner auf eine „Ethik der Alterität".

Gestützt auf Levinas entzieht er dem autonomen Subjekt den Boden, indem er das Unbedingte dem Anderen zuschreibt. In seiner eigenen Preisgabe und Hingabe an den Anderen komme das Subjekt zu sich.[364] Der einzige und unbedingte Imperativ sei der Appell des Anderen,[365] sodass von einem gebenden Subjekt gar nicht mehr gesprochen werden könne. Da der Anspruch des Anderen als Erfahrung des Unendlichen oder Transzendenten einer anderen Ordnung angehöre, könne das Subjekt dem Anspruch des Fremden nie gerecht werden. Bei dieser Vorgabe sei es sinnlos, nach einem Äquivalent zwischen Anspruch des Anderen und eigener Antwort zu fragen. Die Beziehung zum Anderen sei demnach asymmetrisch und an-ökonomisch,[366] womit das Tauschmodell in eine an-ökonomischen Gabe aufgehe.[367] Gemäss Lintner bestätigt sich also bei Levinas das Gabemodell von Waldenfels, demzufolge das Subjekt nie ganz und gar bei sich ist und sich erst vom Anderen her als Gabe empfängt.[368] Der Andere zeige sich als von aussen kommende Transzendenzerfahrung, die in die Immanenz des Subjekts einbreche.

Mit Hilfe von Marions phänomenologischer Epoché radikalisiert Lintner die anhand von Derrida erarbeitete Position, indem er nicht nur den Gebenden, sondern auch den Empfänger der Gabe und die Gabe selbst aus dem Gabenakt ausklammert. Übrig bleibe eine kontextlose Gewissheit ohne Bezug zu Metaphysik, Tausch oder Ökonomie. Die Gabe werde zu einer reinen „Gegebenheit" jenseits intentionaler Akte des Bewusstseins als Anruf ohne phänomenologische Materialität.[369] Im Anruf der Gabe sei der Mensch auf jemand Anderen,

---

[362] Vgl. M. M. LINTNER, Eine Ethik des Schenkens 22, 457.
[363] Vgl. M. M. LINTNER, Eine Ethik des Schenkens 460.
[364] Vgl. M. M. LINTNER, Eine Ethik des Schenkens 366.
[365] Vgl. M. M. LINTNER, Eine Ethik des Schenkens 361.
[366] Vgl. M. M. LINTNER, Eine Ethik des Schenkens 369.
[367] Vgl. M. M. LINTNER, Eine Ethik des Schenkens 369.
[368] Vgl. M. M. LINTNER, Eine Ethik des Schenkens 367f.
[369] Vgl. M. M. LINTNER, Eine Ethik des Schenkens 375–378.

Unnennbaren verwiesen[370] und seinem eigenen verfügenden Zugriff entzogen[371].

Sittliches Handeln kann sich in Lintners Gabentheologie nur noch vom Da-Sein-für-den-Anderen ableiten[372]. Er illustriert dies anhand von Gleichnissen Jesu, in denen sich die Gabe Gottes als Einbruch des Ewigen in das irdische Leben erweise.[373] In der Begegnung Jesu mit der Sünderin (Lk 7,36–50) und in der Begegnung mit Zachäus (Lk 19,1–10) transformiere die Erfahrung von Vergebung und Heil die menschliche Kondition der beiden Sünder. Ihre eigenen Beziehungsstrukturen würden aufgebrochen durch die Befreiung zur liebenden Barmherzigkeit, die ihnen soeben widerfahren sei.[374] Lintners Interpretation der Gabe läuft darauf hinaus, dass er den Einbruch Gottes in das irdische Leben mit Glaube oder Offenbarung gleichsetzt. Der Vollzug der Anerkennung dieser Vorgegebenheit sei die Dankbarkeit als Bejahung des Anderen in seiner Andersheit[375].

Die Gabe wird bei Lintner zur bedingungslosen Annahme des Anderen, von dem man sich selbst empfangen hat,[376] wobei im kategorialen immer das Wagnis der Vergeblichkeit des Schenkens gegeben sei.[377] Ein Beispiel, in dem sich das Wagnis in der "Ethik der Alterität" besonders verdichtet, ist für Lintner das Zeugnis geben. In der Diskussion darüber greift er unter anderem auf Karl Rahners Artikel «Theologische Bemerkungen zum Begriff „Zeugnis"» zurück: Wer bezeuge, teile nicht bloss etwas mit, sondern teile sich selbst mit, und zwar als Person, die im Dienst dessen oder desjenigen steht, das oder den er bezeugt. Wer bezeugt, handele auch nicht im eigenen Namen, sondern sei aufgerufen, Empfangenes weiterzugeben, und er tue dies in der Hoffnung, dass sich der Angesprochene ebenfalls für den Aufrufenden und das Bezeugte entscheide. Das Zeugnis habe den Charakter eines Aufrufs durch einen Bezeugenden, der sich mit dem Zeugnis selbst bezeuge.[378] Für Lintner ist das Zeugnisgeben ein

---

[370] Vgl. M. M. LINTNER, Eine Ethik des Schenkens 379f.
[371] Vgl. M. M. LINTNER, Eine Ethik des Schenkens 387.
[372] Vgl. M. M. LINTNER, Eine Ethik des Schenkens 427.
[373] Vgl. M. M. LINTNER, Eine Ethik des Schenkens 256.
[374] Vgl. M. M. LINTNER, Eine Ethik des Schenkens 278.
[375] Vgl. M. M. LINTNER, Eine Ethik des Schenkens 435–438.
[376] Vgl. M. M. LINTNER, Eine Ethik des Schenkens 437.
[377] Vgl. M. M. LINTNER, Eine Ethik des Schenkens 438f.
[378] Vgl. K. RAHNER, Theologische Bemerkungen zum Begriff „Zeugnis" 383–395.

Beispiel für Alterität, weil es sich um eine hinnehmende und sich weggebende Begegnung mit dem Anderen handle.[379]

Fazit:

Abgesehen von der gewagten Vergeblichkeit der Gabe, die die Gabe vom ökonomischen Tausch unterscheidet, fehlen in der von Lintner präsentierten Ethik des Schenkens alle von Mauss beobachteten Grundelemente des Gabentausches: Mit der Reduktion der Gabe auf die reine „Gegebenheit" sind Geber, Empfänger und Gabe eingeklammert. Wie immer man auch Agonie definiert, es muss sich um ein Verhältnis von Geber, Empfänger und Gabe untereinander oder zu sich selbst handeln. Wenn aber alle drei eingeklammert sind, ist es auch nicht möglich, im „Gegebenheits"-Diskurs von Agonie zu sprechen.

2.2.11. Ralf Miggelbrink: Fülle statt Mangelfixierung

Einen stark auf anthropologische Überlegungen abgestützten Beitrag zur Gabentheologie leistet Ralf Miggelbrink. Er rollt die Mauss'sche Gabe von der menschlichen Natur her auf. Für Miggelbrink käme eine Interpretation der Gabe als ökonomische Gegenleistung einer Geringschätzung der menschlichen Natur gleich. Die Interpretation der Gegenleistung als bloss verschleierten ökonomischen Akt ignoriere die Bedeutung des verschleierten Geltungszusammenhangs.[380] Der Gabentausch habe zwar eine ökonomische Seite, doch im Zentrum des Gabentausches steht für Miggelbrink das Funktionieren des Austausches der Menschen untereinander mit dem Ziel, dass die allseitige Interaktionsmöglichkeit fortbestehe.[381] Der Gabentausch ist für Miggelbrink immer an eine freie soziale Interaktion gebunden, was den Erfolg des Gabenaktes unvorhersehbar mache.

Miggelbrinks Interpretation der Gabe setzt bei seiner Kritik an der Neuzeit an, welcher er unterstellt, sie sei sach- und verfügungsfixiert, verbunden mit einer entsprechenden Mangelfixierung.[382] In Politik und Gesellschaft herrsche die Meinung vor, dass ihre Aufgabe vor allem darin bestehe, Mangel zu vermeiden.

---

[379] Vgl. M. M. LINTNER, Eine Ethik des Schenkens 400f.
[380] Vgl. R. MIGGELBRINK, Lebensfülle 134f.
[381] Vgl. R. MIGGELBRINK, Lebensfülle 136.
[382] Vgl. R. MIGGELBRINK, Lebensfülle 261.

Ökonomie sei demzufolge eine organisierende Kraft des Mangels.[383] Mit Bezugnahme auf Hegels «Phänomenologie des Geistes» umschreibt Miggelbrink die Ökonomie als eine mangelorientierte Rationalität, die auf den Gewinn des Einzelnen ausgerichtet sei und in einen Stillstand hineinführe: Der Mensch und die nicht-menschliche Natur würden evolutionsbiologisch vom Mangel her verstanden,[384] der dazu zwinge, sich in einer konkurrenzorientierten Haltung selbst zu behaupten.[385] Der ökonomisch Überlegene schöpfe dabei selbst keine Werte mehr, sondern profitiere nur noch von der Wertschöpfung anderer, bis die Leistungen der Unterlegenen derart abgeschöpft sind, dass sie ihr eigenes Leben nicht mehr sichern können und aus dem ökonomischen Prozess aussteigen.[386]

Mangelfixierte Weltbilder würden das Individuum nur noch als sinnlose und selbstbehauptungsgierige Grösse denken können, behauptet Miggelbrink.[387] Mangel und Leere seien aber keine daseinstragenden Grössen des Menschseins. Er stellt dem neuzeitlichen Weltbild des Mangelmanagements eine Theologie gegenüber, die Gott als primordiale Fülle bezeugt.[388] Systematisch geht er dabei vom Phänomen menschlichen Begehrens aus: Mangel sei „ein Kind konkurrierenden Begehrens", während Fülle als „Kind benevolenten Begehrens" zu verstehen sei. Mit „benevolent" meint Miggelbrink die teil- oder zeitweise Zurückstellung individueller oder kollektiver Begehren zur Regelung von Begehrenskonflikten.[389] Damit werde Fülle nicht als Überschuss an Gütern verstanden, sondern als Anerkennung ökonomischer Knappheit verbunden mit menschlichen Empfindungen und Handlungsoptionen. Die benevolente Haltung entspringe der Reflexion der Determination des eigenen Lebens und werde als Aufruf erfahren, sich dagegen aufzulehnen.[390] In dieser Auflehnung werde der ökonomische Kreislauf mit dem Ziel, die Anderen im Namen der Selbstbehaup-

---

[383] Vgl. R. MIGGELBRINK, Lebensfülle 21.
[384] Vgl. R. MIGGELBRINK, Lebensfülle 20.
[385] Vgl. R. MIGGELBRINK, Lebensfülle 189.
[386] Vgl. R. MIGGELBRINK, Lebensfülle 132.
[387] Vgl. R. MIGGELBRINK, Lebensfülle 248.
[388] Vgl. R. MIGGELBRINK, Lebensfülle 21.
[389] Vgl. R. MIGGELBRINK, Lebensfülle 162.
[390] Vgl. R. MIGGELBRINK, Lebensfülle 190.

tung³⁹¹ und Konkurrenzorientierung³⁹² zu überwinden, aufgebrochen, und der Mensch realisiere sich als Geist universeller Achtung vor dem Anderen.

Die Deutung menschlichen Begehrens aus der Perspektive der Fülle ist für Miggelbrink ein intersubjektives Kommunikationsereignis, in dem das Verhältnis des Gebens und Nehmens durch reflektierte menschliche Vorstellungskraft bestimmt wird. Fülle entreisse die Intersubjektivität dem strategisch-funktionalen Denken und mache das Beziehungsereignis des Gebens und Nehmens „zum letzten sinngebenden Ziel des Lebens überhaupt"³⁹³. So gesehen ist der Gabentausch die sichtbare Seite des Verhältnisses der tauschenden Personen untereinander und die Gabe selbst Repräsentanz der Beziehung – Miggelbrink spricht von Liebe – zwischen ihnen.³⁹⁴

Entscheidend bei Miggelbrinks anthropologischem Ansatz ist die Bedeutung der Individualität und damit die bleibende Bedeutung des leiblich-geschichtlichen Menschenlebens, das mit anderen ebenso leiblich-geschichtlichen Menschen interagiert.³⁹⁵ Während aus der Mangelperspektive auf eine Intersubjektivität reflektiert werde, die auf die individuelle Selbstbehauptung reduziert sei und damit auf das innerweltliche Prinzip der eigenen Endlichkeit, strebe das Fülleprinzip die Überwindung der Endlichkeit an, indem die Individuen im Austausch über die Wirklichkeit zusammen mit Anderen intersubjektive Erkenntnis vollziehen.³⁹⁶ Diese Kommunikation deutet Miggelbrink als Teilnahme an der göttlichen Gründung des Endlichen,³⁹⁷ in der die Vielfalt der Lebensgeschichten zum Ereignis erfüllender Ewigkeit werde, wo die Vielen in eine erlöste und erlösende Beziehung zueinander treten.³⁹⁸

Miggelbrink ist nicht der erste Gabentheologe, der die Fülle gabentheologisch thematisiert. Neu ist aber seine Reflexion der Intersubjektivität unterschiedener Individuen. Im Unterschied zu jenen Theologen, die im Anschluss an Waldenfels auf den Überschuss Bezug nehmen, orientiert sich Miggelbrinks

---

³⁹¹ Vgl. R. MIGGELBRINK, Lebensfülle 237.
³⁹² Vgl. R. MIGGELBRINK, Lebensfülle 189.
³⁹³ Vgl. R. MIGGELBRINK, Lebensfülle 247.
³⁹⁴ Vgl. R. MIGGELBRINK, Lebensfülle 67.
³⁹⁵ Vgl. R. MIGGELBRINK, Lebensfülle 252.
³⁹⁶ Vgl. R. MIGGELBRINK, Lebensfülle 246f.
³⁹⁷ Vgl. R. MIGGELBRINK, Lebensfülle 246.
³⁹⁸ Vgl. R. MIGGELBRINK, Lebensfülle 251.

Verständnis der Intersubjektivität nicht an einer ursprünglichen innertrinitarischen Kommunikation, auch wenn er die innergöttlichen Prozessionen als Bedingung der Möglichkeit der Intersubjektivität voraussetzt.[399] Weil Fülle für Miggelbrink intersubjektive Kommunikation meint, will er diesen Begriff nicht auf die innergöttlichen Prozessionen anwenden, da es in Gott keine Kommunikation zwischen Differentem und damit von Mangelerfahrung geben könne. In diesem Zusammenhang stellt er die rhetorische Frage:

> „Worüber sollten die göttlichen Personen analog zur menschlichen Kommunikation kommunizieren können, wenn ihnen doch alles, worüber Menschen sonst kommunizieren, gemeinsam ist?"[400]

Miggelbrink deutet das trinitarische Pleroma zwar als geoffenbarte mitteilungswillige und mitteilungsfähige Wirklichkeit. Doch wirkliche Mitteilung als Intersubjektivität sei nur zwischen endlichen Subjekten möglich, die in der Endlichkeit ihrer Erkenntnis und Wahrheit sowie in der Ausrichtung auf das Gute miteinander kommunizieren und diese Kommunikation als Weitung des eigenen Horizontes erfahren.[401] Analog zur Rahnerschen Deutung des das Subjektsein konstituierenden Vorgriffs aus der Endlichkeit auf die Wirklichkeit Gottes, müsse auch die göttliche Fülle als Woraufhin der menschlichen Transzendenz gedacht werden.[402]

Fazit:

Miggelbrinks Gabeninterpretation über das Prinzip der Fülle ist eine Selbstdeutung des Menschen als Lebensfülle, die den sozialen Austausch nicht auf ein in den Stillstand führendes Nullsummenspiel eingrenzt, sondern zu einem grösseren Horizont des Daseins führen will.[403] Sein Ansatz ist bewegt von einem transzendentalen Vorgriff auf die Fülle Gottes, bleibt aber verbunden mit einem intersubjektiven Prozess des Gebens und Nehmens, in dem sich das Subjekt nicht als ein Absolutes behauptet, sondern sich als Moment eines umfassenderen Prozesses erfährt.[404] Das Verbindungsglied zwischen historisch-kontingenten Gegebenheiten und dem transzendentalen Woraufhin des

---

[399] Vgl. R. MIGGELBRINK, Lebensfülle 243.
[400] R. MIGGELBRINK, Lebensfülle 244.
[401] Vgl. R. MIGGELBRINK, Lebensfülle 234.
[402] Vgl. R. MIGGELBRINK, Lebensfülle 233f.
[403] Vgl. R. MIGGELBRINK, Lebensfülle 11f.
[404] Vgl. R. MIGGELBRINK, Lebensfülle 184.

Menschen ist die „benevolente" Haltung. Gemäss Miggelbrink entspringt diese Haltung der Tiefenstruktur des Seins, wo die Fülle des Lebens ein Beziehungsereignis des Gebens und Nehmens und zugleich auch das sinngebende Ziel des Lebens sei.[405] Den agonistischen Gabentausch lässt Miggelbrink zwar weiterbestehen, weist ihn jedoch der Faszination der Knappheitserfahrung[406] zu, die sich als „konkurrenzorientierte Haltung der Selbstbehauptung" der kommunikativen, mitteilungs- und hingabebereiten Tiefenstruktur des Seins verschliesse[407]. Insofern kann Miggelbrinks theologischer Beitrag der agonistischen Gabe nichts Wertvolles oder Sinnstiftendes abgewinnen.

2.2.12. Jürgen Werbick: Transzendentale Aufhebung der Agonie

Stärker als bei Miggelbrink ist die Gabentheologie des Fundamentaltheologen Jürgen Werbick transzendentaltheologisch ausgerichtet. Bemerkenswert ist zudem die anfänglich zentrale Bedeutung der Agonie bei der Entwicklung seiner Gabentheologie.[408] Werbick geht es um die Freiheit des Menschen im Gnadengeschehen. Aus der Gnade ergibt sich für ihn eine Wechselseitigkeit mit verbindlichem Charakter. Damit drängt sich ihm die Frage auf, ob durch die Verpflichtung der Gabe zur Wechselseitigkeit die Freiheit eingeschränkt werde. Je mehr Verbindlichkeit, desto gezähmter die Selbstbehauptung scheine das Dilemma der sozialwissenschaftlichen Gabentheorien zu heissen. Um theologische Sachverhalte zu klären, müsse dieses Dilemma überwunden werden. Werbick und tut dies anhand der Prozesse und der Struktur der Anerkennung.[409]

Er beginnt seine Argumentation damit, dass zur Anerkennung auch der freie Wille als Selbstbehauptung gehöre. Führe man aber die Anerkennung auf gewährte oder erkämpfte Anerkennung zurück, so bleibt diese „,konfliktive' Dynamik"[410] mit einem unendlichen Verlangen nach mehr Anerkennung verbunden. Es scheine keinen Ausweg aus dem unglücklichen Bewusstsein „in Ge-

---

[405] Vgl. R. MIGGELBRINK, Lebensfülle 246.
[406] Vgl. R. MIGGELBRINK, Lebensfülle 150f.
[407] Vgl. R. MIGGELBRINK, Lebensfülle 188, 247.
[408] Vgl. J. WERBICK, Anerkennung: die Gabe der Freiheit 76–91.
[409] Vgl. J. WERBICK, Anerkennung: die Gabe der Freiheit 77f.
[410] Vgl. J. WERBICK, Anerkennung: die Gabe der Freiheit 80.

stalt einer unermüdlichen Forderung nach unerreichbaren Idealzuständen" zu geben, zitiert Werbick aus Paul Ricoeurs «Wege der Anerkennung»[411].

Die Gabe der Anerkennung werbe um das Empfangen und sei damit vom Scheitern seiner Selbstexposition bedroht, da das Beziehungsangebot zurückgewiesen werden könne. Anerkennung habe etwas Zwiespältiges an sich: Sie könne als Übergriff erfahren werden, als verschleierte „Anerkennung als...", welche ein Ringen um Selbstbehauptung auslösen könne. Die Gabe der Anerkennung könne aber auch angenommen werden, weil es dem Anerkannten frei lasse, derjenige zu sein, der er sein kann und soll. Wenn die Gabe der Anerkennung zu einer Wechselseitigkeit des „Nicht-mehr-kämpfen-Müssens" führe, könne mit Ricoeur von einem Friedenszustand gesprochen werden[412], der die kämpferische Auseinandersetzung auf der Ebene der Selbstbehauptung in einen wechselseitigen Schalom eines Lebens in Fülle transzendiere.

Freiheit ist in diesem Zusammenhang transzendental zu verstehen, als Selbstursprünglichkeit und nicht als Befreiung von empirisch gegebenen oder erkämpften Bedingungen. Werbick sieht in der Freiheit die Überwindung der gegenseitig verkennenden Anerkennung des Selbst, damit dieses am wechselseitigen Frieden teilhaben kann. In der Selbstbehauptung kann Werbick noch keinen Ausdruck des freien Willens sehen, weil diese darin gefangen sei, das zurückzuweisen, worin es sich nicht anerkannt weiss. Erst wenn die Selbstbehauptung zum Selbstseinwollen erwache, – bei dieser Aussage verweist Werbick auf Hegel – sei sie „aufgehoben" oder „aufbewahrt" im freien Willen.

Auf eine theologische Gabendiskussion übertragen bedeute das, dass Gott den Menschen mit seiner Gnade so ergreife, dass er entscheiden müsse, in dieses Ergriffenwerden einzustimmen oder die Berufung als Übergriff abzulehnen. Doch selbst in dieser Ablehnung würdige Gott den Menschen durch „schöpferisch verkennende Anerkennung", weil – hier verweist Werbick unter anderem auf Hoffmann – er sein „Mit-mir-sein-wollen" nicht aufkündige, wenn ich mich von ihm abwende. Vielmehr verkenne er mein Sündersein ohne es zu ignorieren. Gottes Gabe ist bei Werbick verstanden als voraussetzungslose Quelle des „Selbstwerdenkönnens" und „Selbstseindürfens".[413]

---

[411] Vgl. P. RICOEUR, Wege der Anerkennung 273.
[412] Vgl. J. WERBICK, Anerkennung: die Gabe der Freiheit 84.
[413] Vgl. J. WERBICK, Anerkennung: die Gabe der Freiheit 91.

Fazit:

Jürgen Werbick geht mit seiner Gabentheologie einen sehr eigenständigen Weg: Zum einen setzt er als einziger der in der vorliegenden Untersuchung besprochenen Gabentheologen explizit bei der Agonie als Aspekt des Gabentausches ein. Zum andern weist er darauf hin, dass Agonie Wechselseitigkeit voraussetze, was eine Einschränkung der transzendentalen Freiheit impliziere. Agonie ist für Werbick allerdings ausschliesslich eine Bewegung der Selbstbehauptung aus einem Gefühl des Mangels heraus. Auf der transzendentalphilosophischen und theologischen Ebene werde jedoch die Agonie als überwundener Konflikt in einem wechselseitigen Frieden „aufgehoben". Damit erübrigt sich für Werbick eine theologisch weiterführende Deutung der Agonie.

2.2.13. Rückblick auf die theologische Gabentauschdiskussion und Ausblick

In der kurzen Vorstellung von zwölf gabentheologischen Entwürfen erscheint der sozialwissenschaftliche Essay von Mauss oft als Stichwortgeber für den Einstieg in das Thema. Die tatsächlich inspirierenden Quellen stammen aus der Philosophie und der eigenen Wissenschaft. Insofern komme ich zu derselben Zwischenbilanz wie Hoffmann, dass sich die theologische Debatte über die Gabe weniger auf sozialwissenschaftliche als auf philosophische Forschungen abstütze.[414] Im Rückblick auf die vorgestellten gabentheologischen Beiträge seien folgende Punkte festgehalten:

- Seltene Verweise auf Senecas bedingungslose Wohltaten:
  Bemerkenswert ist, dass die Gabentheologen mit Ausnahme von Saarinen nur selten ausführlich auf Senecas bedingungslose Wohltaten Bezug nehmen. Dabei finden sich schon bei ihm wesentliche Aspekte, die später bei Mauss ebenfalls thematisiert werden: Beide sind überzeugt, auf ein fundamentales soziales Phänomen gestossen zu sein. Bei Seneca ist es die Wohltat, die „die menschliche Gesellschaft am stärksten zusammenhält",[415] während Mauss die Gabe mit einem Felsen vergleicht, auf dem die Gemeinschaft sich abstützt.[416] Seneca und Mauss betonen bei der Gegenseitigkeit von Wohltat und Dankbarkeit die Zeit, die zwischen

---

[414] Vgl. V. HOFFMANN, Skizzen 188.
[415] Vgl. L. A. SENECA, De Beneficiis, I, 4, 2.
[416] M. MAUSS, Die Gabe 19.

Wohltat und dem Sich-erkenntlich-zeigen für eine Wohltat verstreichen muss. Das Unterscheidende der Gabe bei Seneca und Mauss wird in der vorliegenden Arbeit in den hinteren drei Kapiteln noch verschiedentlich als agonistische und als wohltätige Gabe thematisiert.

- Dominanz von Derridas Unmöglichkeitspostulat:
Die stärksten direkten philosophischen Impulse auf die theologische Gabendiskussion dürfte Derridas selbstvergessene und zu nichts verpflichtende Gabe gegeben haben. Derridas Postulat der Unmöglichkeit der Gabe wird erweitert durch philosophische Impulse von Waldenfels, Marion und Levinas, die in nicht-konfliktive gabentheologische Überschuss-Modelle integriert werden.

- Verbindung von Gaben- und Trinitätstheologie:
Die Ausformulierung der Dreifaltigkeitslehre durch das Gabenvokabular ist seit Milbank bei einem Grossteil der kontinentalen und anglosächsischen Gabentheologien zentral. Insbesondere Hoffmanns «Skizzen zu einer Theologie der Gabe» thematisiert die Verbindung von Gaben- und Trinitätstheologie. Durch die Fokussierung auf innertrinitarische Vorgänge gerät die von Mauss festgestellte Agonie beim Gabentausch jedoch aus dem theologischen Blickfeld.
Dasselbe gilt auch für das im Anschluss an Waldenfels und Marion vertretene Überschussmodell, das theologisch als innertrinitarisch begründete Gegenseitigkeit reflektiert wird. Diese Überbietung hat gemäss Negel eine „eschatologische Signatur",[417] die sich in einer trinitarisch fundierten Ethik eines „vorbehaltlosen Gebens" zeitigt.[418] Die von Mauss beobachtete Grosszügigkeit als kämpferisches oder wettbewerbsmässiges Verhalten verliert in diesem Kontext vorbehaltlos geschenkter göttlicher Überfülle jede Bedeutung.

- Negativ konnotierte Agonie in den transzendentaltheologischen Ansätzen:
Zu den transzendentaltheologischen Ansätzen von Werbick und Miggelbrink ist anzumerken, dass auch bei ihnen Selbstbehauptung oder Agonie negativ konnotiert und ohne transzendentaltheologische Würdigung bleiben. Der transzendentaltheologische Ansatz für die Gabetheologie

---

[417] Vgl. J. NEGEL, Überfülle und Erlösung 256.
[418] Vgl. J. NEGEL, Überfülle und Erlösung 283.

wird im vorletzten Kapitel dieser Arbeit im Zusammenhang mit Karl Rahners Transzendentaltheologie nochmals aufgenommen.

- Harmonisierung mit Luthers Rechtfertigungslehre:
Eine grosse Herausforderung für jede Theologie der Gabe ist die Frage nach der Reziprozität der Gott-Mensch-Beziehung. Die präsentierten Gabentheologien bestätigen die Analyse von Beuker, dass die Gabe in der Theologie davon ausgehe, „dass Menschen von Gott etwas empfangen, das sie anerkennen und in irgendeiner Form weiter- oder zurückgeben".[419] Grundsätzlich liegt die Lösung in einer ersten Gabe, von der her menschliches Tun als begnadetes Handeln interpretiert wird. Allerdings spiegelt sich in dieser Reziprozität immer noch die Spannung zwischen lutherischer Rechtfertigungslehre und den ökonomischen Wurzeln der Reformation, weil diese – wie Christine Svinth-Værge Põder schreibt – „in einer historischen Situation entstanden ist, wo mit dem Ablasssystem Marktökonomie und Heilsökonomie vereinigt wurden"[420]. Je pointierter die Theologen das lutherische „mere passive" betonen, desto stärker sehen sie sich mit der Frage nach dem freien Willen konfrontiert.

- Theologische Deutung der Agonie bei Bayer und Ahrens:
In der Diskussion um das aktive menschliche Handeln setzt Bayer einen besonderen lutherischen Akzent: Mit der ersten Gabe erhalte der Mensch den Auftrag, sich in eine Welt voller Kämpfe um Anerkennung unter den Bedingungen der „iustitia civilis" einzubringen. Bayer deutet Agonie theologisch als etwas grundsätzlich Positives. Bemerkenswert ist bei Bayer – wie schon Hoffmann bemerkt –, dass er zwar den Initianten der theologischen Gabendiskussion zuzurechnen ist, aber so gut wie keine Berührung mit den entsprechenden philosophischen und sozialwissenschaftlichen Diskursen hat.[421]

Anders als Bayer fusst Ahrens explizit auf sozialwissenschaftlichen Untersuchungen. Bei Streit und Meinungsverschiedenheiten erhält die Agonie für Ahrens eine übergeordnete Bedeutung, weil sie eine Auseinandersetzung im gegenseitigen Respekt vor der Freiheit der Anderen ermögliche und den Diskurs unter Gleichen gewährleiste. Damit nimmt Ahrens viel von dem vorweg, was in der vorliegenden Arbeit zur Sprache kommen

---

[419] Vgl. J. BEUKER, Gabe und Beziehung 168.
[420] Vgl. C. S.-V. PÕDER, Reziprozität im Gebet 145.
[421] Vgl. V. HOFFMANN, Skizzen 111.

wird. Was man bei Ahrens jedoch nicht explizit findet, ist die Deutung der Agonie als Gabe.

Abgesehen von Ahrens und Bayer hat in den vorgestellten Beiträgen zu einer theologischen Interpretation der Gabe die Agonie keine oder eine untergeordnete Bedeutung gespielt. Zu Recht stellt Hoffmann fest, dass die Idee von inhärenten Ambivalenzen der Gabe in den theologischen Entwürfen zur Gabe theologisch randständig geblieben sei[422] und die Gabentheorie Wege aufzeigen sollte, wie solche Ambivalenzen zu beobachten sind."[423] Diesem Thema, also der Frage ob es auch „schlimme Gaben"[424] gibt, werde ich mich in den folgenden zwei Kapiteln beschäftigen. Dabei gehe ich zuerst auf die Quelle des bisher in dieser Untersuchung noch nicht geklärten Mauss'schen Begriffs „agonistische Gabe" zurück. Danach werden die Interpretationen dieser „agonistischen Gabe" durch die französischen Sozialwissenschaftler Bourdieu und Caillé vorgestellt. Die beiden Soziologen berufen sich in ihren Schriften ausdrücklich auf die agonistische Gabe von Maus. Das Phänomen der „schlimmen Gaben" wird im darauffolgenden anthropologischen Kapitel zur Sprache kommen. Ziel der vorliegenden Dissertation ist aber ein Verständnis der agonistischen Gabe, das „schlimme Gaben" ausschliesst.

---

[422] Vgl. V. HOFFMANN, Skizzen 188.
[423] Vgl. V. HOFFMANN, Gabe und Opfer 160.
[424] Vgl. V. HOFFMANN, Skizzen 188. Hoffmann verweist auf den Titel von: J. STAROBINSKI, Gute Gaben, schlimme Gaben.

ZWEITES KAPITEL: DIE AGONISTISCHE GABE IN DEN SOZIALWISSENSCHAFTEN

Im folgenden Kapitel soll das Verständnis des Begriffs „agonistische Gabe" bei drei profilierten „Gabensoziologen" geklärt werden. Als Erstes erfolgt ein Durchgang durch «Die Gabe» von Mauss unter dem Aspekt der Agonie. Anschliessend wende ich mich der Transformation der agonistischen Gabe zu einer generellen Ökonomie der Praxisformen im Werk von der Bourdieu zu. Schliesslich stelle ich das differenziertere Gabenmodell von Caillé vor, der auf unterschiedliche Funktionen der agonistischen Gabe in Primär- und Sekundärgesellschaften hinweist und damit eine Bemerkung von Mauss aufnimmt, dass Gaben manchmal einen stärker kollektiven oder eher einen individuellen Charakter haben können.

1. «Die Gabe» von Marcel Mauss

Marcel Mauss (1872–1950) zählt zu den bedeutendsten französischen Soziologen und Ethnologen. Er war Emile Durkheims Neffe und zugleich dessen einflussreichster Schüler. Als Durkheim im Jahr 1917 starb, wurde er zum Kopf der französischen Soziologie.[425] Nach der Einschätzung des Mauss-Experten Centlivres hat Mauss fast ein halbes Jahrhundert die Sozialwissenschaft in Frankreich geprägt und auch die Philosophie herausgefordert.[426]

1.1. Skizze von «Die Gabe»

Der Essay «Die Gabe» behandelt erstmals systematisch weit verbreitete indigene Praktiken des Geschenkaustauschs.[427] Mauss war der Meinung, mit der Gabe einen Felsen gefunden zu haben, auf dem unsere Gesellschaften ruhen[428] und der allen gemeinsam ist[429].

In den ersten zwei Kapiteln des Essay stützt sich Mauss auf ethnologische Berichte über das Phänomen des intertribalen Gabentausches bei verschiedenen Bevölkerungsgruppen im pazifischen Raum und Nordamerika, „welche noch

---

[425] Vgl. S. MOEBIUS, Marcel Mauss 7.
[426] Vgl. P. CENTLIVRES, Marcel Mauss 171.
[427] Vgl. Vorwort von E. E. Evans-Pritchard zur englischen Ausgabe, das für die deutsche Ausgabe übersetzt wurde. In: M. MAUSS, Die Gabe 11.
[428] M. MAUSS, Die Gabe 19.
[429] Vgl. M. MAUSS, Die Gabe 163; C. PAPILLOUD, Hegemonien der Gabe 248.

nicht das Stadium des reinen Individualvertrags, des Geldmarktes, des eigentlichen Verkaufs erreicht haben und vor allem nicht zum Begriff des festen Preises und des gewogenen und gemünzten Geldes gelangt sind"[430]. Im dritten Kapitel behandelt er Elemente des Gabentausches in alten Rechtsordnungen, um dann im Schlussteil auf Aspekte der Gabe im modernen Frankreich sprechen zu kommen. Dabei geht es ihm um Grundlagen für eine zeitgenössische Erneuerung des Sozialvertrags,[431] der, statt auf Utilitarismus und Individualismus zu bauen, auf gegenseitigem Respekt, Grosszügigkeit und Solidarität ruhen solle.

Mauss sieht im Gabentausch ein Phänomen, das alles umfasst, „was das eigentliche gesellschaftliche Leben der Gesellschaften ausmacht, die den unseren vorausgegangen sind", wozu er religiöse, rechtliche, moralische, ökonomische und ästhetische Aspekte zählt.[432] Deshalb spricht er von „totalen" gesellschaftlichen Phänomenen, wobei er darauf hinweist, dass diese mehr kollektiven oder eher individuellen Charakter haben können: Zum einen seien es „Tatsachen, die in einigen Fällen die Gesellschaft und ihre Institutionen in ihrer Totalität in Gang halten [...], in anderen Fällen eine grosse Zahl von Institutionen, nämlich dort, wo Austausch und Verträge mehr das Individuum angehen."[433] Dem direkten Tausch als Handel zwischen Individuen begegne man in den früheren Gesellschaften fast nie, vielmehr seien die Akteure Anführer, die stellvertretend für ihren Clan kontrahieren, schreibt Mauss.[434] Es handle sich also meist um Kollektive, die beim Tausch von Gaben einander gegenüberstehen. Mauss spricht von „moralischen Personen: Clans, Stämmen, Familien", die miteinander verhandeln und sich gegenseitig verpflichten.[435]

Das von Mauss thematisierte Gabenphänomen ist eine komplexe Verknüpfung von Verpflichtungen, Geschenke zu machen, sie anzunehmen und sie zu erwidern oder weiterzugeben. Die Ablehnung eines Geschenkes oder Weigerung, ebenfalls zu schenken, komme einer Kriegserklärung gleich. Wer sich aus dem

---

[430] M. Mauss, Die Gabe 119.
[431] Vgl. A. Grund, Bindekraft und Polyvalenz der Gabe 9.
[432] M. Mauss, Die Gabe 17f.
[433] M. Mauss, Die Gabe 176.
[434] Vgl. M. Mauss, Die Gabe 21.
[435] Vgl. M. Mauss, Die Gabe 21f. Ergänzend sei hier erwähnt, dass Mauss auch auf individuelle Tauschbeziehungen unter Trobiandern hinweist, allerdings hätten diese nur entfernt mit dem Kula-Tausch zu tun (ebd. 71).

Gabenzyklus ausschliesse, verweigere Freundschaft und Gemeinschaft[436] und provoziere die „Strafe des privaten oder öffentlichen Kriegs"[437]. In einem Gabenzyklus mitzuwirken sei demnach eine Verpflichtung und obligatorisch. Dennoch müsse jeder einzelne Schritt des Gabentausches so erfolgen, dass er formell freiwillig erscheint.

In den von Mauss beschriebenen Gesellschaften wurden einerseits nützliche Güter und Reichtümer ausgetauscht, vor allem aber sind es „Höflichkeiten, Festessen, Rituale, Militärdienste, Frauen, Kinder, Tänze, Feste, Märkte, bei denen der Handel nur ein Moment und der Umlauf der Reichtümer nur eine Seite eines weit allgemeineren und weit beständigeren Vertrags ist".[438] Eine Sonderform der Gabe glaubt Mauss im Potlatsch erkennen zu können, bei dem Gaben nicht getauscht, sondern zerstört oder vernichtet werden: Dabei würden Sklaven getötet, kostbare Öle verbrannt, Kupferplatten ins Meer geworfen und Häuser angezündet, um die eigene Macht zu bekunden und den verbündeten Geistern und Göttern zu opfern.[439] Eine Form der Gabe ist demnach das religiöse Opfer. Mauss stuft dieses jedoch nicht als primären Ritus ein. Vielmehr handle es sich um eine späte Entwicklung in den Religionen, welche unter anderem die Praxis der rituellen Gabe sowie von Weihe- und Reinigungsriten voraussetze.[440]

1.2. Eingrenzung des Themas

Mit dem Originaltitel «Essay sur le don» hat Mauss deutlich mehr angekündigt, als er in diesem Werk auch tatsächlich behandelt hat. Dieser „grosse Klassiker der ethnographischen Literatur"[441] untersucht nämlich fast ausschliesslich eine Sonderform der Gabe: die agonistische. Daneben existiere eine älteste Form

---

[436] Vgl. M. MAUSS, Die Gabe 36f.
[437] Vgl. M. MAUSS, Die Gabe 22. DERS., Wirkliche und praktische Beziehungen 163.
[438] M. MAUSS, Die Gabe 22.
[439] Vgl. M. MAUSS, Die Gabe 43f.
[440] Vgl. M. MAUSS / H. HUBERT, Introduction à l'analyse 15. In «Die Gabe» analysiert Mauss im Abschnitt „Geschenke an Menschen und Geschenke an Götter" das Verhältnis zwischen Menschen und Göttern. Bei den Opferhandlungen würden sich die einzelnen Schritte des Gabentausches durch einen ausgeprägt zwangshaften Charakter auszeichnen (vgl. M. MAUSS, Die Gabe 39–49). Caillé geht in seiner Opfer-Interpretation über Mauss hinaus: Beim Opfer könne es sich nicht um eine Gabe handeln, weil in dieser Beziehung keine Parität möglich sei (vgl. A. CAILLÉ, Anthropologie de Gabe 161–164).
[441] Vgl. M. HÉNAFF, Der Preis der Wahrheit 182.

der Gabe, die er aber in diesem Essay nicht untersuchen wolle, hält Mauss ausdrücklich fest.[442] Statt von der Gabe oder agonistischen Gabe spricht Mauss auch von einem „System der totalen Leistungen" und einem „System der totalen agonistischen Leistungen".[443]

Für das Verständnis des Essay kommt erschwerend hinzu, dass Mauss die darin besprochenen und weit verbreiteten Phänomene agonistischer Gaben generalisierend als Potlatsch bezeichnete.[444] Potlatsch ist aber auch der Name für den erwähnten an der Nordwestküste Nordamerikas vorkommenden agonistischen Wettkampf, in dem Eigentum in der Absicht zerstört wird, den Anderen mit dieser Demonstration von Macht und Reichtum zu demütigen und zu einem noch grösseren Zerstörungsakt zu provozieren. Mauss war der Überzeugung, dass der Kula-Handel im Nordosten von Neuguinea einen vergleichbaren agonistischen Charakter hat, und bezeichnete ihn ebenfalls als Potlatsch. Damit macht er aus dem in einer Indianersprache benutzten Terminus eine allgemeine soziologische Kategorie für ein seiner Meinung nach weit verbreitetes Phänomen.[445]

> „Wir schlagen vor, den Namen Potlatsch jener Art von Institution vorzubehalten, die man unbedenklicher und präziser aber auch umständlicher *totale Leistung von agonistischem Typ* nennen könnte."[446]

Das zentrale Thema des Essays ist also wie erwähnt eine Sonderform der Gabe. Mauss schränkt sich darin auf jene Formen der Gabe ein, die sich durch Rivalität und Wettbewerbscharakter auszeichnen. Umso mehr erstaunt die schwindende Bedeutung der Agonie im letzten Teil des Essays, wo Mauss aus seinen

---

[442] Vgl. M. MAUSS, Die Gabe 84.
[443] Der Begriff „totale Leistungen" oder auch „totale soziale Tatsache" ist ein zentrales Thema in der Rezeptionsgeschichte vom Mauss, auf das ich nicht weiter eingehe. Eine neuere Zusammenfassung dieser Diskussion haben Mario Schmidt und Emanuel Seitz als Nachwort einer Sammlung von Aufsätzen angefügt, die Mauss zum Thema Geld verfasst hat. Schmidt und Seitz reduzieren die Interpretationen auf zwei Pole: Für die eine Gruppe sind „totale Leistungen" Denksysteme, die den Erscheinungen vorausgehen. Der andere Interpretationsstrang vertritt die Prämisse, dass in den Teilen das Ganze steckt. Schmitt und Seitz ordnen sich der zweiten Gruppe zu. Sie begründen ihre Position damit, dass Mauss eine Rückkehr zu den Dingen propagiere und sehr misstrauisch gegenüber Denksystemen sei. (Vgl. M. SCHMIDT / E. SEITZ, Geld im Ganzen der Gesellschaft 228).
[444] Vgl. M. MAUSS, Die Gabe 23.
[445] Vgl. M. GODELIER, Das Rätsel der Gabe 60, 82.
[446] M. MAUSS, Die Gabe 24f. Hervorhebung im Original.

ethnologischen und rechtshistorischen Beobachtungen politische und moralische Folgerungen für die Gegenwart zieht: Im Schlussteil ist nicht mehr von Rivalität und Prestigekampf die Rede, sondern von Bindung und Solidarität, was zu Institutionen wie die Sozialversicherungen führe. Mauss reiht die agonistische Gabe als eine gesellschaftliche Entwicklungsstufe zwischen der nicht-agonistischen Gabe und jener des Individualvertrags und der Märkte ein, die aufgrund von Preisen und gemünztem Geld funktionieren würden.[447] In den modernen Gesellschafen, glaubt Mauss, gebe es nur noch Relikte der (agonistischen) Gabenordnung. Als Beispiele nennt er etwa die Höflichkeitsregeln im Bereich der Gastfreundschaft mit Gegeneinladung oder auch Gepflogenheiten in ländlichen Regionen.[448] Eine explizite Untersuchung agonaler Elemente in der modernen Gesellschaft anhand des Gabentausches bietet der Essay nicht.[449]

Im Folgenden wird der im Essay vorgestellte Gabentausch nach dem Kriterium der Intensität der Agonie in drei Stufen systematisiert:[450]

- Die nicht-agonistische Gabe
- Die Kula-Gabe
- Der indianische Potlatsch

1.3. Die nicht-agonistische Gabe

Der Fokus des Essays liegt zwar bei der agonistischen Gabe. Verstreut finden sich aber auch Anmerkungen zu nicht-rivalisierenden Gabensystemen. Diese geben Hinweise für die Abgrenzung der beiden Kategorien. Wie erwähnt, ging Mauss davon aus, dass die nicht-agonistischen Gaben ältere Phänomene sind, aus denen sich Formen entwickelten, die sich durch Konkurrenzverhalten auszeichnen. Aufgrund der spärlichen Bemerkungen im Essay zeichnet sich der ursprüngliche, nicht-agonistische Gabentypus durch folgende Charakteristiken aus:

---

[447] M. MAUSS, Die Gabe 119.
[448] Vgl. M. MAUSS, Die Gabe, 157ff.
[449] Vgl. F. NULLMEIER, Politische Theorie des Sozialstaates 239.
[450] Adloff nutzt ebenfalls die Intensität des Kämpferischen als Unterscheidungskriterien. Er beschränkt sich dabei aber auf die Unterscheidung zwischen heftigen (Potlatsch) und weniger heftigen (Kula-Gabe) agonistischen Formen des Gabentausches (vgl. F. ADLOFF, Politik der Gabe 53ff).

- Komplementäres System:
  Ein „System der totalen Leistungen" glaubt Mauss in besonders reiner und ursprünglicher Form bei australischen und bei nordamerikanischen Stämmen entdeckt zu haben.[451] Gabentausch existiere dort als ein Bündel von Vorgängen zwischen Kollektiven, die sich ergänzen. Es handle sich um ein „Bündnis zweier Phratrien", „bei dem alles – Riten, Heiraten, Erbschaft, Rechts- und Interessenbindungen, Militär- und Priesterränge – einander ergänzt und die Zusammenarbeit der beiden Hälften des Stammes voraussetzt."[452]
- Überlassung von Nutzungsrechten:
  Eine besonders reine Form für „totale Leistungen" glaubt Mauss noch beim Potlatsch der Tlingit und Haida im Nordwesten Amerikas erkennen zu können, weil dort Geschenke wie Kredite gehandhabt würden, die zurückbezahlt werden müssen.[453] Der Gabentausch sei dort kein Wechsel von Eigentum, sondern das Überlassen von Nutzungsrechten, für die Gegenleistungen erwartet würden.
  Beispiele solcher Nutzungsrechte mit entsprechenden Gegenleistungen erwähnt Mauss auch für die Trobiand-Inseln in Melanesien. Bei den Trobiandern würden Nahrungsmitteln für geleistete Arbeiten ausgeteilt. Auch die dort gepflegte Mapula sei ein Gegenleistungssystem. Dabei komme es zu ständigen Zahlungen des Ehemannes an seine Frau als eine Art Lohn für sexuelle Dienste. Gemäss Mauss hat dieses System von Gegenleistungen zum Ziel, ein nutzbringendes Bündnis aufrechtzuerhalten.[454]
- Unbestrittene Hierarchie:
  Ein letztes Merkmal des nicht-agonistischen Tausches sind etablierte Hierarchien. In einer Fussnote bezeichnet Mauss die Instabilität einer Hierarche als „wesentliche Voraussetzung für den Potlatsch". In einer gefestigten Hierarchie erübrige sich eine Rivalität unter den Häuptlingen, da diese auf die Festigung der Hierarchie abziele.[455]

---

[451] Vgl. M. MAUSS, Die Gabe 22.
[452] Vgl. M. MAUSS, Die Gabe 22.
[453] Vgl. M. MAUSS, Die Gabe 81f.
[454] Vgl. M. MAUSS, Die Gabe 168.
[455] Vgl. M. MAUSS, Die Gabe 47f Fn 69.

1.3.1. Exkurs: Relecture der nicht-agonistischen Gabe nach 50 Jahren

Mauss hat die nicht-agonistische Gabe nicht weiterverfolgt, und seine Kommentatoren haben das „ein halbes Jahrhundert lang mit Stillschweigen übergangen".[456] Internationale Aufmerksamkeit erhielt diese Thematik erst in den 90er-Jahren durch die Anthropologin Annette Weiner[457], die in Polynesien und auf den Trobriandinseln die Gabenkreisläufe studierte. Sie hatte beobachtet, dass es in den Gabengesellschaften Güter gibt, die als unveräusserlich gelten und wesentlich für die Identität von Gesellschaftsgruppen sind. Schon Mauss hatte Besitztümer der Kwakiutl erwähnt, die nicht veräussert werden und bezeichnete diese als „sacra"[458].

Der Ethnologe und Anthropologe Maurice Godelier[459] nahm das Thema von Weiner auf und unterzog den Essay einer Relecture. Godeliers anthropologische Untersuchung über die wettbewerbsfreien Gaben fand auch ausserhalb seines Fachgebietes Beachtung. Er hatte beim Stamm der Baruya in Neuguinea beobachtet, dass es Reichtümer („Realien") gibt, die dem Gabentausch entzogen sind. Daraus zog er den Schluss, dass das Soziale nicht auf die Summe der Formen von Austausch reduzierbar sei und es jenseits der Austauschvorgänge gesellschaftliche Bereiche mit heiligen, nicht tauschbaren Objekten gebe müsse. Um diese „sacra" herum, die nicht getauscht, sondern nur weitergegeben werden können, rekonstruierte er eine nicht-agonistische „Gesamtheit von komplementären Beziehungen".[460] Darin seien soziale Beziehungen und „gewisse Amnesien" in einer gleichsam heiligen Ordnung aufgehoben.[461]

Diese Gesamtheit von Beziehungen spiegle sich in Geschichten, die sich um die „sacra" ranken. Diese hätten die Doppelfunktion, den Inhalt der sozialen Beziehungen zugleich zu erzählen und zu verschleiern.[462] Als Folge dieser Doppelsinnigkeit würden soziale Beziehungen mit ihren Hierarchien und Machtgefällen innerhalb des Clans in einer gleichsam heiligen Ordnung von Komplementarität

---

[456] Vgl. M. GODELIER, Das Rätsel der Gabe 51.
[457] A. WEINER, Inalienable Possessions.
[458] Vgl. M. MAUSS, Die Gabe 105, 115 Fn 224.
[459] M. GODELIER, L'Énigme du don, Paris, 1996. Deutsch 1999: Das Rätsel der Gabe.
[460] Vgl. M. GODELIER, Das Rätsel der Gabe 170.
[461] Vgl. M. MAUSS, Die Gabe 186; M. GODELIER, Das Rätsel der Gabe 175.
[462] Vgl. M. GODELIER, Das Rätsel der Gabe 246.

und Interdependenz aufgehoben.[463] Godelier hält fest, dass von den „sacra" auch wohltätige Wirkungen ausgehen würden, die geteilt und verteilt werden[464] und der Reproduktion der Gesellschaft dienen[465]. Solche Wohltaten, wie die Initiation, flössen nur in eine Richtung und könnten darum auch nicht erwidert werden.[466] Ein Potlatsch sei in diesem Kontext gar nicht möglich. In diesem Punkt weicht Godelier von Mauss ab, der auch bei der nicht-agonistischen Gabe von der Verpflichtung zur Gegenleistung ausgeht.

1.4. Agonistische Formen der Gabe

Bei den agonistischen Formen der Gabe hat sich Mauss vor allem auf den Kula und den indianischen Potlatsch konzentriert, aber wie erwähnt beide generalisierend auch Potlatsch genannt. Im folgenden systematisierenden Zusammenzug des Essays werden zur besseren Verständlichkeit jeweils die Begriffe „Kula" und „indianischer Potlatsch" verwendet.

- Den Kula-Tausch[467] beschreibt Mauss als eine relativ gemässigte Form der Rivalität, bei der die Kontrahenten mit Geschenken wetteifern. Kula bezeichnet ein Netzwerk bei den Melanesiern, das die verschiedenen gesellschaftlichen Bereiche wie Ökonomie, Religion, Politik und gesellschaftliche Funktionen zu einem sozialen Ganzen zusammenführt.
- Den indianischen Potlatsch[468] charakterisiert Mauss als „erbitterte Rivalität" und „verschwenderische Zerstörung der angehäuften Reichtümer"[469]. Er komme bei sehr reichen Stämmen Nordamerikas, aber auch in Melanesien bei den Papua auf Neuguinea und den Fidschianern vor. Der indianische Potlatsch sei ein Stammesfest, das vom Prinzip der Rivalität und des Antagonismus beherrscht werde. Unter den nordamerikanischen Tlingit

---

[463] Vgl. M. GODELIER, Das Rätsel der Gabe 170, 175, 186.
[464] Vgl. M. GODELIER, Das Rätsel der Gabe 171.
[465] Vgl. M. GODELIER, Das Rätsel der Gabe 194.
[466] Vgl. M. GODELIER, Das Rätsel der Gabe 204f.
[467] Wichtige Quelle zum Kula war der 1922 erstmals erschienene Band: B. MALINOWSKY, Argonauten des westlichen Pazifik (vgl. M. Mauss, Die Gabe 44f).
[468] Wichtige Quelle zum Potlatsch waren die Berichte des amerikanischen Ethnologen Franz Boas, der zu Beginn des 20. Jahrhunderts die Populationen Nordwestamerikas untersuchte (vgl. M. MAUSS, Selbstdarstellung 354).
[469] Vgl. M. MAUSS, Die Gabe 24f.

und Haida habe es neben dem durch Agonie charakterisierten indianische Potlatsch auch nicht-agonistische Tauschformen gegeben.

Ausser dem erbitterten Potlatsch und dem gemässigteren Kula erwähnt Mauss noch Zwischenformen in Polynesien, in Malaya oder auch in Südamerika und bei den Thrakern in der Antike.[470]

1.4.1. Der Kula-Tausch auf den Trobiandinseln

Das Wort Kula bedeutet möglicherweise Ring und bezeichnet ein aristokratisches, intertribales Handelssystem auf den Inselgruppen im Nordosten von Neuguinea. Mauss beschreibt den Kula-Handel als ein Ritual, das Häuptlingen vorbehalten ist, die zugleich örtliche Führer oder Führer der Handelsflotten sind, die zwischen den Inseln verkehren. Beim zeremoniellen Kula-Tausch gäben sich die Beteiligten desinteressiert und bescheiden, jegliches Feilschen sei verpönt.[471] Daneben erwähnt Mauss auch Handelsplätze des intertribalen Kula, aber auch kleinere Märkte im Landesinneren – also inter- und innertribale Märkte –, die sich durch sehr hartnäckiges Feilschen um nützliche Dinge auszeichnen.[472] Diese Art zu handeln werde „gimwali" genannt und gelte als ein „des Kula unwürdiges Verfahren"[473].

Der Kula-Tausch sei eine strenge Folge von Geschenken und Schmeicheleien. Dabei würden sich die Bootsführer einer Handelsexpedition, die eine Insel erreichen, und die möglichen Geschäftspartner auf der betreffenden Insel aneinander herantasten. Die ausgetauschten Geschenke seien Prestigegegenstände, welche die Beschenkten nicht behalten dürfen, sondern beim nächsten Kula-Tausch weiterschenken müssen. Die als Geschenke benutzten Halsketten und Armbänder würden über den intertribalen Tauschring zwischen den Inseln in entgegengesetzter Richtung zirkulieren. Dadurch entstehe ein weiträumiges Netz persönlicher Bindungen. Bis zum Weiterreichen der Prestigegeschenke würden die Häuptlinge die Kula-Geschenke als Zeichen ihres Reichtums tragen.[474]

---

[470] Vgl. M. MAUSS, Die Gabe 25.
[471] Vgl. M. MAUSS, Die Gabe 55.
[472] Vgl. M. MAUSS, Die Gabe 66.
[473] Vgl. M. MAUSS, Die Gabe 55.
[474] Vgl. ebd.

Mauss interpretiert den Kula-Vorgang agonistisch:

> „Die Bedeutung und Natur dieser Gaben rühren von dem ausserordentlich ausgeprägten Wettstreit her, der unter den möglichen Partnern der ankommenden Expedition Platz greift. Sie suchen nach dem bestmöglichen Partner des anderen Stammes."[475]

Das Kula-Ritual habe zum Ziel, den reichsten unter den möglichen Partnern auszuwählen, und so einen grösseren Austausch an wertvollen Dingen zu bewirken.

> „Konkurrenz, Rivalität, Ausstellung, das Trachten nach Grösse und Vorteil – das sind die verschiedenen Motive, die all diesen Handlungen zugrunde liegen."[476]

Das bedeute indes nicht, dass die Kula-Partner nur untereinander Handel trieben. Der Kula-Tausch wirke wie ein formeller Rahmen für die Aktivitäten auf dem „gimwali", wo auch mit Anderen gehandelt werde. Im Gegensatz zur Transaktion auf dem Markt, die nach kurzer Zeit abgeschlossen ist, sieht Mauss in der Kula-Partnerschaft ein weiterreichendes Bündnis. Der Kula-Tausch impliziere eine über die Tauschhandlung hinausgehende Integration, zu dem etwa Gastfreundschaft und das Überlassen von Nahrung gehören.[477] Es werde eine Art Clan-Verhältnis zwischen den Partnern begründet. Diese im Kula-Tausch geschlossenen Bündnisse seien Anlass und Rahmen für die alltäglichen Handelsreisen zwischen den Inseln, an denen sich auch Leute von Rang beteiligen.[478] Mauss sieht im Kula-Tausch ein System, von dem letztlich der gesamte Clan profitiert, etwa indem die Häuptlinge Kula-Geschenke an ihre Vasallen weiterreichen und sie so an der eigenen Macht teilhaben lassen.[479]

Zusammengefasst geht es beim „gimwali" um utilitaristische Gewinnmaximierung der Ökonomie. Der Kula-Tausch hingegen hat möglichst hohe Anerkennung und Ansehen zum Ziel. Im Kula-Tausch kämpfen Leute von Rang um ihre Stellung, indem sie zum Kula-Partner eines möglichst wichtigen Vertreters des anderen Stammes werden.

---

[475] M. MAUSS, Die Gabe 67f.
[476] M. MAUSS, Die Gabe 68.
[477] Vgl. M. MAUSS, Die Gabe 68.
[478] Vgl. M. MAUSS, Die Gabe 59.
[479] Vgl. M. MAUSS, Die Gabe 69f.

1.4.2. Der indianische Potlatsch

Deutlicher als beim Kula werden Wettstreit, Rivalität und Kampf um Prestige beim indianischen Potlatsch sichtbar. Dort zeigen Herrschende ihre Überlegenheit, indem sie Güter verteilen.[480] Um seine Ehre aufrechtzuerhalten, müsse der Häuptling zeigen, dass er reich ist. Und das könne er nur, indem er ausgibt, verteilt und dadurch Andere demütigt, schreibt Mauss.[481]

Der indianische Potlatsch zeichne sich durch Heftigkeit und Übertreibung aus, sowie den Antagonismus, den er hervorruft.[482] Mauss beschreibt ihn als „ein Spiel und eine Prüfung"[483], wo geprotzt und der Rivale mit Geschenken überhäuft werde, damit sich dieser derart gedemütigt fühle, dass er bereit sei, sich selbst und seinen Clan ganz zu verausgaben.

> „Man geht bis zum offenen Kampf, bis zur Tötung der einander gegenübertretenden Häuptlinge und ‚Adeligen'. Und andererseits geht man bis zur rein verschwenderischen Zerstörung der angehäuften Reichtümer, um dem rivalisierenden Häuptling (...) den Rang abzulaufen."[484]

Mauss erzählt von einem Häuptling, der vor den Augen seines Rivalen einige seiner eigenen Sklaven töten lässt. Diese ostentative Vernichtung müsse zu gegebener Zeit durch die Tötung einer grösseren Anzahl Sklaven erwidert werden. Wo kein Rivale vorhanden ist, protze der Stammesfürst vor seinen Untertanen, indem er seine – bei einigen indianischen Potlatschs die gesamten[485] – Reichtümer vor deren Augen zerstöre.

Mauss sieht im indianischen Potlatsch einen eigennützigen, luxuriösen Kampf der Adeligen um den Platz in der Hierarchie, ein Wettkampf, von dem letztlich der ganze eigene Clan profitiere.[486] Zweck des Reichtums sei nicht, diesen zu bewahren oder zu mehren, sondern die Umwandlung des Reichtums in Macht. Um seine Macht bestätigt zu bekommen, müsse der Häuptling zeigen, wie sehr er „von den Geistern begünstigt wird, dass er Glück und Reichtum besitzt und

---

[480] Vgl. M. MAUSS, Die Gabe 170.
[481] Vgl. M. MAUSS, Die Gabe 92.
[482] Vgl. M. MAUSS, Die Gabe 81.
[483] Vgl. M. MAUSS, Die Gabe 72 Fn 155.
[484] M. MAUSS, Die Gabe 24.
[485] Vgl. M. MAUSS, Die Gabe 84.
[486] Vgl. S. MOEBIUS / C. PAPILLOUD (Hrsg.), Gift – Marcel Mauss' Kulturtheorie der Gabe 281.

von diesem besessen ist"[487]. Die Verausgabung und die Zerstörung von Eigentum beim indianischen Potlatsch haben demnach Ruhm, Autorität und Glaubwürdigkeit zum Ziel. Der Häuptling gebe alles von sich, um für sein Volk einzustehen und um es zu repräsentieren.

„Zwischen Häuptlingen und Vasallen und deren Dienern etabliert sich mittels solcher Gaben die Hierarchie. Geben heisst Überlegenheit beweisen, zeigen, dass man mehr ist und höher steht, *magister* ist; annehmen, ohne zu erwidern oder mehr zurückzugeben, heisst sich unterordnen, Gefolge und Knecht werden, tiefer sinken, *minister* werden."[488]

Der Idealfall eines indianischen Potlatschs wäre demnach, dass dieser nicht erwidert wird, stellt Mauss fest[489], und relativiert damit die Verpflichtung, zur Erwiderung.

1.4.2.1. Die ruinöse Verausgabung

Bei der Beschreibung der rückhaltlosen Zerstörung von Reichtümern beim indianischen Potlatsch stützt sich Mauss auf Berichte, die das Phänomen in einer Epoche beschreiben, als die Indianer längst schon mit europäischen Einwanderern Handel trieben.[490] Godelier hat auf Studien hingewiesen, die belegen würden, dass der Potlatsch wegen der Anwesenheit der Europäer einen anomalen Charakter angenommen habe. Durch den Handel mit den Einwanderern habe sich eine neue Gruppe von „Neureichen" gebildet, die die traditionellen Führungsstrukturen in Frage stellten. Dadurch habe sich aus einem Potlatsch, der eher der Bestätigung von Hierarchien gedient habe, ein eigentlicher Führungswettkampf entwickelt. In der vorkolonialen Phase sei der Potlatsch weniger ausgeprägt agonistisch gewesen.[491] Ähnlich wie Godelier grenzt auch Hénaff die Entwicklung zum „verrückten Potlatsch" auf die letzten Jahrzehnte des 19. Jahrhunderts ein. Damals sei die Bevölkerung erheblich geschrumpft und damit die verfügbaren Prestigepositionen. Zudem habe ein Verbot der Kriege

---

[487] Vgl. M. MAUSS, Die Gabe 92.
[488] M. MAUSS, Die Gabe 170f. Hervorhebungen im Original.
[489] Vgl. M. MAUSS, Die Gabe 100 Fn 186.
[490] Vgl. M. MAUSS, Die Gabe 77; ebd. Fn 111.
[491] Vgl. M. GODELIER, Das Rätsel der Gabe 109ff. Die von Georges Bataille beschriebene Vernichtung von tausenden Gefangenen durch die Azteken interpretiert Godelier, falls es tatsächlich so gewesen sei, analog als Folge von sozialen Verwerfungen, hervorgerufen durch den europäischen Kolonialismus (vgl. M. GODELIER, Das Rätsel der Gabe 219).

zwischen den Stämmen in Kanada dazu geführt, dass die Rivalität zwischen den Stämmen einzig im indianischen Potlatsch ausgelebt werden konnte.[492]

1.5. Agonistische Gabe und Krieg

Krieg und agonistische Gabe stehen nahe beieinander. Bei Mauss ist es nicht eindeutig, wie er dieses Verhältnis einschätzt. Einerseits ist die Gabe Produkt vernünftigen Handelns:

> "Indem die Völker die Vernunft dem Gefühl entgegenstellen und den Willen zum Frieden gegenüber plötzlichen Wahnsinnstaten geltend machen, gelingt es ihnen, das Bündnis, die Gabe und den Handel an die Stelle des Kriegs, der Isolierung und der Stagnation zu setzen."[493]

Aus diesem Zitat folgt, dass es Mauss letztlich um die Benennung sozialer Integrationspotenziale geht.[494] Dies bestätigt Mauss gegen Schluss des Essays, wo er die Gabe eine Befähigung nennt, um Beziehungen zu festigen. Dies sei das Geheimnis der Solidarität von Clans, Stämmen Nationen und Individuen.[495] Hetzel vertritt sogar die These, dass Mauss in der agonistischen Gabe ein Instrument zur generellen Verhinderung von Gewalt sieht.[496] Caillé weist darauf hin, dass es sich beim Potlatsch um eine Allianz mit Feinden von gestern handelt, die vielleicht auch die von morgen werden.[497] Die sorgsame Pflege des Gabenbündnisses wäre damit auch aus Caillés Sicht die Verhinderung von Feindschaften.

Andererseits berichtet Mauss von Vorfällen, die zeigen, dass die Gabe auch der Irrationalität ausgesetzt ist. „Der Potlatsch ist tatsächlich eine gefährliche Angelegenheit"[498]. Die Gabe stehe in der Nähe von „Fest und Krieg"[499]. Möglicherweise hat Mauss mit dieser Nähe die Gefahr von harmlosen Regelverletzungen gemeint, die sich schnell zu einer unkontrollierten Raserei entfachen können. Als Beispiel übernimmt er einen Bericht über zwei melanesische Stämme, die am Morgen nach einem gemeinsamen Fest wegen einer Kleinigkeit gegenseitig

---

[492] Vgl. M. Hénaff, Der Preis der Wahrheit 184 Fn 23.
[493] M. Mauss, Die Gabe 181.
[494] Vgl. F. Nullmeier, Politische Theorie des Sozialstaates 229.
[495] Vgl. M. Mauss, Die Gabe 181f.
[496] Vgl. A. Hetzel, Interventionen im Ausgang von Mauss 279.
[497] Vgl. A. Caillé, Anthropologie der Gabe, Frankfurt a. M. 2008, 145.
[498] M. Mauss, Die Gabe 93 Fn 154.
[499] Vgl. M. Mauss, Die Gabe 180.

Männer und Kinder erschlugen und Frauen des anderen Stammes mit sich schleppten. Solche Beispiele seien nicht selten, bemerkt Mauss[500]. Das Gabensystem scheint also gefährlich, labil und deshalb für Friedensdiplomatie wenig geeignet zu sein. Es fehlen Regeln, wie im Fall einer Eskalation vorzugehen ist, zumindest findet man bei Mauss keinen Hinweis darauf. Krieg und Gabentausch scheinen zwei eigenständige Bereiche ohne gemeinsame Rationalität zu sein.[501]

Ein wesentlicher Unterschied zum Krieg besteht darin, dass der Gabentausch selbst in der Extremform des sich total verausgabenden Häuptlings immer nur zu Zerstörung oder Aufgabe von eigenem Eigentum führt. Gemäss Mauss gehe es um Vernichtung von Eigentum, damit es die Feinde nicht bekommen, oder um es als Opfer den Vorfahren des Clans zukommen zu lassen.[502] In diesem „Eigentumskrieg" werde um Ränge und Prestige innerhalb des eigenen Clans gefochten.

> „Der politische Status der Individuen in den Bruderschaften und Clans sowie überhaupt jede Art von Rängen wird durch den „Eigentumskrieg" erworben, wie auch durch Krieg oder Glück, durch Erbschaft, Bündnis und Heirat. Doch alles wird so begriffen, als handle es sich um einen ‚Eigentumskrieg'. Das Heiraten der Kinder, die Rangstufen in den Bruderschaften werden einzig im Rahmen von Potlatschs und Gegen-Potlatschs bestimmt".[503]

Neben dem „Eigentumskrieg" bestehen offensichtlich noch andere Möglichkeiten, den politischen Status zu stärken; unter anderem der Krieg. Godelier sieht den Unterschied zwischen Krieg und Eigentumskrieg darin, dass es nicht möglich sei, durch Geschenke einen neuen Titel zu erwerben. Der Krieg dagegen biete genau diese Möglichkeit.

> „Wenn ein Häuptling die Bevölkerung eines anderen Distrikts unterworfen hatte, bemächtigte er sich der Titel der Besiegten und verteilte sie unter denen, die ihn bei seinem Unternehmen unterstützt hatten, und er selbst modelte seine

---

[500] Vgl. M. MAUSS, Die Gabe 180f.
[501] Dazwischen zu vermitteln, erfordert eine andersartige Rationalität. Bourdieu empfiehlt dafür die in der Diplomatie gepflegte kodifizierte Kommunikation (s. zweites Kapitel, Abschnitt 2.3.).
[502] Vgl. M. MAUSS, Die Gabe 86 Fn 132.
[503] M. MAUSS, Die Gabe 85.

Genealogie so um, dass der Eindruck erweckt wurde, als hätten seine Vorfahren von jeher Rechte auf dieses neue Territorium gehabt."[504]

1.6. Fazit: Eigenschaften agonistischer Gaben

Aus der Lektüre des Essays ergeben sich grundsätzlich zwei agonistische Gabentypen:

- Der Kula-Tausch als Wettbewerb unter Adeligen: In einer aristokratischen Evaluierung werden mögliche Handelspartner ausgewählt. Ziel ist die gegenseitige Anerkennung und der Erwerb von Ansehen.[505]
- Der indianische Potlatsch als Kampf der Adeligen um einen Platz in der Hierarchie: Wer imstande ist mehr zu geben, ist Sieger des Wettkampfs.

Beide zeichnen sich durch folgende Eigenschaften aus:

- Agonistische Gaben sind keine Gegenstände des alltäglichen Gebrauchs.[506]
- Die Akteure des agonistischen Gabentauschs sind Führer oder Häuptlinge, die öffentlich um die Anerkennung in hierarchischen Positionen kämpfen und durch diese geregelten Wettkämpfe zur Reproduktion einer gegebenen Ordnung beitragen. Die agonistische Gabe strukturiert demnach die Gesellschaft aufgrund von Superiorität.
- Gesellschaftliche Voraussetzung für agonistische Gaben sind einerseits einigermassen befriedete Gesellschaften mit kollektiven Verpflichtungen und Zwängen, andererseits eine nicht endgültig fixierte politische Hierarchie.[507]
- Die agonistische Gabe und der Tauschhandel bestehen nebeneinander und gehören unterschiedlichen Ebenen an. Das agonistische Handeln zählt zu Bereich des Ansehens, der Ehre oder der Beziehungen unter den

---

[504] M. GODELIER, Das Rätsel der Gabe 224f.
[505] Hénaff betont den Unterschied zum ökonomischen Austausch beim Kula-Tausch. Bei der Gabe gehe es Mauss um die Natur des sozialen Bandes, um unsere Art und Weise, zusammen zu sein. Durch Gabenrituale würden soziale Beziehungen entwickelt. Den Kern der Gabenbeziehung bilde die Anerkennung. Davon unterscheide sich der „gimwali", der parallel dazu, praktiziert wurde (vgl. M. HÉNAFF, Der Preis der Wahrheit 183).
[506] Marcel Hénaff spricht stattdessen von „Luxusleistungen" (vgl. M. HÉNAFF, Der Preis der Wahrheit 178).
[507] Vgl. M. GODELIER, Das Rätsel der Gabe 226.

Akteuren[508] und sucht Distanz zur ökonomischen Transaktion. Utilitaristisches Benehmen wird von den direkt am Gabentausch Beteiligten verachtet, ohne allerdings selbst in Altruismus zu verfallen.[509]

- Dem agonistischen Gabenritual fehlt es an Spielregeln für den Krisenmodus, die auf einen Friedensdiskurs hinsteuern oder korrigierend einwirken könnten. So gibt die historische Tatsache, dass sich der indianische Potlatsch durch Ausseneinflüsse in ruinöse Selbstverausgabungen hineindrängen liess, Anlass zur Vermutung, dass dem Gabentausch das Instrumentarium fehlt, mit neuen Situationen zurechtzukommen.

Zusammengefasst setzt die von Mauss beschriebene agonistische Gabe ein relativ stabiles Gesellschaftssystem mit einer oder mehreren Hierarchien voraus, die von Individuen oder Clans besetzt sind, die untereinander konkurrieren. Ziel dieser Tauschform ist die Schaffung und regelmässige Überprüfung von Prestigeunterschieden unter den Aristokraten. Die Tauschgegenstände sind keine nützlichen Dinge, sondern Luxusgüter oder luxuriöse Feste. Zu Befriedungsstrategien im Rahmen der agonistischen Gabe im Fall einer Destabilisierung der solidarischen Gabengemeinschaft finden sich bei Mauss keine Hinweise.

2. Pierre Bourdieu

In den vergangenen Jahrzehnten erlangte die Mauss'sche agonale Gabe vor allem durch Pierre Bourdieu (1930–2002) neue Aufmerksamkeit. Bourdieu legt dem Sozialen grundsätzlich eine agonale Struktur zugrunde. In seinem Werk geht es um Positionskämpfe und Positionskonkurrenz. Bei diesem „konflikttheoretischen Ansatz"[510] erstaunt nicht, dass er die Gabe ausschliesslich im agonistischen Kontext sieht.[511]

---

[508] "Tout au long de l'Essay du Mauss, l'accent du don est toujours mis sur la relation qui s'établit entre les individus ou les groupes, plutôt que sur l'objet qui est transféré entre eux." A. D. SCHRIFT, Pourquoi les philosophes devraient lire Mauss 269.
[509] Vgl. F. NULLMEIER, Politische Theorie des Sozialstaates 239.
[510] Vgl. H.-P. MÜLLER, Pierre Bourdieu 340.
[511] Im deutschsprachigen Raum hat als erster Markus Schwingel 1993 auf den agonistischen Grundcharakter der Soziologie Bourdieus hingewiesen (vgl. M. SCHWINGEL: Analytik der Kämpfe). Siehe auch F. NULLMEIER, Politische Theorie des Sozialstaates 256.

2.1. Der Gabentausch von Mauss im Spiegel von Bourdieus Terminologie

Die Anfänge von Bourdieus ethnologischer und soziologischer Karriere liegen Mitte der 50er-Jahre in Algerien: Als Wehrpflichtiger entdeckte er dort eine vorkapitalistische, sich auf die Ehre berufende Wirtschaftsweise und Ethik, die von der französischen Kolonisation zurückgedrängt wurden. In fünfjähriger Feldforschung untersuchte er diese Kultur und analysierte anhand der Logik der Mauss'schen Gabe die kabylischen Ehrenwettstreite.

2.1.1. Der Habitus des Ehrgefühls

Prinzip der Ehrenwettstreite ist die Herausforderung und Erwiderung der Herausforderung. Wer herausfordere, anerkenne implizit, dass der Andere ihm an Ehre ebenbürtig sei, schreibt Bourdieu in «Entwurf einer Theorie der Praxis», seinem Frühwerk über die kabylische Gesellschaft. Zum Ehrgefühl gehöre aber auch die permanente Bereitschaft, die geringste Herausforderung anzunehmen.[512] Im Rahmen seiner eigenen soziologischen Terminologie interpretiert Bourdieu das kabylische Ehrgefühl als Habitus.

> „Was man das Ehrgefühl nennt, ist nichts anderes als die kultivierte Disposition, der <u>Habitus</u>, der jedes Individuum in die Lage versetzt, von einer kleinen Anzahl implizit vorhandener Prinzipien aus alle die Verhaltensformen, und nur diese, zu erzeugen, die den Regeln der Logik von Herausforderung und Erwiderung der Herausforderung entsprechen, und zwar dank eines solchen Erfindungsreichtums, wie ihn der stereotype Ablauf eines Rituals keineswegs erfordern würde."[513]

In diesem Zitat verknüpft Bourdieu nicht nur das Ehrgefühl mit seiner soziologischen Systematik, sondern zieht auch die Parallele zur Gabe, wie sie Mauss beschrieben hat, indem er auf eine geregelte Logik der Provokation hinweist, die zur Erwiderung herausfordert. Bourdieu ordnet das kabylische Ehrenspiel der

---

[512] Vgl. P. BOURDIEU, Entwurf einer Theorie der Praxis 16. Der «Entwurf einer Theorie der Praxis auf der ethnologischen Grundlage der kabylischen Gesellschaft» besteht aus drei Kapiteln. Das erste erschien 1965 in London unter dem Titel «The Sentiment of Honour in Kabyle Society». Das zweite erschien 1970 in Paris und Den Haag unter dem Titel «La maison kabyle ou le monde renversé» und stützt sich auf Aufzeichnungen aus den Jahren 1960 und 1965. Das dritte Kapitel erschien 1972 in Cambridge unter dem Titel «Stratégie et rituel dans le mariage kabyle». Die französische Ausgabe von 1972 wurde für die deutsche Übersetzung stark ergänzt (vgl. H. JOAS / W. KNÖBL, Sozialtheorie 520).
[513] P. BOURDIEU, Entwurf einer Theorie der Praxis 31.

Logik der Gabe zu. Auf individueller Ebene lokalisiert er diese Logik im Habitus des Ehrgefühls. Dieses Gefühl entstehe auf Druck kollektiv kultivierter Erwartungen und sei zugleich subjektiver Beweggrund für Ehrenwettstreite. Der Habitus des Ehrgefühls wird also als ein System von Verhaltensprinzipien beschrieben, um Strategien für den Wettkampf um Ehre zu entwickeln.[514]

Indem Bourdieu im obigen Zitat von Habitus spricht, und diesen mit der Logik von Herausforderung und Erwiderung verknüpft, integriert er das Mauss'sche „System der totalen Leistungen von agonistischem Typ" in seinen eigenen wissenschaftlichen Baukasten mit den Grundelementen Habitus, Feld und Praxis.[515] In Bourdieus Sozialtheorie treffen im Habitus die Strukturen des sozialen Raums und die individuellen Positionen der Akteure aufeinander. Der Habitus ist in Bourdieus Theorie gleichsam das Scharnier der gesellschaftlichen und der individuellen Betrachtungsweise.[516] Er vermittelt zwischen dem Individuum und seinem sozialen Mikrokosmos, bringt den Akteur im sozialen Raum mit den Regelmässigkeiten der dortigen Praxis zur Deckung[517] und verleibt sich übersubjektive Dispositionsstrukturen ein. Damit ist auch der Bezug von Habitus und Praxis umrissen: Als System inkorporierter Wahrnehmungs-, Deutungs-, Denk-, Handlungs- und Bewertungsschemata ist der Habitus Orientierungsgrundlage

---

[514] Vgl. F. NULLMEIER, Politische Theorie des Sozialstaates 258f.
[515] Bourdieu hat bereits in seinen frühen soziologischen Arbeiten die zentralen Bausteine seines Denkgebäudes definiert. An diesen hat er später grundsätzlich festgehalten oder sie weiterentwickelt. Schultheis weist in seiner Bourdieu-Einführung auf die besondere Kohärenz in seinem Werk hin (vgl. F. SCHULTHEIS, Bourdieus Wege 9). Der weiter unten noch zu besprechende Aufsatz von Ilana Friedrich Silber über Bourdieus Verständnis des Symbolischen zeigt aber, dass es auch Brüche oder zumindest Wendungen in seinem Werk gibt.
[516] Das Habitus-Konzept von Bourdieu beinhaltet auch einen anti-individualistischen Ansatz. Individuen sind nicht die Voraussetzung, es können auch Gruppen sein, die handeln. Biologische Individuen, die aufgrund derselben Bedingungen mit denselben Habitusformen ausgestattet sind, sind für Bourdieu soziologisch identisch (vgl. P. BOURDIEU, Sozialer Sinn 111). Darum spricht Bourdieu lieber von Akteuren statt von Individuen. Konsequent ist Bourdieu bei diesem Vorgehen allerdings nicht. An anderer Stelle relativiert er seine radikale soziologische Klassifizierung, indem er zwischen einem Klassenhabitus und einem individuellen Habitus unterscheidet (Vgl. P. BOURDIEU, Sozialer Sinn 112). Rehbein löst diese Ungereimtheit mit dem Vermerk, dass der Habitus notwendige aber nicht hinreichende Bedingung für die subjektive Erfahrung sei. „Und die subjektive Erfahrung wird durch den Habitus erklärt, jedoch nicht ausradiert." (Vgl. B. REHBEIN, Die Soziologie Pierre Bourdieus 97).
[517] Vgl. E. BARLÖSIUS, Pierre Bourdieu 47.

für soziale Praktiken, ihre Weiterentwicklung oder auch für den Rückgriff auf bewährte Handlungsschemata.[518]

Im obigen Zitat ist zwar nicht explizit von Agonie die Rede. Im Kontext von Bourdieus Habitus-Feld-Theorie kann aber nur eine agonistische Gabe gemeint sein: Bourdieus zentraler Begriff Feld meint nämlich eine kleine, relativ autonome soziale Welt innerhalb der grossen sozialen Welt. Er charakterisiert das soziale Feld als Mikrokosmos mit einer eigenen Logik, der durch agonistische Relationen strukturiert ist.[519] In den einzelnen Feldern werde mit Hilfe der gleichen Wahrnehmungs- und Bewertungskategorien permanent um Interpretationshoheit gerungen.[520] Die Geschichte eines Feldes sei die Geschichte des Kampfes um das Monopol auf Durchsetzung legitimer Wahrnehmungskategorien.[521] In diesem intersubjektiven Rahmen nehme jeder Akteur eine Position ein.[522]

Wer sich am Kräftespiel in einem sozialen Feld beteilige, müsse an die Sinnhaftigkeit des Spiels glauben und von den Anderen als Mitspieler zugelassen werden.[523] Es reiche nicht, nur fachlich anerkannt zu sein, man müsse sich auch in der Arena der jeweiligen Gruppe bewegen, die im Feld geltenden Regeln respektieren und dies durch einen entsprechenden Habitus kenntlich machen. Der Habitus ist folglich die Fähigkeit, jederzeit situationsgerecht zu handeln, um sich gesellschaftlich zu behaupten. In den sozialen Feldern würden sich Individuen und Kollektive um Rangplätze und Positionen auf den sozialen Feldern drängeln. Dieses Gedränge oder dieser Kampf um Anerkennung ist eine Grundannahme in Bourdieus Denken. Konsequenterweise versteht Bourdieu den Gabentausch ausschliesslich als Wettkampf mit dem Ziel, soziales Gefälle herzustellen. Agonie ist darum dem Habitus inhärent.

Schliesslich impliziert das obige Zitat, dass die agonistische Gabe nicht streng deterministisch verstanden werden darf. Die Praxis der agonistischen Gabe hebt sich vom stereotypen Ablauf eines Rituals dadurch ab, dass sie durch Erfindungsreichtum eine unvorhersehbare Dynamik entwickeln kann. Bourdieu

---

[518] Vgl. P. BOURDIEU, Meditationen 218.
[519] Vgl. P. BOURDIEU, Das politische Feld 41f.
[520] Vgl. P. BOURDIEU, Praktische Vernunft 171.
[521] Vgl. P. BOURDIEU, Die Regeln der Kunst 253.
[522] Vgl. P. BOURDIEU, Meditationen 172, 194.
[523] Vgl. P. BOURDIEU, Sozialer Sinn 122f.

hält fest, dass die Dispositionen des Habitus nicht zwangsläufig zu einer konkreten Handlung führe,[524] und der Habitus generativ sei.[525]

2.1.2. Auf utilitaristische Ökonomie reduzierbare symbolische Realitäten

Bourdieu stellte in seiner Arbeit über die kabylische Gesellschaft dem Ehrenwettstreit das in gleichen Akt wahrgenommene ökonomische Interesse gegenüber. Das Verhältnis zwischen den beiden Ebenen erschien dem frühen Bourdieu als ein zweideutiges Phänomen, das er Feilschen-Ehrenwettstreit[526] nannte.

> „Es ist, als ob diese Gesellschaft sich weigerte, sich der ökonomischen Realität zu stellen, sie als Realität zu erfassen, die anderen Gesetzen unterliegt als denen, die für die Familienbeziehungen gelten. Daher erklärt sich auch die strukturelle Ambiguität jeder Austauschbeziehung: Man spielt immer auf zwei Ebenen zugleich, der des Interesses, die uneingestanden bleibt, und der der Ehre, die proklamiert wird."[527]

Die Leistung der Gabe besteht demnach in der Transformation ökonomischer Tauschhandlungen in einen Ehrenhandel. Ziel der Transformation ist die Umdeutung der Tauschhandlung zu einem Akt, der den gesellschaftlichen Zusammenhalt reproduziert und zugleich die ökonomische Basis dieses Vorgangs altruistisch verschleiert. Die Ebene der altruistischen Verschleierung nennt Bourdieu eine symbolische. Auf ihr spiele sich der Ehrenhandel ab, dessen Interesse auf Wertschätzung und Anerkennung ausgerichtet sei.[528]

Im Gabentausch, wie Bourdieu ihn anhand des Ehrenhandels interpretiert, wird also ökonomisches in symbolisches Kapital verwandelt. Allerdings siedelt Bourdieu in seinem «Entwurf einer Theorie der Praxis» die symbolische Ebene noch im Bereich des Fiktiven und Trügerischen an.[529] Im symbolischen Bereich könne zwar ökonomisches Kapital aufbewahrt werden, es bleibe aber konvertibel und

---

[524] Vgl. P. BOURDIEU, Meditationen 191.
[525] Mit dem Prinzip eines generativen Habitus will sich Bourdieu auch teilweise vom subjektlosen Strukturalismus absetzen, der die „leibhaftigen Akteure" zu „Epiphänomenen der Struktur" erkläre (vgl. P. BOURDIEU, Rede und Antwort 28) und „zum Verschwinden bringt" (vgl. DERS., Die Regeln der Kunst 285f).
[526] Vgl. P. BOURDIEU, Entwurf einer Theorie der Praxis 397.
[527] P. BOURDIEU, Entwurf einer Theorie der Praxis 46.
[528] Vgl. P. BOURDIEU, Über den Staat 337.
[529] Vgl. P. BOURDIEU, Entwurf einer Theorie der Praxis 352.

lasse „sich unschwer in ökonomisches Kapital zurückverwandeln"[530]. Letztlich bleibt beim frühen Bourdieu symbolisches Kapital oder grosszügiges Handeln auf utilitaristische Handelstransaktionen reduzierbar. Diese Sicht hat er später dahingehend modifiziert, dass symbolisches Kapital eine eigene, nicht auf die ökonomische Sichtweise reduzierbare Dynamik aufweise.

2.2. Gabe als Paradigma einer generellen Ökonomie der Praxisformen

An der Schwelle zu den 70er-Jahren hat Bourdieu den Ehrenhandel in den breiteren Rahmen seiner generellen Ökonomie der Praxisformen integriert. Darin analysiert er die „Produktion, Zirkulation und Konsumption symbolischer Güter".[531] Der Ehrenhandel erscheint in dieser Theorie nur noch als eine symbolische Praxisform neben anderen wie Kunst, Kultur, Sprache, Wissenschaft, Religion, Philosophie oder Politik.[532] Es geht Bourdieu um eine alle gesellschaftlichen Bereiche umfassende Ökonomie, zu der auch nicht-ökonomisch, uneigennützig und zweckfrei deklarierte Praktiken zählen. Die Interessengebundenheit menschlichen Handelns soll also nicht nur auf jenes Handeln beschränkt werden, das Bourdieu als utilitaristischen Ökonomismus deklariert.[533] Letzteren stuft Bourdieu nur als Sonderfall seiner Praxeologie ein.[534]

2.2.1. Abgrenzung vom Ökonomismus

Als Rechtfertigung seiner Relativierung des utilitaristischen Ökonomismus führt Bourdieu unter anderem folgende drei Gründe an:

- Zum einen gelte in der Ökonomie das Paradigma eines ahistorischen, unpersönlichen und mechanischen Tauschaktes. In den Augen vom Bourdieu ist dies eine Engführung,[535] denn es schränke die Gesamtheit der gesellschaftlichen Austauschverhältnisse auf einen Warenaustausch

---

[530] Vgl. P. BOURDIEU, Entwurf einer Theorie der Praxis 349.
[531] Vgl. Überschrift des ersten Kapitels in: P. BOURDIEU, Kunst und Kultur 7. Die Herausgeber von «Kunst und Kultur», Egger und Schultheis stufen in ihrem Nachwort zu diesem Band die „Ökonomie symbolischer Güter" als das Rückgrat von Bourdieus gesamter Theorie der Kunst und Kultur, seiner Soziologie der Religion, der Politik und Wissenschaft ein (vgl. ebd. 233).
[532] Alle erwähnten Praxisfelder hat Bourdieu in separaten Schriften behandelt und damit den Universalitätsanspruch seiner generellen Ökonomie der Praxisformen belegt.
[533] P. BOURDIEU, Praktische Vernunft 162.
[534] Vgl. P. BOURDIEU, Sozialer Sinn 222.
[535] Vgl. S. EGGER / F. SCHULTHEIS, Der Glaube und sein Mehrwert 239.

ein, der ausschliesslich von ökonomischem Eigennutz geleitet sei. Handlungen, die nicht als Folge eines durchdachten und berechnenden Planes mit rein materiellen Interessen erscheinen, würden als nicht-ökonomische Formen und uneigennützige Beziehungen ausgeblendet. Uneigennützigkeit sei in diesem Zusammenhang nicht mehr als der Komplementärbegriff zum ökonomisch eingeschränkten Begriff des Eigennutzes.[536]

- Zum anderen sind die Strategien zur ökonomischen Gewinnmaximierung für Bourdieu nur eine Spielart unter vielen Optimierungsstrategien. Auch in anderen gesellschaftlichen Bereichen gäbe es Strategien, um bereichsspezifische Profite zu maximieren.[537] Doch dazu könne der Ökonomismus gar nichts sagen, meint Bourdieu. Besonders deutlich werde das beim Phänomen altruistischer Handlungen.[538]

- Die dritte Eigenschaft, die die utilitaristische Ökonomie zu einem Spezialfall der Ökonomie der Praxisformen mache, sei deren Unfähigkeit, sozialen Zusammenhalt zu erklären. Die utilitaristische Ökonomie könne dauerhafte Beziehungen nicht verstehen. Die Einhaltung ökonomischer Verträge sei nur denkbar, wenn bestimmte Dispositionen der Akteure und Sanktionsmöglichkeiten vorausgesetzt würden. Nicht ein rationaler „Homo oeconomicus" bestimme ökonomisches Handeln, sondern Akteure die in ein Feld mit eigenen Machtstrukturen eingebettet sind.[539]

Dem utilitaristisch-ökonomischen Wirtschaftsmodell stellte Bourdieu seine Theorie einer Ökonomie der symbolischen Güter gegenüber, die zeigen soll, wie elementarere Formen als der Vertrag gesellschaftliches Zusammensein ermöglichen.[540]

2.2.2. Ökonomie der symbolischen Güter

Die Ökonomie der symbolischen Güter konzentriert sich primär auf gesellschaftliche Bereiche, die den Anschein erwecken, dass sie ohne interessengeleitete Strategien und Praktiken funktionieren. Konkret geht es Bourdieu dabei um kulturelles und soziales Kapital sowie die Frage, wie sich diese beiden Kapi-

---

[536] Vgl. P. BOURDIEU, Die verborgenen Mechanismen 50f.
[537] Vgl. P. BOURDIEU, Sozialer Sinn 95f.
[538] Vgl. P. BOURDIEU, Sozialer Sinn 95 Fn 1.
[539] Vgl. P. BOURDIEU, Der Einzelne und sein Eigenheim 27–30.
[540] Vgl. P. BOURDIEU, Meditationen 253.

talarten zum ökonomischen Kapital verhalten. Die drei unterscheiden sich wie folgt:

- Ökonomisches Kapital funktioniert aufgrund einer objektiven Systemlogik und der Annahme eines Marktes, in dem Chancengleichheit besteht.[541]
- Kulturelles Kapital inkorporiert sich als Geschmack, objektiviert sich in kulturellen Gütern wie Büchern und institutionalisiert sich etwa in Bildungszertifikaten.[542]
- Soziales Kapital inkorporiert sich als Ansehen, ist in Ehrentiteln objektivierbar und in Mitgliedschaften bestimmter Gruppen institutionalisiert. Die funktionelle Basis des sozialen Kapitals sind individuelle und kollektive Beziehungsnetze.[543]

In der Ökonomie der symbolischen Güter sind alle drei Kapitalarten gegeneinander austauschbar, haben aber keinen festen Wechselkurs, sondern können je nach Lage im Sozialraum unterschiedliche Werte annehmen.[544] Wenn aber ein Wechselkurs unter den drei Kapitalarten existieren kann, stellt sich die Frage, ob kulturelles und soziales Kapital tatsächlich eigenständige, nicht auf utilitaristischen Ökonomismus reduzierbare Praxisformen sind. Anders formuliert: Kann man ohne jedes egoistische Motiv grosszügig sein?

2.2.2.1. Die Möglichkeit nicht-utilitaristischen Handelns

Bourdieus Analyse des Ehrenwettstreits der Kabylen charakterisiert die Verkennung der utilitaristischen Tauschlogik als eine gesellschaftlich und individuell akzeptierte Form der Unaufrichtigkeit. Dies ist die These in Bourdieus Frühwerken. Später hat er seine Interpretation und Wertung der Verkennung korrigiert.

Eine Analyse von Bourdieus Sicht auf die Verkennung hat Friedrich Silber vorgenommen.[545] Sie stellt bei Bourdieu drei Phasen fest:

---

[541] Vgl. P. BOURDIEU, Die verborgenen Mechanismen 49f.
[542] Vgl. P. BOURDIEU, Wie die Kultur zum Bauern kommt 112–120.
[543] Vgl. P. BOURDIEU, Die verborgenen Mechanismen 63–70.
[544] P. BOURDIEU, Die feinen Unterschiede 209.
[545] Vgl. I. FRIEDRICH SILBER, L'intérêt de Bourdieu pour le désintéressement 223–250. Der Artikel ist eine überarbeitete Version von DIES. Bourdieu's Gift to Gift Theory: An Unacknowledged Trajectory. In: Sociological Theory 27 (2009), 173–190.

- In Studien über die Kabylen in der algerischen Kolonie bewerte Bourdieu die Verkennung durch die Gabe aus epistemologischer Sicht noch rein negativ, weil das den Besitzenden erlaube, durch Umwandlungen in symbolische Güter der Logik der Macht zu folgen. Hier vertrete er noch eine marxistische Sicht, schreibt Friedrich Silber, in der die symbolische Seite rein fiktiv sei und nur dazu diene, die ökonomische Realität zu verschleiern. Bei dieser marxistischen Sichtweise falle den Sozialwissenschaften die Aufgabe zu, die symbolischen Güter zu entschleiern.

- In der zweiten Phase, die Friedrich Silber am sechsten Kapitel von Bourdieus «Praktische Vernunft»[546] festmacht, habe sich Bourdieu gegen den Vorwurf gewehrt, seine Gabeninterpretation führe zu einer Reduktion auf das utilitaristische Paradigma. Dabei behelfe er sich mit dem Begriff der „illusio". Damit meine er eine Art sozialen Pakt, in dem die Antagonisten innerhalb eines Feldes grundsätzliche Anerkennung eines Spiels oder eines Objektes zeigen. Die „illusio" sei das allgemein geteilte Interesse der Akteure für das Feld – sowie der Glaube an den Sinn des gemeinsamen Spiels. Für denjenigen, der ausserhalb dieses Feldes steht, erscheine dieser Glaube als (objektive) Illusion.

> "Was in der *illusio* als Selbstverständlichkeit erlebt wird, erscheint demjenigen, der diese Selbstverständlichkeit nicht teilt, weil er am Spiel nicht beteiligt ist, als Illusion."[547]

Gegen den Vorwurf, die praxeologische Ökonomie praktiziere einen ökonomischen Reduktionismus[548] argumentierte Bourdieu in dieser zweiten Phase mit der Behauptung, die „illusio" habe eine jeweils eigene Dynamik, die nicht auf Interesse oder gar auf nur ökonomisches Interesse reduziert werden könne.[549]

---

[546] P. Bourdieu, Praktische Vernunft 159–200.
[547] P. Bourdieu, Praktische Vernunft 143. Hervorhebung im Original.
[548] Vehementer Kritiker von Bourdieus Kunstwort „illusio" ist Caillé: Bourdieu versuche damit nur, einer ökonomistischen Leseart zu entfliehen. Um die Rede vom Interesse zu vermeiden, weiche er auf die verschiedenen Felder aus und spreche von einer jeweiligen internen „illusio". Doch die damit gemeinten feldinternen Interessen sind in den Augen von Caillé nichts anderes als eine maskierte Illusion externer, ökonomischer Interessen (vgl. A. Caillé, Don, intérêt et désintéressement 213f).
[549] Vgl. P. Bourdieu, Das politische Feld 79 Fn 13.

- Schliesslich meint Friedrich Silber noch eine dritte Phase erkennen zu können, in der Bourdieu zu einer positiven Bewertung der doppelten Wahrheit gelangt sei, indem er die Interesselosigkeit der Gabe in einen übergeordneten politischen Kontext gestellt habe. Für diese Behauptung stützt sie sich auf folgende Stelle aus den «Meditationen»:

> „Auch der lange Prozess wäre zu analysieren, durch den die symbolische Macht, deren Akkumulation zunächst, wie beim Potlatsch, einem einzelnen dient, nach und nach aufhört, die Grundlage persönlicher Macht [...] zu bilden, um über die bürokratische Umverteilung [...] zur Grundlage einer unpersönlichen, staatlichen Obrigkeit zu werden."[550]

Bedauernd schreibt Friedrich Silber, dass Bourdieu den Gedanken der Transformation des individuellen Interesses in einen übergeordneten gesellschaftlichen Zusammenhang nicht weiter ausgebreitet habe. Gegen diese Feststellung sprechen hingegen Bourdieus Aussagen über den Staat als „Zentralbank des symbolischen Kapitals", wie weiter unten noch gezeigt wird.

Im weiteren Verlauf meiner Arbeit orientiere ich mich an der von Friedrich Silber als zweite Phase taxierten These, dass Bourdieu mit dem Begriff „illusio" eine in unterschiedlichen sozialen Räumen jeweils eigene, irreversible Felddynamik meint. Treibender Faktor dieser Dynamik ist die Grosszügigkeit, der nicht eine berechnende Absicht eines Individuums zugrunde liegt, sondern eine Disposition des Habitus, die zur Erhaltung oder Vermehrung des symbolischen Kapitals tendiert.[551] Bourdieu hat diese Eigendynamik auch als Vertrauen beschrieben, dass sich die private und zivile Tugend der Grosszügigkeit lohne.[552]

2.2.3. Verkennung und Legitimation als Effekt des symbolischen Kapitals

Die generelle Ökonomie der Praxisformen sieht vor, dass die unterschiedlichen Kapitalarten der verschiedenen gesellschaftlichen Bereiche untereinander konvertierbar sind. Grundsätzlich können also auch in Bourdieus modifizierter ge-

---

[550] P. BOURDIEU, Meditationen 258.
[551] Vgl. P. BOURDIEU, Meditationen 248.
[552] Vgl. P. BOURDIEU, Meditationen 258f. Zu den Kritikern, die daran festhalten, dass Bourdieu bis zu seinem Tod einem latenten Utilitarismus anhänge, zählt Caillé (vgl. A. CAILLÉ, Anthropologie der Gabe 216). Eine Zusammenfassung von Caillés Argumentation zu Bourdieu findet sich in F. ADLOFF / C. PAPILLOUD, Alain Caillés Anthropologie der Gabe 16f.

nerellen Ökonomie die verschiedenen Kapitalarten weiterhin in ökonomisches Kapital konvertiert werden, wie etwa die Vergabe von Bildungs- oder Adelstiteln. Doch ihr Preis ist nicht ohne Weiteres ersichtlich und schon gar nicht fix, da diese an sich unverkäuflichen Dinge „unter einer ausdrücklichen Verneinung des Ökonomischen hergestellt werden".[553] Bourdieu spricht denn auch von „symbolischen Effekten des Kapitals" oder symbolischem Kapital. Mit symbolischem Kapital ist also keine zusätzliche Kapitalart neben dem ökonomischen, kulturellen und sozialen Kapital gemeint, sondern das Potenzial des kulturellen und sozialen Kapitals, ein ursprünglich utilitaristisch verwendetes Mittel als kulturelles oder soziales Kapital zu anerkennen und zu legitimieren.[554]

Bourdieu umschreibt das symbolische Kapital auch als eine Art

> „Meta-Kapital, mit dem sich Macht über die anderen Kapitalsorten ausüben lässt, insbesondere über ihre Wechselkurse untereinander (und damit zugleich auch über die Machtverhältnisse zwischen ihren Besitzern) [...]."[555]

Dieses Meta-Kapital bezeichnet Bourdieu auch als Institution.[556] Damit meint er Erwartungen, die von der gesamten Gesellschaft geteilt werden, ohne an eigennützige Absichten auch nur zu denken.[557] An anderer Stelle nennt er die Institutionen Objektivierungen des Feldes, im Gegensatz zur Objektivierung des Habitus in den Körpern der Individuen.[558]

---

[553] Vgl. P. BOURDIEU, Die verborgenen Mechanismen 52.
[554] Vgl. P. BOURDIEU, Meditationen 311.
[555] Vgl. P. BOURDIEU / L.J.D. WACQUANT, Reflexive Anthropologie 146.
[556] Vgl. P. BOURDIEU, Meditationen 247f.
[557] Mit der Charakterisierung der symbolischen Kapitalarten und damit der Gabe als Institution geht Bourdieu auf Distanz zu Derrida. Bourdieu sieht in der Gabe eine Handlung ohne eine bewusste Absicht, die einzig die Disposition eines grosszügigkeitskonformen Habitus voraussetzt (vgl. P. BOURDIEU, Meditationen 249f). Wenn man den Habitus, „sich ohne jede auf Profit gerichtete Absicht und Berechnung auf den grossmütigen Tausch einzulassen", ignoriere, seien die Akteure nur noch als berechnende Personen denkbar, und man könne zum Schluss kommen, dass die unbedingte Gabe nicht existiert (vgl. DERS., Praktische Vernunft 165).
[558] Vgl. P. BOURDIEU, Sozialer Sinn 106. Statt von Kapital zu sprechen, schlägt Hartmut Lüdke den Ausdruck verfügbare Ressourcen vor. Zum einen, weil die Konvertierbarkeit der unterschiedlichen Kapitalarten eingeschränkt sei, zum anderen, weil die Verzinsung von eingesetztem Kapital oder der Transfer von Kapitalbesitztiteln beim sozialen und z.T. beim kulturellen Kapital zu unsinnigen Fragestellungen führe (vgl. H. LÜDTKE, Expressive Ungleichheit 57).

2.2.3.1. Kampf zwischen den Feldern um die Interpretationshoheit

In der Untersuchung der Ehrenwettstreite der Kabylen war die objektive Transaktion noch die ökonomische und die Ehre eine subjektive Fiktion. In der generellen Ökonomie der Praxisformen weicht diese Unterscheidung einem permanenten Kampf in den Feldern um die Interpretationshoheit.

> „Jeder versucht, seine subjektive Vorstellung von sich als objektive Vorstellung durchzusetzen. Herrschender ist der, der über die Mittel verfügt, dem Beherrschten aufzuzwingen, ihn so wahrzunehmen, wie er wahrgenommen werden will."[559]

Die Ambivalenz der Gabe verschiebt sich also bei Bourdieu vom Verkennen des ökonomischen Tausches im Ehrenwettstreit zum Paradigma einer Praxis, in der Objektivität und Subjektivität nicht gegeben sind, sondern erst geschaffen und zugleich verkannt werden. Was als objektive Realität und was als subjektive Wahrheit zu gelten hat, wird in der agonistischen Realität der Felder erstritten[560]. Diese schliesslich erstrittene Objektivität identifiziert Bourdieu als die Sicht der Herrschenden, die den Anspruch erhebt, universell zu gelten.[561]

Institutionalisierter Kampfplatz um die oberste Deutungshoheit ist für Bourdieu der Staat. Er sei die „Zentralbank des symbolischen Kapitals"[562], die „das Monopol auf den legitimen Gebrauch der physischen *und symbolischen* Gewalt [...] beanspruche"[563]. In den Vorlesungen «Über den Staat» spitzt er diese Aussage zur Behauptung zu, dass „das Monopol der symbolischen Gewalt überhaupt die Bedingung für das Innehaben des Monopols der physischen Gewalt ist."[564] Politik ist demzufolge der Kampf um die Durchsetzung von Sichtweisen und Denkkategorien als legitim anerkannte.[565] Konsequenterweise sieht Bourdieu die Gabe und damit den sie charakterisierenden Habitus der Grosszügigkeit in einem politischen Kontext. Er fordert darum die Schaffung von ökonomischen und sozialen Bedingungen, die grosszügiges, uneigennütziges Verhalten beloh-

---

[559] P. BOURDIEU, Soziologische Fragen 89.
[560] Vgl. P. BOURDIEU, Praktische Vernunft 164; DERS., Das politische Feld 130.
[561] Vgl. P. BOURDIEU, Meditationen 223.
[562] Vgl. P. BOURDIEU, Über den Staat 318.
[563] Vgl. P. BOURDIEU, Praktische Vernunft 99. Hervorhebung im Original.
[564] Vgl. P. BOURDIEU, Über den Staat 19.
[565] Vgl. P. BOURDIEU, Politik 280.

nen.[566] Umgesetzt auf sein politisches Programm heisst das, „für die Universalisierung der privilegierten Existenzbedingungen", also für soziale Gleichheit zu kämpfen.[567]

2.2.3.2. Verkannte Agonie als Habitus praxeologischer Erkenntnis

Die erkenntnistheoretische Grundbewegung im Kampf um Deutungshoheit und um die Strukturen des sozialen Raums sind das Verkennen und die Anerkennung des symbolischen Kapitals:

> „Der Gabentausch ist das Paradigma aller Operationen, dank deren die symbolische Alchimie diese die Wirklichkeit verneinende Wirklichkeit erzeugt, auf die das kollektive Bewusstsein als kollektiv produzierte, vertretene und bewahrte Verkennung der ‚objektiven' Wahrheit hinauswill."[568]

Im Alltag kommt dies einem permanenten Kampf um die Deutungshoheit gleich, was als subjektiv, und was als objektiv zu gelten hat.

Die agonistische Gabe zeitigt sich demnach in Bourdieus allgemeiner Theorie der Ökonomie der Praktiken als Verkennung des alltäglichen Kampfes um Deutungshoheit und Anerkennung durch alle Mitspieler. Die Verkennung macht es überhaupt möglich, dass Gewinner wie auch Unterlegene gesellschaftliche Verhältnisse und herrschende Ideologien als richtig oder wahr anerkennen.[569]

> „Die sozialen Akteure, darunter auch die Beherrschten, sind der sozialen Welt (wie verabscheuend und empörend diese auch immer sei) durch eine hingenommene Komplizenschaft verbunden, die bewirkt, dass gewisse Aspekte dieser Welt stets jenseits oder diesseits kritischer Infragestellung bleiben."[570]

Die Verkennung ist gemäss Bourdieu keine Intention oder ein Willensakt eines Individuums, sondern ein Habitus.[571] Damit bestätigt sich das Bild vom Habitus als Scharnier zwischen Individuum und seinem Feld. Das Bild vom Scharnier greift allerdings etwas zu kurz, da der Habitus dabei rein passiv erscheint. Der Habitus zeichnet sich in der „Ökonomie der Praxisformen" aber auch durch kreative Zielstrebigkeit aus. Ziel dieser kreativen Dynamik ist die Maximierung

---

[566] Vgl. P. BOURDIEU, Meditationen 258f.
[567] Vgl. P. BOURDIEU, Die Intellektuellen 65.
[568] P. BOURDIEU, Sozialer Sinn 203.
[569] Vgl. P. BOURDIEU, Sozialer Sinn 248f.
[570] P. BOURDIEU, Satz und Gegensatz 55.
[571] Vgl. P. BOURDIEU, Praktische Vernunft 168.

von Macht. In ökonomischen Begriffen formuliert, streben die verschiedenen sozialen Praktiken eine Anhäufung von symbolischem Kapital an. In der Politik ist der entscheidende Hebel dazu die Beeinflussung des Umwandlungskurses zwischen den verschiedenen Kapitalarten. Dieser wird in der politischen Auseinandersetzung permanent neu festgesetzt.[572]

2.3. Grenzbereich agonistischer Anerkennung

Bereits Mauss hat darauf aufmerksam gemacht, dass die agonistische Gabe unkontrollierte, kriegerische Züge annehmen kann. Bourdieu behandelte diesen Aspekt der Gabe in seinem im Mai 1983 gehaltenen Referat in Neuenburg.[573] Dabei bezieht er sich auf die „schöpferische Spontaneität" des Habitus.

> „Dieses Moment an Unbestimmtheit, Offenheit und Unsicherheit macht denn auch, dass man sich in kritischen, gefährlichen Situationen nicht vollständig ihm [dem Habitus; Ergänzung L.H.] überlassen darf. [...] Je gewaltträchtiger eine Situation ist, um so notwendiger ist es, durch *Formgebung zu entschärfen*; um so ratsamer ist es, das den Improvisationen des Habitus überlassene Verhalten durch ein Verhalten zu ersetzen, das durch ein systematisch gestiftetes, wenn nicht sogar kodifiziertes *Ritual* geregelt wird."[574]

Die von Bourdieu im Habitus lokalisierte kreative Dynamik soll also in Krisensituationen durch Mechanismen zurückgedrängt werden, die die agonistische Praxis disziplinieren, normieren und dadurch eine minimale Kommunikation verbürgen. Bourdieu schlägt dafür Rituale vor oder auch stark formalisierte, kodifizierte Kommunikationen, wie in der Diplomatie üblich.

In objektivierten und legalisierten Kodifizierungen, die einer Rationalität folgen, welche mit der Kraft des Offiziellen aufeinanderfolgende Momente einander kritisch gegenüberstellen kann, sieht Bourdieu ein Korrekturinstrument im Fall einer eskalierenden agonistischen Dynamik, die nicht von sich aus sich selbst objektivierend reflektiere.[575] Offen bleibt im Zusammenhang mit der Kodifizierung, wie diese in Bourdieus genereller Ökonomie der Praxisformen integriert ist. Als eine besondere Ausformung sozialer Praxis muss sie als ein – wenn auch

---

[572] Vgl. P. BOURDIEU, Die feinen Unterschiede 381f.
[573] Deutsch übersetzt in: P. BOURDIEU, Rede und Antwort 99–110. Erstmals erschienen in: Actes de la recherche en sciences sociales 64 (1986).
[574] P. BOURDIEU, Rede und Antwort 101. Hervorhebung im Original.
[575] Vgl. P. BOURDIEU, Rede und Antwort 105f.

formalisierter – Vorgang in einem agonistischen Feld gesehen werden.[576] Selbst Kodifizierung und die Diplomatie wären demnach agonistische Praxisformen.

Schliesslich kann in einer generellen Ökonomie der Praxisformen selbst der Krieg als eine Praxis verstanden werden, die auf dem Gabenparadigma beruht: Kriege werden in aller Regel nicht als Aggressionsakt geführt, sondern als Verteidigung oder Durchsetzung von Werten verkannt, welche die Gesellschaft zusammenhalten. In seinem Buch über die männliche Herrschaft bezeichnet Bourdieu den Krieg sogar als „Form par excellence" der den Männern gesellschaftlich zugewiesenen Spiele.[577] Krieg wie auch Diplomatie sind im Sinne von Bourdieu wohl beide extreme Formen agonistischen Verhaltens.

2.4. Fazit zu Bourdieus Integration der Gabe in seine soziologische Theorie

Bourdieu hat das Mauss'sche Konzept der Gabe zum Paradigma seiner soziologischen Theorie transformiert. Im Gegensatz zu Mauss, für den die agonistische Gabe eine Sonderform der Gabe ist, interpretiert Bourdieu die Gabe ausschliesslich agonistisch.

- Die Gabe ist paradigmatisch für die agonistische Grundstruktur des Sozialen:[578]
  Im kabylischen Ehrenwettstreit glaubt Bourdieu ein Grundschema gefunden zu haben, das sich in der modernen Gesellschaft als Statusverhalten zeitigt. Daraus leitet er eine Soziologie einer kompetitiven Gesellschaft ab, in der die höheren Schichten sich einerseits nach unten abgrenzen und die unteren nach oben streben. Zudem besteht diese kompetitive Gesellschaft aus unterschiedlichen Bereichen, die untereinander ebenfalls in Konkurrenz stehen.
- Agonie zielt auf mehr als nur materielle Interessen ab:
  Im kabylischen Ehrenwettstreit will Bourdieu die von Mauss beschriebene agonistische Gabe wiedererkennen. Im Ehrenhandel zeigt sich seiner (späteren) Ansicht nach ein agonistisches Prinzip, das nicht auf materielle Interessen reduziert werden kann.

---

[576] Vgl. P. BOURDIEU, Rede und Antwort 110.
[577] Vgl. P. BOURDIEU, Die männliche Herrschaft 133.
[578] Vgl. F. NULLMEIER, Politische Theorie des Sozialstaates 257.

- Symbolische Gewalt legitimiert sich durch Verschleierung:
Die Wirksamkeit der agonistischen Gabe beruht auf der Anerkennung und gleichzeitigen Verkennung von Herrschaftsstrukturen durch Herrschende und Beherrschte. Die durch Doppelbödigkeit ermöglichte symbolische Gewalt der Gabe ist für Bourdieu ein Schlüssel zum Verständnis der Stabilität sozialer Ordnungen. Das verkennende Einverständnis neutralisiert Konflikte um die Herrschaft und verwandelt bestehende Herrschaftsverhältnisse in anerkannte Herrschaft.

- Agonie verhindert Rationalität:
Das verkennende Einverständnis in der allgemeinen Ökonomie der Praxis setzt eine Gesellschaft voraus, in der für bestimmte gesellschaftliche Bereiche bestimmte Spielregeln vorgegeben sind. Die Agonie ist bei Bourdieu demnach eine geregelte Konkurrenz, welche die geltenden Regeln nicht infrage stellt.[579] Damit kann die agonistische Gabe menschliches Zusammenleben erklären, sie erklärt aber nicht, wie die Spielregeln ins Spiel kommen. Der Habitus der Verkennung erhält damit in Bourdieus Theorie die Funktion, die Entstehung von Machtverhältnissen einem rationalen Diskurs zu entziehen.[580]

- Der übergeordnete Kontext der Agonie ist die Politik:
Bourdieu hat den Mauss'schen Gabentausch als Paradigma für die Positionierung in und unter unterschiedlichen, relativ eigenständigen sozialen Feldern mit je eigener Kapitalsorte verwendet. Der Wechselkurs zwischen den unterschiedlichen Kapitalsorten wird gemäss Bourdieu in der Politik bestimmt und hängt von den dortigen Kräfteverhältnissen ab. Insofern sieht Bourdieu das Mauss'sche Paradigma letztlich in einem politischen Kontext.

- Internationale Beziehungen sind mit Bourdieu nicht als Gabentausch interpretierbar:
Bourdieus Interpretation des Gabentausches als soziale Positionierung geht vom bestehenden Staat als oberste politische Einheit aus, welche die Kräfteverhältnisse der verschiedenen Kapitalsorten regelt. Das hat ihm den Vorwurf eingebracht, er betreibe eine „Ethnographie" Frank-

---

[579] Vgl. F. NULLMEIER, Politische Theorie des Sozialstaates 257.
[580] Das fünfte Kapitel der vorliegenden Arbeit behandelt die Bedingungen, unter denen Agonie zur Voraussetzung von Rationalität werden kann.

reichs.[581] Für das Verständnis der Beziehungen unter unabhängigen Staaten ist sein Gabenverständnis als verkennende Positionierung nicht hilfreich.[582]

3. Alain Caillé

Alain Caillé hat die sozialwissenschaftliche Diskussion über die agonistischen Gabe ausser durch seine wissenschaftliche Arbeit auch durch zivilgesellschaftliche Initiativen beeinflusst. Caillé, geboren 1944, Ökonom und Soziologe, Professor für Soziologie an der Universität Paris-X-Nanterre, hat sich vor allem als leidenschaftlicher Mauss-Exeget profiliert und eine eigene M.A.U.S.S.-Bewegung ins Leben gerufen. Diese gruppiert sich seit 1981 um die damals gegründete Zeitschrift «La Revue du M.A.U.S.S.» (Mouvement anti-utilitariste dans les sciences sociales). Für die Mitglieder dieser Bewegung gilt das Gabentheorem als ein alternatives Denkmodell zum seit den 1960er-Jahren überhandnehmenden Neoliberalismus und der ökonomischen Sichtweise in den Sozialwissenschaften.[583] Im deutschsprachigen Raum hat Caillé seine Theorie der Gabe erstmals 2006 als Beitrag in der Aufsatzsammlung «Gift – Marcel Mauss' Kulturtheorie der Gabe»[584] vorgestellt. Dieser Beitrag wird später in überarbeiteter Form zu Teil II und Teil III von Caillés Buch «Anthropologie der Gabe».

Im Folgenden geht es nicht um die Frage, ob Caillé zu viel oder zu wenig aus Mauss herausliest.[585] Im Blickpunkt stehen seine eigene Theorie der Gabe und insbesondere die Bedeutung der Agonie bei Caillé. Caillé hat sich auch über Bourdieus Interpretation der Gabe geäussert. Er stuft ihn als verkappten Ökonomisten ein, der die Gabe auf bewusste oder unbewusste Interessen reduzie-

---

[581] Vgl. F. SCHULTHEIS, Unternehmen Bourdieu 43.
[582] Vgl. G. MALLARD, Gift Exchange 200f.
[583] Eine Übersicht über die Gründer, Gründung und die Ziele de MAUSS-Gruppe findet sich zum Beispiel im ersten Kapitel von: A. CAILLÉ, Anti-utilitarisme et paradigme du don. Im Jahr 2011 wurde in Caillés Umfeld die Debatte über den Konvivialismus ausgelöst. In dieser Diskussion, vor allem unter französischen Wissenschaftlern, wurden alternative, agonistische Modelle zur Wachstumsgesellschaft entwickelt (vgl. F. ADLOFF / C. LEGGEWIE, Das konvivialistische Manifest 9ff).
[584] A. CAILLÉ, „Weder methodologischer Holismus noch methodologischer Individualismus" 161–214.
[585] Adloff und Papilloud werfen Caillé in ihrer Einleitung zu seiner «Anthropologie der Gabe» „in punkto interpretatorischer Genauigkeit oft eine gewisse Nachlässigkeit" vor (vgl. F. ADLOFF und C. PAPILLOUD, Alain Caillés *Anthropologie der Gabe* 23).

re.[586] Bourdieu spreche von Prestige, als ob es eine Ware wäre und er sei der Ansicht, „dass das symbolische Kapital nur eine Modalität und ein umgeleitetes Mittel ist, um letztlich wirtschaftliches Kapital anzuhäufen."[587]

Gemäss Caillé beschreibt der «Essai sur le don» ein Phänomen, das Antwort auf die Frage gibt, wie man ohne Gemeinschafts- und Konformitätszwang zusammenleben kann, ohne sich gegenseitig zu zerstören. Der Essay decke nichtkontraktuelle Ursprünge von Bündnissen auf und leite daraus eine komplexere und archaischere Logik der Gabe ab.[588] Der Fähigkeit der Gabe, aus Rivalen Verbündete zu machen, liege nicht primär eine interpersonale Beziehung zugrunde, sondern eine generelle soziale Logik der Reversibilität, verbunden mit einer provozierenden Geste der Uneigennützigkeit.[589] Wer diesen Grosszügigkeitsangriff ertrage, sehe seine Identität anerkannt. Wer hingegen dieses Spiel nicht ertrage, müsse verschwinden, oder er werde erniedrigt und verliere sein Gesicht.[590]

3.1. Agonistische Gabe als Äquivalent zum Krieg

In der Interpretation Caillés liegt die Chance für ein soziales Weiterkommen durch die Gabe nicht nur im Spannungsfeld von Rivalität und in der Kooperation innerhalb befriedeter Umfelder. Anders als bei Mauss und deutlicher als bei Bourdieu gehören für Caillé auch verfeindete Gruppen zum Wirkungsbereich der agonistischen Gabe. Einander fremde und feindliche Gruppen würden durch die Gabe zu einem Bündnis zusammenfinden können.

> „Le type de don qu'il [Mauss; Ergänzung LH] étudie dans ce texte [...] est un échange agonistique qui transforme les ennemis en alliés."[591]

In den Begriff „ennemis" schliesst Caillé explizit auch potenzielle Kriegsgegner ein:

---

[586] Vgl. A. CAILLÉ, Anthropologie der Gabe 216. Adloff und Papilloud bezeichnen die Bourdieu-Interpretation von Mauss als eine „strukturalistisch-utilitaristische Deutung" (vgl. F. ADLOFF und C. PAPILLOUD, Alain Caillés *Anthropologie der Gabe* 8).
[587] A. CAILLÉ, Anthropologie der Gabe 167. S. oben unter Fn 548.
[588] Vgl. A. CAILLÉ, Anthropologie der Gabe 149.
[589] Vgl. A. CAILLÉ, Anthropologie der Gabe 157.
[590] Vgl. A. CAILLÉ, Anthropologie der Gabe 157f.
[591] Vgl. A. CAILLÉ, Anti-utilitarisme et paradigme du don 39.

„Die Rivalität kommt gerade aufgrund der Gabe zum Vorschein, die Gabe ist eine andere Form des Krieges; und der Krieg ist ein perfekt erweitertes Äquivalent der Gabe, weitergeführt mit anderen Mitteln (wie es vom Politischen heisst)."[592]

In der Spannung von Rivalität und Kooperation liegt für Caillé die Chance für ein gemeinsames Weiterkommen – und das Risiko der Vernichtung. Im günstigen Fall führe Gabe zu einem Bündnis, in dem die Rivalität zum Vorschein komme.[593] Anders formuliert: Das Bündnis selbst – Caillé charakterisierte es als ein Paradox – wird „völlig durch die agonistische Rivalität der Partner strukturiert"[594].

Damit besteht in der Interpretation Caillés die Leistung der agonistischen Gabe darin, dass Feinde, statt die Feindschaft durch Krieg auszuleben, ihre Rivalität in ein Bündnis überführen, ohne ihre kämpferische Auseinandersetzung aufzuheben. Die agonistische Gabe werde so zur Alternative zu kontraktualistischen Theorien, die einen ursprünglichen Gesellschaftsvertrag postulieren.[595] Erst nachdem sich im Gabentausch ein agonistisches Bündnis strukturiert hat, könne mit Hilfe von Verträgen ein Rückfall in den Kriegszustand verhindert werden.

3.2. Motivation zur agonistischen Gabe

Am Anfang eines agonistischen Gabentausches stehe eine kriegerische Herausforderung oder eine Provokation durch grosszügiges Benehmen oder Zurschaustellung von Pracht, schreibt Caillé.[596] Er erläutert diesen Vorgang dadurch, dass die Menschen als generöse Geber anerkannt werden wollen, die auch in der Lage sind, etwas zu geben, das Andere als wertvoll einschätzen. Zur Anerkennung gehöre auch, dass man von jenen Personen oder Institutionen anerkannt wird, die man selbst als grosszügig anerkennt.[597] Letztlich gehe es bei den Gesten der Grosszügigkeit oder der Pracht darum, Anderen die eigene Selbst-

---

[592] A. Caillé, Anthropologie der Gabe 64. Vgl. Ders., Weder methodologischer Holismus 183.
[593] Im ungünstigen Fall bedeute das, dass die Rivalität zum Krieg führt, und dass die unterlegene Partei – sofern sie nicht ganz vernichtet wurde – statt in ein Bündnis einzutreten, einen Vasallenvertrag aufgezwungen bekommt. Im Kontext von Caillés Gabentheorie wäre jedoch ein rein aufgezwungenes Bündnis ohnehin kein Gabenbündnis, weil es in seiner Auslegung wesentlich zur Gabe gehört, dass der Empfänger das Bündnis als anerkannter Rivale mit strukturiert.
[594] Vgl. A. Caillé, Anthropologie der Gabe 64.
[595] Vgl. A. Caillé, Anthropologie der Gabe 102.
[596] Vgl. A. Caillé, Anthropologie der Gabe 206.
[597] Vgl. A. Caillé. Anti-utilitarisme et paradigme du don 54f.

darstellung aufzuzwingen."[598] Insofern sieht Caillé in der Gabe – wie Bourdieu – eine agonistischen Strategie für die gesellschaftliche Positionierung.

Damit drängt sich die Frage auf, ob Caillé jede Gabe, also auch eine Gabe der gegenseitigen Ergänzung, wie sie Godelier beschrieben hat, agonistisch interpretiert. Caillés Antwort rekurriert auf ein erweitertes Feld der agonistischen Gabe. Neben dem politischen müsse auch der private Bereich berücksichtigt werden. In der Familie oder im Clan ergänze man sich, indem verteilt oder umverteilt werde. Als Beispiele verweist er auf die Person, die ausserhalb jeder Kalkulation und Reflexivität ihrer Schwester eine Niere spendet[599], oder auf Ehepartner, die für einander sorgen[600]. Caillé bestreitet nicht, dass es ganze Völker gibt, die nach dem Prinzip einer Verteil- oder Ergänzungswirtschaft funktionieren. Er weist aber auch darauf hin, dass selbst in einer Verteilungsgesellschaft jeder vom Anderen anerkannt werden und seine Selbstdarstellung sichern wolle.

„In diesem Sinne gibt es immer schon und notwendigerweise ein gewisses *agon* und eine Herausforderung, selbst in der einfachen Verteilung."[601]

Daraus folgt, dass die Motivation zur Grosszügigkeit gemäss Caillé ausser im Wunsch, soziale Bindungen zu stiften, zu erhalten und zu erneuern,[602] immer auch in der gegenseitigen Anerkennung liegt.

3.3. Das Risiko in der agonistischen Handlungstheorie

Bei der agonistischen Gabe steht der Erfolg eines Bindungsversuchs erst dann fest, wenn die eigene Grosszügigkeit durch den Rivalen beglichen wird. Bis dorthin bleibt das Risiko, dass der Gabentausch misslingt. Für Caillé unterscheidet genau das die Gabe vom utilitaristischen Handeln, wo der Eigennutz von Anfang an feststehe.[603] Das Risiko gehört für Caillé notwendigerweise zur Gabe. Risiko ist für ihn der universell geltende „privilegierte Antrieb der Sozialität".[604]

---

[598] Vgl. A. CAILLÉ, Anthropologie der Gabe 79.
[599] Vgl. A. CAILLÉ, Anthropologie der Gabe 79f.
[600] Vgl. A. CAILLÉ, Anthropologie der Gabe 87f.
[601] A. CAILLÉ, Anthropologie der Gabe 89. Hervorhebung im Original. Vgl. DERS., Weder methodologischer Holismus 202.
[602] Vgl. A. CAILLÉ, Anthropologie der Gabe 204; F. ADLOFF / C. PAPILLOUD, Alain Caillés *Anthropologie der Gabe* 19.
[603] Vgl. A. CAILLÉ, Weder methodologischer Holismus 183.
[604] Vgl. A. CAILLÉ, Anthropologie der Gabe 64f.

Caillé hat das Risiko der Gabe in einer vierpoligen Handlungstheorie systematisiert, in der sich Bedingtheit und Bedingungslosigkeit sowie Unbedingtheit und Freiheit gegenüberstehen.

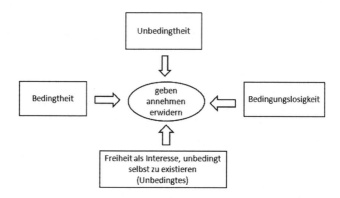

- Caillés Analyse setzt am Pol der Bedingtheit an, dem er den Utilitarismus zuordnet. Bei einer Fixierung auf diesen Pol könne soziales Miteinander nur durch Verträge oder einen Gesellschaftsvertrag erklärt werden, weshalb Caillé auch von Konditionalismus spricht. Im Konditionalismus müssten Akteure, um miteinander in Verbindung treten zu können, auf Regeln zurückgreifen, von denen sie nicht sagen können, warum gerade dieses Regelwerk gelten soll. Grundsätzlich könne jedes Regelwerk auch anders aussehen. Der Utilitarismus sei nicht in der Lage zu erklären, warum sich die Vertragspartner an die Verträge halten sollen. Durch Verträge allein sei kein Verlass auf den Partner erzwingbar. Damit würden Verträge zwar unbedingt gelten, aber nur unter der Bedingung, dass man sich dem Vertrag tatsächlich auch unterwirft. Ein konditionalistisches System sei nur <u>bedingt</u> gültig, weil der Utilitarismus das Gegenparteienrisiko ignoriere.[605]
- Weil der Bereich des Vertraglichen und der Konditionalität nicht aus sich selbst bestehen könne, brauche es, um vom Krieg zum Frieden, vom absoluten Misstrauen zum grundsätzlichen Vertrauen überzugehen, die

---

[605] Vgl. A. CAILLÉ, Anthropologie der Gabe 62.

Unbedingtheit.[606] Die Logik der Konditionalität müsse aus antiutilitaristischen und bedingungslosen Sinnressourcen schöpfen können.[607] Demnach seien Sozialvertragstheorien erst dann belastbar, wenn sie in eine Instanz der Unbedingtheit eingebettet sind.[608] Infolgedessen stuft Caillé die Unbedingtheit über dem Bedingten ein, ohne aber das Bedingte auf die Unbedingtheit zu reduzieren.[609] Eine Handlungstheorie, die alles auf Unbedingtheit oder Verpflichtungen reduziere – Caillé nennt dies Holismus – würde nur Handlungen gemäss Bräuchen, Werten und Regeln kennen.[610]

- Dem Pol der Unbedingtheit steht jener der Freiheit, Spontaneität und Kreativität gegenüber. In seiner reinsten Form sei es das individualistische Interesse, unbedingt selbst zu existieren, schreibt Caillé. An diesem Pol wäre ein methodologischer Individualismus denkbar, allerdings mit der Konsequenz, dass eine verbindliche Beziehung zwischen den Subjekten und damit ein altruistischer Zugang zum Nächsten undenkbar würde. Das Subjekt wäre zu sehr in sich selbst gefangen, um „in eine wahre Beziehung mit den anderen Monaden" zu treten. Im Individualismus sei als einzige Handlungsform die Zweckrationalität denkbar[611] und als Folge davon der Krieg aller gegen alle.[612]
- Schliesslich nennt Caillé als vierten Pol seiner Handlungstheorie die Bedingungslosigkeit, die ohne Interesse gibt und folglich auch kein Interesse am Gabenpartner hat. Die bedingungslose Handlung erwarte keine Reziprozität und binde sich an keinen Vertrag. Es wäre die Handlung eines Subjekts, das sich jeder Unbedingtheit entziehen und ausserhalb jeder Sozialität leben würde. Die Gabe einer bedingungslos handelnden Person würde ohne jegliche Motivation erfolgen, es wäre eine Gabe von irgendetwas an irgendjemanden und irgendwie – also ein sinnloses Tun. Erst als Pol in Beziehung zu den anderen Polen der Gabe ermögliche

---

[606] Vgl. A. CAILLÉ, Anthropologie der Gabe 122. Caillé spricht auch von Totalität.
[607] Vgl. A. CAILLÉ, Anthropologie der Gabe 104.
[608] Vgl. A. CAILLÉ, Anthropologie der Gabe 106.
[609] Vgl. ebd.
[610] Vgl. A. CAILLÉ, Anthropologie der Gabe 63.
[611] Vgl. ebd.
[612] Vgl. A. CAILLE, Anti-utilitarisme et paradigme du don 60.

die bedingungslose und demonstrative Uneigennützigkeit Zusammenschlüsse zu Bündnissen.[613]

Anhand dieses Schemas kann nun bestimmt werden, was Caillé mit der agonistischen Gabe meint. Es ist ein ambivalentes Bündnis.[614] Das Risiko der Gabe kann innerhalb der beschriebenen vier Pole unterschiedlich akzentuiert sein. Mit der Geste der Grosszügigkeit werde zwar ein unbedingtes Bekenntnis zum Bündnis abgelegt, man bleibe aber grundsätzlich frei, das Bündnis aufzugeben. Das Geschenk werde zwar mit der Geste der Grosszügigkeit bedingungslos überreicht, doch zugleich seien im Bündnis Strukturen vorgegeben, die es erlauben, die ebenfalls grosszügige Gegenleistung des Gabenempfängers vorherzusehen. Die agonistische Leistung der Gabe bestehe gerade darin, dass die Risiken, welche die Partner innerhalb der vier Pole eingehen, gerade noch so kalkuliert würden, dass ein Fortbestehen des Bündnisses gewährleistet ist. Zusammengefasst lehnt Caillé mit seiner Handlungstheorie jeden Reduktionismus und jedes einseitige Theoretisieren ab.[615] Gabe würde nicht funktionieren, „wenn sie nicht *zugleich und paradoxerweise obligatorisch und frei, eigennützig und uneigennützig* wäre", schreibt Caillé[616] Wer demnach das Risiko der Gabe eingehe, tauche in eine Ambivalenz von Verpflichtungen, Wohltaten und dem Bewahren der Möglichkeit einer Kampfansage ein.[617]

Bezogen auf die Kriegsführer bedeutet das, dass zwar mit der Geste der Grosszügigkeit volles Vertrauen demonstriert wird. Gäbe es nicht bereits schon Sozialität zwischen den Kriegsführern und Fremden, wäre eine solche Handlung aber völlig unkalkulierbar. Es wäre eine bedingungslose Wette mit dem grossen

---

[613] Vgl. A. CAILLÉ, Anthropologie der Gabe 62.
[614] Caillé hat die vierdimensionale Handlungstheorie auch in psychologischer Terminologie beschrieben: Einerseits stehen sich Pflicht und Spontaneität gegenüber, andererseits Eigeninteresse und Interesse für den Anderen. Zumindest in seinem früheren Buch «Don, intérêt et désintéressement» spricht Caillé noch von einem utilitaristischen „Interesse an" und einem spielerischen „Interesse für". Später hat er für das „Interesse für" das Kunstwort „aimance" eingeführt. Im hinteren Teil von «Anthropologie der Gabe» wird daraus ein „Vergnügen" (vgl. A. CAILLÉ, Anthropologie der Gabe 201f). Auch im Rahmen seiner psychologischen Interpretation des Risikos der Gabe argumentiert Caillé gegen die Möglichkeit einer Gabe, die auch nur einen der vier Pole ausblendet (vgl. A. CAILLÉ, Anti-utilitarisme et paradigme du don 59ff).
[615] Vgl. A. CAILLÉ, Weder methodologischer Holismus 191.
[616] Vgl. A. CAILLÉ, Anthropologie der Gabe 65. Hervorhebung im Original.
[617] Vgl. A. CAILLÉ, Anthropologie der Gabe 61f.

Risiko eines Totalverlusts. In Tat und Wahrheit, behauptet Caillé, würden selbst in erbittert geführten Kriegen immer noch Regeln existieren.[618] Das Gabenrisiko sei darum trotz der Geste des vollen Vertrauens aufgrund bestehender und eventuell nicht eingestandener Sozialität kalkulierbar und damit auch utilitaristisch. Folgt man dieser Argumentation, gibt es in Caillés Gabenmodell selbst bei Kriegsgegnern eine gemeinsame Unbedingtheit.[619]

3.3.1. Caillés Angst vor Missverständnissen

Caillé und die M.A.U.S.S.-Bewegung nennen sich anti-utilitaristisch und nehmen in ihrem Namenskürzel keinen Bezug auf die agonistische Gabe. Aufgrund von Caillés Schriften hätte man erwarten dürfen, dass die agonistische Gabe in der Selbstdeklaration in irgendeiner Form sichtbar wird. Caillé schreibt, er habe sich für den Begriff „anti-utilitaristisch" entschieden, weil mit dem Begriff Gabe den Eindruck entstehen könnte, es handle sich um eine uneigennützige Alternative zum wirtschaftlichen Eigennutz. Er wolle aber die Konditionalität als einer der Gabenpole keinesfalls ausblenden. Vielmehr sei es ihm wichtig, dass das Paradigma der Gabe auch Erklärungsansätze, die den wirtschaftlichen Eigennutz in den Vordergrund stellen, miteinschliesse.[620] Ergänzend fügt er hinzu, dass zur agonistischen Gabe neben den vertraglichen Bedingungen auch Verpflichtung, Sympathie und Freude gehörten.[621]

Mit dem Begriff anti-utilitaristisch will Caillé also vermeiden, dass die utilitaristische Position vom sozialen Kontext losgelöst erscheint. In einem Satz zusammengefasst, beschreibt er seine Haltung wie folgt:

> „Der Anti-Utilitarismus unterscheidet sich vom Utilitarismus, weil er erstens auf die immanente Pluralität von Handlungen und sozialen Verhältnisse abstellt, zweitens diese Pluralität an sich schätzt [...] und drittens betont, dass die hierarchische, normative und positive Herrschaft von *aimance* [bei Caillé synonym von

---

[618] Vgl. A. CAILLÉ, Anthropologie der Gabe 78. In einer Randbemerkung relativiert Caillé jedoch diese Behauptung: In der ethnologischen Literatur würden nicht nur ritualisierte und massvolle Kriege erwähnt, sondern auch Massaker und der Vernichtungskrieg (vgl. A. CAILLÉ, Anthropologie der Gabe Fn. 56). Caillé lässt es allerdings bei dieser Bemerkung bewenden und unternimmt keinen Versuch, Gewaltexzesse mit seinem Gabenmodell in Einklang zu bringen.
[619] „Die Unbedingtheit ist notwendig, um vom Krieg zum Frieden, vom absoluten Misstrauen zum grundsätzlichen Vertrauen überzugehen." (A. CAILLÉ, Anthropologie der Gabe 122).
[620] Vgl. A. CAILLÉ, Anthropologie der Gabe 73.
[621] Vgl. A. CAILLÉ, Anthropologie der Gabe 74.

"Bedingungslosigkeit"; Anmerkung LH] und Freiheit das Interesse und die Verpflichtung dominieren."[622]

"Anti-utilitaristisch" und "agonistische Gabe" decken also bei Caillé dasselbe sprachliche Feld ab. Der eine Begriff grenzt sich stärker von utilitaristischen Denkrichtungen ab, die von Interessen und Verpflichtungen dominiert sind. Die "agonistische Gabe" nimmt stärker Bezug auf das Risiko der Gabe, die Personen zusammenführt und in immer neuer Weise Verpflichtung und Freiheit sowie Interesse und Uneigennützigkeit miteinander verbindet.[623]

3.4. Agonistische Gabe in der Gegenwart

Mauss hat das Gabenbündnis als tribalen Akt beschrieben. Wie aber kann dieser Akt in der Moderne funktionieren, in der Beziehungssysteme zunehmend funktional und unpersönlich geworden sind? Caillé vertritt die These, dass die Gabe von der Primärgesellschaft auf die individualistische Sekundärgesellschaft ausstrahlt und dadurch die moderne Demokratie stabilisiert. Allerdings sei das nur möglich, wenn auf der primären oder privaten Stufe die nötigen Sinn- und Motivationsreserven generiert und für die grossen sozialen Gebilde zur Verfügung gestellt werden.[624]

3.4.1. Gabe in Primärgesellschaften

Real präsent sei die Gabe in der modernen Gesellschaft nur noch in den Primärgesellschaften, wo die persönliche Beziehung zwischen Personen mehr zählt als die funktionalen Rollen, die sie einnehmen.[625] Die Kompetenz zur Gabe entstehe besonders in den Institutionen der primären Sozialisation, wenn sich die Mitglieder "der kleinen Gesellschaft [...] mittels der Gaben-Verteilung und der agonistischen Gabe innig miteinander verbinden".[626] Als exemplarisch erwähnt Caillé die Mutter-Kind-Beziehung, die sich weder allein durch Eigeninteresse noch durch Pflichterfüllung umfassend begreifen lasse. Caillé bezeichnet die Primärgesellschaft auch als jenen Bereich von Freundschaften, Familien

---

[622] A. CAILLÉ, Anthropologie der Gabe 76. Hervorhebung im Original.
[623] Vgl. ebd.
[624] Vgl. A. CAILLÉ, Anthropologie der Gabe 212.
[625] Vgl. A. CAILLÉ, Anthropologie der Gabe 94.
[626] Vgl. A. CAILLÉ, Weder methodologischer Holismus 211.

oder Kameradschaften, in dem es noch um anderes gehe, als um die reine Funktionalität. Dies sei die Sphäre der primären Gabe.[627]

3.4.2. Gabe in Sekundärgesellschaften

In der sekundären Sozialität, etwa auf dem Markt, in der Wissenschaft oder in der Verwaltung, sei hingegen die Funktionalität der sozialen Akteure von sehr grosser Bedeutung.[628] Gäbe es aber nur die Funktionalität, wäre die Sekundärgesellschaft völlig auf dem Pol der Unbedingtheit gefangen. Jede soziale Handlung wäre obligatorisch und es bestände kein Platz mehr für die Gabe, die ja zwischen allen vier erwähnten Handlungspolen oszilliert.

Eine eigenständige Form der Gabe auf Stufe sekundärer Sozialität gibt es gemäss Caillé nicht.[629] Darum müsse die funktionale Gesellschaft der Moderne sich auf das Potenzial der Gaben stützen können, die in der Primärgesellschaft bereitgestellt werden.[630] Die individualistische Sekundärgesellschaft sei auf die primäre Sozialität, also auf Strukturen personaler Beziehungen, angewiesen. Gabe ist in der Sekundärgesellschaft gemäss Caillé also nur als Erweiterung der ersten Orientierung des Menschen möglich.

Die in der Primärgesellschaft aufgrund der Gabe generierten Sinn- und Motivationsreserven würden sich in der Sekundärgesellschaft in angepasster Form zeitigen. Beispiele dafür seien Enthusiasmus, Treue, Vaterlandsliebe oder Liebe zur Wahrheit,[631] ohne die auf Funktionalität ausgerichtete Institutionen gar nicht funktionieren könnten.[632] Kern bleibe auch in der sekundären Gesellschaft jene Gabe, welche aus der Allianz zwischen Personen entsteht, etwa die Treue zum Arbeitgeber oder die Geisteshaltung des Verwaltungsbeamten.[633]

Als Institutionen sekundärer Gesellschaften bezeichnet Caillé etwa moderne Staaten, Zivilisationen und Märkte. In solchen Grossformen würden sich die Leute untereinander kaum noch kennen. Diese Systeme seien nicht mehr anhand der Gabe als dreifache Verpflichtung des Gebens, Empfangens und Zu-

---

[627] Vgl. A. CAILLÉ, Weder methodologischer Holismus 206.
[628] Vgl. A. CAILLÉ, Anthropologie der Gabe 94.
[629] Vgl. A. CAILLÉ, Anthropologie der Gabe 212.
[630] Vgl. A. CAILLÉ, Anthropologie der Gabe 123f.
[631] Vgl. A. CAILLÉ, Anthropologie der Gabe 95.
[632] Vgl. A. CAILLÉ, Anthropologie der Gabe 212.
[633] Vgl. A. CAILLÉ, Anthropologie der Gabe 95.

rückgebens beschreibbar, schreibt Caillé. Die Menschen in diesen Systemen würden sich gegenseitig jedoch als Mitglieder einer Gemeinschaft anerkennen, indem sie sich einer gemeinsamen Verfassung unterwerfen.[634]

3.4.3. Gabe in der globalisierten Gesellschaft

Mit der Globalisierung ist ein noch grösserer Gesellschaftstyp entstanden. Diese ganz grosse, virtuelle Einheit werde durch globale Netzwerke zusammengehalten, hält Caillé fest. Wie die Grossgesellschaft sich nicht von der Primärgesellschaft und der Gabe lösen könne, so bleibe auch das globale Netz auf die Primärgesellschaft und die Gabe verwiesen sowie auf den Respekt vor dem Gesetz.[635] Stabilisiert werde die virtuelle Weltgesellschaft nur, wenn in ihr die primäre und sekundäre Gesellschaft weiterexistieren können.[636]

3.5. Moderne Anwendungsbereiche der agonistischen Gabe

3.5.1. Agonistische Gabe und Demokratie

Mauss hat das Gabenbündnis als tribalen Akt beschrieben, bei dem es nicht nur um einen Bund zwischen Führern geht, sondern um eine Allianz ganzer Stämme mit allen Individuen, die dazugehören. Damit Bündnisse auch heute als Zusammenleben funktionieren, müsse das Paradigma der Gabe laut Caillé demnach alle gesellschaftlichen Ebenen umfassen und auf der privaten, öffentlichen und politischen Ebene umgesetzt werden können.[637]

In der Einschätzung von Caillé beruhen die modernen Demokratien auf den Traditionen kontraktualistischen Denkens. Die Gesellschaft mache sich in der sekundären Gesellschaft erst zur Gemeinschaft, indem sie sich indirekt über eine Vertretung eine eigene Verfassung gebe und diese akzeptiere.[638] Auch die Grenze zwischen Freund und Feind werde auf diesem indirekten Weg von der Politik gezogen. Damit wiederhole sich die alte Geste der agonistischen Gabe in der „grossen Sozialität". Dies geschehe jedoch in unsichtbarer Form, da die

---

[634] Vgl. A. CAILLÉ, Anthropologie der Gabe 99.
[635] Vgl. A. CAILLÉ, Anti-utilitarisme et paradigme du don 75.
[636] Vgl. A. CAILLÉ, Anthropologie der Gabe 212.
[637] Vgl. A. CAILLÉ: Anthropologie der Gabe 197.
[638] Vgl. A. CAILLÉ, Anthropologie der Gabe 99.

Geste nicht einzelnen Personen zugeteilt werden könne, sondern durch die anonyme Politik vollzogen werde.[639]

Allerdings sei die moderne Gabengesellschaft gefährdet. Caillé befürchtet, dass die Sinn- und Motivationsreserven in den sekundären Gesellschaften, beschleunigt durch die Globalisierung, austrocknen könnten.[640] Die traditionellen Quellen der Unbedingtheit beanspruchenden Sinnressourcen, wie sie die grossen Religionen verkörpern würden, hätten an Einfluss eingebüsst.

3.5.2. Agonistische Gabe und Karitas

Eine Schwierigkeit, mit der sich Caillé bei seiner Rezeption des Gabenparadigmas öfters konfrontiert sieht, ist die Abgrenzung gegenüber der religiösen Karitas:[641] Im religiösen Umfeld stosse er mit der Analyse des Mauss'schen Paradigmas auf Widerstand, wenn er daran erinnere, dass die Gabe eine agonistische Gabe sei. Über die religiösen Kreise hinaus behaupte sich hartnäckig die Meinung, dass der These, soziales Handeln sei rein interessenbezogen, nur mit dem unbedingten Anspruch von Uneigennützigkeit begegnet werden könne. Caillés vierpoliger Raster der Gabe schliesst jedoch eine rein altruistische Gabe ohne Selbstbezug genauso aus wie eine rein interessenbezogene. Die Engführung auf den Pol der Bedingungslosigkeit führe jedoch weg von der soziologischen Dimension der Gabe zu unlösbaren psychologischen und metaphysischen Fragen, warnt Caillé.[642]

Entsprechend interpretiert Caillé die jeweils praktizierte Karitas – manchmal benutzt er synonym den Begriff Barmherzigkeit – als eine „bestimmte historische Transformation der (agonistischen) Gabe".[643] In veränderter Form sei die Gabe auch in den grossen Strukturen der modernen Gesellschaft konkret wiedererkennbar.[644] Dies treffe im Verhältnis gegenüber Fremden namentlich im

---

[639] Vgl. A. CAILLÉ, Anthropologie der Gabe 211.
[640] Vgl. A. CAILLÉ, Anthropologie der Gabe 123.
[641] Vgl. A. CAILLÉ, Anthropologie der Gabe 206.
[642] Vgl. A. CAILLÉ, Anthropologie der Gabe 207.
[643] Vgl. A. CAILLÉ, Anthropologie der Gabe 206. Wenn Caillé an anderer Stelle schreibt, dass die agonistische Gabe nicht karitativ sei, dann meint er die von ihm als unmöglich eingestufte Karitas in einem ausschliesslich bedingungslosen Umfeld (vgl. ebd. 64).
[644] Vgl. A. CAILLÉ , Anthropologie der Gabe 94f; DERS., Weder methodologischer Holismus 206f.

humanitären oder karitativen Bereich zu.[645] Damit wiederhole sich die agonistische Gabe auf einem anderen Niveau, auf dem Gabenakte nicht einzelnen Subjekten zugewiesen werden können, sondern über die Delegation von politischen Vertretern gehandhabt würden.[646]

3.5.3. Agonistische Friedensarbeit in der globalen Gesellschaft

Zwei Menschengruppen, die sich begegnen, können einander ausweichen und wenn nötig sich schlagen, oder aber sie können miteinander Handel treiben. Eine andere Wahl gebe es nicht, sagt Mauss.[647] Caillé führt den Gedanken weiter mit der Feststellung, dass Handeln immer ein Austausch mit Fremden sei und Misstrauen den Handel verunmögliche. Daraus leitet er das soziale Paradox ab, dass man vor allem den Feinden und Fremden zuerst und unbedingt vertrauen müsse.[648]

Wie könnte agonistische Friedensarbeit in diesem Kontext aussehen? Caillé meint, dass die Ausdehnung der Gabengemeinschaft auf Fremde ein grösseres Mass an Grosszügigkeit und Zurückhaltung mit den eigenen Erwartungen erfordere.

„Um den Anspruch der Gabe auf Fremde ausdehnen und eine umfassendere Gesellschaft gründen zu können, muss einer grösseren Anzahl von Empfangenden weniger offensichtlich und weniger unmittelbar im Hinblick auf eine im Gegenzug erwartete Entlohnung gegeben werden."[649]

In einer sekundären oder globalen Gesellschaft, in der sich die Unterscheidung zwischen Nahem und Fernen dereguliert, müsse die Verpflichtung zur Gabe „zugleich *radikalisiert*, *verallgemeinert* und *verinnerlicht* werden", schreibt Caillé an anderer Stelle.[650] Caillé erklärt diese drei Forderungen wie folgt:

---

[645] Vgl. A. CAILLÉ, Anthropologie der Gabe 94.
[646] Vgl. A. CAILLÉ, Weder methodologischer Holismus 211.
[647] Vgl. M. Mauss, Die Gabe 180.
[648] Vgl. A. CAILLÉ, Anthropologie der Gabe 109.
[649] Vgl. A. CAILLÉ, Anthropologie der Gabe 92.
[650] Vgl. A. CAILLÉ, Anthropologie der Gabe 92. Hervorhebungen im Original.

Es brauche[651]

- die Radikalisierung der Unbedingtheit der Gabe. Das bedeutet konkret, die Bereitschaft, das Risiko auf sich zu nehmen, das eigene System von bedingten Verpflichtungen einer Deregulierung auszusetzen, verstärkt bedingungslos zu geben und die Hoffnung auf eine Gegengabe weiter aufzuschieben.
- eine verstärkte freiwillige Verinnerlichung der Verpflichtung. Anstelle der grosszügigen Geste der Gabe solle die Diskretion treten.
- eine Verallgemeinerung der Gabengemeinschaft, die auch bereit ist, Fremde und Feinde in das ambivalente Feld von Grosszügigkeit und interessiertem Selbstbezug aufzunehmen.

Die Alternative zur Forderung nach Verallgemeinerung der Gabengemeinschaft wäre die Ausgrenzung, sei es als Rückzug auf Sondergemeinschaften oder die Verweigerung der Anerkennung gegenüber Personen bestimmter Gruppen. Als Konsequenz einer solchen Entsolidarisierung sieht Caillé den Verlust jeglichen geregelten und friedlichen Zusammenseins: Wem eine minimale bedingungslose Anerkennung verweigert werde, könne zu nichts gezwungen werden, und man habe ihm gegenüber auch kein Recht, moralische Forderungen aufzustellen.[652]

3.6. Kritische Bemerkungen zu Caillés soziologischer Theorie

Caillés Gabentheorie stellt das Risiko der Gabe in den Mittelpunkt und sieht im agonistischen Gabe-Verhalten die Voraussetzung für die Existenz und Weiterexistenz von Bündnissen. Dies ist die Stärke seines vierpoligen Gabenmodells.

Als Beispiele für Unklarheiten und offene Fragen bei Caillé seien folgende drei Punkte erwähnt

- Unklares Bild über die Existenz einer nicht-agonistischen Gabe:
  Caillé verweist wiederholt auf die von Mauss erwähnte nicht-agonistische Gabe, die den weit grösseren Teil der Gabe ausmache. Einerseits scheint Caillé den Bemerkungen von Mauss über die nicht-agonistische

---

[651] Vgl. A. CAILLÉ, Anthropologie der Gabe 124.
[652] Vgl. A. CAILLÉ, Anthropologie der Gabe 123.

Gabe zuzustimmen, wenn er ohne weiteren Kommentar über den Essay schreibt:

„Le type de don qu'il étudie dans ce texte – en laissant de côté, explicitement, un énorme ensemble, bien plus vaste, celui de ce qu'il nomme les 'prestations totales' non agonistiques – est un échange agonistique qui transforme les ennemis en alliés."[653]

Andererseits hat Caillé ausgeführt, dass auch in Ergänzungswirtschaften von Selbstdarstellung und dem Streben nach Anerkennung ausgegangen werden müsse. Geht man von Caillés vierpoliger Handlungstheorie aus, kann angenommen werden, dass es für ihn nur die agonistische Gabe geben kann.

- Gabenökonomisch relativierte ökonomische Rationalität:
Durch die Einbettung der agonistischen Gabe in die vierpolige Handlungstheorie impliziert die Gabe immer auch einen ökonomischen Aspekt und wird somit unweigerlich zu einem Gegenmodell zum ökonomischen Tausch.[654] Damit übernimmt Caillé das Konzept der Gabenökonomie, das Mauss in seinen „Schlussfolgerungen" präsentiert.[655] Dort stuft Mauss die Gabe als eine grosszügigere, gerechtere und stärker am Gemeinwesen orientierte Wirtschaftsform ein, unter anderem verweist er auf die Notwendigkeit staatlicher Sozialeinrichtungen.[656] Caillé leitet daraus die Forderung einer Reintegration des Utilitarismus in eine soziale und politische Ordnung ab.[657] Hahn hat darauf hingewiesen, dass bei einer direkten Integration der Ökonomie in eine höhere Gesellschaftseinheit, keine eigene, abgetrennte ökonomische Rationalität möglich wäre. Ökonomie würde zu einer Gesellschaftswissenschaft jenseits der Kosten-Nutzen-Rechnungen, die ökonomischen Entscheidungen vorausgehen.[658]

- Ungeklärte Wechselwirkung zwischen Sozialitätsebenen:
Caillés Zurückbindung der Gabe an die primäre Sozialität hat zur Folge, dass er alle Formen der Anerkennung als Phänomene der primären So-

---

[653] A. CAILLE, Anti-utilitarisme et paradigme du don 39.
[654] Vgl. D. QUADFLIEG, Die Unmöglichkeit der Gabe anerkennen 80.
[655] Vgl. M. MAUSS, Die Gabe 157–183.
[656] Vgl. M. MAUSS, Die Gabe 160f.
[657] Vgl. A. CAILLÉ, Weder methodologischer Holismus 190.
[658] Vgl. H.P. HAHN, Einleitung 17f.

zialität versteht.[659] Daran wurde auch schon kritisiert, dass nicht erklärt werde, wie das individuelle Geben auf der Primärstufe in makrostrukturelle Ordnungen umgesetzt werden könne.[660] Die Beispiele die Caillé für eine solche Umsetzung nennt (z.b. Enthusiasmus, Vaterlandsliebe oder Respekt vor dem Gesetz) sind zufällig gewählt und ohne systematischen Zusammenhang. Nicht kohärent zur These, dass die Gabe an die primäre Sozialität gebunden sei, ist Caillés Charakterisierung des Verhältnisses des Einzelnen gegenüber dem modernen Staat. Hier scheint tatsächlich eine genuine Gabenrelation auf einer sekundären Gesellschaftsebene vorzuliegen mit Bürgern, die sich gegenseitig öffentlich anerkennen, indem sie den Staat anerkennen, sowie einem Unterpfand dieser Anerkennung in Form einer Verfassung.

4. Rückblick auf die agonistische Gabe bei Mauss, Bourdieu und Caillé

Der Durchgang durch die Schriften von Mauss, Bourdieu und Caillé zeigt, dass es sich bei der agonistischen Gabe um ein grundlegendes gesellschaftliches Phänomen handelt. Die drei Sozialwissenschaftler haben die agonistische Gabe sehr unterschiedlich beleuchtet. Abschliessend zu diesem Kapitel werden vier Aspekte erwähnt, die alle drei thematisiert haben und im Rahmen meiner Untersuchung von Relevanz sind:

- Abgrenzung von der Ökonomie:
  Im ersten Teil seines Essays steht beim Mauss nicht die Ökonomie im Zentrum des Gabentauschs, sondern das Verhältnis unter Häuptlingen. Mauss hält fest, dass der Austausch von Gaben ganz verschieden ist vom Tausch am Markt, dem „gimwali". Bei Caillé hingegen steht jede Gabe mehr oder weniger stark unter dem Einfluss des ökonomisch-utilitaristischen Pols. Das Verhältnis von Gabe und Ökonomie ist für ihn ein zentrales Thema und die Verteidigung von Mauss vor möglichen utilitaristischen Angriffen sein grosses Anliegen. Caillé und die ihm nahestehende M.A.U.S.S.-Bewegung beschäftigen sich bevorzugt mit Wirtschaftsformen, die auf Kooperationsbereitschaft und die Bedeutung von Sozialbe-

---

[659] Vgl. F. ADLOFF und C. PAPILLOUD, Alain Caillés *Anthropologie der Gabe* 29.
[660] Vgl. F. ADLOFF und C. PAPILLOUD, Alain Caillés *Anthropologie der Gabe* 34. Caillé bestreitet diese Schwäche seiner Arbeiten nicht. Er leitet aus diesem Befund die Aufgabe ab, den Geist der Gabe und der Demokratie zu globalisieren (vgl. A. CAILLÉ, Anthropologie der Gabe 212).

ziehungen setzen.[661] Am deutlichsten grenzt Bourdieu Ökonomie von der Gabe ab. Er relativiert die Bedeutung der Ökonomie, ohne in die Mechanismen der Wirtschaftswissenschaften einzugreifen, und erklärt sie kurzerhand zu einem Sonderfall seiner übergreifenden Ökonomie der Praxis.

- Streben nach Anerkennung:
  Was bei Mauss noch als Kampf unter Häuptlingen in Form eines Gabenhandels erscheint, wird bei Caillé zu einem nicht auf Führungsfunktionen beschränkten und mindestens teilweise utilitaristischen Streben nach Anerkennung. Bourdieu hat das Streben nach Anerkennung als generelle Positionierungspraxis Interpretiert. Damit hat er seinen ursprünglichen Blick auf utilitaristische Motive beim Gabentausch auf soziale Mechanismen der Macht geschwenkt.

- Ungeklärtes Verhältnis zur Gewalt:
  Mauss berichtet von einem Fest unter Verbündeten, das plötzlich unkontrolliert in ein Massaker kippt, ohne den Vorgang zu erklären. Caillé umgeht die Frage nach dem Verhältnis von Gabenbündnis und Gewalt, indem er davon ausgeht, dass es in der Regel auch unter Feinden gemeinsame Verpflichtungen gibt. Caillé kennt also genauso wenig wie Mauss ein Rezept im Umgang mit schierer Gewalt. Bourdieu versucht zwar, dem unkontrollierten Übergang des Gabenbündnisses in Gewalt durch Kodifizierung zu begegnen, doch lässt sich sein Konzept der Kodifizierung wiederum nur im Rahmen eines agonistischen Bündnisses verstehen, das die Mechanismen der Macht verkennt. Bourdieus Verkennung verborgener Marktmechanismen werden im folgenden Kapitel noch vertieft thematisiert.

- Das soziale Feld der agonistische Gabe:
  Allen drei Sozialwissenschaftlern gemein ist eine vorausgesetzte Gesellschaft, in welcher der Gabe eine politische Wirkung zukommt. Allerdings ereignet sich die agonistische Gabe bei Mauss und Bourdieu im öffentlich-politischen Raum, während Caillé den ursprünglichen Ort der agonistischen Gabe in kleineren, übersichtlichen sozialen Konstellationen sieht. Caillé ortet das Gabenphänomen in einem privaten bis nachbarschaft-

---

[661] Ein Beispiel für diese Denkrichtung ist: F. ADLOFF, Politik der Gabe. Adloff beschäftigt sich in diesem Buch u.a. mit Wirtschaftsformen, die auf Selbstbegrenzung und globale Gerechtigkeit setzen, statt auf Rentabilität und Wachstum. Adloff setzt dem homo oeconomicus einen homo donator entgegen (vgl. ebd. 20).

lichen Umfeld. Dem gegenüber glaubt Bourdieu, den agonistischen Gabentausch in allen gesellschaftlichen Sphären beobachten zu können, wobei er der Politik eine Sonderstellung zumisst.

Im nächsten Kapitel soll zuerst auf sozialwissenschaftlicher Ebene das Streben nach Anerkennung vertieft werden. Dabei folge ich Bourdieu. Er hat die agonistische Gabe in seiner Theorie als generelles soziales Phänomen universalisiert und wird damit stärker den Mauss'schen totalen gesellschaftlichen Phänomenen gerecht als Caillé, der die agonistische Gabe auf die primäre Sozialität zurückbindet und aber nicht systematisch zeigt, wie sie Einfluss auf grössere Sozialitäten nimmt.

Im weiteren Verlauf des folgenden Kapitels soll gezeigt werden, dass bei Bourdieus Interpretation des Mauss'schen Gabentausches nicht nur verkannte Wettbewerbsmechanismen im Spiel sind. Die verkennenden Positionierungsstrategien in den verschiedenen Praxisformen sind nicht eindeutig von Zwang und Gewalthandlungen trennbar. Doch Gewalt als inhärente Ambivalenz der Gabe führt in ein Dilemma: Eine zwanghafte oder gewaltsame Durchsetzung der Akzeptanz einer grosszügigen Geste widerspricht dem Charakter der agonistischen Gabe. Zur Gabe gehört wesentlich das Risiko, dass sie zurückgewiesen werden kann.

DRITTES KAPITEL: AGONISTISCHE GABE AUS ANTHROPOLOGISCHER SICHT

Das dritte Kapitel vertieft Bourdieus Interpretation der agonistischen Gabe und behandelt im ersten Abschnitt seine Sicht auf Sinn, Zeiterfahrung und Macht sowie die Befreiung von Macht durch Reflexion. Der soziale Ansatzpunkt, von dem aus diese anthropologischen Aspekte thematisiert werden, ist der sich zwischen Gebenden und Empfangenden abspielende Kampf um Überlegenheit.

Wie im vorangehenden Kapitel erwähnt, ist der Habitus der Grosszügigkeit treibendes Element des Gebens. Der zweite Abschnitt dieses Kapitels nimmt den Blickwinkel des Empfängers der agonistischen Gabe ein. Es geht um die Sicht des Gedemütigten und darum, dass eben diese Demütigung dazu motivieren soll, den Gabenzyklus fortzuführen.

Die Demütigung wird in der Diskussion über die Mauss'sche Gabe nur selten erwähnt und kaum je thematisiert. Das gilt auch für Bourdieu. Ich werde mich darum in diesem Kapitel ergänzend zu Bourdieu etwas vom Gabendiskurs entfernen und mich Richard Rortys philosophischen Beiträgen zur Demütigung zuwenden. Ziel dieses Exkurses ist, auf die verschwommene Grenze zwischen Bourdieus Interpretation der agonistischen Gaben und Gewalt hinzuweisen.

1. Agonie als soziale Grunderfahrung

In den «Meditationen» äussert sich Bourdieu mehrmals zum Sinn des Lebens: Dieser erschöpfe sich aus soziologischer Sicht in der Anhäufung von Anerkennung und Macht. Der Mensch rechtfertige seine eigene Existenz durch die Anhäufung von symbolischem Kapital mithilfe anerkannter Anerkennungsstrategien, also von Strategien, die im bestehenden Machtsystem als legitim eingestuft werden.

> „Der Mensch ist und weiss sich sterblich, dies zu denken ist ihm aber unerträglich oder unmöglich, und da er dem Tod verfallen ist (...), ist er ein Sein ohne Daseinsberechtigung, besessen von dem Bedürfnis nach Rechtfertigung, Legitimierung, Anerkennung."[662]

---

[662] P. BOURDIEU, Meditationen 308.

Im Rahmen eines Seminars, das Bourdieu 1987 in Chicago hielt, bezeichnete er die soziale Welt als Ort ständiger Kämpfe um den Sinn dieser Welt.[663] Das Streben nach Bekanntheit und Anerkennung bilden also für ihn eine fundamentale Dimension des sozialen Lebens. Zugleich betont er, dass Ansehen und Anerkennung auch die knappsten Ressourcen sind, welche die soziale Welt verteilen könne. Sie seien symbolische Macht, die Legitimation schaffe, Machtgefälle zementiere und befähige, dem Leben und selbst noch dem Tod Sinn zu geben.[664] Der Verlust von Anerkennung – vor allem der Beschäftigungsverlust – werde als Verlust des Daseinssinns erfahren.[665] Für Bourdieu ist symbolisches Kapital demnach gleichbedeutend mit Daseinsberechtigung.

Anerkennung oder symbolisches Kapital wiederum setzt für Bourdieu ein soziales Feld voraus, das agonistisch ist. Als Habitusform, die mit der Agonie im sozialen Feld korrespondiert, identifiziert er die Grosszügigkeit – gelegentlich erwähnt er auch die Demütigung.[666] Grosszügigkeit sei die angeeignete Disposition, um Handlungen auszulösen, die das symbolische Kapital erhöhen. Sie sei ein Habitus und könne darum an sich keine individuelle Absicht oder eine Entscheidung zur Tugendhaftigkeit sein. Zur belohnungswürdigen Tugend werde sie erst durch die kollektive Verkennung der Eigeninteressen, schreibt Bourdieu.[667] Anders formuliert: Zur Tugend wird Grosszügigkeit erst, wenn die ganze Gesellschaft mitspielt, an keine Absicht denkt und die Frage der Zweideutigkeit der grosszügigen Handlung gar nicht erst aufkommen lässt. In diesem verkennenden gesellschaftlichen Kampf können Distinktionsgewinne erzielt und Legitimationshoheit gewonnen werden.

1.1. Bourdieus Sicht auf das Subjekt (erste Annäherung)

Mit der Ablehnung einer notwendigen Verknüpfung des Habitus mit einer individuellen Absicht stellt sich die Frage nach Bourdieus Sicht auf die handelnden Individuen im agonistischen Raum. Handelt es sich um aktive, selbstbestimmte Mitspieler oder um Marionetten? Bourdieu lehnt die extreme Position, dass Individuen determiniert seien, ab. Sonst würde ein generativer Aspekt des Ha-

---

[663] Vgl. P. BOURDIEU / L.J.D. WACQUANT, Reflexive Anthropologie 101.
[664] Vgl. P. BOURDIEU, Meditationen 309.
[665] Vgl. P. BOURDIEU, Die fortschrittlichen Kräfte 18.
[666] Vgl. P. BOURDIEU / L.J.D. WACQUANT, Reflexive Anthropologie 157.
[667] P. BOURDIEU, Meditationen 247.

bitus undenkbar.⁶⁶⁸ Das Individuelle, Subjektive ist für Bourdieu aufgrund seiner Habitusdefinition etwas Eigenständigeres als eine Marionette der Struktur. Insofern unterscheidet er sich vom Strukturalismus, dem er vorwirft, dass er die leibhaftigen Akteure zu Epiphänomenen der Struktur erkläre⁶⁶⁹. Dennoch bleibe der Handelnde aufgrund seines Habitus etwas Kollektives oder eine sozialisierte Subjektivität⁶⁷⁰. Somit grenzt sich Bourdieu auch von der Subjektphilosophie ab, deren Freiheitsbegriff er als *„die* philosophische Illusion" bezeichnet.⁶⁷¹ Auf der sprachlichen Ebene versucht Bourdieu der Dichotomie von Determinismus und freiem Willen zu entgehen, indem er sich mit Formulierungen wie „‚Kunst' der *notwendigen Improvisation*"⁶⁷² oder „konditionierte und bedingte Freiheit"⁶⁷³ behilft.

Zwischen gesellschaftlicher Bestimmtheit und individueller Fähigkeit zur Selbstbestimmung liege das (in aller Regel) unbewusste Verhältnis von Habitus und sozialer Welt.⁶⁷⁴ Dieses Verhältnis illustriert Bourdieu mit dem Bild von Leibnitz, dass wir Menschen in Dreiviertel unserer Handlungen Automaten seien.⁶⁷⁵ An anderer Stelle sagt er, dass die Menschen in der Praxis nie ganz genau wüssten, was sie tun. Sie spielten eine Art ungeschriebener Partitur und jeder glaube, dass er seine Melodie improvisiere.⁶⁷⁶

Individuelles Handeln deklariert Bourdieu als einen Effekt verinnerlichter sozialer Dispositionen, die es erlaubten vorherzusehen, dass eine bestimmte Gruppe von Akteuren sich unter bestimmten Umständen in einer bestimmten Weise verhalten werde.⁶⁷⁷ Gleichzeitig würden die verinnerlichten Dispositionen ein System von Grenzen bilden, die durch die Bedingungen des Habitus gesetzt sind.⁶⁷⁸

---

⁶⁶⁸ Vgl. P. BOURDIEU, Meditationen 191.
⁶⁶⁹ Vgl. P. BOURDIEU, Rede und Antwort 28.
⁶⁷⁰ Vgl. P. BOURDIEU / L.J.D. WACQUANT, Reflexive Anthropologie 159.
⁶⁷¹ Vgl. P. BOURDIEU, Unverbesserlicher Optimist 29. Hervorhebung im Original.
⁶⁷² Vgl. P. BOURDIEU, Sozialer Sinn 196. Hervorhebung im Original.
⁶⁷³ Vgl. P. BOURDIEU, Sozialer Sinn 103.
⁶⁷⁴ Vgl. P. BOURDIEU, Sozialer Sinn 105.
⁶⁷⁵ P. BOURDIEU, Die feinen Unterschiede 740.
⁶⁷⁶ P. BOURDIEU / L.J.D. WACQUANT, Reflexive Anthropologie 25.
⁶⁷⁷ P. BOURDIEU, Meditationen 191.
⁶⁷⁸ Vgl. P. BOURDIEU, Die verborgenen Mechanismen. DERS., Sozialer Sinn 102f.

Subjektivität ist demnach für Bourdieu an den Klassenhabitus oder die soziale Position gekoppelt. Bourdieu räumt aber ein, dass Entkoppelungen von Subjektivität und Habitus möglich seien, wenn verinnerlichte soziale Dispositionen an Glaubwürdigkeit verlieren und das Individuum in einen reflektierenden Diskurs drängen. Dann könne es geschehen, dass sich individuelles Handeln vom Mitschwimmen im Klassenhabitus emanzipiere. Ich werde noch darauf zu zurückkommen (s. 1.4. Freiheitsgefühl als Resultat von Reflexion).

1.2. Agonie als Voraussetzung für die Konstruktion von Sinn

1.2.1. Adaption des Feldes befähigt zu Strategien

Das Individuum, das in einem bestimmten sozialen Feld Anerkennung sucht, muss sich den jeweils geltenden Habitus aneignen und die dort geschätzte Kultur und deren Geschichte einverleiben. Das ist Bourdieus Grundannahme. Der Habitus befähige, die in einem bestimmten Feld geltenden kollektiven Denk-, Wahrnehmungs- und Verhaltensschemata kohärent anzuwenden und ermögliche zugleich, in unterschiedlichen Situationen flexibel und vor allem schnell zu handeln. Aus der Verbindung von Kohärenz und Flexibilität könne sich strategische Kompetenz entwickeln.

Als Strategien bezeichnet Bourdieu grosse objektive Handlungsverläufe, die von den sozialen Akteuren ständig in der Praxis als Praxis konstruiert und beim Zusammentreffen eines Habitus mit einer bestimmten Konstellation des Feldes definiert werden.[679] Strategische Handlungen sind also für ihn vom Habitus generierte Praktiken, also habituelle Prozesse.[680]

1.2.2. Gabe als Paradigma für eine habituelle Strategie

Für eine vertiefte Analyse habitueller Prozesse greift Bourdieu auf das Paradigma des Gabentausches zurück: Beim Gabentausch als Spiel der individuellen und kollektiven Verschleierung des kalkulierten Eigeninteresses ist es wesentlich, dass die Gabe angenommen wird. Erst durch den Empfang durch den Beschenkten wird die Gabe als Gabe bestätigt und zugleich auch gesagt, dass diese erwünscht ist. Die für Bourdieu wichtigste Phase des Gabentau-

---

[679] Vgl. P. BOURDIEU / L.J.D. WACQUANT, Reflexive Anthropologie 162.
[680] Bourdieus fasst sein Konzept der Strategie unter anderem im sechsten Kapitel von «Sozialer Sinn» zusammen (vgl. P. BOURDIEU, Sozialer Sinn 180–204).

sches ist der Raum zwischen Gabe und Gegengabe, in dem der Wechsel nicht wie im Handel Zug um Zug abgewickelt wird, sondern als unumkehrbarer Prozess mit ungewissem Ausgang erfolgt. Dieser Abschnitt im Gabenzyklus ist durch keinen Vertrag geregelt und wird für Bourdieu gerade durch seine Unbestimmtheit zur bedeutungsvollen Zeit.

Das Intervall zwischen Gabe und Gegengabe solle den Tausch als diskontinuierliche Serie vollkommen unabhängiger grosszügiger Aktionen erscheinen lassen, erläutert Bourdieu.[681] In dieser Phase werde der Charakter der Reziprozität des Gabentausches in einem individuellen und kollektiven Verneinungsakt verschleiert[682], und zwar ohne dass dies dem Geber und dem Empfänger bewusst würde oder zwischen ihnen abgesprochen wäre[683]. Dank dieser Zeitspanne könne ein objektiver Tausch als eine nicht umkehrbare Abfolge einzelner, freier und grosszügiger Akte erfahren werden.[684] Damit ist auch gesagt, dass sich der Gabentausch von der Mechanik des rationalen Tausches durch die Unumkehrbarkeit der bis zur Gegengabe beanspruchten Zeit unterscheidet.[685] Diese Phase charakterisiert sich durch eine ungewisse Erwartung. Dies gibt der Zeit ihre Gerichtetheit und die für das strategische Handeln wesentliche Unumkehrbarkeit.[686]

Die Länge der Verzögerung, aber auch ihre Strukturierung habe strategische Implikationen, schreibt Bourdieu. Darum sei die Bestimmung des richtigen Zeitmasses entscheidend, wofür es allerdings einen erworbenen praktischen Sinn für den rechten Augenblick brauche.[687] Zu den denkbaren Extremformen der Verzögerung bis zur Gegengabe bemerkt Bourdieu: Ohne Pause zwischen den Gabe und Gegengabe würde die Verschleierungsstrategie aufgehoben und

---

[681] Vgl. P. BOURDIEU, Praktische Vernunft 163.
[682] Vgl. P. BOURDIEU, Sozialer Sinn 193f.
[683] Vgl. P. BOURDIEU, Praktische Vernunft 164.
[684] Vgl. P. BOURDIEU, Rede und Antwort 264f.
[685] Vgl. P. BOURDIEU, Sozialer Sinn 183.
[686] In dieser Hinsicht besteht eine Ähnlichkeit zu Derrida. Ausgehend von Mauss analysiert auch Derrida die Lücke zwischen Gabe und Rückgabe und stösst dabei auf die Zeit als Grund jeder möglichen Gabe. Gabe und Gegengabe würden Zeit geben und zugleich ein Verlangen nach einer begrenzten Zeit ausdrücken (J. DERRIDA, Falschgeld 58f). Zeit wird bei Derrida zur „*Bedingung*" für alles Gegebene überhaupt" (ebd. 76, Hervorhebung im Original) und ist damit transzendental (ebd. 75f). Anders verhält es sich bei Bourdieu. Dort ist es die Agonie, welche die Praxis auslöst und damit erst Zeit schafft.
[687] Vgl. P. BOURDIEU, Meditationen 251.

die Handlung im günstigeren Fall ein ökonomischer Tausch.[688] Die sofortige Gegengabe sei auch als Zurückweisung der Gabe und damit als Beleidigung interpretierbar. Bleibe hingegen die Gegengabe ganz aus, könne dies als Undankbarkeit ausgelegt werden.[689]

1.3. Die Zeiterfahrung in der allgemeinen Logik der Praxis

Die Zeiterfahrung ist in Bourdieus soziologischer Theorie der Praxis, die er als allgemeine Anthropologie verstanden wissen will,[690] ein grundlegender Aspekt.[691] Insofern genügt es nicht, die Zeit nur im Rahmen des Gabentausches zu verstehen. Um Bourdieu gerecht zu werden muss Zeit im Rahmen der allgemeinen Praxistheorie gesehen werden, in der die genuin menschliche Zeit durch die Praxis geschaffen wird, im Gegensatz zur biologischen oder kosmologischen Zeit.[692]

> „Die Zeiterfahrung erwächst also aus der Beziehung zwischen Habitus und sozialer Welt, zwischen den Dispositionen, zu sein und zu tun, und den Regelmässigkeiten eines natürlichen oder sozialen Kosmos (oder Feldes)."[693]

Bourdieu bettet die Zeit in das Verhältnis von Habitus und Feld ein. Damit grenzt er sich von einer objektivierenden metaphysischen Sichtweise ab. Er distanziert sich aber auch von einer Bewusstseinsphilosophie, die die Zeit zu einer transzendentalen Bedingung der Geschichtlichkeit mache.[694] Zeit im Sinne von

---

[688] Vgl. P. BOURDIEU, Sozialer Sinn 194.
[689] Vgl. P. BOURDIEU, Praktische Vernunft 163; DERS., Sozialer Sinn 103.
[690] P. BOURDIEU / L.J.D. WACQUANT, Reflexive Anthropologie 195.
[691] Vgl. M. SUDERLAND, „Worldmaking". In diesem Artikel weist Suderland darauf hin, dass im deutschsprachigen Raum keine systematische Analyse der Bedeutung der Zeitlichkeit in Bourdieus Soziologie vorliegt. Dazu sei ergänzend auf den Aufsatz «Zeitmimesis» von G. GEBAUER und C. WULF verwiesen.
Die Zurückhaltung der Bourdieu-Interpreten gegenüber dem Zeitaspekt erstaunt umso mehr, als das Thema seiner nie fertig gestellten philosophischen Dissertation, die er bei Georges Canguilhelm schreiben wollte, den Titel «Die Zeitstrukturen des Gefühlslebens» hatte (vgl. P. BOURDIEU, Ein soziologischer Selbstversuch 48f).
[692] Vgl. P. BOURDIEU, Meditationen 265.
[693] P. BOURDIEU, Meditationen 267.
[694] Ausführlich analysiert Bourdieu diese Position in seiner soziologischen Einbettung von Heideggers philosophischer Sprache in seine politische Zeit (vgl. P. BOURDIEU, Die politische Ontologie). Bourdieu kritisiert an Heidegger, dass dieser es abgelehnt habe, das philosophische Denken in Relation zum Denken oder zu den Verhältnissen seiner Zeit zu setzen. Das habe zu einer Ontologisierung des Historismus geführt (ebd. 81).

Bourdieu „ist etwas, das das praktische Tun in eben dem Akt produziert, durch den es sich selbst produziert."[695] Diese durch die Praxis erzeugte Zeit werde durch einen Habitus generiert, der selbst wieder inkorporiertes Feld mit all seinen Regularitäten und Tendenzen ist.[696] Diese Tendenzen gäben der Praxis einen Bezug auf eine in der unmittelbaren Gegenwart angelegte Zukunft.

„Zeit erzeugt sich in eben dieser Ausführung des Aktes (oder des Gedankens) als Aktualisierung einer Potentialität, die *per definitionem* die Vergegenwärtigung von etwas Nicht-Aktuellem und Entgegenwärtigung von etwas Aktuellem ist, als eben das, was der *common sense* als das ‚Vergehen' von Zeit definiert."[697]

In Bourdieus allgemeiner Logik der Praxis wird Zeit demnach durch praktische Antizipationen der dem Feld innewohnenden Tendenzen geschaffen.[698] Bezogen auf die Definition von Habitus bedeutet das, dass dieser auch die Fähigkeit hat, künftige Zustände im Feld zu erahnen.[699]

1.3.1. In Spielstrategien zu investieren schafft sinnvolle Zeit

Bourdieu illustriert die Funktion der Zeit in der Logik der Praxis gerne mit dem Bild vom Spiel: In Fällen, in denen das (objektive) Feld im (subjektiven) Habitus gut einverleibt ist, sei der Akteur in der Lage, Tendenzen des Spielverlaufs zu erkennen und Spielsituationen vorwegzunehmen. In der Spielpraxis komme aber noch hinzu, dass die Akteure immer unter Zeitdruck stünden, der sich aus der Verbindung des Beteiligtseins am Spiel und des Präsentseins in der Zukunft ergebe.[700] Wer sich auf die in einem Feld typische Logik einlasse, sie übernehme und vorwegnehme, verfüge über den nötigen Spielsinn[701], um sich gute Aussichten auf Erfolg ausrechnen zu können.[702] Zur Kunst des Spiels gehöre es darum, sich auf das Künftige einzulassen und im Künftigen präsent zu sein. Die-

---

[695] Vgl. P. BOURDIEU / L.J.D. WACQUANT, Reflexive Anthropologie 172.
[696] Gebauer und Wulf postulieren in ihrem Aufsatz «Zeitmimesis», der sich auf die von Bourdieu beschriebene Gabenpraxis bei den Kabylen stützt, einen Zeithabitus (vgl. G. GEBAUER / C. WULF, Zeitmimesis 294f). Diese Interpretation übersieht, dass Zeit gemäss Bourdieu erst durch das strategisch genutzte Zusammenspiel von Habitus und Feld geschaffen wird.
[697] P. BOURDIEU / L.J.D. WACQUANT, Reflexive Anthropologie 172. Hervorhebungen im Original.
[698] Vgl. P. BOURDIEU, Meditationen 272.
[699] Vgl. P. BOURDIEU, Meditationen 270.
[700] Vgl. P. BOURDIEU, Sozialer Sinn 150.
[701] Vgl. P. BOURDIEU, Sozialer Sinn 122f.
[702] Vgl. P. BOURDIEU, Sozialer Sinn 103f.

ser Sinn für die im Spiel abzusehende Entwicklung sei identisch mit dem Habitus des Spielers.[703] Erworben werde der Spielsinn durch Spielerfahrung.[704]

"Der Habitus als ‚Spielsinn' ist das zur zweiten Natur gewordene, inkorporierte soziale Spiel."[705]

Mit Spielsinn bezeichnet Bourdieu demnach ein spontanes Handeln, das aus einem inkorporierten Habitus gespeist wird, der die Regeln nicht rational kombiniert, sondern als praktischen Glauben umsetzt.[706] Basis der Logik der Praxis seien objektive Regeln die aus einer gegebenen Situation heraus mit Blick auf eine vorweggenommene Zukunft angewendet werden. Bourdieus Praxistheorie erklärt somit das Entstehen von zwischenmenschlich relevanter Zeit durch das Interesse am Spiel, das motiviere, sich darauf einzulassen, in es zu investieren (d. h. eine mögliche Zukunft vorwegzunehmen) und an den Sinn des Spiels zu glauben.[707] Der individuelle Habitus trage somit dazu bei, das Feld als sinnvolle Welt zu schaffen, in die es sich lohnt, Energie zu investieren.[708]

Bourdieu bezeichnet den Spielsinn[709] auch als „intentionslose Intentionalität", weil dieser primär dem Feld und erst sekundär dem Habitus zuzuordnen sei. Im Idealfall sei das Verhältnis zwischen dem Feld und dem diesem angepassten Habitus aber derart eng, dass es wie eine natürliche Einheit erscheine. Am wirkungsvollsten seien darum jene Strategien, denen vorreflexive, unbewusste Optionen des Habitus zugrunde liegen, die gleichsam instinktiv wirken.[710]

Gesellschaftliche Ordnung entsteht also nicht primär vermittelt durch Bewusstseinsprozesse, sondern durch Handeln in einem vorbewussten Habitus von all-

---

[703] Vgl. P. BOURDIEU, Meditationen 271.
[704] Vgl. P. BOURDIEU, Meditationen 271f.
[705] P. BOURDIEU, Rede und Antwort 83.
[706] Vgl. P. BOURDIEU, Sozialer Sinn 103, 124f.
[707] Vgl. P. BOURDIEU, Die männliche Herrschaft 132.
[708] Vgl. P. BOURDIEU / L.J.D. WACQUANT, Reflexive Anthropologie 161.
[709] In Bourdieus Fachterminologie entspricht der Spielsinn der „illusio"; gelegentlich spricht er auch von „libido" (vgl. P. BOURDIEU, Praktische Vernunft 142). „illusio" und „libido" sind die von allen Beteiligten geteilten Interessen an der Existenz bestimmter „sozialer Spiele" und der geteilten Bereitschaft, die Machtmechanismen zu verschleiern. Mit der Wahl dieser beiden Begriffe „illusio" und „libido" soll signalisiert werden, dass es Bourdieu um feldspezifische Interessen geht. Dem gegenüber fände beim Wort „Interesse" reflexartig eine Reduktion auf die ökonomische Praxis statt (vgl. P. BOURDIEU / L.J.D. WACQUANT, Reflexive Anthropologie 148; P. BOURDIEU, Antworten auf einige Einwände 395).
[710] Vgl. P. BOURDIEU, Antworten auf einige Einwände 405.

täglichen Gewohnheiten. In Ausnahmefällen könne es aber auch zu einem Handeln kommen, das die Regeln des Feldes bewusst infrage stellt. Dafür müssen aber bestimmte Voraussetzungen erfüllt sein:

> „Damit ein Diskurs oder eine Handlung (Bilderstürmerei, Terrorismus usw.) mit dem Ziel, die objektiven Strukturen in Frage zu stellen, Aussichten hat, als legitim (oder gar als vernünftig) anerkannt zu werden und beispielhaft zu wirken, müssen die Strukturen [...] selbst schon in einen Zustand der Fragwürdigkeit und Krisenhaftigkeit übergegangen sein".[711]

Dieses Krisenphänomen wird im Zusammenhang mit der Reflexion der Praxis noch ausführlicher besprochen (s. 1.4.1. Der Sinn im Spannungsfeld von „illusio" und „doxa").

1.3.2. Zeitstrategien dienen der Machtausübung

Ziel jeder habituellen Strategie ist in Bourdieus Logik der Praxis die Behauptung sozialer Positionen. In der Analogie zum Spiel bedeutet das, dass erst dann in ein Spiel investiert wird, wenn mit gewisser Wahrscheinlichkeit Aussicht auf Erfolg besteht. Erfolgsaussichten müssen aufgrund von Regelmässigkeiten vorhersehbar sein. Wo es an entsprechenden Erwartungen fehlt, seien die Voraussetzungen nicht gegeben, um „Zeit ‚machen' zu können", schreibt Bourdieu.[712] Wer in ein Spiel investiere, strukturiere nicht nur die eigene Zeit. In der Position der Überlegenheit könne er auch den Rhythmus der Zeit von Anderen bestimmen. Als Beispiele erwähnt Bourdieu, Andere warten zu lassen, sie zu überrumpeln oder sie in Ungewissheit zu lassen. Umgekehrt bedeute Zeit aus Sicht der Beherrschten, sich wartend unterzuordnen, zu erdulden und die aktuelle Situation als legitime Herrschaft anzuerkennen.[713]

1.3.2.1. Wertvolle und weniger wertvolle Zeit

In Bourdieus Analyse erscheint der soziale Wert der Zeit nicht für alle Menschen gleich. Dieser sei von der sozialen Anerkennung abhängig. Mit dem gesellschaftlichen Aufstieg oder der materiellen Entschädigung des betreffenden Individuums steige auch der Wert der Zeit, hält er fest.[714] So könne sich aristokratische Selbstsicherheit zelebrieren, indem ihre Vertreter in Gesten und

---

[711] P. BOURDIEU, Meditationen 304.
[712] Vgl. P. BOURDIEU, Meditationen 274.
[713] Vgl. P. BOURDIEU, Meditationen 254, 293f.
[714] Vgl. P. BOURDIEU, Die feinen Unterschiede 258, 340.

Schritten Überlegenheit gegenüber gehetzten unteren Klassen demonstrieren. Man lasse sich Zeit oder nehme die weniger wertvolle Zeit sozial tiefer Stehender unnötig in Anspruch.[715] Gegenüber Emporkömmlingen könne distinguierte Persönlichkeit demonstriert werden, indem man sich qualitativ hochwertige Fähigkeiten aneignet wie Vertrautheit mit bildender Kunst, also Fähigkeiten, die man nicht rasch oder auf fremde Rechnung erwerben kann. Die Verschwendung von eigener Zeit zeuge davon, dass man es sich leisten kann, das wertvollste Gut dem Genuss und der Kultur zu widmen.[716]

1.3.2.2. Sinnlose Zeit

Zeit verschwenden zu können zeugt allerdings nur bei jenen Individuen von Überlegenheit, die bereits einen Marktwert haben. Anders verhält es sich bei sozial Ausgegrenzten wie etwa Arbeitslose aus dem Subproletariat, denen die durch das Berufsleben gegebenen Anreize, Zukunft vorwegzunehmen, fehlen. In seinem Aufsatz „Arbeitslosigkeit als Tragödie des Alltags"[717], beschreibt Bourdieu den Verlust von sinnvoller Zeit, der mit der Arbeitslosigkeit einhergehe: Mit ihrer Arbeit würden die Betroffenen auch eine Unzahl kleiner Dringlichkeiten verlieren, die zuvor ohne einen bewussten Plan einzuhalten waren – etwa das Treffen zu Verabredungen, Einhalten von Terminen und Budgets oder das Erreichen des Busses zur Arbeit. Das seien alles Erfordernisse in der Gegenwart, in denen Zukunft präsent ist. Menschen ohne dieses Universum von Anreizen und Hinweisen würden die ihnen nun belassene freie Zeit nur als Zeit erleben, die totzuschlagen ist. Ihnen würden Anreize fehlen, die sie dazu bewegen, gestützt auf eigene Erfahrungen in eine irgendwie schon gegenwärtige Zukunft zu investieren und durch diesen Akt sinnvolle Zeit zu erzeugen.[718]

Was solche Arbeitslose von der wichtigen Bindung an das Spiel des Lebens löse, sei fehlendes feldspezifisches Interesse mit der Folge, dass sie nicht mehr durch Praxis Zeitdruck erfahren und Zeit schaffen, sondern diese als illusionslose Nicht-Zeit wahrnehmen würden, kommentiert Bourdieu.[719] Ihnen werde die Macht entzogen, rational die Zukunft vorweg zu nehmen und dadurch ihrem

---

[715] Vgl. P. BOURDIEU, Die feinen Unterschiede 347.
[716] Vgl. P. BOURDIEU, Die feinen Unterschiede 440.
[717] Vgl. P. BOURDIEU, Der Tote packt den Lebenden 145.
[718] Vgl. P. BOURDIEU, Der Tote packt den Lebenden 144f.
[719] Vgl. P. BOURDIEU, Meditationen 285f.

Leben Sinn zu geben, vielmehr hätten sie sich in einer von Anderen gelenkten Zeit zu bewegen.[720]

Menschen bräuchten ein Mindestmass an Chancen auf die Durchsetzung von Strategien im sozialen Spiel, um soziale und sinnvolle Zeit erfahren zu können,[721] ist Bourdieu überzeugt und spricht von einer „Kausalität der Wahrscheinlichkeiten"[722]. Seien diese Wahrscheinlichkeiten zu gering, stehe das gesamte berufliche Dasein unter dem Stern des Zufälligen und Willkürlichen und es sei nicht mehr möglich, die Lebensplanung auf Ziele auszurichten.[723] Bestenfalls würden die Betroffenen mit Spielen kurzfristig Zeit sinnvoll machen, indem bis zum Ende der Partie oder bis zur Bekanntgabe der Lottozahlen eine finalisierte Zeit gelte, die zur Quelle der Befriedigung werde.[724]

Bezogen auf den Gabenzyklus befindet sich das von Bourdieu beschriebene Subproletariat in der Situation des aus dem sozialen Wettkampf ausgeschiedenen Almosenempfängers, der sich damit begnügen muss, erwartungslose Zeit totzuschlagen, weil er von der Reproduktion der Gesellschaft abgekoppelt ist.[725] Die ungewisse und erwartungsgeladene Phase zwischen Annahme der Gabe und Gegengabe existiert für diese Menschen nicht.

1.4. Freiheitsgefühl als Resultat von Reflexion

Nach der Analyse der Bedeutung von Zeit für die Produktion von Sinn soll nun auf die Möglichkeit von Freiheit in Bourdieus Praxeologie eingegangen werden. Inwiefern kann das Individuum, das durch Aufladung der Zeit mit Erwartungen Sinn schafft, auch als frei bezeichnet werden?

Wie oben erwähnt, lokalisiert Bourdieu die Intention des Spiels nicht im Subjekt, sondern in den objektiven sozialen Strukturen. Sinn sei im sozialen Feld objektiv vorgegeben und werde in der Regel als unbewusster, vorreflexiver strategischer Sinn im Habitus als Überzeugung adaptiert.[726] Den vom Feld vorgegebenen Spielsinn nennt Bourdieu die „illusio". Insofern wäre Bourdieu dem

---

[720] Vgl. P. BOURDIEU, Meditationen 304; DERS., Gegenfeuer 108.
[721] Vgl. P. BOURDIEU, Meditationen 287. DERS. / L.J.D. WACQUANT, Reflexive Anthropologie 164.
[722] Vgl. P. BOURDIEU, Meditationen 297.
[723] Vgl. P. BOURDIEU, Die zwei Gesichter 67.
[724] Vgl. P. BOURDIEU, Der Tote packt den Lebenden 145. Vgl. DERS., Meditationen 287.
[725] Vgl. S. TRINKAUS und S. VÖLKER, Reproduktion 213.
[726] Vgl. P. BOURDIEU, Die männliche Herrschaft 132.

Objektivismus oder Strukturalismus zuzuordnen. Bourdieu distanziert sich jedoch von dieser Position mit der Begründung, die objektivistische Erkenntnisweise ignoriere die dialektische Beziehung zwischen den objektiven Strukturen und den strukturierten Dispositionen, die diese reproduzieren. Bourdieus praxeologischer Erkenntnisprozess setzt also einen gegenläufigen Prozess voraus: einerseits die Interiorisierung der Exteriorität und andererseits die Exteriorisierung der Interiorität.[727]

Damit stellt Bourdieu der objektiven „illusio" des Feldes eine dem Habitus eigene Interiorität gegenüber. Er bezeichnet dies als die doxische Erfahrung der sozialen Welt.[728] Mit dem Kunstwort „doxa" will er die Denk-, Wahrnehmungs- und Urteilskategorien des Habitus zusammenfassen, die der Mensch im Alltag als gesunden Menschenverstand wahrnehme und in der Regel weder verstehe noch hinterfrage.[729] Die selbstverständlich erscheinende „doxa" sei jedoch nicht einfach gegeben, sondern ein praktischer Glaube, den die Herrschenden als allgemeine Sichtweise und gewohnheitsmässiges Handeln durchgesetzt hätten.[730] Auf die Sozialwissenschaft wirke sich diese interiorisierte „illusio" fatal aus, weil sie verhindere, dass sich die Forscher überlegen, welche sozialen Bedingungen ihnen ermöglichen, so zu denken, wie sie denken.[731] Die Folge davon sei, dass geschichtlich gewordene soziale Phänomene als Naturphänomene enthistorisiert und Willkürliches in Natürliches verwandelt werde.[732]

1.4.1. Der Sinn im Spannungsfeld von „illusio" und „doxa"

Da Bourdieus Praxeologie sich vom phänomenologischen Subjektivismus und der objektivistischen Erkenntnisweise absetzt, indem sie sich auf die Dialektik

---

[727] Vgl. P. BOURDIEU, Entwurf einer Theorie der Praxis 147. H.-J. WAGNER kritisiert an Bourdieu, dass die Sinnerfahrung in praxeologischer Sichtweise den genetischen Einfluss auf den Habitus ignoriere. Diesem Menschenbild fehle eine „fundamental-anthropologische und konstitutionslogisch universale Fundierung von Sinn" (vgl. H.-J. WAGNER, Sinn als Grundbegriff 328f, 336). Gegen den Vorwurf, er blende den Menschen als naturgeschichtliches Produkt aus, wendet Bourdieu ein, dass nicht ein transzendentales Subjekt die sozialen Wirklichkeiten schaffe, sondern ein sozial geschaffener Körper, der durch Erfahrung erworbene Gestaltungsprinzipien in die Praxis umsetze (vgl. P. BOURDIEU, Meditationen 175).
[728] Vgl. P. BOURDIEU, Entwurf einer Theorie der Praxis 147.
[729] Vgl. P. BOURDIEU, Unverbesserlicher Optimist 51f, 67.
[730] Vgl. P. BOURDIEU, Praktische Vernunft 121.
[731] Vgl. P. BOURDIEU, Unverbesserlicher Optimist 23.
[732] Vgl. P. BOURDIEU, Die männliche Herrschaft 8.

von „illusio" und „doxa" fokussiert, muss auch die Sinnerfahrung in diesem Spannungsfeld verstanden werden. Habitus ist die Kompetenz, in einem bestimmten Feld sinnvolle Praxis und sinnstiftende Wahrnehmung hervorzubringen[733], wobei wie schon festgehalten, die objektiven, symbolischen Strukturen des Feldes zwar prioritär sind, aber auch dem generativen Prinzip des Habitus ausgesetzt sind.

Der eingangs zu diesem Kapitel erwähnte Sinn des Lebens als Anhäufung von symbolischem Kapital ist demnach dynamisch als Teilnahme eines generativen Habitus an der Entwicklung einer gesellschaftlichen „illusio" zu verstehen. In der Realisierung dieser Praxis wird Sinn erfahren. Im Normalfall geht Bourdieu davon aus, dass „doxa" und „illusio" nicht divergieren und damit gesellschaftliche Normen aufgrund innewohnender und als selbstverständlich empfundener Überzeugungen durchgesetzt werden. Dieser „nicht-bedachte Zustand"[734] des eigenen Denkens könne aber sichtbar werden, wenn er an Selbstverständlichkeit verliert. Sobald Habitus und Feld auseinanderdriften, könne bewusstes Kalkül die Praxis bestimmen.[735] In einem solchen Krisenfall komme es zu einem Bruch in der Zeitdauer, welcher die Erfahrung der Gegenwart als gegenwärtige Zukunft aufhebe.[736] Von der „doxa" abweichende Meinungen könnten dann aus dem Universum des Undiskutierten heraustreten und sich im „ausseralltäglichen Diskurs" rechtfertigen müssen.[737] Im gesellschaftlichen Krisenmodus entstehe auf diese Weise ein Handlungs- und Rechtfertigungsspielraum, um die als unerwünscht erkannten Situationen zu überwinden.[738]

1.4.2. Soziologie des eigenen Standpunktes im sozialen Raum

Der Krisenmodus der Erkenntnis kann auch mithilfe wissenschaftlicher Reflexion hergestellt werden, ist Bourdieu überzeugt. Er kultiviert diese Art wissenschaftlichen Denkens in Form einer reflexiven Soziologie, in der sich der Forscher selbst zum Objekt macht, indem er seine im sozialen Raum-Zeit-

---

[733] Vgl. P. BOURDIEU, Die feinen Unterschiede 278.
[734] Vgl. P. BOURDIEU, Über die „scholastische Ansicht" 343.
[735] Vgl. P. BOURDIEU, Antworten auf einige Einwände 397.
[736] Vgl. P. BOURDIEU, Homo academicus 286. Im Extremfall wird in diesem Diskurs über die „doxa" die „illusio" als Illusion entlarvt. Dann würde auch die damit verbundene sinnvoll empfundene Zeit verschwinden (vgl. P. BOURDIEU, Meditationen 266).
[737] Vgl. P. BOURDIEU, Entwurf einer Theorie der Praxis 331ff; DERS., Über den Staat 326f.
[738] Vgl. P. BOURDIEU, Meditationen 304.

Kontinuum eingenommene Position analysiert und sich damit ein Bewusstsein über die Zwänge verschafft, die auf ihn einwirken.[739] Themen dieser reflexiven Wissenschaft sind etwa die eigene Herkunft des Forschers, sein Werdegang, die soziale und berufliche Position, aber auch religiöse, kulturelle oder soziale Zugehörigkeiten und Affinitäten.[740] In einer reflexiven Wissenschaft, wie Bourdieu sie versteht, thematisiert der Forscher die Tatsache, dass er selbst auch einer Praxis folgt.[741] Wer den Standpunkt der Reflexivität einnehme, stelle das Privileg des wissenschaftlichen Subjekts infrage, sich selbst von der Objektivierungsarbeit auszuklammern,[742] erläutert Bourdieu und fasst damit seine These zusammen, die er in «Homo academicus» episch ausgebreitet hat.[743]

Ziel der Reflexion sei, dass sich der Reflektierende selbst konstituiere und Zwänge weitgehend beherrsche,[744] indem er bestehende (Herrschafts-) Strukturen relativiere.[745] Für den Forscher bedeutet das die Verfolgung einer Strategie „transzendentaler Reflexion zur Untersuchung der ‚Verstandeskategorien' [...] mit denen wir die Welt konstruieren".[746] Wissenschaftlern, die auf diese Art

---

[739] Anlässlich der Verleihung der „Huxley Memorial Medal for 2000" durch das Royal Anthropological Institut betonte Bourdieu, dass es der soziologischen Reflexion nicht darum gehe, dass der Soziologe sich selbst beobachte, sondern den Platz, den der wissenschaftlich institutionalisierte Soziologe im Sozialgefüge einnehme und die dort geltenden Bedingungen, die seine soziologischen Beobachtungen überhaupt ermöglichten. Das Objekt der Reflexion seien die Relationen an dem vom Wissenschaftler eingenommenen einen Punkt im sozialen Raum und vor allem seine eigene Position in der Welt der Anthropologen. (Die Rede erschien auf Deutsch unter dem Titel „Teilnehmende Objektivierung". In: P. BOURDIEU, Schwierige Interdisziplinarität 172–186).
[740] Vgl. P. BOURDIEU, Schwierige Interdisziplinarität 173f.
[741] Vgl. P. BOURDIEU, Über die „scholastische Ansicht" 347.
[742] Vgl. P. BOURDIEU / L.J.D. WACQUANT, Reflexive Anthropologie 248.
[743] In «Homo academicus» geht es um den Standpunkt und die Interessen des Soziologen, aber auch um die gemeinsamen (unbewussten) kognitiven Strukturen, die sich die Vertreter derselben Disziplin in ihrer Bildungskarriere angeeignet haben, kurzum all das, womit der Soziologe brechen müsse, um sich selbst zu konstituieren. In den «Meditationen» hat Bourdieu das, was er als scholastischen Philosophie bezeichnet, einer reflexiven Kritik unterworfen. Ein spätes Beispiel für Bourdieus reflexive Arbeitsweise sind die Interviews in dem von ihm herausgegebenen Werk «Das Elend der Welt», in denen die Befragten ihre eigene Sicht formulieren sollten, ohne Vereinnahmung durch bevormundende Fragen.
[744] Vgl. P. BOURDIEU, Meditationen 153f.
[745] Vgl. P. BOURDIEU, Soziologische Fragen 48.
[746] Vgl. P. BOURDIEU, Die männliche Herrschaft 14.

Reflexion verzichten, wirft Bourdieu vor, dass sie dauerhaft eingeprägte „naturalisierte Klassifikationen" übernähmen, die Produkte von Herrschaft seien.[747]

1.4.3. Befreiende Wirkung der Reflexion

Die Wirkung reflexiven Forschens ist für Bourdieu eine therapeutische. Aufgabe der Sozialwissenschaften sei, die verborgenen Mechanismen zur Schaffung und Mehrung der symbolischen Macht freizulegen, was zur paradoxen Situation führe, dass Reflexivität einerseits von der Illusion der Freiheit befreie, aber auch gerade dadurch Freiheitsraum schaffe.

> „Doch anders als der Augenschein es will, ist die befreiende Kraft der Sozialwissenschaft um so grösser, je mehr an Notwendigkeit sie wahrnimmt und je besser sie die Gesetzmässigkeiten der sozialen Welt erkennt. Jeder Fortschritt in der Erkenntnis der Notwendigkeit ist ein Fortschritt in der möglichen Freiheit. [...] Ein unerkanntes Gesetz ist wie Natur, ist Schicksal [...]; ein erkanntes Gesetz erscheint als Möglichkeit von Freiheit."[748]

Es wäre also verkehrt zu behaupten, dass die Analyse der Determinanten soziologischer Praxis menschlicher Freiheit den Boden entzieht. Vielmehr scheint dies für Bourdieu die einzig mögliche Grundlage einer möglichen Freiheit von diesen Determinierungen zu sein.[749]

> „Die Offenlegung der Gesetzmässigkeiten, die das laissez-aller (das heisst die unbewusste Anerkennung der Bedingungen der Realisierung der vorausgehenden Effekte) voraussetzen, erweitert den Bereich der Freiheit."[750]

1.5. Der Akteur als austauschbares Ich

Damit stellt sich erneut die Frage nach dem handelnden Individuum in Bourdieus Handlungstheorie. Wie schon erwähnt spricht er lieber vom Akteur statt vom Subjekt,[751] womit er auf den „sozialisierten Körper" als eine Existenzform der Gesellschaft verweisen will.[752]

> „Die von aussen und direkt sichtbaren Lebewesen, ob Individuen oder Gruppen, leben oder überleben nur durch den *Unterschied*, das heisst nur insofern, als sie

---

[747] Vgl. P. BOURDIEU, Die männliche Herrschaft 28, 66.
[748] P. BOURDIEU, Soziologische Fragen 44.
[749] Vgl. P. BOURDIEU / L.J.D. WACQUANT, Reflexive Anthropologie 248.
[750] P. BOURDIEU, Soziologische Fragen 44.
[751] Vgl. P. BOURDIEU, Rede und Antwort 28
[752] Vgl. P. BOURDIEU, Praktische Vernunft 17.

relative Positionen in einem Raum von Relationen einnehmen, die, obgleich unsichtbar und empirisch stets schwer nachzuweisen, die realste Realität (das *ens realissimum*, wie die Scholastik sagte) und das reale Prinzip des Verhaltens der Individuen und Gruppen darstellen."[753]

Der Akteur ist für Bourdieu eine relationale soziale Wirklichkeit, die primär durch objektive (Macht-) Verhältnisse determiniert ist, diese aber sekundär als subjektiv wahrnimmt.[754] Aufgrund dieser sekundären Wahrnehmung versteht sich Bourdieus intentionslos handelnder Akteur als Handlungssubjekt. Die Bewegung, die gegebene Verhältnisse in Subjektivität umwandelt, erklärt Bourdieu mit dem Spielsinn, der aus Erfahrungen der objektiven Strukturen des Spiels entstanden sei und dafür sorge, dass „dieses für die Spieler subjektiven Sinn, d.h. Bedeutung und Daseinsgrund, aber auch Richtung, Orientierung, Zukunft bekommt".[755]

Mit dem Akteur als einem generativen Handlungssubjekt geht Bourdieu wie erwähnt auf Distanz zum Strukturalismus. Er grenzt sich mit dieser Konstruktion auch vom Subjektivismus ab, denn Bourdieus Akteur ist ein austauschbares Ich, ein durch die Wissenschaft objektiviertes „soziale Subjekt",[756] das auf alle Akteure zutrifft, die das Produkt derselben gesellschaftlichen Bedingungen sind.[757]

Auf eine Konfrontation mit dem Subjektivismus lässt sich Bourdieu gar nicht erst ein: Er räumt ein, dass es neben dem austauschbaren, objektivierten Ich auch ein subjektives Ich geben könne. Durch die reflexive Objektivierung eines sozialen Ortes, der als subjektiv empfunden wird, könne sich über das so geschaffene Bewusstsein der Determiniertheiten „etwas wie ein Subjekt" konstituieren.[758] Die Objektivierung der subjektiven Empfindung kann demnach Raum schaffen, in dem sich ein individuelles Subjekt konstituieren kann. Diese Denkfigur erinnert an die weiter oben erwähnte Befreiung von der Illusion der Freiheit durch die Offenlegung von Gesetzmässigkeiten, was dann als Möglichkeit von Freiheit wahrgenommen werden kann.

---

[753] P. BOURDIEU, Praktische Vernunft 48. Hervorhebungen im Original.
[754] Scherr spricht von einer sozialdeterministischen Subjektkonstruktion (vgl. A. SCHERR, Subjektivität und Habitus 178).
[755] Vgl. P. BOURDIEU, Sozialer Sinn 122.
[756] Vgl. P. BOURDIEU, Die feinen Unterschiede 25.
[757] Vgl. P. BOURDIEU, Meditationen 46.
[758] Vgl. P. BOURDIEU, Sozialer Sinn 44f.

Der Freiheitsraum und das individuelle Ich scheinen aber für Bourdieu keiner soziologischen Kategorie anzugehören. Insofern überrascht es nicht, dass man bei ihm vergeblich nach einer klärenden Aussage zu seiner Bemerkung über die Möglichkeit eines individuellen Ichs sucht. Als Soziologe kann er in der Rede von einem individuellen Ich nur eine biographische Illusion erkennen.

Biographische Illusionen seien durch das Interesse an einer Sinngebung und am Entwickeln einer rückblickenden und zugleich vorausschauenden Logik charakterisiert. Illusionäre Biographien nähmen einen Erkenntnisstandpunkt ein und zeigten, wie der Lebenslauf auf diesen Punkt zusteuert. Das Reden über das individuelle Ich werde dadurch zu einer rhetorischen Illusion und in eine künstliche Sinngebung münden. Die narrative Sinngebung in den Autobiografien entstehe aus „der Neigung, sich zum Ideologen des eigenen Lebens zu machen, indem man in Abhängigkeit von einer Globalintention bestimmte *signifikante* Ereignisse auswählt und Verknüpfungen zwischen ihnen herstellt, [...]."[759] Letztlich sei das Interesse jeder Biografie „das *Postulat des Sinns der* – erzählten und implizit jeder – *Existenz* zu akzeptieren."[760]

Für den Soziologen Bourdieu ist bereits die Vorgabe illusorisch, dass ein Mensch ein Leben lang sich selbst bleiben könne – abgesehen von der amtlichen Biografie (Personalausweis, Lebenslauf, Gerichtsverfahren).[761] Wie die Biografie eines austauschbaren Ichs aussehen würde, demonstriert Bourdieu in seinem Buch «Ein soziologischer Selbstversuch». Darin praktiziert er „soziobiographische" Reflexivität, indem er Stationen seines eigenen Lebens auswählt und systematisch nach sozialen Möglichkeitsbedingungen seiner Biographie fragt, die seinen Habitus und die Felder bestimmen, in denen er sich bewegte.[762] Er selbst nennt dies Bruchstücke der Selbstobjektivierung, die er entlang seiner Forschungslaufbahn zurückgelassen habe. Diese wolle er im Selbstversuch vertiefen und ordnen.[763] Wie er einleitend schreibt, will er in seinem Selbstversuch „den Platz des Forschers einnehmen"[764]. Er schliesst zwar nicht

---

[759] P. BOURDIEU, Praktische Vernunft 76. Hervorhebung im Original.
[760] Vgl. ebd. Hervorhebung im Original.
[761] Vgl. P. BOURDIEU, Praktische Vernunft 81. Bourdieu will als Soziologe keine Antwort auf die Frage geben, wie jemand, jenseits der amtlichen Biografie (Personalausweis, Lebenslauf, Gerichtsverfahren), ein Leben lang sich selbst bleiben kann.
[762] Vgl. F. SCHULTHEIS, Unternehmen Bourdieu 9.
[763] Vgl. P. BOURDIEU, Ein soziologischer Selbstversuch 11.
[764] Vgl. P. BOURDIEU, Ein soziologischer Selbstversuch 9.

aus, dass auch sein Selbstversuch den Eindruck erwecken könnte, als seien seine Forschungserkenntnisse „einem sich von Beginn an selbst bewussten Projekt entsprungen". Er selbst wisse aber sehr genau, dass ihm bei seinen Forschungen die Grundsätze erst allmählich klar geworden seien.[765]

1.6. Zwischenergebnis

Der Schlüssel zu Bourdieus Anthropologie ist die Ungewissheit, die durch einen Akt ausgelöst wird, der als Abschnitt des agonistischen Gabenaktes aufgefasst werden kann. In der Phase von der Annahme der Gabe bis zur (möglichen) Gegengabe werden Machtverhältnisse geregelt und es wird sinnvolle Zeit geschaffen. In der Reflexion darauf öffnet sich jenseits sozialwissenschaftlicher Kategorien ein Raum für Freiheit und ein individuelles Ich.

Aus sozialwissenschaftlicher Sicht seien folgende Punkte festgehalten:

- Der Akteur, von dem Bourdieu in seiner Soziologie und reflexiven Anthropologie spricht, kann durch strategisches Handeln Eigenständigkeit behaupten und Zukunft vorwegnehmen. Die Kreativität, welche zu immer neuen Strategien der Selbstbestimmung anregt, zeigt sich im Wechselspiel des agonistischen Feldes und des Habitus der Grosszügigkeit.
- Bourdieus Verständnis von Sinn ergibt sich aus der Strukturierung der Phase der Ungewissheit bis zur Gegengabe.
- Die Sinnerfahrung in einem menschlichen Leben ergibt sich aus einen Neben- und Nacheinander von Strategien. Einer menschlichen Existenz insgesamt einen Sinn zuzuschreiben ist im Rahmen von Bourdieus sozialwissenschaftlichen Kategorien eine Illusion.
- Der Habitus ist als Produkt der kollektiven und Individuellen Geschichte festgelegt, hat aber auch als strategisches Handeln „innerhalb bestimmter Grenzen [...] einen beachtlichen Improvisationsspielraum" und kann so zum „Erzeuger von Freiheit" werden.[766] Strategisches Handeln wird im Rahmen der Erfahrung von Zeitdruck und in der Regel unbewusst vollzogen.
- Eine zweite Möglichkeit, neue Freiheitsräume zu erschliessen, bietet die Reflexion. Durch Reflexion im wissenschaftlichen Kontext oder generell

---

[765] Vgl. P. BOURDIEU, Ein soziologischer Selbstversuch 10.
[766] Vgl. P. BOURDIEU, Wie die Kultur zum Bauern kommt 165f.

in Krisensituationen können Machtbeziehungen bewusst und zum Gegenstand des Diskurses werden.
- Die Akteure, die an den von Bourdieu beschriebenen Positionierungswettkämpfen teilnehmen sind austauschbare sozialisierte Körper. Eine mögliche verbindliche Individualität schliesst Bourdieu nicht aus, ein Diskurs darüber müsste aber jenseits seiner soziologischen Denkkategorien stattfinden.

Die bisherige sozialwissenschaftliche Skizzierung des Menschen in einer agonistischen Welt unterstellt in der Regel Akteure, die in der Lage sind, die durch die Gabe erlittene Demütigung mit einer Gegengabe zu beantworten, in der sie selbst zu grosszügigen Gebern werden, oder die Illusion haben, dass sie dazu in der Lage sind. Der Fokus lag also auf der agonistischen Gabe als provozierende Grosszügigkeit. Nicht in dieses Bild passt das im Abschnitt über die sinnlose Zeit beschriebene Prekariat, das an den Positionskämpfen und am gemeinsamen, verkennenden Deutungshorizont nicht mehr teilnimmt. Bezogen auf das Modell der agonistischen Gaben haben die von Bourdieu beschriebenen Arbeitslosen aus dem Subproletariat keine Erwartungen mehr und sind somit auch nicht bereit, im gesellschaftlichen Verkennungsspiel mitzutun. Bei diesen Menschen ist der Kreislauf der Gabe in der von Ungewissheit geprägten Sequenz in Resignation erstarrt.

2. Perspektivenwechsel: Die Demütigung als soziale Grunderfahrung

Der zweite Teil dieses Kapitels über die agonistische Gabe aus anthropologisch-soziologischer Sicht beleuchtet die Demütigung. Sie ist im Gabentausch die Kehrseite der Grosszügigkeit. Demütigung und Grosszügigkeit sind die Treiber des agonistischen Tausches. Demütigungen erleben Menschen aber nicht nur im Rahmen agonistischen Verhaltens. Insbesondere das Zufügen von Gewalt ist demütigend.

Nachfolgend werden verschiedene Phänomene der Demütigung oder des Machtverhaltens aufgereiht, die nur teilweise oder gar nicht agonistisch interpretiert werden können. Ich werde dabei den Schwerpunkt auf Richard Rorty setzen, der Möglichkeiten thematisierte, wie durch Demütigung nicht nur Anerkennung verhindert, sondern die Selbstachtung bleibend zerstört werden kann.

2.1. Demütigung und Macht

Die Etymologie weist darauf hin, dass die Demütigung ein soziales Phänomen ist. Das althochdeutsche „dio-muoti" bedeutet „dienstwillig". Der erste Teil des Begriffs geht laut «Duden» auf dieselbe Wurzel zurück wie das heutige „dienen", nämlich auf das althochdeutsche „dionōn", Knecht sein.[767] Der zweite Wortteil von Demütigung ist eine Ableitung von „muoti" und bezeichnet im Althochdeutschen verschiedene Gefühlszustände. Das «Etymologische Wörterbuch des Deutschen» legt die althochdeutsche Verbindung der beiden Wörter als „ergebene Gesinnung des Gefolgsmannes" aus.[768]

Beim Gabentausch ist die Demütigung die Empfindung jener, die Grosszügigkeit erfahren. Mauss beschrieb den Gabentausch als Wettkampf, in dem der Gebende seine Überlegenheit beweise und den Beschenkten demütige.[769]

> „Milde Gaben verletzen den, der sie empfängt, und all unsere moralischen Bemühungen zielen darauf ab, die unbewusste schimpfliche Gönnerhaftigkeit des reichen ‚Almosengebers' zu vermeiden."[770]

Durch Gabe wird Gefälle geschaffen und ein Rangunterschied durchgesetzt, bis die Demütigung durch das Annehmen einer Gabe durch eine Gegengabe überwunden ist. Der Unterlegene begibt sich also nur vorübergehend in der Rolle des „Gefolgsmannes". Wenn er die Gabe später in Form einer Gegengabe erwidert, tut er das jedoch „mit Zinsen". Der Zins in Form eines wertvolleren Gegengeschenks hat erneut zum Ziel, den Tauschpartner zu demütigen und dadurch die eigene Anerkennung wiederherzustellen. Nach jeder Gabe oder Gegengabe bleibt eine Demütigung, welche die nächste Gegengabe auslöst. Somit geht vom Gedemütigten ein Impuls aus, der über eine konfliktive Strategie in eine von allen beteiligten Akteuren mitgetragene soziale Praxis mündet, die sich mittels neuer Demütigungen reproduziert. Der Zyklus gegenseitiger Demütigung macht den Mauss'schen Gabentausch nachhaltig.[771]

---

[767] Duden, Etymologie 103f.
[768] Etymologisches Wörterbuch des Deutschen 213, 903.
[769] Vgl. M. Mauss, Die Gabe 170.
[770] M. Mauss, Die Gabe 157.
[771] Mauss hat zwar die Frage nach dem Treiber der Gabenreproduktion mit dem Hinweis auf die Demütigung beantwortet: Der Gedemütigte nehme das Geschenk nur an, um zeigen zu können, dass er die Demütigung als Herausforderung auffasst, die er mit einem grösseren Geschenk mehr als parieren kann (vgl. M. Mauss, Die Gabe 99). Trotz dieser Begründung

In Bourdieus Werk finden sich nur verstreut und beiläufig Bemerkungen zur Demütigung. Auch er stuft die Demütigung als Impulsgeberin agonistischen Zusammenlebens ein. Expliziter als Mauss betont er die emotionalen und körperlichen Folgen der Demütigung: Das Wissen des Individuums um seinen Platz im sozialen Raum nehme sogar sichtbare Gestalt an, etwa als Ungezwungenheit desjenigen, der sich an seinem Platz fühlt, oder als Unbehagen desjenigen, der sich fehl am Platz fühlt. So spricht Bourdieu auch von der (sozialen) Scham als Kehrseite der Ehre.[772] Im Kampf konkurrierender Lebensstile sei die Scham die Selbstempfindung von Inferiorität desjenigen, der durch Beschämung unter Kontrolle gehalten wird.[773]

Demütigung könne über das resignierende Eingeständnis eines sozialen Defizits hinaus auch körperliche Empfindungen auslösen wie Schüchternheit, Ängstlichkeit und Schuldgefühl sowie deren Symptome wie Erröten, Sprechhemmung, Ungeschicklichkeit und Zittern.[774] Die derart im beherrschten Habitus niedergeschlagenen Empfindungen hätten den Charakter einer „somatisierten sozialen Beziehung". Solche „somatisierten Herrschaftsbeziehungen" seien dauerhaft wirksam inkorporierte soziale Gesetze, die nicht mit bewusster Willensanstrengung aufgehoben werden können; als Beispiel erwähnt Bourdieu die affektive Hingabe bei Verwandtschaftsbeziehungen.[775] Er schliesst nicht aus, dass in der Phase der Unterordnung des Gedemütigten prekäre Beziehungen zu festen Abhängigkeiten zementiert werden. Aus der Gabe werde dann ein Instrument, das nicht-agonistische Abhängigkeiten schaffe, denn sie

---

stellte Maus die These auf, dass der Zirkel von Geben, Annehmen und Erwidern sich weiterdrehe, weil die getauschten Dinge Persönlichkeit und Kraft des Schenkenden in sich tragen, die Macht über den Empfänger ausüben würden. Mauss machte diese These am Begriff „hau" fest, den er beim polynesischen Stamm der Maori vorfand. Im Maori-Recht bleibe der gegebene Gegenstand in der Form des „hau" immer ein Stück des Gebenden und dies sei der „Geist der Sache". Das „hau" unerwidert zu behalten wäre gefährlich, weil der Schenkende dadurch Macht über den Beschenkten ausübe. Der Beschenkte müsse darum seinerseits durch Gastmähler, oder Geschenke etwas Gleich- oder Höherwertiges dafür geben, um wieder Macht über den Tauschpartner zurück zu gewinnen (vgl. ebd. 31–36). Ich stimme Godelier zu, dass der Mauss'sche Rekurs auf das „hau" eine unnötige Spiritualisierung des Gabentausches sei (vgl. M. GODELIER, Das Rätsel der Gabe 148f, 244).

[772] Vgl. P. BOURDIEU, Die männliche Herrschaft 94.
[773] Vgl. S. NECKEL, Soziale Scham 270–291.
[774] Vgl. P. BOURDIEU, Meditationen 217; DERS., Die männliche Herrschaft 72.
[775] Vgl. P. BOURDIEU, Die männliche Herrschaft 72, 99.

„verklärt [...] ökonomische Herrschaft zu persönlicher Abhängigkeit (zu paternalistischer Fürsorge beispielsweise), ja sogar zu Hingabe, zu (kindlicher) Liebe. Grosszügigkeit ist possessiv, und dies gewiss um so mehr, wenn sie wie im Austausch von Gefühlen (zwischen Eltern und Kindern oder sogar zwischen Verliebten) besonders grosszügig ist und erscheint [...]."[776]

Demütigung ist im Kontext der agonistischen Gabe nicht immer nur Kehrseite im Wechselspiel mit der Grosszügigkeit. Nicht immer ist der Wechsel von der Grosszügigkeit zur Demütigung nur ein Perspektivenwechsel. Grosszügige Gesten können asymmetrische Verhältnisse soweit zementieren, dass eine Gegengabe ausgeschlossen ist. In seinen spärlichen Bemerkungen dazu hat auch Bourdieu auf nicht-agonistische Varianten der Demütigung hingewiesen. Als Beispiel erwähnt er Gewalt gegen sich selbst und andere,[777] wie Quälerei mit dem Ziel der sexuellen Erniedrigung.[778] Das Phänomen der Demütigung deckt also auch bei Bourdieu ein breiteres Feld möglicher Machtausübung aus als die Einflussnahme durch Grosszügigkeit. Er hat dieses Thema jedoch nicht explizit thematisiert.

2.2. Richard Rorty: Demütigung als Erfahrung von Grausamkeit

Die Demütigung ist kein klassisches Thema der Philosophie. In jüngerer Zeit hat sich der US-Amerikaner Richard Rorty (1931–2007) damit philosophisch auseinandergesetzt.[779]

2.2.1. Einleitende Bemerkung zu Richard Rorty

Rorty lehnt wie Bourdieu jeglichen philosophischen Essentialismus und den Verlass auf den gesunden Menschenverstand ab. Seine Analysen kreisen um gemeinsame Vokabulare und gemeinsame Hoffnungen[780]. Mit Vokabularen meint er historisch kontingente, nicht hintergehbare, inkommensurable Plattformen der Interpretation.[781] Die Fähigkeit, gedemütigt werden zu können, ist

---

[776] P. BOURDIEU, Meditationen 255.
[777] Vgl. P. BOURDIEU, Meditationen 299f.
[778] Vgl. P. BOURDIEU, Die männliche Herrschaft 43.
[779] In ihrer 2017 erschienenen Publikation, arbeitet Frevert die Geschichte der öffentlichen Beschämung vom 18. Jahrhundert bis heute auf und beleuchtet insbesondere die Demütigung und Entwürdigung in der Justiz, in Erziehung und Militär sowie in den Medien und in der Diplomatie (vgl. U. FREVERT, Die Politik der Demütigung).
[780] Vgl. R. RORTY, Kontingenz, Ironie und Solidarität 147f.
[781] Vgl. M. MÜLLER, Private Romantik, öffentlicher Pragmatismus 79, 91.

laut Rorty eine allgemein auftretende menschliche Eigenschaft, die das soziale Band der Menschen bildet.

Wenn wir uns gegenseitig anerkennen, dann darum, weil uns bewusst sei, dass auch der Andere oder Nächste leidensfähig sei, und zwar in der speziell menschlichen Variante der Verletzbarkeit: der Demütigung.[782] Keine höhere Wahrheit, nicht der gemeinsame Besitz oder die Teilnahme an einer Machtkonstellation begründen gemäss Rorty die Solidarität. Solidarität ergebe sich allein aus dem selbstsüchtigen Gefühl der gemeinsamen Gefahr, gedemütigt zu werden.[783] Da Schmerzempfindlichkeit für Rorty das einzige Band ist, das gesellschaftliches Zusammenleben erklärt, leitet er daraus ein allgemeines Grausamkeitsverbot ab.[784] Wie soll aber sichergestellt werden, dass der Solidaritätskreis und damit das Demütigungsverbot alle Menschen umfasst? Als Vertreter einer kommunitaristischen Erkenntnistheorie ist er sich dessen bewusst, dass er vom eigenen Vokabular befangen ist und bei Menschen, die ihm völlig fremd sind, nicht ohne weiteres realisiert, wenn sie Demütigungen erleiden. Wer das Leiden durch Demütigung marginalisierter Gruppen oder Kulturen vermeiden wolle, müsse darum bewusst nach Möglichkeiten der Demütigung in anderen Vokabularien Ausschau halten. Rorty empfiehlt für solche Horizonterweiterungen ethnographische Berichte, Romane und vor allem Literaturkritiken.[785]

2.2.2. Formen der Demütigung

Rorty bezeichnet alle Formen der Demütigung, die er ausführlich beschreibt oder auch nur erwähnt, ohne zu differenzieren als Grausamkeiten. In seinen Büchern beschäftigt er sich weniger mit „ganz normalen Alltagsgrausamkeiten" wie „die Armen verhungern zu lassen, während die Reichen zu essen haben; die Einkerkerung und Folter politischer Gegner".[786] Als Philosoph und Gesell-

---

[782] Vgl. R. RORTY, Kontingenz, Ironie und Solidarität 156, 158. Joas und Knöbl haben gegen Rorty eingewandt, er interessiere sich nicht für das gesellschafts- und sozialtheoretisch zentrale Problem der Quellen zwischenmenschlicher Solidarität (vgl. H. JOAS / W. KNÖBL, Sozialtheorie 698). Rortys Überlegungen zur Demütigung dürften diese Behauptung widerlegen: Die Demütigung ist die Quelle zwischenmenschlicher Solidarität.
[783] Vgl. R. RORTY, Philosophie als Kulturkampf 156.
[784] Müller interpretiert Rortys Grausamkeitsverbot als geteilte selbstsüchtige Hoffnung, dass die eigene Welt nicht zerstört werde (vgl. M. MÜLLER, Private Romantik, öffentlicher Pragmatismus 439).
[785] Vgl. R. RORTY, Kontingenz, Ironie und Solidarität 139f.
[786] Vgl. R. RORTY, Erwiderung auf Ulrich Baltzer 53.

schaftskritiker interessieren ihn einerseits intellektuelle und andererseits soziale Formen von Demütigung.

2.2.2.1. Intellektuelle Formen der Demütigung

Mit der intellektuellen Demütigung meint Rorty jenen Schmerz, den jemand empfindet, dessen Ansichten und Überzeugungen, zerstört werden. Intellektuellen Arten der Grausamkeit seien verachtendes Verhalten, die Demütigung durch Philosophie oder die Zerstörung eines bisher stimmigen Ichs durch Folter.

2.2.2.1.1. Demütigung aus dem Gefühl der Überlegenheit

Um aus dem Gefühl der Überlegenheit heraus zu demütigen, brauche es nicht in jedem Fall physische Gewalt.[787] Als Beispiele dafür erwähnt Rorty etwa vom Kind geliebte Spielzeuge, die von den Erwachsenen zu Müll erklärt und weggeworfen werden. Ähnliches geschehe, wenn Intellektuelle über etwa lästern, das Nicht-Intellektuellen wichtig ist, oder wenn Kulturen aufeinanderstossen und die dominierende Kultur die andere lächerlich macht.[788]

2.2.2.1.2. Demütigung durch Philosophien

Rorty hat sich bei den Kollegen in der Philosophie unter anderem unbeliebt gemacht, weil er die politische Wirkung der Philosophie geringschätzte. Es gebe keine philosophische Methode, die für die Politik relevant ist. Philosophische Behauptungen seien nicht in der Lage, politische Überzeugungen zu diskreditieren.[789] Die Vorstellung, liberale Gesellschaften würden durch philosophische Überzeugungen zusammengehalten, ist für Rorty gar lächerlich. Was die Menschen zusammenhalte, seien gemeinsame Vokabulare und gemeinsame Hoffnungen.[790] Trotz dieser abschätzigen Meinung über die politische Philosophie hat Rorty mittels der Figur der „liberalen Ironikerin" eine politische Philosophie vorgestellt.

In dieser politischen Philosophie spielt die Erfahrung der Demütigung eine Schlüsselrolle. Dabei unterscheidet Rorty zwei Arten der Demütigung durch

---

[787] Vgl. R. RORTY, Kontingenz, Ironie und Solidarität 287.
[788] Vgl. R. RORTY, Kontingenz, Ironie und Solidarität 153,
[789] Vgl. R. RORTY, Kontingenz, Ironie und Solidarität 295.
[790] Vgl. R. RORTY, Kontingenz, Ironie und Solidarität 147f.

Philosophie: die metaphysische und die ironische. Beide würden sich durch Neubeschreibung wichtiger Güter, Werte, Überzeugungen oder sprachlicher Strukturen auszeichnen, in der die Menschen sozialisiert wurden, die sie vielleicht selbst geformt haben und auf die sie deshalb stolz sind.[791] Neubeschreibung sei demütigend, weil die meisten Menschen nicht neubeschrieben werden wollen. So wie sie sind und so wie sie sprechen, wollten sie ernst genommen werden.[792] Mit diesem Unbehagen würden Metaphysiker und Ironiker unterschiedlich umgehen.

Der Metaphysiker (Rorty präzisiert diese Einordnung als „metaphysischer Liberalismus") behaupte nun gegenüber seinem Publikum, dass er mit der neuen Beschreibung von Werten nur die Wahrheit eines bestehenden (metaphysischen) Wertes enthülle. Er stelle also nicht Bestehendes infrage. Rorty kritisiert an dieser Argumentation, dass eine Neubeschreibung unter dem Deckmantel einer gesellschaftlich akzeptierten Argumentation relativiert und gleichzeitig der Glaube geschürt werde, dass diese neue Beschreibung befreiende Macht habe.[793] Der schwerer wiegende Vorwurf, den Rorty gegenüber den liberalen Metaphysikern macht, besteht darin, dass sie Theorien eines abschliessenden Vokabulars mit sozialer Hoffnung vermengten und in ein Freiheitsversprechen verpacken würden, das ihnen selbst Macht verleihen könne.[794]

Demgegenüber habe der Ironiker nichts anderes vor, als eine Neubeschreibung ohne Rekurs auf metaphysische Legitimationen. Auch das wirke zwar demütigend, habe aber kaum verstärkenden Einfluss auf die Macht des Ironikers, da die Selbstironie dazu führe, dass die Verbindlichkeit der Demütigung beim Publikum abgeschwächt werde. Der Ironiker relativiere durch Ironie seine Neubeschreibung und verunmögliche dadurch einen Machtanspruch.[795]

2.2.2.1.3. Demütigung durch intellektuelle Folterer

Als extreme intellektuelle Form der Demütigung diskutiert Rorty Folter, die das Selbstbild des Gefolterten brechen will. Diese Folter gründe im Wunsch, ein bis

---

[791] Vgl. R. RORTY, Kontingenz, Ironie und Solidarität 287.
[792] Vgl. R. RORTY, Kontingenz, Ironie und Solidarität 153f.
[793] Vgl. R. RORTY, Kontingenz, Ironie und Solidarität 154f.
[794] Vgl. R. RORTY, Kontingenz, Ironie und Solidarität 130, 161.
[795] Vgl. R. RORTY, Kontingenz, Ironie und Solidarität 155.

dahin stimmiges Ich zusammenbrechen zu sehen.[796] Der Gedemütigte solle so weit gebracht werden, dass er Dinge tut, sagt, möglichst auch glaubt und wünscht, die er später nie akzeptieren kann. Der Gefolterte solle später nie begreifen können, dass er zu derartigem Tun auch nur fähig gewesen sei. In der Terminologie von Rorty soll dem Gefolterten nach der Prozedur kein Vokabular mehr zur Verfügung stehen, in dem er eine Geschichte über sich erzählen könnte, ohne die Selbstachtung zu verlieren.[797]

Rorty illustriert diesen Gedanken anhand von George Orwells Roman «Nineteen Eighty-Four (1984)». Darin wird Winston Smith durch den omnipräsenten Überwachungsstaat dahin gebracht, dass er für kurze Zeit die Gleichung „zwei plus zwei gleich vier" als nicht unbedingt wahr anerkennt. In der letzten Eskalationsstufe in der Folterkammer des „Ministeriums der Liebe" wünscht er, dass seine Geliebte Julia die angesetzte Folter durch Ratten, die das Gesicht zerfressen, an seiner Stelle erleiden soll. Bei diesen zwei Effekten durch Folterung habe Winston die Orientierung an einfachsten Wahrheiten verloren und das für sein Selbst zentrale Liebesverhältnis verraten. In der Interpretation von Rorty ist damit Winston jede Möglichkeit genommen worden, sich vor sich selbst je noch zu rechtfertigen.[798] Aus gesellschaftlicher Sicht bedeute das, dass Winston in der Folter gegen die in seiner Rechtfertigungsgemeinschaft unbedingt geltenden Regeln verstossen hat. Weil er während der Folter etwas völlig Inakzeptables glaubte oder wünschte, habe er sich jede Möglichkeit genommen, sich als loyal gegenüber seiner Rechtfertigungsgemeinschaft zu rechtfertigen.[799] Rorty spricht in diesem Zusammenhang auch von Schuld als Abweichung von intersubjektiver Gültigkeit in einer kontingenten Rechtfertigungsgemeinschaft.[800]

---

[796] Vgl. R. RORTY, Erwiderung auf Ulrich Baltzer 53.
[797] Vgl. R. RORTY, Kontingenz, Ironie und Solidarität 288.
[798] Vgl. R. RORTY, Kontingenz, Ironie und Solidarität 288. Joas hat diese Stelle dahingehend interpretiert, dass das Phänomen der Selbstachtung den Begriff des Selbst voraussetze (JOAS, Die Entstehung 249). Anders argumentiert Müller: Der Verlust der Selbstachtung sei im kommunitaristischen Denken Rortys als Bruch mit internalisierten Werten einer kontingenten Wir-Gruppe zu verstehen (vgl. M. MÜLLER, Private Romantik, öffentlicher Pragmatismus 679ff).
[799] Vgl. R. RORTY, Kontingenz, Ironie und Solidarität 109.
[800] Vgl. R. RORTY, Kontingenz, Ironie und Solidarität 107f. Diese Aussage ist vor Rortys kommunitaristischem Denkhintergrund zu verstehen.

Zentrale Figur in Rortys Interpretation von «1984» ist O'Brien. Er repräsentiert den intellektuellen Sadisten, der Winston bis zu seiner Selbstaufgabe und der liebenden Anerkennung des „grossen Bruders" quält. Doch was ist das Motiv des intellektuellen Sadisten? Gemäss Rorty haben die Menschen nur die Fähigkeit gemeinsam, Schmerz zu empfinden, und unterscheiden sich möglicherweise darin von Tieren, gedemütigt werden zu können. Auf diesen besonderen Schmerz habe es der einfühlsame Intellektuelle O'Brian abgesehen: Demütigung durch Zerstörung von Strukturen und Überzeugungen, in der die Gefolterten sozialisiert wurden. Das Motiv dieser Art von Folter bestehe nicht darin, dass der Gefolterte zum Gehorsam gezwungen wird. Vielmehr gehe es darum, einen bleibenden Schmerz zuzufügen, eine endlose Folter, an der man den Gefolterten bis ans Ende seiner Tage leiden sehen könne. O'Brian nehme die Interpretation seiner Motivation gleich selbst vor, indem er zugebe, dass es ihm um Folter um der Folter willen gehe.[801]

2.2.2.2. Demütigungen auf sozialer Ebene

Sadismus ortet Rorty nicht nur auf individueller, sondern auch auf sozialer Ebene. In seinem Beitrag «Die Intellektuellen und die Armen» fokussiert Rorty die politische Dimension des Sadismus. Mit der Figur des O'Brian aus «1984» hat Rorty jemanden ausgewählt, der teilweise das System der UdSSR repräsentiert.[802] Im Unterschied dazu geht es in «Die Intellektuellen und die Armen» um die liberalen Vereinigten Staaten.

2.2.2.2.1. Soziale Demütigung aus Sadismus

Im sozialen Kontext ist Sadismus für Rorty eine Strategie, schwächere Menschengruppen zu demütigen, um das eigene Selbstwertgefühl aufzuwerten. Dieser Sadismus konkretisiere sich in einem Gruppenverhalten, das schwächere Personen zum Ventil für Ärger und Frustration mache. Erreiche dieser Sadismus politische Relevanz, werde um die Erhaltung der Gruppenselbstachtung gerungen. Diese Selbstachtung werde von Phantasien über die Minderwertigkeit an-

---

[801] Vgl. R. RORTY, Kontingenz, Ironie und Solidarität 277. Rortys O'Brian-Interpretation mündet in der Warnung, dass kein Intellektueller – auch kein liberaler Ironiker – in einem entsprechenden Umfeld davor gefeit ist, ebenfalls sadistisch zu foltern. Dies ist gemäss Müller eine mögliche Konsequenz des ironischen Intellektuellen, der sich in seiner als kontingent verstandenen Welt nicht einmal durch die liberale Forderung nach weniger Grausamkeit einhegen lassen will (vgl. M. MÜLLER, Private Romantik, öffentlicher Pragmatismus 648f Fn.)
[802] Vgl. R. RORTY, Kontingenz, Ironie und Solidarität 284.

derer Gruppen abhängig gemacht, denen man glücklicherweise nicht angehöre. Es gehe darum,

> „dass es vielen verzweifelten, unterdrückten Männern gut tut, wenn sie sich sagen können ‚Zumindest bin ich kein Nigger', und ‚Zumindest bin ich keine Schwuchtel'"[803].

Wo Geld und Macht fehlen, und die Bedrohung spürbar ist, aus dem herrschenden Machtsystem herauszufallen, werde die Gruppenselbstachtung mit anderen Mitteln aufpoliert. Eine Gruppe einzig darum als minderwertig zu brandmarken, um der eigenen Gruppe ein Gefühl der Überlegenheit zu vermitteln, ist für Rorty ein „sadistisches Vergnügen"[804] und „Laster der Armen"[805].

2.2.2.2.2. Soziale Demütigung aus Selbstsucht

Anders verhält es sich beim Gruppenverhalten der Reichen. Sie mögen sich frei von sadistischen Impulsen fühlen. Doch dies ist für Rorty

> „nur möglich aufgrund einer Wirtschaftsordnung, die zugleich sicherstellt, dass eine grosse Zahl von Mitbürgern ohne Bildung und Hoffnung bleibt." [806]

Rorty umschreibt dieses Verhalten als halbbewusste Strategie zur Sicherung von Geld und Macht. Als Beispiel verweist er auf Bildungseinrichtungen, die so organisiert werden, dass die Kinder aus Unterschichten auf Distanz zu jenen der Mittelschicht gehalten werden. Solches Gruppenverhalten bezeichnet er zwar ebenfalls als grausam, nicht aber als sadistisch, sondern als selbstsüchtig. Selbstsüchtige Grausamkeit setze voraus, dass man bereits über Macht verfüge. Rorty bezeichnet darum die Selbstsucht als „Laster der Reichen", die möglicherweise sogar stolz darauf seien, nie auf jemanden eingeschlagen zu haben und auch kein Bedürfnis hätten, sich derart zu verhalten.[807]

Von selbstsüchtiger Grausamkeit handelt Rortys Publikation «Stolz auf unser Land». Dort wirft er der amerikanischen Linken vor, sie pflege eine „kontemplierende"[808] Betrachtungsweise, die lieber stigmatisierte Gruppen von der Zu-

---

[803] R. RORTY, Die Intellektuellen und die Armen 74.
[804] Vgl. R. RORTY, Die Intellektuellen und die Armen 73.
[805] Vgl. R. RORTY, Die Intellektuellen und die Armen 75.
[806] R. RORTY, Die Intellektuellen und die Armen 75.
[807] Vgl. ebd.
[808] Vgl. R. RORTY, Stolz auf unser Land 41.

schauertribüne aus in ein theoretisches Bezugssystem einordne und Gruppenidentitäten kultiviere, statt sich durch das Studium von Wirtschaftszusammenhängen dem realen Leben zu nähern und pragmatisch und patriotisch bessere Gesetze für eine Nation zu fordern,[809] auf die sie stolz sei.[810] Die Demütigung der Stigmatisierten werde in diesem abgehobenen Diskurs gar nicht wahrgenommen. Lieber würden die Linken über das bestehende Rechtssystem debattieren und seine angeblich ursprüngliche Intention erörtern. Methodisch verberge sich hinter diesem Diskurs die Strategie des metaphysischen Liberalismus.

2.2.3. Fazit

Rorty klassifiziert die von ihm erwähnten Phänomene der Demütigung pauschal als grausam. Ich versuche hier eine kurze Differenzierung. Dabei geht es um eine Einschätzung, ob und inwiefern sich Rortys Beispiele „grausamer" Demütigung agonistisch interpretieren lassen.

- Ein agonistischer Akt im Sinne von Bourdieu ist die sozialen Demütigung aus Selbstsucht durch die mittelständische Linke: Es wird in verkennender Weise über das Elend der Armen gesprochen und dadurch verhindert, dass die eigene Positionierung infrage gestellt wird. Zugleich erhofft sich diese Linke, von diesen Armen politisch unterstützt zu werden.
- Der Neu- und Umdeutung von bestehenden Werten, die Rorty an der Demütigung durch ironische oder „metaphysische" Philosophen thematisiert, entspricht bei Bourdieu die in Krisenzeiten mögliche Infragestellung der „doxa", bei der es immer um Durchsetzungsstrategien von klassenspezifischen Sichtweisen und Positionierungen geht. Die Überwindung eines solchen Krisenmodus kann mit Bourdieu als agonistischer Diskurs verstanden werden. Allerdings dürfte es wegen der Ironie oder der Verkennung durch die Dogmatiker wohl kaum je zu einer philosophisch angeregten Überwindung eines Krisenmodus kommen, wie es Bourdieus reflexive Sozialwissenschaft bezweckt.
- Das von Rorty erwähnte Beispiel des Kindes, dem ein von Erwachsenen als wertlos bezeichnetes Spielzeug weggenommen wird, ist mit Bourdieu als Eingewöhnung in einen differenzierenden sozialen Habitus interpre-

---

[809] Vgl. R. RORTY, Stolz auf unser Land 88f.
[810] Vgl. R. RORTY, Stolz auf unser Land 9.

tierbar. Die Demütigung des Kindes wäre demnach eine pädagogische Strategie mit dem Ziel, das Kind zu befähigen, später selbst den Familienstatus agonistisch durchzusetzen. Das heisst aber auch, dass der Erwerb eines bestimmten Habitus auch durch erzieherische Gewalt erfolgen kann.

- Zu den Alltagsgrausamkeiten zählt Rorty unter anderem die Einkerkerung und Folter politischer Gegner. Gemäss Bourdieu hat der Staat das Monopol über die legitime physische und symbolische Gewalt.[811] Dabei stellt sich die ethische Frage, welche staatliche Gewalt noch zulässig sein soll. Bourdieu antwortet darauf mit dem Rückgriff auf demokratische Prozesse: Die Kontrollmöglichkeit von staatlicher Handlungsmacht bestehe in der Rückkoppelung zur Bürger- und Wählerschaft.[812] Insofern könnte mit Bourdieu selbst die Einkerkerung politischer Gegner als legitimes Element einer agonistischen Auseinandersetzung verstanden werden.
- Rortys Blick auf das soziale Überleben am unteren Rand der Gesellschaft macht deutlich, dass es Formen von Demütigung gibt, bei der jede Eintracht mit der gedemütigten Gruppe von Anfang an ausgeschlossen ist. Dieses Verhalten, das Rorty Sadismus nennt, schliesst Agonie aus.
- Auch die Folter um der Folter willen entzieht sich einer Interpretation als agonistisches Verhalten. Agonie hat im sozialwissenschaftlichen Kontext die Bestätigung der Überlegenheit zum Ziel. Folter und der Folter willen nur die Folter.

Was Rorty als Grausamkeit bezeichnet, könnte mit Bourdieu in den meisten Fällen auch agonistisch interpretiert – oder besser: verkannt – werden. Allerdings verschwimmen auch bei Bourdieu die Grenzen zwischen Agonie und Sadismus spätestens dann, wenn die Frage auftritt, ob demokratische Mehrheiten bestimmen dürfen, dass politische Gegner auf legitime Weise nicht nur weggesteckt, sondern auch gefoltert werden dürfen.

---

[811] Vgl. P. BOURDIEU, Über den Staat 601.
[812] Vgl. P. BOURDIEU, Das politische Feld 51.

2.3. Zwischenergebnis und weiteres Vorgehen

2.3.1. Unklare Abgrenzung von symbolischer Gewalt, Terror und Sadismus

Symbolisches Kapital, Sinn und genuin menschliche Zeit setzen in Bourdieus Praxeologie einen sozialen Raum voraus, in dem Individuen oder Gruppen sich gegenseitig auf- und abwerten und die resultierenden Machtverhältnisse gemeinsam verkennen. Für Bourdieu ist Macht eine gesellschaftliche Position in einem agonistischen Gefüge von Abhängigkeiten. Die Dynamik dieses agonistischen Miteinanders wird als Grosszügigkeit und Demütigung sichtbar.

Bei Rorty gründet der soziale Raum allein auf der Vermeidung von Demütigung. Jede Demütigung ist für ihn eine Grausamkeit. Seine Beispiele von Grausamkeit verweisen auf Abgründe der Demütigung, die sich mit Bourdieus agonistischem Gesellschaftsmodell oft – falls überhaupt – nur mit einigem Interpretationsaufwand vereinbaren lassen. Dies bestätigt die These, dass die Demütigung ein weiterreichendes Feld abdeckt als Grosszügigkeit. Das Erleiden agonistischer Grosszügigkeit ist nur eine Facette der Demütigung. Weitere Aspekte der Demütigung sind Formen von Macht und Herrschaft, in der mit Gewalt, Terror und Sadismus regiert wird.

Beim Exkurs anhand von Rorty in das Feld der Demütigungen wird deutlich, dass eine klare Unterscheidung von symbolischer Macht beim Positionierungswettkampf und der Dominanz durch Gewalt, Terror und Sadismus nötig wäre. Bourdieus Anthropologie leistet das nicht. Seine sozialwissenschaftlich interpretierte agonistische Gabe bleibt inhärent ambivalent und schliesst damit auch „schlimme Gaben" nicht aus.

2.3.2. Problematik des Gabenparadigmas als Positionierungskampf

Bourdieus Reflexion von Machtverhältnissen anhand des Gabenparadigmas will die Reproduktion der bestehenden Gesellschaft erklären. Allerdings führt diese Erklärung in ein Dilemma:

- Einerseits sieht er für den Soziologen die Rolle des „public intellectual" vor, der seine Reflexion über die Agonie in die politische Auseinandersetzung einbringt[813] und als Erzieher und Förderer der Vernunft gesell-

---

[813] Vgl. P. BOURDIEU, Gegenfeuer 153–159.

schaftliche Bedingungen fördert, die den Kampf um soziale Gleichheit ermöglichen.[814] Dies führt jedoch zu einer permanenten Schwächung von bestehenden Herrschaftsverhältnissen.

- Andererseits ist gemäss Bourdieus Gabenparadigma ein Zusammenleben ohne Verkennung des Positionierungskampfes und somit der Herrschaftsverhältnisse nicht denkbar. Symbolische Macht kann nur unter der Mithilfe jener entstehen, die sie erleiden.[815] Agonistisches Verhalten festigt also soziale Ungleichheit.[816]

Bourdieu bewegt sich somit mit seinem soziologischen Gabenparadigma zwischen einem Herrschafts- und einem Solidaritätsmechanismus. Die Auflösung und die Festigung von Machtverhältnissen stehen einander gegenüber. Sollte Bourdieu bei den von ihm untersuchten agonistischen Praxisformen nicht ausschliesslich den Klassenkampf im Auge gehabt haben, wie ihm Kritiker vorwerfen,[817] stellt sich die Frage, wie agonistische Machtverhältnisse in nicht klassenkämpferischer Weise thematisiert werden können.

Die Beispiele von Demütigung und Grosszügigkeit, die in diesem Kapitel herangezogen wurden, spielen sich alle in unterschiedlichen sozialen Räumen ab und beziehen sich auf verschiedenartige Akteure: Der Vertreter der Verwaltung, der anonyme Bürger und das Familienmitglied verfügen in ihrem genuinen sozialen Raum über unterschiedliche Durchsetzungsmöglichkeiten. Sie vertreten Bereiche, in denen die Frage nach der Gewalt im Positionierungswettkampf nicht immer im gleichen Mass sinnvoll ist.

- So gehört zur staatlichen Herrschaft auch das Gewaltmonopol. Doch unter welchen Umständen kann Herrschaftssicherung unter Folter und Gewalt zur Mehrung von Anerkennung und Ansehen beitragen?
- Im bürgerlich-öffentlichen Leben kann Distinktion in Ausschluss münden oder zum Selbstausschluss inferiorer Gruppen vom gemeinsamen Deutungshorizont. Diskriminierung oder Selbstausschluss sind jedoch Strategien, die einen Positionierungswettkampf nicht zulassen.

---

[814] Vgl. P. BOURDIEU, Über die „scholastische Ansicht" 356; DERS., Die Intellektuellen 65.
[815] Vgl. P. BOURDIEU, Meditationen 218.
[816] Vgl. H. W. SCHÄFER, Zur praxeologischen Hermeneutik 147.
[817] Vgl. F. HILLEBRANDT, Der Tausch als strukturbildende Praxisform 163.

- Schliesslich bestehen im familiären Bereich unbedingte emotionale Beziehungen, die agonistische Mechanismen ausschliessen. Es scheint, dass im privaten Bereich von Familie oder von Clans die Interpretation des Gabenparadigmas als Positionierungskampf durch symbolische Macht an Grenzen zu stösst.

Diese drei Hinweise verdeutlichen, dass es für eine klare Unterscheidung von Gewalt und agonistischem Wettbewerb eine Systematik braucht, die unterschiedliche Gesellschaftsbereiche differenziert reflektiert. Bourdieus generelle Interpretation des agonistischen Gabenparadigmas als Positionierung durch symbolische Gewalt leistet dies nicht. Nötig ist eine Gabeninterpretation, die unterschiedlichen sozialen Sphären gerecht wird.

2.3.3. Ausblick zum Kapitel über die Sphären der Gabe

Eine Interpretation der Gabe, die auch die unterschiedlichen gesellschaftlichen Sphären berücksichtigt, hat Marcel Hénaff vorgestellt. Anders als Caillés Gesellschaftsmodell, welches die soziale und politische Dimension der Gabe in die primäre Sozialität zurückbindet, unterteilt Hénaff die Gesellschaft in relativ eigenständige Sphären des Persönlichen, des Sozialen und der Öffentlichkeit. Diesen Sphären entsprechen zum Teil unterschiedliche Formen der Gabe. Agonistische Macht umschreibt Hénaff als etwas, das mit unbedingtem Respekt vor dem Andern zu tun habe. Im agonistischen Miteinander würden private, interpersonale und institutionelle Räume erschlossen, in denen gegenseitige und unbedingte Wertschätzung gilt. Zum Wesen dieser Räume gehöre die Freiheit, die eine unüberschreitbare Grenze gegenüber der Gewalt in den Formen der Grausamkeit darstelle.[818] Hénaffs Beiträge zur agonistischen Macht verdeutlichen zudem, dass es bei der agonistischen Gabe um etwas Grundsätzlicheres geht als in Bourdieus Positionierungsverhalten.

---

[818] M. Hénaff, Rätsel der Grausamkeit 17. In demselben Beitrag präsentiert Hénaff eine heterogene Aufzählung unterschiedlicher Formen der Gewalt auf (vgl. ebd. 12ff):
- Gewalt als Überlebensnotwendigkeit.
- Gewalt als rechtliche Kompensation für Übertretungen, um Gerechtigkeit und Würde wieder herzustellen.
- Gewalt als Widerstand gegen Unterdrückung.
- Gewalt, die mit der Gerechtigkeit Hand in Hand geht, wie etwa die Folter in einer kriminalpolizeilichen Untersuchung oder als staatliches Mittel zur Einschüchterung.
- Gewalt, die Vernichtung und Erniedrigung bedeutet und über den Sieg hinaus jemanden durch Erniedrigung in Verzweiflung stürzt, ja mehr noch, den anderen unumkehrbar zum Nicht-Menschen machen will.

VIERTES KAPITEL: DIE GABE IN UNTERSCHIEDLICHEN SPHÄREN

1. Einleitung zu Marcel Hénaff

Der französische Literaturwissenschaftler und Kulturanthropologe Marcel Hénaff (1942–2018), der zuletzt an der University of California lehrte, hat mit «Der Preis der Wahrheit» einen historischen Tour d' horizon zur philosophischen Gabendiskussion vorgelegt. Während Caillé und Bourdieu die agonistische Gabe nicht völlig losgelöst von der Ökonomie interpretieren, präsentiert Hénaff eine nicht-ökonomische Interpretation der Gabe. Dabei kreisen seine Überlegungen primär um die Frage nach der „Existenz von Gütern (Gegenständen, Tätigkeiten, gesellschaftlichen Stellungen, Status), die unter keinem Vorwand gekauft und verkauft werden dürfen"[819].

2. Keine Güter ohne Preis?

Für seine Antwort auf diese Fragestellung geht Hénaff auf die Sophisten zurück. Diese hätten Politik und Moral zu erwerbbaren Fachkenntnissen gemacht und die Vermittlung dieses Expertenwissens in Rechnung gestellt. Genau aus diesem Grund habe Sokrates die Wahrhaftigkeit der Sophisten infrage gestellt. Sie seien Wissenshändler und würden im Gegensatz zu ihm, der nie nach dem pekuniären Profit gestrebt habe, Geld für ihre Kenntnisse nehmen.[820] Hénaff stellt sich in seinem Buch auf die Seite der Sophisten. Er zeichnet nach, wie die starke Bindung durch die Gabenbeziehung in den vorstaatlichen Gesellschaften von einer öffentlichen, wechselseitigen Anerkennung immer mehr zu einem privaten, einseitigen Schenkvorgang schrumpfte[821] und durch die kaufmännische Handelsbeziehung ersetzt wurde, die streng an das Vertragsrecht am Markt den Güteraustausch reguliert. In den Sophisten sieht Hénaff die erste Gruppe, die wie für jede andere berufliche Tätigkeit eine gerechte Entlohnung für ihren Unterricht forderte.

---

[819] M. Hénaff, Der Preis der Wahrheit 584.
[820] Vgl. M. Hénaff, Der Preis der Wahrheit 12–17.
[821] Vgl. M. Hénaff, Der Preis der Wahrheit 237.

„Der gezahlte Lohn ist ein Recht, keine Gunst; er ist eine objektive Beziehung, kein affektives Band; er untersteht den Normen der Gerechtigkeit, nicht der Grosszügigkeit der Arbeitgeber".[822]

Hénaff verweist auf eine ähnliche Entwicklung in anderen Berufen, die in gewisser Nähe zur Wahrheit stehen. So habe der Schriftsteller dank des Personenrechts im Laufe der Geschichte Anspruch auf das Autorenrecht bekommen.[823] Als weiteres Beispiel für das Recht auf ein Honorar erwähnt Hénaff den Psychiater, der bessere Bedingungen für seine Arbeit vorfinde, wenn das Honorar ein Recht und keine Gunst ist.[824] Auch der Anwalt und andere Freiberufler seien bei einer Geldentschädigung nicht durch ein affektives Band mit dem Kunden verbunden, sondern unterständen Normen, die Würde und Autonomie jedes Individuums gewährleisten. Die Ablösung affektiver Bänder durch die Handelsbeziehung deutet Hénaff als Entwicklung hin zu mehr Gerechtigkeit: Als allgemeines Äquivalent für grundsätzlich jedes Gut sei das Geld in der Lage, alle Besonderheiten zu neutralisieren. Gerechtigkeit entstehe in der Moderne durch den Preis, über den die Reziprozität der Bedürfnisse in emanzipierter Weise geregelt werde.[825]

2.1. Michael Walzers These über nicht verhandelbare Güter

Damit grenzt sich Hénaff ausdrücklich von Michael Walzers 1983 veröffentlichten «Spheres of Justice»[826] ab, worin die These vertreten wird, dass eine Reihe von geteilten Werten existiere, über die Konsens herrsche, dass sie nicht in einen Verkaufsvertrag hineingehören.[827]

Walzer vertritt eine Gerechtigkeitstheorie, die von einer Gesellschaft ausgeht, die sich als Verteilungsgemeinschaft versteht. Die sozialen Güter – das sind alle Güter, die einen Bezug zur Verteilungsgerechtigkeit haben – sind in Walzers Gesellschaftsmodell auf verschiedene gesellschaftliche Sphären verteilt. Dies sind: Politik, Sicherheit und Wohlfahrt, Geld und Waren, Verwaltung, Arbeit, Freizeit, Erziehung, Familie und Religion.[828] Jeder dieser Bereiche sei eine auto-

---

[822] M. HÉNAFF, Der Preis der Wahrheit 575.
[823] Vgl. M. HÉNAFF, Der Preis der Wahrheit 550–563.
[824] Vgl. M. HÉNAFF, Der Preis der Wahrheit 563–577.
[825] Vgl. M. HÉNAFF, Der Preis der Wahrheit 501.
[826] Deutsch: M. WALZER, Die Sphären der Gerechtigkeit.
[827] Vgl. M. WALZER, Die Sphären der Gerechtigkeit 27.
[828] Diese Aufzählung spiegelt den Kapitelaufbau von «Sphären der Gerechtigkeit».

nome „Sphäre der Gerechtigkeit" mit eigenen sozialen Gütern. Zudem würden sich die einzelnen Sphären dadurch auszeichnen, dass in ihnen ganz bestimmte Begründungsweisen und logische Argumentationen akzeptiert sind. Eine gerechte Verteilung setze die Integrität der Gerechtigkeitssphären voraus, damit die sozialen Güter nach historisch bedingten, pluralistischen, sphäreninternen Gepflogenheiten zugeteilt werden können.[829] Die einzige sphärenübergreifende und dem Pluralismus der Gesellschaften übergeordnete Verhaltensregel sei die, dass jedes Gut nach den Geltungskriterien seiner eigenen Sphäre zugeteilt werden soll.[830] Innerhalb der einzelnen Sphären gebe es bestimmte Güter – die oben erwähnten geteilten Werte –, welche nicht gehandelt werden dürfen.[831]

---

[829] Vgl. M. WALZER, Die Sphären der Gerechtigkeit 30.
[830] Vgl. M. WALZER, Die Sphären der Gerechtigkeit 12.
[831] Unter dem Titel „Blockierte Tauschgeschäfte" zählt Walzer vierzehn Werte auf, die der „Herrschaft des Geldes" entzogen sein sollen (vgl. M. WALZER, Die Sphären der Gerechtigkeit 156–161):
• Individuelle Freiheit: Personen und die Freiheit von Personen dürfen nicht gekauft oder verkauft werden. Marktfähig sind nur ihre Arbeitskraft oder Dinge und Dienstleistungen, die sie Menschen herstellen oder anbieten.
• Politische Macht: In Republiken, in denen sich eine Grenzlinie zwischen Privatem und Öffentlichem klar herausgebildet hat, dürfen politische Macht und politischer Einfluss weder gekauft noch verkauft werden. Bestechung ist ein gesetzwidriger Handel.
• Strafjustiz: Richter dürfen nicht bestochen und eine Verteidigung muss durch die Gemeinschaft garantiert werden.
• Rede-, Presse-, Religions- und Versammlungsfreiheit: Die Bürger haben das Recht auf diese Freiheiten, ohne dafür bezahlen zu müssen. Die öffentliche Finanzierung der Kosten für die Ausübung dieser Freiheiten (Organisation einer Kundgebung) seien hingegen keine Frage der Freiheit, sondern von Einfluss und Macht.
• Ehepartner: Ehestands- und Zeugungsrechte können nicht käuflich erworben werden.
• Nationalität: Das Recht, eine politische Gemeinschaft zu verlassen, soll nicht käuflich erworben werden können – etwa in Form einer Abgeltung für Erziehungsleistungen des Staates. Hingegen kann der Staat gegenüber Auswanderungswilligen die Leistungen von konkreten bürgerlichen Pflichten wie Militärdienst einfordern, bevor er sie ziehen lässt.
• Militärdienst: Die Freistellung von Militärdienst, der Geschworenenpflicht oder anderen staatlichen Ansprüchen kann weder vom Staat verkauft noch vom Bürger gekauft werden.
• Verwaltungsaufgaben: Politische Ämter oder akademische Ränge, aufgrund derer die Gesellschaft bestimmte Aufgaben (Zulassung als Arzt oder Jurist) vergibt, dürfen nicht gehandelt werden.
• Elementare Wohlfahrtsleistungen: Ein minimaler polizeilicher Schutz und eine schulische Grundausbildung müssen unbezahlt staatlich garantiert werden.
• Verzweifelte Tauschaktionen: Geschäfte, in die als „letzter Ausweg" eingewilligt wird, sind nicht zulässig. Konkrete Themen in diesem Kontext sind maximale Arbeitszeit, oder Minimallöhne.

Walzer ist aber realistisch genug, zu sehen, dass Güter der einen Sphäre auf Güter der anderen einwirken und dort neue Dominanzen schaffen. Dies gelte insbesondere für den Handel und das Geld, das selbst aus geteilten Werten Handelsgüter machen könne.[832] Für Walzer werden dadurch Grenzen des Erlaubten überschritten. Wenn Geld in anderen Sphären als dem Handel genutzt wird oder aus geteilten Werten Handelsgut macht, dann geschieht gemäss Walzers Sphärenmodell Unrecht.[833]

2.2. Hénaffs Kritik an Walzer

Hénaff, der ebenfalls ein gesellschaftliches Sphärenmodell vertritt, kritisiert Walzers Klassifizierung der Handelssphäre: Er behandle die Ökonomie als eigenständige Sphäre, die andere Sphären korrumpiere. Dagegen vertritt Hénaff die These, dass es sich beim Handel nicht um eine Sphäre wie die anderen handle, sondern um eine bewertende, welche die Verteilung der Mittel unter den Sphären steuere. In Gesellschaften, in denen sich die Produktion als autonomes und prioritäres Ziel zum Werkzeug und Zeichen der Macht herausgebildet hat, fliesse alles in den ökonomischen Kreislauf ein und neige dazu, einer finanziellen Bewertung unterworfen zu werden.[834] In der Moderne sei der Markt koextensiv zur Gesellschaft in ihrer Gesamtheit geworden.[835] Geld könne jeden Wert ausdrücken, vorausgesetzt, der genannte Preis werde akzeptiert oder zumindest erörtert.[836]

- Öffentliche Ehren: Preise und Ehrungen sind grundsätzlich nicht käuflich erwerbbar, auch wenn Walzer einräumt, dass Geld bei der Verteilung öffentlicher Ehren „zweifellos eine Rolle" spiele und „bisweilen ausschlaggebend" sei.
- Göttliche Gnade: Sie lässt sich nicht erkaufen, weshalb Ablasshandel gemeinhin abgelehnt wird.
- Liebe und Freundschaft: Tiefere Beziehungen sind für den direkten Kaufakt blockiert, auch wenn Walzer einräumt, dass die Macht des Geldes auch in dieser Hinsicht einiges zu entfachen vermöge.
- Kriminelle Verkaufsaktivitäten: Killeraufträge, Erpressungen, Hehlerei oder Landesverrat sind nicht erlaubt. Daneben gebe es aber auch umstrittene Verkaufsaktivitäten wie der Vertrieb von Arzneien mit ungewissen Nebenwirkungen, oder der Waffenverkauf.

[832] Vgl. M. WALZER, Die Sphären der Gerechtigkeit 53.
[833] Vgl. M. WALZER, Die Sphären der Gerechtigkeit 37.
[834] Vgl. M. HÉNAFF, Der Preis der Wahrheit 449.
[835] Vgl. M. HÉNAFF, Der Preis der Wahrheit 588.
[836] Vgl. M. HÉNAFF, Der Preis der Wahrheit 590.

Hénaff begrüsst „die Ausdehnung der kaufmännischen Bewertung auf jedwedes Gut"[837], weil die dadurch ermöglichte Abstrahierung der Transaktionen auf allen Ebenen eine rationale Tätigkeit der Berechnung von Investitionen erlaube.[838] Das Geld stelle bedarfsorientiert Transparenz über die Austauschverhältnisse verschiedener Güter her.[839] Die Bezahlung jeder Art von Leistungen führe zu einem Bruch mit persönlichen Abhängigkeiten und werde damit zur Basis für Gerechtigkeit.[840]

3. Drei Sphären der Gabe

3.1. Die Gabe, die keinen Preis hat: Die zeremonielle Gabe

Diese Kritik an Walzer wird bei Hénaff zum Ausgangspunkt für die Erläuterung seiner Interpretation der agonistischen Gabe. Er vertritt die These, dass es bei dem von Mauss beschriebenen Vorgang um einen zeremoniellen Tausch von Gütern ohne Preis handle. Dass die getauschten Güter keinen Preis haben, liege am rituellen Kontext des Vorganges. Mit Verweis auf Walzer spricht Hénaff auch von der Sphäre. In der Sphäre des Gabentausches finde weder ein Handel noch eine Alternative dazu statt.[841]

Für die Erklärung seines Gedankengangs verweist er wieder auf die Sophisten: In der Ökonomie gehe es um den Tausch von Gütern, unabhängig von persönlichen Abhängigkeiten. Das berechtige auch den antiken Philosophen, eine Entschädigung für seine Lehrtätigkeit zu fordern. Der Lehrer verdiene aber auch Anerkennung für seine Wahrhaftigkeit, ergänzt Hénaff. Diese Anerkennung entziehe sich der ökonomischen Sichtweise und hätte die Verletzung der Würde betroffener Personen zur Folge, würde sie vermarktet. Damit trennt Hénaff die Praxis der ökonomischen Sphäre von der Praxis der Gabe, bei der es nicht um Güter gehe, sondern um Anerkennung, die den Güteraustausch erst ermögliche.[842]

---

[837] Vgl. M. Hénaff, Der Preis der Wahrheit 584.
[838] Vgl. M. Hénaff, Der Preis der Wahrheit 587.
[839] Vgl. M. Hénaff, Der Preis der Wahrheit 498.
[840] Vgl. M. Hénaff, Der Preis der Wahrheit, Kapitel 9.
[841] Vgl. M. Hénaff, Der Preis der Wahrheit 579.
[842] Vgl. M. Hénaff, Der Preis der Wahrheit 600f; Ders., Die Gabe der Philosophen 123.

Die Praxis der Gabe, die „keinen Preis auf dem Markt der nützlichen Güter"[843] hat, ist für Hénaff ein beidseitig akzeptierter Ritus der gegenseitigen Anerkennung. Dieser demonstriere die Absicht, eine feste Bindung zwischen Partnern zu stiften oder aufrechtzuerhalten. Der Gabentausch sei darum primär Anerkennungszeremonie.[844] Wenn als Zeichen der Anerkennung Geschenke überreicht werden, gehe es nicht darum, Güter zu verschieben, sondern jemanden zu ehren und zugleich die eigene Ehre zu behaupten. Die dargebotenen Güter seien als „Symbole einer Verbindung mit den andern"[845] gleichsam als Unterpfand seiner selbst zu verstehen.[846] Und da diese zeremoniellen Gaben Unterpfand und Vertretung der Allianzpartner selbst sind, seien die Beteiligten bestrebt, die Anerkennung durch möglichst kostbare Güter zu bewirken.[847] Diese Geschenkzeremonie knüpfe feste Bindungen zwischen Partnern, indem sie öffentlich und nach festen Regeln von Personen durchgeführt werde, die durch ihren Status öffentliche Anerkennung des Bündnisses gewährleisten können.[848] Zur zeremoniellen Gabe gehöre auch die Grosszügigkeit. Mit der Geste der Grosszügigkeit würden die Partner aus der eigenen Zurückhaltung heraustreten und zeigen, dass sie zu keiner Unterwerfung bereit sind. Andererseits werde durch die grosszügige Geste die Bereitschaft zu einer Bindung signalisiert, die auf Vertrauen beruht.[849]

3.1.1. Die zeremonielle Gabe ist agonistisch

Das dynamische Element der zeremoniellen Gabe ist kein Vertrag wie im Handel, sondern die Agonie: Pointierter als in «Der Preis der Wahrheit», analysiert Hénaff in «Die Gabe der Philosophen» (französisch erschienen 2012) und in der 2014 erschienenen Publikation «Violence dans la raison» den Mauss'schen Gabentausch als agonistischen Austausch von Geschenken:[850] Ausgangspunkt sei-

---

[843] Vgl. M. HÉNAFF, Der Preis der Wahrheit 237.
[844] Vgl. M. HÉNAFF, Der Preis der Wahrheit 115.
[845] Vgl. M. HÉNAFF' Der Preis der Wahrheit 478f.
[846] Hénaff merkt an, dass dieses Verfahren, in dem einem Anderen etwas von sich selbst als Unterpfand gegeben wird, nur bei Menschen vorkomme. Tiere könnten koordinieren oder kooperieren, aber es sei nie festgestellt worden, dass sie Vereinbarungen treffen würden (vgl. M. HÉNAFF, Die Gabe der Philosophen 65).
[847] M. HÉNAFF, Das soziale Band 60.
[848] Vgl. M. HÉNAFF, Der Preis der Wahrheit 488; M. HÉNAFF, Das soziale Band 57.
[849] Vgl. M. HÉNAFF, Die Gabe der Philosophen 263.
[850] M. HÉNAFF, Violence 215–221.

ner Untersuchung ist der Krieg als die reine Konfrontation. Sobald man aber die Waffen niedergelegt und durch Gaben ersetzt habe, sei die auf Gegenseitigkeit beruhende grosszügige Geste der Waffenniederlegung die Alternative zum Kampf. Warum braucht es aber noch den Austausch von Gütern? Würde nicht schon eine verbale Übereinstimmung genügen?[851] Nein, meint Hénaff, denn der Abschluss des Paktes müsse öffentlich erfolgen und die dabei getauschten Gaben seien sichtbares Unterpfand und Garantie für seine Einhaltung. Die kostbare Gabe objektiviere die Beziehung zwischen den paktierenden Rivalen. Sie bezeuge deren Wünsche und Absichten und werde so zur Gelegenheit, der Tatsache, dass man zugleich misstrauisch und sich gegenseitig anerkennend zusammenlebt, eine besondere Bedeutung zu geben und zu etwas Ruhmreichen zu überhöhen.[852]

Allein aus der Reziprozität der zeremoniellen Gabe könne aber noch nicht auf einen Friedenszustand geschlossen werden. Gabe ist in Hénaffs agonistischer Interpretation immer nur kontrollierter Konflikt.[853] Der Horizont der Gabe bleibe auch in befriedetem Zustand ein kämpferischer. Nur sei die jetzt gepflegte zeremonielle Gabe nicht Krieg, sondern ein agonistischer Wetteifer im spielerischen Sinn, der den Pakt bestätigen soll.[854] In der Agonie vereinigten sich der Wunsch nach Selbstbestätigung und die Anerkennung des Anderen als jemanden mit denselben Rechten der Selbstbestätigung.[855] Die institutionelle Wiederholung von synchronen Tauschriten habe die Funktion, den Rückzug der Parteien auf sich selber zu unterbrechen.[856]

---

[851] M. HÉNAFF, Violence 223f.

[852] Vgl. M. HÉNAFF, Violence 218f.

[853] Mit dieser Sicht geht Hénaff auf Distanz zu Ricoeur, der das Anerkennungsbündnis als überwundenen Konflikt und Friedenszustand interpretiert und in den Kontext der Agape einordnet. Damit würde die zeremonielle Gabe in die durch selbstlose Grosszügigkeit charakterisierte wohltätige Gabe umgewandelt (vgl. M. HÉNAFF, Die Gabe der Philosophen 70, 127; DERS., Violence 219).

[854] Vgl. M. HÉNAFF, Der Preis der Wahrheit 212.

[855] Vgl. M. HÉNAFF, Violence 220.

[856] In Abgrenzung zu Axel Honneth schreibt Hénaff, dass es bei der Anerkennung nicht vorrangig um das Begehren oder die Selbstverwirklichung gehe. Honneth unterstelle in seinem Buch «Der Kampf um Anerkennung» ein Hegelsches Denkmodel, in dem jedes Bewusstsein „von seiner Subjektivität ausgeht und sich im Hinblick auf sie bewegt; es verlangt Anerkennung, ohne sie vorher je anzubieten" (M. HÉNAFF, Die Gabe der Philosophen 74 Fn 44). Das sei ein Denken aus der subjektiven Perspektive. Bei der Gabe gehe es hingegen vorrangig um Gegenseitigkeit, bei der die Selbstschätzung nicht von der Anerkennung des Anderen trenn-

Agonie sei aber auch ein reziprokes und permanentes Weiterknüpfen am Anerkennungspakt, weil unter der zeremoniellen Gabe weiterhin latente Konflikte schlummern würden, die durch die zeremoniellen Gaben kontrolliert werden sollen, um eine „Diachronie des Friedens zu eröffnen". Weil die Agonie ein konstantes Ungleichgewicht von Gabe und Gegengabe bewirke, zieht Hénaff den Schluss, dass die Reziprozität der zeremonielle Gabe als alternierende Asymmetrie zu verstehen sei, die den befriedeten Kriegszustand temporalisiere.[857] Agonie meine nicht Gewalt, sondern Bemühung um Selbstbestätigung und dieselbe Bestätigung dem Anderen zu gewähren,[858] und zwar im Rahmen „einer alternierenden Asymmetrie, die sowohl im Angebot wie in der Antwort das Risiko der Ablehnung aufrechterhält".[859] Dies könne in öffentlichen Spielen oder sonstigen rivalisierenden Gesten geschehen, meine jedoch immer mehr als nur einen kreativen Wettbewerb. Es gehe um das nicht ableitbare Ehrgefühl,[860] um das Empfinden einer Würde, die das Leben selbst ist, das gegeben ist und keinen Preis hat.[861] Hénaff interpretiert die Agonie der zeremoniellen Gabe also als eine Energie, die das Leben gegen jede Bedrohung stärkt und das Anerkennungsritual nachahmenswert und respektabel macht.

3.1.2. Zeremonielle Gabe bleibt ein prekärer politischer Pakt

Um den Gesellschaftspakt zu erklären, ist für Hénaff entscheidend, dass die Agonie asymmetrisch verstanden wird: Die durch diesen Pakt geschaffene soziale Gegenseitigkeit sei agonistisch, weil sie kein ökonomisches Äquivalenzverhältnis unterstelle, sondern – bedingt durch die Anerkennung der Andersheit

---

bar ist. In der Logik der zeremoniellen Gabe gehe es darum, „zuerst auf das Vertrauen zu setzen, geben und sich geben, damit der Andere das Gleiche tue" (vgl. ebd. 75).
[857] Vgl. M. HÉNAFF, Die Gabe der Philosophen 104–108.
[858] Vgl. M. HÉNAFF, Violence 227f.
[859] Vgl. M. HÉNAFF, Die Gabe der Philosophen 168.
[860] „Mais dans l'*agôn* [Hervorhebung im Original] il ne s'agit pas seulement de compétition créatrice. Il s'agit de l'énergie qui habite et soutient la vie, l'expose, l'affirme contre toute menace, mais aussi la rend désirable et respectable à la fois à nos yeux et à ceux des autres. C'est ce sentiment que nous appelons l'honneur. Il n'est pas déductible de ses conditions. Il émerge comme instance autre que la vie au sein de l'espèce. Il transfigure la vie en valeur en l'élevant au plan de la vie proprement humaine; laquelle se reconnaît à ceci qu'elle se risque pour la dignité. Ou, plutôt, c'est par là même qu'elle se découvre comme dignité." (M. HÉNAFF, Violence 220f).
[861] Vgl. M. HÉNAFF, Der Preis der Wahrheit 604.

des Partners – „ein konstantes Ungleichgewicht in der Bewegung der Gaben und Gegengaben".[862] Eine symmetrische Gegenseitigkeit würde die Beziehung nur neutralisieren, während die asymmetrische durch aufgeschobene Gegenleistungen Begehren an die prekäre Partnerschaft und damit auf ein anhaltendes Bündnis aufrechterhalte.[863] Die Gabe mit einer Gegengabe zu beantworten sei eine Bestätigung des Paktes und damit die Anerkennung der Existenz des Anderen oder der anderen Gruppe. Die Andersheit des Anderen und somit seine Freiheit, die Annahme der Gabe oder eine Gegengabe zu verweigern, sei die absolute Grenze für die eigenen Handlungen.[864]

Die zeremonielle Gabe ist also ein Akt aus freien Stücken, der eine freie Vereinbarung zum Ziel hat. Im Zusammenhang mit der zeremoniellen Gabe wird sichtbar, dass die Basis öffentlicher gesellschaftlicher Gegenseitigkeit die ständig zu bestätigende Anerkennung der Andersheit des Anderen ist. Die zeremonielle Gabe ist darum eine politische Handlung, die gegenseitige Anerkennung und damit ein – prekäres – soziales Band zum Ziel hat.[865]

3.1.3. Die zeremonielle Gabe heute

Über Mauss schreibt Hénaff, dass er die zeremonielle Gabe als ein Verfahren des Bündnisses öffentlicher gegenseitiger Anerkennung und Pakt zwischen individuellen Partnern oder Gruppen gesehen habe.[866] Diese gesellschaftsverbindende und hierarchisierende Geste sei zugleich eine kalkulierende Machtdemonstration in Form präziser Rituale unter Statusträgern.[867] Allerdings, wendet Hénaff ein, gehöre dieser Tausch (anders als bei den noch zu besprechenden solidarischen und wohltätigen Gaben) einer verschwundenen Welt von Bündnissen zwischen Sippen an. In heutigen Gesellschaften würde der zeremoniellen Gabe nichts unmittelbar entsprechen.[868] Sie würde jedoch transformiert als

---

[862] Vgl. M. Hénaff, Die Gabe der Philosophen 106.
[863] Vgl. M. Hénaff, Die Gabe der Philosophen 120.
[864] Vgl. M. Hénaff, Die Gabe der Philosophen 121.
[865] „Das soziale Band konstituiert sich genaugenommen in einem Ethos, in welchem sich Affekt, Lebensformen, Traditionen, Symbole und Werte verweben, die das Fleisch der Anerkennung innerhalb der Gruppe bilden." (M. Hénaff, Das soziale Band 53).
[866] Vgl. M. Hénaff, Der Preis der Wahrheit 594ff.
[867] Vgl. M. Hénaff, Die Gabe der Philosophen 150f.
[868] Vgl. M. Hénaff, Die Gabe der Philosophen 61, 251. Relikte der zeremoniellen Gabe sind offizielle Geschenke bei Staatsbesuchen oder unter Institutionen sowie im privaten Bereich bei gegenseitigen Einladungen (vgl. M. Hénaff, Die Gabe der Philosophen 61).

staatliche Zentralgewalt weiterexistieren. In modernen westlichen Gesellschaften gewährleiste der Staat die gegenseitige Anerkennung als Recht auf Gleichheit.[869] Die öffentliche Anerkennung als Bürger sei auf institutioneller Ebene durch das Gesetz und die Gesamtheit der politischen, rechtlichen und ökonomischen Institutionen organisiert und gewährleistet. Der moderne Mensch setze sich durch das Recht den Ansprüchen der Allgemeinheit aus und erhalte durch eben dieses Recht den Status prinzipieller Anerkennung.[870]

Anstelle der ursprünglichen Praktiken der zeremoniellen Gabe, treten heute gemäss Hénaff öffentliche Anerkennungsbeziehungen,[871] die im modernen Staat kollektiv gewährt werden, und zwar gegenüber Gruppen und auf persönlicher Ebene.[872] Unterhalb der staatlichen Ebene, aber immer noch im staatlich gewährleisteten Rechtsrahmen, würden Anerkennungsbeziehungen in offiziellen Situationen und informellen Begegnungen zum Tragen kommen. Dabei handle es sich um Beziehungen, die nicht unter der Bedingung zustande kommen, dass bestimmte Forderungen erfüllt werden, sondern als Gesten des Respekts, aber auch des Mitgefühls.[873] Grosszügigkeit bedeute in diesem Kontext das Vertrauen zu haben, sich auf eine „stets ungewisse Gemeinschaft" einzulassen, ohne sie „endlos zu konstituieren, anzufechten und neu zu erfinden". Hénaff ordnet die modernen Formen der Anerkennungsbeziehungen drei gesellschaftlichen Ebenen oder Sphären zu und charakterisiert sie wie folgt:[874]

- Oberste Ebene ist die des Staates und der alles durchdringenden Ökonomie. Auf dieser institutionellen (sozialen, politischen, ökonomischen) Ebene werden die Grundrechte und der Gesetzesrahmen für den Gütertausch garantiert.
- Auf der interpersonalen (mittleren, sozialen, regionalen, kulturellen) Ebene erzeugen und verstärken direktere Formen der Anerkennung die Bindung der Gruppen. Hier entwickeln sich Gemeinschaftsleben,

---

[869] Vgl. M. Hénaff, Gabe, Markt und soziale Gerechtigkeit 51.
[870] Vgl. M. Hénaff, Die Gabe der Philosophen 216, 251–256; Ders., Gabe, Markt 48.
[871] Vgl. M. Hénaff, Die Gabe der Philosophen 252.
[872] Vgl. M. Hénaff, Der Preis der Wahrheit 374; Ders., Die Gabe der Philosophen 252; Ders., Violence 224.
[873] Vgl. M. Hénaff, Die Gabe der Philosophen 262f.
[874] Vgl. M. Hénaff, Die Gabe der Philosophen 74f, 262.

Nachbarschaftsbeziehungen und relativ informelle Formen der Gabe und gegenseitige Dienste.
- Auch in der persönlichen oder privaten Gemeinschaft glaubt Hénaff eine transformierte zeremonielle Gabe erkennen zu können. Die Beziehung zwischen dem Ich und dem Anderen schliesse – bei all ihren Formen der Zuneigung – die Beziehung zur Welt und damit zur öffentlichen Anerkennung ein.[875]

3.1.4. Fazit

Bei Hénaffs zeremonieller Gabe geht es nicht darum, jemandem Güter in Besitz zu geben, sondern darum, dass man sich für den Anderen engagiert und sich ihm aussetzt. Dieses Umfeld bleibt von der Ungewissheit geprägt, ob die Reziprozität eingehalten wird. Die Möglichkeit besteht immer, dass die Würde des Anderen nicht anerkannt wird. Auseinandersetzungen zwischen Gruppen oder Kriege zwischen Nationen, aber auch der von Leidenschaft getriebene Kampf zwischen Ich und Du können jederzeit ausbrechen. Der Schutz durch die zeremonielle Gabe ist wesentlich prekär.

Da die zeremonielle Gabe ein anhaltendes Paktieren zwischen latenten Feinden erfordert, ist sie (trotz Hénaffs Bemerkungen über Transformationen im mittleren und privaten Gesellschaftsbereich) primär eine politische Gabe, die wesentlich öffentlich ist und imperative Verpflichtungen zwischen Gebern und Nehmern in einem latenten Konfliktumfeld etabliert. Geschenke, die bei der zeremoniellen Gabe als grosszügige Geste der Anerkennung ausgetauscht werden, sind „Garanten des Bandes"[876] und können nicht einer Handelsbeziehung unterworfen werden, ohne die Würde des Anderen in Frage zu stellen oder gar zu zerstören.[877] Insofern darf die zeremonielle Gabe „keinen Preis" haben. Im zeremoniellen Tausch wird nichts dem Anderen zur ökonomischen Nutzung überlassen. Die getauschten Gaben transzendieren die absolute Würde der Akteure. Hénaff bezeichnet diese Würde als letzten Grund „für die For-

---

[875] Vgl. M. Hénaff, Die Gabe der Philosophen 227; s. Abschnitt 3.2.4.: Der Dritte als Realitätsprinzip.
[876] Vgl. M. Hénaff, Die Gabe der Philosophen 243.
[877] Vgl. M. Hénaff, Der Preis der Wahrheit 601.

derung, jeglichen Akt der Korruption, der Erniedrigung oder der Ausbeutung absolut zu verwerfen".[878]

3.2. Die Gabe, die ihren Preis hat: Die solidarische Gabe

Im Abschnitt „Ausklang" von «Der Preis der Wahrheit»[879] und etwas ausführlicher in «Die Gabe der Philosophen»[880] greift Hénaff seine Frage nach dem Preis der Gabe nochmals auf, verlegt allerdings seine Untersuchung in eine andere Sphäre, jener der solidarischen Gabe. Wie die zeremonielle Gabe gehöre auch die solidarische Gabe einer anderen Sphäre an als jener der Ökonomie. Die Beziehung zum Anderen ereigne sich bei der solidarischen Gabe als Güte.[881]

3.2.1. Der Andere und die Gegenseitigkeit

Philosophisch stützt sich Hénaff für die Charakterisierung der solidarischen Gabe auf Levinas. Hénaff räumt zwar ein, dass dieser sich nie unmittelbar mit dem Gabentausch beschäftigt habe,[882] er vertritt jedoch die These, dass Levinas die solidarische Gabe meine, wenn er von der Geste der Gabe („don") spreche. Dabei gehe es um eine konkrete Gabe. Diese werde mit einer Selbstlosigkeit gegeben, die weder grosszügige Verfügbarkeit noch eine bewundernswerte Geste ist. Wenn Levinas von „don" spreche, gehe es um etwas, was das Ich seiner Besitztümer beraube. Diese selbstlose Gabe zeige sich als Unterstützung des Anderen, wenn es an Gütern des gewöhnlichen Lebens (Brot, Bleibe) fehlt.[883] Es sei eine Unterstützung um jeden Preis („den-eigenen-Bissen-Brot-dem-Anderen-geben"[884]), die unter dem Zwang stehe, grosszügig zu geben mit dem Anderen als Quelle des zwingenden ethischen Gebotes.[885]

Was den Anderen zur Quelle des zwingenden ethischen Gebots mache, sei das Unendliche, das der Andere offenbare. Darum könne die Ich-Du-Beziehung bei Levinas kein symmetrisches Verhältnis meinen. Sonst würde das Unendliche

---

[878] Vgl. M. Hénaff, Der Preis der Wahrheit 601.
[879] Vgl. M. Hénaff, Der Preis der Wahrheit 593–604.
[880] Vgl. M. Hénaff, Die Gabe der Philosophen, vor allem die Kapitel 3 und 4.
[881] Vgl. M. Hénaff, Die Gabe der Philosophen 100ff.
[882] Vgl. M. Hénaff, Die Gabe der Philosophen 79.
[883] Vgl. M. Hénaff, Die Gabe der Philosophen 91f.
[884] Vgl. M. Hénaff, Die Gabe der Philosophen 101f.
[885] Vgl. M. Hénaff, Die Gabe der Philosophen 86.

verfehlt, schreibt Hénaff.[886] Vielmehr bleibe das Ich dem Anderen unterworfen. Hénaff interpretiert diese Unterwerfung im Kontext der Gabe als bedingungslose Selbstlosigkeit und grenzenlose Freigebigkeit dem Anderen gegenüber, was einen Tausch ausschliesse.[887] Eine Erwiderung der grosszügigen Geste wäre für Levinas Handelsaustausch,[888] genauso wie die Dankbarkeit des Anderen.[889]

Eine agonistische oder reziproke Auslegung der solidarischen Gabe scheint also auch für Hénaff ausgeschlossen. Doch Hénaff belässt es nicht bei dieser Folgerung. Stattdessen entwickelt er in einer ungewohnten Levinas-Interpretation eine Gegenthese. Diese schliesst das Erwidern ohne einen vom Geber erwarteten Vorteil ein und bestätigt zugleich die unbedingte ethische Verantwortung des Gebers, die es ihm verbiete, sich auf sich selbst zurückzuziehen. Als gegenseitige Bewegung könne dieses Verhalten verstanden werden, weil es sich um eine alternierende, asymmetrische Bewegung handle. Diese Bewegung sei irreversibel und agonistisch. Auf den folgenden Seiten soll nun Hénaffs Auslegung der solidarischen Gabe als agonistische Reziprozität näher erläutert werden.

3.2.1.1. Gegenseitigkeit auf der Zeitachse

Wenn die Vorzeitigkeit des Anderen mich als Subjekt erst konstituiert[890], wie kann dann im Sinne von Levinas Gegenseitigkeit gedacht werden, fragt sich Hénaff. Die Antwort findet er in Levinas' Unterscheidung der Ordnung der sich selbst genügenden Immanenz und jener der Transzendenz. „[Immanenz; Ergänzung L.H.] ist die Welt, in der ich die Nutzung der Güter suche, die Bequemlichkeit der Bleibe und schliesslich das gerechte Leben", erläutert Hénaff.[891] Die Forderung, die von der Epiphanie des verwundbaren und schutzlosen Antlitzes ausgehe, sei jedoch stärker als jene der kompensierenden Gerechtigkeit, die man der Immanenz-Kategorie der Äquivalenz zuordnen müsse, und nichts über die Andersheit des anderen Menschen aussage. Das Antlitz des Anderen erlaube in einer Notlage als Antwort einzig die Unterstützung oder grosszügige Ga-

---

[886] Vgl. M. HÉNAFF, Die Gabe der Philosophen 79.
[887] Vgl. M. HÉNAFF, Die Gabe der Philosophen 80. Hénaff bemerkt hierzu, dass dies wohl der Grund sei, weshalb Levinas die rituelle Gabe, von der Mauss spricht, nie behandelt habe.
[888] Vgl. M. HÉNAFF, Die Gabe der Philosophen 84.
[889] Vgl. M. HÉNAFF, Die Gabe der Philosophen 98.
[890] Vgl. M. HÉNAFF, Die Gabe der Philosophen 179.
[891] M. HÉNAFF, Die Gabe der Philosophen 86.

be.[892] Der von Levinas als ethische Verpflichtung charakterisierte bedingungslose Ruf des Anderen wird somit bei Hénaff zur Gabe, die ihren Preis hat.[893]

„In dieser *Gabe, die ihren Preis hat*, bestätigt sich die konstitutive Güte, die das Antlitz des Anderen in mir offenbart und von mir erheischt."[894]

Die Gabe, die ihren Preis hat, ereigne sich als etwas, das jenseits der Wahrnehmung jede Immanenz als unvermutetes Ereignis unterbreche[895] und die grosszügige Unterstützung des Anderen in Not um jeden Preis fordere.[896] Im Unterschied zur rituellen Gabe, bei der es sich nicht um eine unterstützende Zuwendung handle, sondern um den Tausch von etwas, das vom gewährten Vertrauen zeugt,[897] bewege sich die solidarische Gabe in „einer starken sozialen Dimension des Altruismus gegenüber Fremden", hält Hénaff fest.[898]

Die Frage der Umkehrbarkeit oder Gegenseitigkeit der Beziehung ist für Hénaff in diesem durch Bedingungslosigkeit geprägten Kontext irrelevant.[899] Damit stellt sich erneut die Frage nach der Möglichkeit von Agonie bei einer Gabe, in der sich das Ich in der Bewegung zum Anderen der Exteriorität ohne Erwartung einer Antwort ausliefert.[900] Hénaff überwindet dieses Dilemma, indem er gestützt auf Levinas die Gegenseitigkeit neu interpretiert und auf Distanz zum Modell des Vertrags und des darin implizit unterstellten Tauschhandels geht.[901] Stattdessen geht er von einem Ich-Du-Schema aus, in dem Ich und Du zwar austauschbare Positionen einnehmen können, die Personen selbst aber nicht ersetzbar sind. Der Austausch der Positionen in der konkreten Ich-Du-Beziehung erfolge als Voranschreiten auf der Zeitachse.

---

[892] Vgl. ebd.
[893] Vgl. M. Hénaff, Die Gabe der Philosophen 92, 101.
[894] M. Hénaff, Die Gabe der Philosophen 101. Hervorhebung im Original.
[895] Vgl. M. Hénaff, Die Gabe der Philosophen 95f, 258.
[896] Vgl. M. Hénaff, Die Gabe der Philosophen 102.
[897] Vgl. M. Hénaff, Die Gabe der Philosophen 103.
[898] Vgl. M. Hénaff, Glaube, Markt und soziale Gerechtigkeit 28.
[899] „[...]; der Empfänger weiss, wer ihm gibt, auch wenn er nicht zu Dankbarkeit verpflichtet ist." (M. Hénaff, Die Gabe der Philosophen 258).
[900] Vgl. M. Hénaff, Die Gabe der Philosophen 99.
[901] Vgl. M. Hénaff, Die Gabe der Philosophen 102f.

„Wenn der andere mir antwortet, ist er durch das, was er erhalten hat, bereits ein anderer geworden, und ebenso werde ich durch seine Antwort ein anderer".[902]

Wenn also der Andere in der ausgetauschten Position mich als den Anderen wahrnimmt, dann nimmt er auch meine frühere Geste auf und verändert die Ich-Du-Beziehung irreversibel auf der Zeitachse. Mit dieser Interpretation gelingt es Hénaff – wie bereits bei der zeremoniellen Gabe – Gegenseitigkeit im Rahmen einer „alternierenden Asymmetrie" zu definieren.

3.2.2. Agonie in der alternierenden Asymmetrie

Gegenseitigkeit oder Erwiderung ist also in Hénaffs Auslegung von Levinas gegeben, wenn auch nicht als „Von-Angesicht-zu-Angesicht".[903] Doch wie begründet er seine Behauptung, dass diese Gegenseitigkeit agonistisch sei? Seine Antwort rekurriert auf das Antlitz des Anderen, das die Weigerung einschliesse, Teil meiner Subjektivität zu sein. Zur Transzendenz des Anderen gehöre der Widerstand gegen meinen Einfluss. Sie fordere von mir, mich meiner Welt entreissen zu lassen und mich dem Anderen in seiner absoluten Andersheit auszuliefern. In diesem Kontext könne Freiheit also nicht die Möglichkeit sein, mein eigener Gesetzgeber zu sein, sondern sei die bedingungslose ethische Verpflichtung, die mir aus der Begegnung mit dem Antlitz des Anderen erwachse, nämlich ihn bedingungslos anzuerkennen.[904] Zusammengefasst ist also die alternierende Gegenseitigkeit agonistisch, insofern der Andere nicht mein selbst ist.

Die Gegenseitigkeit oder alternierende Asymmetrie findet in Hénaffs Interpretation der solidarischen Gabe nicht in einem gemeinsamen Raum der Anerkennung statt. Begegnen sich das Ich und der Andere, könnten sie nicht auf etwas Gemeinsames abstützen, sondern setzten sich immer wieder von Neuem ganz aufs Spiel. Anstelle eines gemeinsamen Raumes operiere die solidarische Gabe auf einer „unaufhörlich versetzten Spirale"[905]. In ihr entfalte sich die Dynamik alternierender Asymmetrie, die „uns aus jeder gesicherten oder geschlossenen Position herausreisst, und uns ins Noch-nicht wirft"; eine Annullierung der Zeit

---

[902] M. Hénaff, Die Gabe der Philosophen 108.
[903] Vgl. M. Hénaff, Die Gabe der Philosophen 102.
[904] Vgl. M. Hénaff, Der Preis der Wahrheit 598; Ders., Die Gabe der Philosophen 91.
[905] Vgl. M. Hénaff, Die Gabe der Philosophen 108.

würde die Gegenseitigkeit zu einer zirkulären Bewegung jenseits jeder Grosszügigkeit machen und ihre agonale Form aufheben.[906] Wie bei der zeremoniellen Gabe sei auch bei der solidarischen Beziehung die Geste des Anderen keine Tilgung einer Schuld sondern eine weitere Öffnung der Zeit der Beziehung.[907]

Damit ist vorerst gezeigt, wie Hénaff die solidarische Gabe agonistisch versteht und dass Solidarität über die Zeit genau dank dieser Agonie gesichert werden kann.

3.2.3. Die Diachronie der Zeit

Für ein besseres Verständnis des agonistischen Aspekts der solidarischen Gabe ist ein weiterer Exkurs in die Philosophie der Zeit von Levinas nützlich. Neben dem Bild der unaufhörlich versetzten Spirale verwendet Hénaff auch jenes von „der diachronischen Linie, … die sich verzweigt"[908], eine Metapher aus dem Denken von Levinas, die als logischer Gegensatz zur synchronen Zeitlichkeit, zu sehen ist:[909]

Mit der diachronen Zeit meint Levinas „das Verhältnis des Subjektes zum anderen"[910] und dieses Verhältnis ist die Zukunft.[911] Levinas definiert Zukunft demnach durch das Andere[912] oder den Anderen[913]. Was er damit meint, erläutert er anhand des Prozesses der Generativität: der Fruchtbarkeit und dem transzendierenden Verhältnis zum Kind.[914] „Die Vaterschaft ist das Verhältnis zu einem Fremden, der, obwohl er der andere ist, Ich ist"[915]. Damit bringt Levinas zum Ausdruck, dass das Kind in einer Zeit leben wird, in der der Vater nicht mehr ist. Dies sei die Zeit des Anderen, die einen Neubeginn ermögliche.[916]

---

[906] Vgl. M. Hénaff, Die Gabe der Philosophen 34.
[907] Vgl. M. Hénaff, Die Gabe der Philosophen 34f.
[908] Vgl. M. Hénaff, Die Gabe der Philosophen 108.
[909] Vgl. L. Wenzler, Zeit als Nähe des Abwesenden 85.
[910] Vgl. E. Levinas, Die Zeit und der Andere 17.
[911] Vgl. E. Levinas, Die Zeit und der Andere 48.
[912] Vgl. E. Levinas, ebd.
[913] Vgl. E. Levinas, Die Zeit und der Andere 54.
[914] Vgl. E. Levinas, Die Zeit und der Andere 14.
[915] Vgl. E. Levinas, Die Zeit und der Andere 62.
[916] Wenzler umschreibt die diachrone Zeit als jene Zeit, die sich der Gegenwärtigung, der Synchronisierung widersetze und sich als Verhältnis zum Abwesenden, als Verhältnis der Nicht-Gleichzeitigkeit ereigne (vgl. L. Wenzler, Zeit als Nähe 84f). „Das Verhältnis zum anderen ist die Abwesenheit des anderen; nicht blosse und einfache Abwesenheit, nicht Abwe-

Das bedeutet, dass in der Gegenwart nie ein Äquivalent zur Zukunft gefunden werden kann und jeder Vorgriff auf die Zukunft unmöglich ist.[917] Diachrone Zeit kann somit auch nicht als linearer Verlauf gedacht werden, sondern als Zeit einer immer neu beginnenden Andersheit, die sich nicht des Anderen bemächtigt.[918] Demgegenüber versteht Levinas unter der synchronen Zeit des Selben die Zeit des untergehenden Subjekts. Diese „geschlossene [...] Zeit des Bei-sich-Seins des Subjekts" bemächtige sich der Phänomene und identifiziere sie in der Gegenwart oder vergegenwärtige sie als Planung für die Zukunft und als Erinnerung für die Vergangenheit, schreibt Staudigl in ihrer Biografie über Levinas.[919] Bezogen auf die von Hénaff beschriebene alternierende Asymmetrie der solidarischen Gabe auf einer Zeitspirale ist die Vaterschaft demnach so zu verstehen, dass die Gegengabe einer diachronen Zukunft angehört, die sich jeder Vergegenwärtigung entzieht.

3.2.4. Der Dritte als Realitätsprinzip

Im Vorwort der Neuauflage von 1979 in «Die Zeit und der Andere» schreibt Levinas:

> „Die Zeit [...] soll in ihrer Dia-chronie ein Verhältnis bedeuten, dass die Anderheit des andern nicht beeinträchtigt und doch zugleich deren Nicht-Indifferenz gegenüber dem ‚Denken' gewährleistet."[920]

Diese Aussage soll kurz kommentiert werden: Diachronie ist im radikalen Gegensatz zu synchroner Zeitlichkeit zu denken.[921] Bei dieser radikalen Diskontinuität wird ein ontologischer Übergang in die Zeit des Anderen undenkbar. Staudigl ortet den Übergang von der diachronen Zeit als ethischen Ruf, der die Zeit der Gegenwart unterbrechen kann.[922] Dieser Ruf lässt Verbindlichkeit gegenüber dem Anderen entstehen. Wenzler vertritt im Nachwort zu «Die Zeit und der Andere» die These, dass die Diachronie nur im Gegensatz zur Synchro-

---

senheit des reinen Nichts, sondern Abwesenheit in einem Horizont der Zukunft, eine Abwesenheit, die die Zeit ist" (ebd. 61).
[917] Vgl. E. Levinas, Die Zeit und der Andere 52.
[918] Vgl. E. Levinas, Die Zeit und der Andere 8.
[919] Vgl. B. Staudigl, Emanuel Lévinas 94.
[920] Vgl. E. Levinas, Die Zeit und der Andere 8.
[921] Vgl. L. Wenzler, Zeit als Nähe 85.
[922] Vgl. B. Staudigl, Emanuel Lévinas 95.

nie gedacht werden könne, denn Diachronie könne sich einzig im Aufbrechen von Synchronie ereignen.[923] Dieselbe Ansicht bestätigt sich gleichsam gespiegelt in Levinas' Forderung, dass Diachronie gegenüber dem ontologischen „Denken" nicht indifferent sein soll: Im obigen Zitat schreibt Levinas das Wort Denken zwischen Anführungsstrichen. Damit dürfte er ein Denken gemeint haben, das von der diachronen Verbindlichkeit gegenüber dem Andern getroffen ist.[924] An anderer Stelle formuliert er diesen Sachverhalt als

> „ein Denken *für* ... [....], das eine Nicht-Indifferenz für den Anderen ist und so das Gleichgewicht der gleichen und gleichmütigen Seele des Erkennens zerbricht."[925]

Hénaff deutet das getroffen worden sein des Denkens durch die Diachronie als eine Bewegung zwischen den beiden Zeiten, die nicht durch eine innere Gegenseitigkeit ausgelöst werde, sondern durch die „alternierende Asymmetrie des Rufs und der Antwort".[926] Im Zusammenhang mit der agonistischen Gabe hält er aber auch fest, dass ein Pakt zwischen dem Ich und dem Anderen aufgrund der radikalen Diskontinuität der Zeit des Anderen gar nicht möglich sei.[927]

Die Gabe steht aber für einen sozialen Bezug. Wie lässt sich mit Levinas ein solcher Bezug trotz der radikalen Diskontinuität erklären? Hénaff antwortet mit Levinas' Begriff „der Dritte". Damit sei der Andere des Anderen gemeint, der mir in jedem Antlitz begegnet. Dieser Dritte erscheint in Hénaffs Auslegung von Levinas als eine rein ontologische Kategorie, die das unmittelbare Verhältnis zum Anderen zu einem mittelbaren macht. Diese Mittelbarkeit ermögliche, die Verantwortung für den Anderen im Zusammenhang mit den Ansprüchen der anderen Menschen als Gerechtigkeit zu reflektieren. Der Dritte sei der „Eintritt der Vernunft in die Beziehung" und das „Eingreifen eines Realitätsprinzips".[928] Allerdings kritisiert Hénaff, dass Levinas die Dimension des Dritten ontologisch auf Erkenntnisgegenstände und Subsistenzmittel beschränke. Die zeremonielle Gabe lehre hingegen, dass das Bündnis zwischen Gruppen oder Personen auch von der Bindung an Güter lebe. Das Dritte sei auch ein „es", das von Personen

---

[923] Vgl. L. WENZLER, Die Zeit als Nähe 85.
[924] Vgl. E. LÉVINAS, Wenn Gott ins Denken einfällt 217.
[925] Vgl. E. LÉVINAS, Wenn Gott ins Denken einfällt 209. Hervorhebung im Original.
[926] Vgl. M. HÉNAFF, Die Gabe der Philosophen 104.
[927] Vgl. M. HÉNAFF, Die Gabe der Philosophen 228f.
[928] Vgl. M. HÉNAFF, Die Gabe der Philosophen 226.

zeuge, die sich verpflichten. Gerade die zeremonielle Gabe belege, dass es Dinge gibt, die von Personen als verpflichtete Subjekte zeugen. Darum gehöre zum Dritten auch das Beziehungssymbol. Der Dritte sei darum als Welt und – ergänzend zu Levinas – als Person im interpersonellen Verhältnis zu sehen.[929]

In Hénaffs Sichtweise ist ein exklusives Bündnis zwischen dem Ich und dem Anderen ausgeschlossen. Es brauche die dreigliedrige Beziehung mit dem Dritten. Dieser könne das Bündnis zwischen zwei Personen als Zeuge oder Schiedsrichter bestätigen. Er könne aber auch als Objekt, mit dem wir uns gegenseitig in einer Bündnisgeste als Unterpfand unseres Seins präsentieren, erkennbar machen, dass wir unterschieden voneinander existieren.[930] Der Dritte überwinde damit als Schiedsrichter in der sozialen Ordnung als Ding der Welt und Unterpfand unseres Selbst die reine Dualität von Ich und Du, in der das Ich im Du versinken oder beide in gewalttätige Feindschaft verfallen würden.[931] Weil der Dritte durch die Beziehung zum Ich und zum Anderen konstituiert ist, sei die Triade von Ruf, Gebendem und bezeugendem Dritten oder bezeugender Gabe nicht auftrennbar.[932]

Zusammengefasst wird eine alternierend asymmetrische Gabe bei einem diachronen Zeitbegriff erst mit Hilfe des Dritten erklärbar. Die solidarische Gabe ereignet sich in einer gemeinsamen Relation mit dem Dritten, die wiederum in Beziehung zum nicht-indifferenten Verhältnis des Ichs zum dem Anderen steht. Im Dritten zeigt sich die bezeugende Gabe.

3.3. Die wohltätige Gabe

Bereits In der Einleitung zu dieser Arbeit wurde Hénaffs Einteilung der Gabe in drei heterogene Gabenkategorien vorgestellt. Als dritte Gabenkategorie nennt Hénaff die wohltätige Gabe, die sich durch die einseitige, grosszügige Geste ohne Gegenleistung auszeichne.[933] Dass Hénaff diese Kategorie nur am Rande bespricht, ist umso erstaunlicher, als er selbst festhält, dass sie eine reiche philosophische und theologische Geschichte habe und wegen ihrer langen religiösen und moralischen Tradition gerne als Bewertungsnorm für andere Katego-

---

[929] Vgl. M. Hénaff, Die Gabe der Philosophen 227.
[930] Vgl. M. Hénaff, Die Gabe der Philosophen 228f, 249.
[931] Vgl. M. Hénaff, Die Gabe der Philosophen 229.
[932] Vgl. M. Hénaff, Die Gabe der Philosophen 249 Fn 47.
[933] Vgl. M. Hénaff, Die Gabe der Philosophen 150f.

rien der Gabe genutzt werde.[934] Als Begründung für seine Zurückhaltung in der Reflexion der wohltätigen Gabe macht er geltend, dass es ihm um das Denken in den Kategorien der Anerkennung gehe. Die Diskussion um die wohltätige Gabe drehe sich aber eher um die Überwindung des Dilemmas von Egoismus und Altruismus oder die Beziehung von Gegenseitigkeit und Wohltätigkeit.[935]

An anderer Stelle[936] bezeichnet Hénaff die wohltätige Gabe als jene grosszügige, meist diskrete Geste, die wir gewöhnlich Gabe nennen. Hénaff setzt diese Gabenkategorie sogar mit dem gleich, was Mauss Felsen nannte, auf dem die Fundamente jeder Gemeinschaft ruhen würden. Schliesslich formuliert Hénaff seine Wertschätzung der wohltätigen Gabe als „[d]ie erste Geste, die uns mit dem Leben verbindet; das letzte Zeugnis von Menschlichkeit". Inhaltlich umschreibt Hénaff die wohltätige Gabe provokativ mit einem Zitat aus dem von ihm sehr kontrovers[937] interpretierten «Falschgeld» von Derrida: „Damit es Gabe gibt, *ist es nötig*, dass der Gabenempfänger nicht zurückgibt, nicht begleicht, nicht tilgt, nicht abträgt, keinen Vertrag schliesst und niemals in ein Schuldenverhältnis tritt."[938] Schliesslich erwähnt Hénaff die wohltätige Gabe als „spontane und freudige Grosszügigkeit gegenüber den geliebten Menschen"[939] und als Geschenk kostbarer Dinge, „das spielerisch mit dem Fest verbunden bleibt und das Glück will".[940]

Systematischer äussert sich Hénaffs in seinen Anmerkungen zu Seneca: Die wohltätige Gabe sei bei Seneca eine stark verinnerlichte[941], einseitige[942], moralische[943] Handlung, bei der der Geber bis zur Selbstverleugnung in den Hintergrund treten könne[944]. Damit stehe sie im völligen Gegensatz zur zeremoniellen

---

[934] Vgl. M. HÉNAFF, Die Gabe der Philosophen 37, 217.
[935] Vgl. M. HÉNAFF, Die Gabe der Philosophen 262.
[936] Vgl. M. HÉNAFF, Die Gabe der Philosophen 261.
[937] „Wir müssen es also zugeben und vor allem bedauern: Derridas Lektüre des Textes von Mauss irrt sich im Gegenstand." (Vgl. M. HÉNAFF, Die Gabe der Philosophen 46).
[938] M. HÉNAFF, Die Gabe der Philosophen 37. Hénaff zitiert hier: J. DERRIDA, Falschgeld 24. Hervorhebung im Original.
[939] Vgl. M. HÉNAFF, Die Gabe der Philosophen 60.
[940] Vgl. M. HÉNAFF, Die Gabe der Philosophen 101.
[941] Vgl. M. HÉNAFF, Der Preis der Wahrheit 166.
[942] Vgl. M. HÉNAFF, Der Preis der Wahrheit 395.
[943] Vgl. M. HÉNAFF, Der Preis der Wahrheit 394.
[944] Vgl. M. HÉNAFF, Der Preis der Wahrheit 218 Fn 70.

Gabe, die auf Ansehen, Ruhm und Ehre abziele.[945] Die Gegengabe erscheine in «De Beneficiis» nicht als Teil eines Gesamtphänomens, sondern als eine von der anfänglichen Gabe separierte Handlung. Bei der wohltätigen Gabe werde um des Gebens willen gegeben.[946] Senecas Abhandlung spreche von einem Geben, das keine Anerkennung erwarte und sich den Bewertungen durch die Gesellschaft auf eine göttliche Ebene[947] entziehe. Anstelle der grosszügigen Gegenseitigkeit des Gabentausches trete die gütige Wohltat „von oben" herab[948] als altruistische Alternative zum Egoismus der reichen Römer, die sich als Mäzene mit einseitigen Gaben gegenseitig übertrumpft hätten.[949]

Gemäss Hénaff hat Seneca sein Konzept der wohltätigen und einseitigen Gabe als Alternative zum Egoismus der damaligen privilegierten Klassen entworfen.[950] Die wohltätige Gabe sei letztes Mittel gegen den Egoismus, ihre fundamentale Bedeutung sei „letzter Ausweg, [...] nicht in absoluter Verzweiflung über unsere Gattung zu versinken.[951] Die wahre soziale Bedeutung der wohltätigen Gabe glaubt Hénaff dort erkennen zu können, wo unmenschliche Unrechtssysteme die Menschen derart voneinander isolieren, dass jede Form menschlichen Zusammenlebens erdrückt wird.[952] Wo politisches Handeln gar nicht mehr möglich ist, könne die bedingungslose Gabe zwar nicht das Fehlen gerechter Institutionen ersetzten, doch könne eine kleine Geste des Mitgefühls im totalitären Unrechtsstaat letztes Zeugnis von Menschlichkeit sein, das uns mit dem Andern verbindet. In Hénaffs Seneca-Interpretation wird die wohltätige Gabe zum letzten Pfeiler menschlichen Zusammenlebens, wenn politische Systeme unter dem Totalitarismus zusammenbrechen.[953]

Abschliessend sei noch erwähnt, dass sich Hénaff nicht explizit darüber äussert, ob die wohltätige Gabe auch agonistisch verstanden werden kann. Ein Hinweis,

---

[945] Vgl. M. HÉNAFF, Der Preis der Wahrheit 394.
[946] Vgl. M. HÉNAFF, Der Preis der Wahrheit 397
[947] Vgl. M. HÉNAFF, Der Preis der Wahrheit 405.
[948] Vgl. M. HÉNAFF, Die Gabe der Philosophen 16.
[949] Vgl. M. HÉNAFF, Der Preis der Wahrheit 404.
[950] Vgl. M. HÉNAFF, Die Gabe der Philosophen 260f.
[951] Vgl. M. HÉNAFF, Die Gabe der Philosophen 261.
[952] Als Beispiele solcher Systeme nennt er neben dem „Realsozialismus" und Nationalsozialismus den „tyrannische[n] Imperativ des Profits", wo jede grosszügige Geste als Suspekt gelte und Altruismus soweit gedreht werde, dass es im Interesse des Handelnden liegen könne, grosszügig zu sein (vgl. M. HÉNAFF, Die Gabe der Philosophen 261f).
[953] Vgl. M. HÉNAFF, Die Gabe der Philosophen 261.

dass er die wohltätige Gabe nicht-agonistisch versteht, liefert ein Abschnitt in «Die Gabe der Philosophen», in der er auf Distanz zu Ricoeur geht, der das Anerkennungsbündnis als überwundenen Konflikt und Friedenszustand interpretiert und in den Kontext der Agape einordnet. Mit einer solchen Aufhebung der Agonie, schreibt Hénaff, würde die zeremonielle Gabe in eine selbstlose Grosszügigkeit umgewandelt.[954] Demnach wäre ein befriedetes Anerkennungsbündnis für Hénaff keine Anerkennungsgabe mehr. Es wäre eine reine Grosszügigkeit und könnte somit der Sphäre der wohltätigen Gabe zugeordnet werden. Friede muss demnach als reines Geschenk verstanden werden.

3.4. Zusammenfassung

Hénaff unterstellt der philosophischen Gabendiskussion, dass sie oft einen Gabenbegriff voraussetze, der „unterschiedslos auf alle Arten von Situationen grosszügiger Überlassung eines Guts an einen Dritten gelten soll" und deren „Polysemie" ignoriert.[955] Die selbstlose Geste ohne Gegenleistung mit einer langen religiösen und moralischen Tradition tendiere dazu, für die Bewertung anderer Formen von Gaben herangezogen zu werden.[956] Neben der Gabe als „der bedingungslosesten Grosszügigkeit"[957] hat Hénaff im Zusammenhang mit der Gabe zusätzlich auf die zwei Sphären von Gegenseitigkeit und Wohltätigkeit hingewiesen, die er ebenfalls pauschal als „das Denken der Anerkennung" titulierte.[958]

---

[954] Vgl. M. HÉNAFF, Die Gabe der Philosophen 70, 127.
[955] Vgl. M. HÉNAFF, Die Gabe der Philosophen 208.
[956] Vgl. M. HÉNAFF, Die Gabe der Philosophen 217.
[957] Vgl. M. HÉNAFF, Die Gabe der Philosophen 260.
[958] Vgl. M. HÉNAFF, Die Gabe der Philosophen 262.

3.4.1. Tabellarischer Zusammenzug von Hénaffs drei Sphären der Gabe

	Zeremonielle Gabe	Wohltätige Gabe	Solidarische Gabe
Ausgetauschte Gaben	Kostbare Dinge, Wesen oder Festtagsnahrungsmittel, die aber der ökonomischen Sichtweise entzogen sind	Kostbare, aber auch nicht kostbare Dinge	Nützliche Dinge oder Dienste, die einen ökonomischen Preis haben
Funktion der Gabe	Im latenten Konflikt die Gabe als Geste der Anerkennung respektieren	Glück anstreben	Grundbedürfnisse befriedigen
Wirkung	Bindung in Form eines Paktes (nicht Kontraktes) Entwickeln und Entbieten von Respekt Erwerb von Ansehen und Prestige Empfindung von Würde	Freude beim Empfänger Zeugnis von Menschlichkeit geben	Linderung von Not
Formale Vorgehensweise	Von beiden Seiten akzeptierte öffentliche Rituale	Häufig diskretes Vorgehen	Häufig diskretes Vorgehen
Inhalt der Geste	Sich selbst geben	Geschenk	Hilfe in der Not
Verhalten der Gebenden	Rivalität	Spontanes und freudiges Schenken / Solidarität	Solidarität
Habitus im Austausch	Grosszügigkeit als öffentliche Bekundung der Kooperationsbereitschaft und des Selbstbehauptungswillens	Spontane und freudige Grosszügigkeit / Bedürfnis nach Menschlichkeit	Mitleid, Güte, Verantwortung, extern bestimmte Selbstlosigkeit
Gebende	Statusträger	Individuen	Individuen / Gruppen
Empfänger der Gabe	Latenter Gegner	Geliebte Menschen / Der Mensch um der Menschlichkeit willen	Der bedingungslos anerkannte Andere / Nahestehende oder auch Unbekannte

Art der Beziehung	Verpflichtend; Forderung nach Gegenseitigkeit	(Primär) einseitig	Forderung nach Gegenseitigkeit, ist für die Handlung irrelevant
Agonie	Als alternierende Asymmetrie	Nicht-agonistisch	Als alternierende Asymmetrie
Gesellschaftliche Sphäre	Politik (In der Gegenwart transformiert: Staat, interpersonale Ebene und private Gemeinschaften)	Ethik / Religion	Gerechtigkeit / Ethik Religion
Semantisches Umfeld	„dosis" / „anti-dosis"	„charis",agape", „gratia"	„philia", „philanthropia"

In obiger Tabelle werden Hénaffs Charakterisierungen der drei von ihm unterschiedenen Gaben zusammengestellt. Sie beschränkt sich auf Aussagen, die in diesem Kapitel sowie im ersten Kapitel[959] im Abschnitt über Hénaff gemacht werden.

4. Schlussfolgerungen und Ausblick

Hénaff hat das Phänomen der agonistischen Gabe in eine zeremonielle und eine solidarische Gabe getrennt und beide unter Wahrung der Würde des Anderen und des Respekts vor ihm agonistisch interpretiert. Die wohltätige Gabe hat er wohl kaum agonistisch verstanden. Im Sinne von Walzer von einer Kolonialisierung durch den Handel zu sprechen, ist bei keinem der von Hénaff unterschiedenen Gabentypen zielführend.

4.1. Kritische Anmerkungen zu Hénaff

Die Aufsplitterung des Themas Gabe für drei unterschiedliche Sphären führt zu sehr heterogenen Gabentypen.

- Unterschiedliche Auslöser der Gabendynamik:
  - Bei der wohltätigen Gabe handelt es sich um die nicht-agonistische Wohltat, die Seneca schon beschrieben hat. Sie soll Freude und Menschlichkeit verbreiten und erfolgt jenseits jeder Rücksicht auf eine gesellschaftliche Bewertung allein aus Güte.

---

[959] S. erstes Kapitel, 1.2.5.   Unterschiedliche Gaben mit je eigenem Rechtfertigungssystem.

o Bei der zeremoniellen Gabe wird mit zur Schau gestellter Grosszügigkeit die Loyalität gegenüber dem Bündnis mit einem latenten Gegner demonstriert, wenn auch nicht in selbstloser Absicht.[960] Der Beweggrund ist das Erleiden einer Provokation, auf die mit einer neuen Provokation geantwortet wird.

o Bei der solidarischen Gabe wird die Spirale der alternierenden Asymmetrie nicht durch die agonistische Geste in Bewegung gehalten, sondern durch den verpflichtenden Ruf des verwundbaren Anderen. Im Vokabular Bourdieus formuliert: Der Beweggrund zur solidarischen Gabe ist nicht die Demütigung, sondern die Wahrnehmung eines Habitus des Gedemütigt-werden-Könnens. Hénaff bettet also die solidarische Gabe in eine andersartige Dynamik ein als dies beim Mauss'schen Modell der agonistischen Gabe der Fall ist.

- Unterschiedliche Zwecke der Gabe:

Für die zeremonielle Gabe nimmt Hénaff einem Akteur an, der die Freiheit hat, den prekären, agonistischen Pakt durch die Gegengabe zu bestätigen und weiter zu führen. Anders als bei Bourdieu, der die agonistische Gabe als Anerkennung von verborgenen Machtverhältnissen interpretiert, geht es in Hénaffs zeremonieller Gabe um die gegenseitige Anerkennung und Machtdemonstration. Mit dieser Interpretation liegt Hénaff näher bei Mauss als Bourdieu.

Keinen mit der Mauss'schen Gabe vergleichbaren Zweck hat hingegen Hénaffs Interpretation der solidarischen Gabe: Der Andere setzt das Ich in einen Zustand der Verantwortung für eine historische Situation. Das moralische Subjekt findet sich in einer Situation vor, für die es möglicherweise nichts kann und dennoch dafür Verantwortung übernehmen muss. Bei Hénaffs solidarischer Gabe verschwindet die Freiheit von Geber und Empfänger der Gabe. Anstelle einer Machtdemonstration tritt die Übernahme von Verantwortung.

Hénaffs drei Gabentypen charakterisieren nicht nur unterschiedliche Sphären. Die unterschiedlichen Auslöser der Dynamik weisen auch auf die heterogenen Strukturen der drei Gabenarten hin. Problematisch ist Hénaffs Einordnung der zeremoniellen und der solidarischen Gabe als agonistische Gaben: Hénaffs Umschreibung von Agonie im Zusammenhang mit der solidarischen Gabe blendet

---

[960] Vgl. M. Hénaff, Die Gabe der Philosophen 58.

jeden Wettbewerb aus. Agonie beschränkt sich auf eine Gegenseitigkeit, die darin besteht, dass der Andere nicht mein selbst ist und das Verhältnis zum Anderen nicht Indifferent ist. Hénaffs Etikettierung der solidarischen Gabe als agonistisch strapaziert die Semantik dieses Wortes.

Eine zweite kritische Bemerkung zu Hénaff betrifft das staatliche Gewaltmonopol: Hénaff hat zwar in einem Aufsatz über Grausamkeit die Palette von Unmenschlichkeiten in einen evolutionären Zusammenhang gestellt und diese natürliche Entwicklung bis hin zur Bildung gesellschaftlicher Institutionen durch zeremonielle Gaben fortgeschrieben.[961] In diesem Beitrag gelangt er auch zur Forderung, dass Gewalt und Grausamkeit aus Respekt vor der Freiheit des Anderen abzulehnen sei.[962] Doch wie steht es um die Gewalt des Staates gegenüber seinen Individuen? Immerhin ist der Staat gemäss Hénaff die moderne Transformation der zeremoniellen Gabe. Eine Diskussion der Möglichkeiten des staatlichen Gewaltmonopols findet man bei ihm nicht. Insofern bleibt er hinter Bourdieu zurück, der zumindest punktuell auf die Gewalt als inhärente Ambivalenz der Gabe hingewiesen hat.

4.2. Ausblick zum Kapitel über transzendentale Agonie

Im weiteren Verlauf dieser Arbeit wird die solidarische Gabe – so wie sie Hénaff analysiert – nicht weiterverfolgt. Unbefriedigend geklärt ist bei Hénaff das Verhältnis von der individuellen Freiheit und dem staatlichen Gewaltmonopol. Unbestritten bleibt hingegen Hénaffs Zuordnung der drei Gabentypen in verschiedene soziale Sphären und seine Interpretation der zeremoniellen Gabe als Anerkennungsritual. Die letzten zwei Punkte sowie das Problem mit dem Gewaltmonopol werden noch weiter vertieft.

Das folgende Kapitel stellt eine anthropologische Sichtweise vor, bei der die Freiheit als Verhältnis des Akteurs zu sich selbst und zum Anderen vorausgesetzt bleibt und die Agonie neben der Anerkennung des Anderen auch die Anerkennung von sich selbst einschliesst. Das hat Konsequenzen auf die Ausübung von Gewalt durch den Staat. Die Frage, wie der Staat mit seinem Gewaltmonopol umzugehen hat, wird anhand von Karl Rahner und Hannah Arendt thematisiert und dann im Schlusskapitel mithilfe genereller ethischer Forderungen konkretisiert.

---

[961] Vgl. M. Hénaff, Rätsel der Grausamkeit 15–19.
[962] Vgl. M. Hénaff, Rätsel der Grausamkeit 17.

FÜNFTES KAPITEL: TRANSZENDENTAL VERSTANDENE MACHT

Zentrales Thema dieses Kapitels ist die Zwiespältigkeit der Macht. Karl Rahner (1904–1984) hat dieses Thema verschiedentlich aus theologischer Sicht ausgeleuchtet. Ich werde seinen Überlegungen über die Macht im ersten Teil dieses Kapitels nachgehen und zeigen, wie sich diese in Rahners transzendentale Anthropologie einordnen. Rahners Anthropologie taugt nicht als theologische Überhöhung der sozialwissenschaftlichen Anthropologien, die im Zusammenhang mit Bourdieu und Rorty besprochen wurden. Sie geht von einem nicht austauschbaren, verbindlichen Subjekt aus. Rahners Subjekt hat, wie bei Levinas, die Fähigkeit, sich selbst zugunsten des Anderen aufzugeben, allerdings aus freiem Willen.

Das Vermögen, sich selbst zu bestimmen und auf den Anderen einzuwirken, ist wesentlich für Rahners Anthropologie. Er hat sich aber auch mit der Frage beschäftigt, wie die Fähigkeit, auf den Anderen einzuwirken, im Auftrag der Staatsmacht genutzt werden darf. Diese Fragestellung bekommt für Rahner dort ihre Bedeutung, wo Staatsmacht die Ausübung von Gewalt fordert. Macht schliesst für Rahner Gewalt mit ein. Der zweite Teil dieses Kapitels präsentiert als Alternative dazu Hannah Arendts Verständnis von staatlicher Macht. Dieses schliesst Gewalt aus der Definition von Macht aus.

1. Rahners transzendentale Anthropologie

1.1. Die transzendentale Methode

Rahners transzendentale Anthropologie geht „vom endlichen, aber auf das Unendliche hin offenen Subjekt"[963] aus, das reflexiv „über eine rein empirisch feststellende und aposteriorisch beschreibende Anthropologie hinaus gegeben ist"[964]. Es geht Rahner um die Deutung des Menschen als Wesen, das sich in einer Umwelt und einer Mitwelt vorfindet, aber auch um sich selbst weiss, sich als unableitbares, endliches Subjekt vom Endlichen auf das Unendliche hin verstehen will und in einer Freiheitsgeschichte mit eigener Verantwortung steht.

---

[963] Vgl. K. RAHNER, Selbsterfahrung und Gotteserfahrung 179.
[964] Vgl. K. RAHNER, Grundkurs 207.

Rahner fragt nach den notwendigen Bedingungen menschlichen Tuns und Erkennens. Da man mit dieser transzendentalen Denkweise nicht über den Menschen sprechen könne, ohne auch über Gott theologisch etwas auszusagen,[965] muss man gemäss Rahner bei jedem dogmatischen Thema nach den notwendigen Bedingungen seiner Erkenntnis im theologischen Subjekt mit fragen.[966] Für die Christen werde Theologie in Ewigkeit Anthropologie bleiben, denn sie hätten es immer mit einem Gott zu tun, der Mensch geworden ist. Auch die christliche Beziehung zu Gott, die durch die Beziehung zu Jesus vermittelt ist, sei eine geschöpfliche Wirklichkeit.[967]

> „Wir wissen im letzten von Gott nichts, wenn wir nichts vom Menschen wissen, von dem, den Gott selbst als seine eigene Wirklichkeit angenommen hat und in dem auch das letzte Geheimnis, die letzte Tiefe alles Menschseins beschlossen ist."[968]

In letzter Konsequenz heisst das für Rahner, dass die Gnade die apriorische Bedingung der theologischen Erkenntnis im Subjekt ist. Der sich selbst mitteilende Gott ist der objektive Grund und eigentliche Inhalt des aposteriorisch Erkannten und Geschichtlichen.[969] Zugleich lehrt Rahner, dass jede transzendentale Erfahrung durch eine kategoriale Begegnung mit der konkreten raumzeitlichen Gegenständlichkeit unserer Erfahrungsdaten vermittelt ist.[970]

1.2. Freiheit

1.2.1. Werden ist aktive Selbsttranszendenz

Über den Menschen zu sprechen, impliziert bei Rahner immer auch, ihn im Rahmen des christlichen Schöpfungsglaubens zu sehen. Das bedeutet, dass Gott durch seinen transzendentalen, schöpferischen Einfluss den Dingen er-

---

[965] Vgl. K. RAHNER, Theologie und Anthropologie 283.
[966] Vgl. K. RAHNER, Theologie und Anthropologie 284.
[967] Vgl. K. RAHNER, Vom Geheimnis der Heiligkeit, der Heiligen und ihrer Verehrung 81.
[968] RAHNER, Der neue Auftrag der einen Liebe 99.
[969] Vgl. K. RAHNER, Theologie und Anthropologie 285.
[970] Vgl. K. RAHNER, Grundkurs 61, 67. An diesem Punkt setzen Rahners theologische Kritiker, namentlich Hans Urs von Balthasar ein: Dieser wirft Rahner eine Übergewichtung des geschöpflichen Subjekts vor. Mit dem Rückgriff auf die transzendentalen Erkenntnisbedingungen im Subjekt unterwerfe Rahner das in der Welt Begegnende einem verfügenden Raster, womit sich die Frage stelle, wie sich in dieser Sicht ein Mensch gewordener Gott ein für alle Mal zu erkennen geben könne (vgl. A. RAFFELT / H. VERWEYEN, Karl Rahner 46).

möglicht, sich kreativ selbst zu überschreiten. Rahner versteht das Werden im Weltprozess als kreativen Prozess und nicht als etwas Vorgegebenes, das keimhaft angelegt ist und sich nur noch auszuwickeln habe.[971] Urheber der Kreativität, die in allem Geschaffenen von innen her wirkt, sei der Schöpfer.

Die Kreativität, die die aktive Selbstüberschreitung ermöglicht, ist im Denken Rahners allem Geschaffenen transzendental-dialogisch immanent.[972] In der werdenden Welt würden der transzendental ermöglichende Geist und das kreative Geschöpf für uns undurchschaubar zusammenwirken. Rahner schliesst die Möglichkeit aus, die empirische und die transzendentale Dimension getrennt zu sehen.

1.2.2. Der Vorgriff

Der Schlüssel zum Verständnis von Rahners Anthropologie ist ein unthematisches und unausweichliches Wissen des Menschen um die Unendlichkeit der Wirklichkeit. In seiner „Transzendentalität als Geist und Freiheit" erfahre der Mensch seine Verwiesenheit auf das Unumfassbare.[973] Rahner bezeichnet diese über alles Bekannte hinausgreifende Aktivität als Vorgriff[974]. Statt von Vorgriff spricht er auch vom Woraufhin, das er in Abhängigkeit vom Wovonher erklärt. Das Woraufhin der Transzendenz sei immer ursprünglich ein Wovonher des sich zuschickenden Geheimnisses.[975] Rahner spricht in diesem Zusammenhang vom heiligen Geheimnis.[976] Das Wovonher ist somit im Sinne Rahners die Voraussetzung, um fragen zu können, und nicht bloss eine mögliche Antwort auf die Frage des Menschen nach sich selbst.[977]

Das sich zuschickende Geheimnis befähige den Menschen, Fragen zu allem Gegenständlichen zu stellen. Doch mit jeder Antwort, die der Mensch sich gibt, entziehe sich auch der Fragehorizont und gebe Raum frei für neue Fragen. Als Folge dieser vorgreifenden Struktur der Erkenntnis könne sich der Mensch als Wesen mit endlichen Möglichkeiten vor einem unendlichen Horizont erfah-

---

[971] Vgl. K. RAHNER, Wer ist dein Bruder? 15.
[972] Vgl. K. RAHNER, Grundkurs 186.
[973] Vgl. K. RAHNER, Grundkurs 311.
[974] Ein Terminus, den Rahner von Heidegger übernommen und in Anlehnung an Joseph Maréchal uminterpretiert hat (vgl. A. RAFFELT / H. VERWEYEN, Karl Rahner 38f).
[975] Vgl. K. RAHNER, Grundkurs 68, 74, 105, 112.
[976] Vgl. K. RAHNER, Grundkurs 69f, 74f, 81.
[977] Vgl. A. LANGENFELD / M. LERCH, Theologische Anthropologie 155.

ren.[978] Das mache ihn zu einem „Wesen der Transzendenz", dessen Erkenntnisse im Vorgriff über alles Bekannte hinaus auf „das ‚Sein' überhaupt" gründen.[979] Dieses „Wesen der Transzendenz", das fragend vor der Wirklichkeit stehe, nennt Rahner auch Geist, allerdings klar unterschieden vom reinen Geist, womit er „die in sich fraglose, fraglos gegebene Unendlichkeit der Wirklichkeit" meint.[980]

Der Vorgriff ist bei Rahner nicht nur Bedingung für die Erkenntnis, sondern auch für die Konstituierung des Subjekts: Im Vorgriff mache der Mensch die Erfahrung eines unendlichen Horizonts, der durch Reflexion nicht eingeholt werden könne. Die Offenheit für dieses Unfassbare macht für Rahner das Person- oder Subjektsein aus. Er sieht das Ich also nicht als austauschbares Objekt – wie etwa Bourdieu –, sondern als ein Subjekt, das von einem unfassbaren und unverfügbaren Ursprung her vor einem unendlichen Horizont gegeben ist. Als „Wesen der Transzendenz" kann sich der Mensch im Rahnerschen Denken jedoch nur durch die Gegenständlichkeit der Welt erkennen, indem er „sich als sorgend und besorgend, fürchtend und hoffend der Vielfalt seiner Alltagswelt ausgesetzt erfährt".[981] Insofern kann Rahner die sozialwissenschaftliche, objektivierende Sicht auf das Ich als ein Denken in einem endlichen Horizont einordnen und unbeanstandet neben seinem eigenen Subjektbegriff stehen lassen.[982]

1.2.3. Die geschöpfliche Freiheit

Im Vorgriff über alles begrenzte Einzelne auf das umgreifende Sein sieht Rahner jene präsente Transzendenz, die das Wesen der Freiheit ausmacht. Die Person ist demnach „Wesen der Transzendenz" und auch „Wesen der Freiheit". Doch wie verhalten sich diese beiden Begriffe zueinander? Rahner interpretiert dies so, dass die Person sich der Verwiesenheit auf das Unumfassbare öffnen oder verschliessen kann.[983]

---

[978] Vgl. K. RAHNER, Grundkurs 42f.
[979] Vgl. K. RAHNER, Grundkurs 44, 198.
[980] Vgl. K. RAHNER, Grundkurs 42f.
[981] Vgl. K. RAHNER, Grundkurs 45f. Rahner räumt an dieser Stelle und in diesem Zusammenhang allerdings ein, dass eine gegenständlich nicht vermittelte Transzendenzerfahrung vielleicht in der Erfahrung der Mystik oder im Todeskampf möglich sei.
[982] Vgl. K. RAHNER, Grundkurs 38.
[983] Vgl. K. RAHNER, Grundkurs 134f.

"Die Freiheit, so wie sie von Gott her dem Menschen schöpferisch dauernd zugesagt wird, ist die Freiheit der absoluten Annahme des absoluten Geheimnisses, das wir Gott nennen, und zwar so, dass Gott nicht einer der ‚Gegenstände' ist, an dem neben anderen sich eine neutrale Wahlfreiheit sachhafter Art betätigt, sondern derjenige, der in diesem absoluten Akt der Freiheit erst dem Menschen aufgeht und an dem das Wesen der Freiheit selbst allein zu seinem vollen Wesensvollzug kommt."[984]

Damit ist Freiheit „immer Selbstvollzug des gegenständlich wählenden Menschen in Hinsicht auf seinen Gesamtvollzug vor Gott"[985], wo Geist über alles begrenzte Einzelne auf das umgreifende Sein vorgreift. Rahners Freiheit des Geschöpfs als endliche Freiheit meint also die Offenheit des in einer konkreten Geschichte lebenden Menschen auf alles: die absolute Wahrheit, die absolute Liebe und die absolute Unbegrenztheit des menschlichen Lebens in der Unmittelbarkeit zu Gott.[986] Diese Freiheit kann sich aber nur in konkreten und damit endlichen und endgültigen Taten verwirklichen.[987] Letztlich meint Rahner mit endlicher Freiheit „die aufs Endgültige hin gewollte Selbstverfügung der freien Person über sich selbst".[988] Damit unterscheidet sich sein Freiheitsbegriff unmissverständlich von der Freiheit als Möglichkeit, sich zwischen Objekten (worunter auch Gott) zu entscheiden, oder dies oder jenes in beliebiger Reihenfolge zu tun und auch getroffene Entscheide wieder zu revidieren.

1.2.4. Freiheit ist sich selbst gegenüber frei

Freiheit im Sinne Rahners ist seinem Wesen nach dort, wo es Geist als Vorgriff über alles begrenzte Einzelne auf das umgreifende Sein gibt. In Rahners Anthropologie ist das „Wovonher des sich zuschickenden Geheimnisses" der tragende Grund von jedem Akt der Freiheit. Dieser Grund sei in der innersten Mitte unseres Daseins als letztes Woraufhin immer „unthematisch" gegeben.[989] Bemerkenswert an Rahners Verständnis der Freiheit ist, dass diese nicht auf Gott gerichtet bleiben muss, sondern sich von ihm auch abwenden kann. Es sei eine Eigenschaft der Kreatürlichkeit, dass sie die Freiheit, die Bedingung ihrer eigenen Möglichkeit ist, verneinen könne. Das könne der Mensch aber nur tun,

---

[984] K. Rahner, Theologie der Freiheit 92f.
[985] Vgl. K. Rahner, Theologie der Freiheit 101.
[986] Vgl. K. Rahner, Grundkurs 388.
[987] Vgl. K. Rahner, Würde und Freiheit 193.
[988] Vgl. K. Rahner, Der neue Auftrag der einen Liebe 96.
[989] Vgl. K. Rahner, Theologie und Anthropologie 287.

indem er sich auf dieselbe Freiheit beruft. Die kreatürliche Freiheit schliesst also die Annahme oder Ablehnung ihres eigenen Horizontes ein.

„Freiheit ist in ihrem Ursprung Freiheit des Ja oder Nein zu Gott und darin Freiheit des Subjekts zu sich selbst."[990]

Die Paradoxie, sich gegen seine Ausgerichtetheit auf die Unmittelbarkeit Gottes in einem freien Nein versperren zu können,[991] nennt Rahner „das schauervolle Geheimnis der Freiheit im christlichen Verständnis".[992] In seinem „Sichselbstgegebensein in Freiheit" könne der Mensch in einem letzten existenziellen Sinn über sich verfügen.[993] Das Subjekt, wie Rahner es versteht, ist gegenüber sich selbst frei[994] und bleibt damit in seinem Selbstvollzug unantastbare Person, sei es als Selbstverwirklichung auf Gott hin oder Selbstverweigerung Gott gegenüber.[995]

1.2.4.1. Freiheit und Rechtfertigung

Daran schliesst sich die Frage an, wie die Verweigerung der Anerkennung des eigenen tragenden Grundes erkennbar wird. Ob seine Totalentscheidung auf Gott hingerichtet sei oder ob er in objektiv und subjektiv schwerer Sünde lebe, könne der Mensch nicht durch Reflexion ergründen, schreibt Rahner.[996] Anstelle von Gewissheit bleibe dem Menschen die Hoffnung des Sünders auf Gottes Barmherzigkeit. Das freie Ja des Menschen müsse immer neu durch Gottes Gnade geschenkt werden. Damit interpretiert Rahner auch dieses freie Ja des Menschen noch einmal als ein Geschenk der Gnade, weil der Mensch von sich aus, sich von Gott abwenden würde.[997]

Rahners Synthese von „mere passive" und Freiheit steht also in Spannung zur Rechtfertigungslehre von Luther: Während der Mensch gemäss Rahner sich der

---

[990] Vgl. K. RAHNER, Theologie der Freiheit 96. Hervorhebung im Original.
[991] Vgl. K. RAHNER, Grundkurs 66.
[992] Vgl. K. RAHNER, Theologie der Freiheit 95.
[993] Vgl. K. RAHNER, Theologische Bemerkungen zum Begriff «Zeugnis» 384.
[994] Vgl. K. RAHNER, Theologie der Freiheit 96.
[995] Was bedeutet das für die einzelnen Handlungen? Für Rahner heisst es, dass diese immer im Horizont des einen, konkreten endlichen und vom Grundakt der Freiheit geprägten Lebens gesehen werden müssen (vgl. K. RAHNER, Theologie der Freiheit 99f).
[996] Vgl. K. RAHNER, Gerecht und Sünder zugleich 201f.
[997] Vgl. ebd.

Gnade Gottes zuwenden oder verschliessen kann (wobei die Zuwendung auch schon Gnade ist), bestreitet Luther diese Möglichkeit.[998]

1.2.5. Freiheit gewinnt sich in der Begegnung mit anderer Freiheit

Wie konkretisiert sich menschliche Freiheit im Handeln? Gemäss Rahner erfolgt der Vollzug der transzendentalen Freiheit immer gegenüber einem kategorialen Objekt oder einem innerweltlichen Du. Bestände die Welt nur aus kategorialen Objekten, wäre auch das Verhältnis zum eigenen Leib ein rein sachliches. Hingegen werde in der Begegnung mit der Leibhaftigkeit anderer Personen die Erfahrung des eigenen Leibes zur Selbsterfahrung, denn das andere Freiheitssubjekt konfrontiere das Ich immer auch mit Fremdbestimmung.[999]

„Selbsterfahrung geschieht in der Einheit mit der Erfahrung der anderen."[1000]

Rahner sieht also den Mitmenschen als kategorialen Ort, in dem das Ich die kategoriale Wirklichkeit ganz erreichen und die transzendentale und gnadenhaft unmittelbare Erfahrung Gottes machen kann. In dieser Begegnung trifft der Mensch auf den souveränen Gott sowie im Rahmen einer gesellschaftlich sich konkretisierenden Zwischenmenschlichkeit auf unverfügbare Entscheidungen vom Anderen.[1001] In der Auseinandersetzung mit der Freiheit des Anderen konkretisiert sich demnach menschliche Freiheit.

1.2.6. Freiheit verwirklicht sich in der Zeit

Eine Konsequenz der Anbindung des Menschen an kategoriale Erfahrungen ist die Selbsterfahrung als geschichtliches und verantwortliches Freiheitswesen in einer Zeit mit einem irreversiblen Richtungssinn. Die unumkehrbare und begrenzte Zeit mache seine Existenz zu einer Freiheitsgeschichte, deren Endlichkeit „mindestens durch den ersten Freiheitsakt und durch den Tod" gegeben sei, schreibt Rahner, logische Konsequenz dieser Erfahrung sei, dass es weder

---

[998] Vgl. dazu den Beitrag von H. HOPING, Freiheit und Sünde 234, 238: In der Streitschrift «De servo arbitrio» (Über den unfreien Willen) sei der menschliche Wille nach dem Sündenfall nicht mehr in der Lage, sich dem ewigen Heil zu- oder sich von ihm abzuwenden, schreibt Hoping. Bei Luther gebe es keine indifferente Freiheit des Sünders. Folglich könne der Mensch seine Rechtfertigung auch nicht verwirken.
[999] Vgl. K. RAHNER, Autorität 186.
[1000] Vgl. K. RAHNER, Selbsterfahrung und Gotteserfahrung 183.
[1001] Vgl. K. RAHNER, Grundkurs 314.

eine „Präexistenz" noch eine „unbestimmte Weiterdauer nach vorne" geben könne.[1002]

Rahner konkretisiert das Verhältnis vom Raum des Werdens und jenem der Endgültigkeit personaler Verantwortung unter anderem im Zusammenhang mit Tod und ewigem Leben. In der unbegrenzten physikalischen Raumzeitlichkeit könne es die Vollendung des Menschen nicht geben. Zeit würde Irrsinn, wenn sie sich nicht vollenden könnte. Ein ewiges Weitermachenkönnen wäre die Hölle der leeren Sinnlosigkeit. Kein Augenblick hätte Gewicht.[1003] Freiheit wird nicht als ein „Immer-wieder-anders-Können" verstanden, sondern als Vermögen, die eigenen Handlungen der Gleichgültigkeit zu entreissen und ihnen endgültige Gültigkeit zu geben.[1004] Rahner interpretiert somit Freiheit als unwiderrufliche Selbstverfügung in Endgültigkeit hinein.[1005] Der Endgültigkeitscharakter dieses Freiheitsaktes leite sich daraus ab, dass der Vorgriff der kreatürlichen Freiheit nur Antwort auf Gottes geschenkte Gnade sein könne, worauf letztlich seine Geschichtlichkeit und die Erfahrung der Kreatürlichkeit der Freiheit gründe, die sich in einer aposteriorisch und unverfügbar gebenden Um- und Mitwelt vorfinde und sich dort objektivieren müsse.[1006]

> „Freiheit braucht gerade für ihre grossen und radikalen Grundentscheidungen eine sie ermöglichende Situation, weil kreatürliche Freiheit responsorische Freiheit ist, ihr ein Wort vorgegeben sein muss, auf das sie antworten kann."[1007]

Die Freiheitstat ist also von Gott ermöglicht. Wie verhält es sich aber mit der responsorischen Freiheitstat, wenn Kollektive völlig legal bestimmte Handlungen vorschreiben? Beispielsweise wenn der Staat Bürger in den Krieg schickt oder mit einem Amt betraut, das die Selbstverfügung anderer Menschen einschränkt? Kann man die erzwungene Teilnahme an legalen Kriegen und die legale Unterstützung von staatlicher Einschränkung oder gar von Gewalt als Antwort auf Gottes geschenkte Gnade verstehen? Anders gefragt: Können Kollektive Handlungssubjekte sein? Und wenn dem so wäre, wie kann dann das unter Zwang handelnde Individuum dieses Tun der Gleichgültigkeit

---

[1002] K. RAHNER, Theologische Bemerkungen zum Zeitbegriff 631.
[1003] Vgl. K. RAHNER, Grundkurs 266, 419f; DERS. Über das christliche Sterben 336.
[1004] Vgl. K. RAHNER, Theologie der Freiheit 100; DERS., Über das christliche Sterben 335.
[1005] Vgl. K. RAHNER, Über die Einheit von Nächsten- und Gottesliebe 84.
[1006] Vgl. K. RAHNER, Theologie der Freiheit 103, 108.
[1007] K. RAHNER, Alltagstugenden 133.

entreissen? Auf den folgenden Seiten soll geklärt werden, wie Rahner das Verhältnis des in personaler Verantwortung stehenden Individuums zur Macht sieht und inwiefern Macht über Personen verfügen darf.

1.3. Macht

Wenn Freiheit das Wesen der Person ist, müsse ihr auch die Möglichkeit des Freiheitvollzugs eingeräumt werden, fordert Rahner. Eine Einschränkung der Freiheit sei allerdings dort berechtigt, wo in einem gemeinsamen Daseinsraum Menschen sich gegenseitig in Anspruch nehmen.[1008] Damit stellt sich die Frage nach Rahners Kriterien für die zulässige Einschränkung oder den verwerflichen Übergriff. Rahner hat sich verschiedentlich zum Verhältnis von Macht und Gewalt geäussert. Unter Macht versteht er „das Vermögen des Menschen als einzelnen oder in organisierten Gruppen bis zum Staat"[1009] „von sich aus und ohne die vorhergehende Zustimmung des anderen in die realen Zustände dieses anderen verändernd einzugreifen".[1010] Macht, die an die Zustimmung des von der Macht Betroffenen gebunden wäre, sei ohnehin keine Macht, schreibt er an anderer Stelle.[1011]

1.3.1. Rahners drei Thesen zur Macht

Im Beitrag «Theologie der Macht»[1012] entfaltet er seine Sicht auf das Thema Macht in drei theologischen Thesen.

1.3.1.1. Macht ist ein Existenzial und eine schöpfungsmässige Anlage

Für Rahner ist Macht eine schöpfungsmässige Anlage.[1013] Dies ist seine erste These. Allein schon die Tatsache, dass der Andere jetzt nicht an derselben Stelle sein kann, wo ich gerade bin, sei eine Begrenzung der Freiheit des Anderen durch physische Macht. Einleitend zu «Theologie der Macht» erwägt er die Möglichkeit, dass diese physische Macht ausserhalb der Heilsordnung liegen

---

[1008] Vgl. K. RAHNER, Theologie der Freiheit 111.
[1009] Vgl. K. RAHNER, Macht und Freiheit 122.
[1010] K. RAHNER, Theologie der Macht 451.
[1011] K. RAHNER, Theologie der Macht 460.
[1012] Erstmals erschienen: Männerwerk Köln, hektograph. (1960). Erste breite Publikation: K. RAHNER, Theologie der Macht. In: DERS. Schriften zur Theologie, Bd. 4, Neuere Schriften, Einsiedeln 1960, 485–508. Die vorliegende Arbeit verweist auf: DERS., Theologie der Macht. In: DERS., Sämtliche Werke, Band 12, 451–468.
[1013] Vgl. K. RAHNER, Macht und Freiheit 123.

könnte und eine Erscheinungsform der Schuld wäre. Rahner verwirft diese Hypothese: Die physische Macht sei eine Wirklichkeit der Schöpfungsordnung Gottes, allerdings in ihrer Erscheinungsform eine Folge der Sünde und deshalb eine Verpflichtung für den Menschen. Macht sei ein Existenzial, das wie Krankheit, Triebhaftigkeit oder Tod durch den Christen zu überwinden ist und durch die eschatologische Gnade Gottes tatsächlich entmachtet werde.[1014]

1.3.1.2. Macht ist ambivalent

Die zweite theologische These Rahners behandelt die Möglichkeit der Ausübung von Macht in der sozialen Welt, wozu er auch die Brachialgewalt zählt. Auch diese Form von Macht müsse nicht zum Vornherein etwas Böses sein, sondern sei zuerst einmal als Gabe Gottes zu sehen, die nicht missbraucht werden und als Sünde umgesetzt werden dürfe.[1015] Theologisch sei die unumgängliche Relation von Gewalt und Freiheit also primär als natürlich und gottgewollt zu verstehen und nicht als etwas, das nicht sein sollte.[1016] „Macht und deren innere Gewalttätigkeit" ist in Rahners Anthropologie „Ausdruck und inneres Moment der Freiheit".[1017]

Für Rahner ist Macht auch ein ambivalentes Existenzial menschlichen Daseins. Bezogen auf die soziale Welt werde Macht durch die leibhaftige Existenz erst

---

[1014] Vgl. K. RAHNER, Theologie der Macht 455. Lerch umschreibt das Rahnersche Existenzial als eine „Prägung", die dem freien Handeln des Menschen vorausgeht (vgl. A. LANGENFELD / M. LERCH, Theologische Anthropologie 77).

[1015] In diesen Kontext gehört auch Rahners Satz: „Es mag Revolutionen geben, bei denen sogar harte Gewalt christlich ist." (K. RAHNER, Die unverbrauchbare Transzendenz Gottes 73). In direktem Widerspruch dazu steht etwa Ralf Miggelbrink, der in seinem Buche «Lebensfülle», in der er auf die Innsbrucker Schule Dramatischer Theologie eingeht, die Charakterisierung der Gewalt als „gottwidriges Moment der konkreten menschlichen Natur" übernimmt und Gewalt als „ontologisch sündhaft" qualifiziert (vgl. R. MIGGELBRINK, Lebensfülle 191ff).

[1016] Vgl. K. RAHNER, Macht und Freiheit 123. Dass der Mensch dennoch den Wunsch verspürt, gegen diese Wirklichkeit aufzubegehren, liege darin, dass er ursprünglich zu einem nicht gefallenen Wesen bestimmt war und diese Bestimmung als übernatürliches Existenzial einer gnadenhaften Daseinsordnung immer noch erfahre. In einem Aufsatz über die Konkupiszenz illustriert Rahner das anhand der Integrität des Menschen vor dem Sündenfall. Demnach sei der paradiesische Adam des „restlosen Einsatzes seines Wesens in der personalen Entscheidung zum Guten" fähig gewesen. Ohne die Gabe dieser Integrität verfüge die Person nicht restlos „über sich vor Gott" und könne die Entscheidung zum Guten „nur je nach den Umständen in geringerem oder grösserem Masse durchsetzen" (vgl. K. RAHNER, Zum theologischen Begriff der Konkupiszenz 24f).

[1017] Vgl. K. RAHNER, Macht und Freiheit 124.

gesetzt, und niemand könne Freiheit vollziehen, ohne den Freiheitsraum eines Anderen einzuengen und ihm letztlich damit Gewalt anzutun. Selbst durch das freiwillige Ausscheiden aus dem Leben würde der Mensch noch Macht ausüben, indem er dadurch auch den gemeinsamen Daseins- und Freiheitsraum verändere.[1018] Der Glaubende müsse also Macht als von Gott geschaffene Wirklichkeit dieser Welt, als Gabe und Aufgabe annehmen,[1019] wobei es sich aber um eine Wirklichkeit handle, die in einer nicht gefallenen Welt „inaktuell" wäre.[1020]

Aktuell sei Macht durch unsere gefallene Daseinssituation geworden. Rahner hat ausgehend von der Freiheit darauf verwiesen, dass kreatürliche Freiheit nur in Spannung zur Macht in den Status der Verantwortung treten könne, Macht und Freiheit somit einander bedingten.[1021] Beide Existenziale, Macht und Freiheit, seien Gabe Gottes an den Menschen. Ein Verzicht auf die Macht käme dem Verzicht auf den Vollzug der Freiheit gleich. Dennoch, räumt Rahner ein, sei aus christlicher Sicht die Entmachtung der Macht Ziel der Geschichte, weil die in der Welt wirkende Kraft des Geistes dahin strebe, den Pluralismus spontaner Freiheiten durch eine von jedem Egoismus freie Liebe zu versöhnen, wobei dieses eschatologische Ziel in der Geschichte nur „asymptotisch" erreicht und Macht nie völlig überwunden werden könne.[1022]

Das Verhältnis dieser beiden Existenziale müsse immer von Neuem gefunden werden, da der Freiheitsraum des Menschen und die Aufgaben der Machtträger dem geschichtlichen Wandel unterworfen sind. Das mache den Machtkampf unvermeidlich,[1023] und niemand könne sich dabei auf materiale oder formale objektive Normen oder gar eine höhere Entscheidungsinstanz berufen.[1024] Das frei handelnde Subjekt begebe sich immer in die Notwendigkeiten der Welt hinein und müsse dort Verantwortung für sein Handeln übernehmen.[1025] Als „christlicher Realist"[1026] geht Rahner davon aus, dass immer –

[1018] Vgl. K. RAHNER, Theologie der Macht 456.
[1019] Vgl. K. RAHNER, Theologie der Macht 455.
[1020] Vgl. K. RAHNER, Theologie der Macht 458.
[1021] Vgl. K. RAHNER, Theologie der Macht 458.
[1022] Vgl. K. RAHNER, Macht und Freiheit 125f, 129.
[1023] Vgl. K. RAHNER, Theologie der Macht 459.
[1024] Vgl. K. RAHNER, Theologie der Macht 460.
[1025] Vgl. K. RAHNER, Grundkurs 104.
[1026] Vgl. K. RAHNER, Grundkurs 389f.

selbst bei Menschen „bonae fidei" – mit unsittlicher Machtanwendung zu rechnen sei. Macht bleibe als Bedingung kreatürlicher Freiheit etwas Natürliches und Gottgewolltes, das zum Guten verwendbar und in Schuld pervertierbar sei.[1027] Zur Ausübung von Macht gehöre auch das Dilemma der „nicht restlos bereinigbaren Situationen". Rahner verweist in diesem Zusammenhang, ohne konkret zu werden, auf Situationen, in denen sich die Gesellschaft mit Zwangsmassnahmen Geltung verschaffen müsse, selbst wenn der Unterlegene im konkreten Fall gegen die Autorität Recht habe.[1028]

1.3.1.3. Macht betrifft das ganze menschliche und gesellschaftliche Dasein

Rahners dritte theologische These zur Macht besagt, dass es keine menschlichen Sphären gibt, die der Macht entzogen sind. Macht sei „eine der allerersten Grundmächte in unserem Dasein". Sie betreffe „nicht einfach *irgendein* Vorkommnis im menschlichen Leben", sondern wirke in allen Daseinsvollzügen des Menschen[1029] und damit auch am Freiheitsvollzug des Anderen.[1030] Wo Macht oder Gewalt ausgeübt wird, werde immer der Daseinsraum des Anderen verändert. Wer Macht oder Gewalt erleide, müsse Entscheidungen treffen, die ohne diese zwangsmässige Veränderung des Daseinsraums nicht angefallen wären. Die Weiche für alle künftigen Entscheidungen wäre anders gestellt worden.[1031]

> „[...] Macht schafft *mit* an der ewigen Freiheit und dem ewigen Resultat der Freiheit des anderen [...] und so geht gerade die Fremdbestimmung durch Gewalt erst recht in die Züge des ewigen Antlitzes der freien Person ein."[1032]

Die Bestimmung infolge der Macht von aussen und die eigene Freiheit verschmelzen demnach immer zu einer Handlung, in der es keine eindeutige Trennung mehr gibt.[1033]

[1027] Vgl. K. Rahner, Theologie der Macht 456f, 461. Mit „natürlich" meint Rahner hier etwas Gottgeschaffenes, das in der Daseinssituation des Menschen auftritt, in der schuldfreien Urgeschichte des Menschen aber inaktuell gewesen wäre (vgl. ebd. 458).
[1028] Vgl. K. RAHNER, Grundkurs 384.
[1029] Vgl. K. RAHNER, Theologie der Macht 462f. Hervorhebung im Original.
[1030] Vgl. K. RAHNER, Theologie der Macht 464.
[1031] Vgl. K. RAHNER, Theologie der Macht 461–464.
[1032] K. RAHNER, Theologie der Macht 464. Hervorhebung im Original.
[1033] Daraus schliesst Rahner, dass derjenige, der Macht ausübt, sich beim Eingriff in den Freiheitsraum des Anderen grösste Zurückhaltung auferlegen solle. Als Motivation für diese Zurückhaltung verweist Rahner auf die Demütigung: Weise und liebende Menschen, die Macht

1.3.2. Einschränkungen der Macht

Die Legitimation zur Regelung von Macht und Gewalt ortet Rahner in der Autorität. In seinem Artikel «Autorität» schreibt er, dass sie die Vollmacht der Regelung der gesellschaftlichen Beziehungen der Menschen untereinander habe. Entscheiden der Autorität, die die Freiheit von Subjekten einschränken, werde darum auch eine besondere Würde und Legitimität zuerkannt.[1034] Für Rahner ist unbestritten, dass Autorität für das Bestehen einer Gesellschaft notwendig ist, auch wenn ihre Ausformung immer historisch bedingt sei.[1035]

Als Träger dieser Autorität kommt für ihn aber letztlich immer nur eine konkrete Person infrage, die nicht automatisch allgemeine Gesetze exekutiere, sondern als freies Subjekt durch seine Entscheidungen wirklich Neues schaffe,[1036] aber auch der Gefahr ausgesetzt sei, korrumpierbar zu sein oder vergötzt zu werden[1037]. Der Mensch könne seiner Freiheit und Verantwortlichkeit nicht entfliehen, indem er sich selbst als Produkt einer ihm fremden Macht interpretiert. Vielmehr müsse er seine Freiheit als Vermögen wahrnehmen, zur Verfügtheit durch die Macht Stellung zu nehmen. Freiheit bedeute auch im Verhältnis zur Macht „über sich selbst zu entscheiden und sich selbst zu tun".[1038]

Verteilt auf verschiedene Artikel von Rahner bin ich auf folgende Einschränkungen, Regeln und Hinweise für den Umgang mit Macht und Gewalt gestossen:

- Regelungen sind immer wieder zu überprüfen:
  Gesellschaftliche Regelungen sind für Rahner nicht einfach gegeben, sondern müssen immer wieder neu getroffen und gesetzt werden. Die Geschichte sei ein von menschlicher Freiheit produzierter unvorhersehbarer Weltenlauf. Darum müsse die Rationalisierung von Entscheidungsprozessen zur Gewährung des Freiheitsraums des Anderen immer neu

---

ausüben, würden ihr Tun als etwas Vorläufiges empfinden. Das zwangsmässige Eindringen in den Freiheitsraum des Anderen schlage auf sie als demütigende Erfahrung zurück. Rahner interpretiert diese Erfahrung als Einsicht in die eigene ohnmächtige Situation (vgl. K. RAHNER, Theologie der Macht 464f).

[1034] Vgl. K. RAHNER, Autorität 187.
[1035] Vgl. K. RAHNER, Autorität 197.
[1036] Vgl. K. RAHNER, Autorität 188; DERS., Grundkurs 373.
[1037] Vgl. K. RAHNER, Autorität 191.
[1038] Vgl. K. RAHNER, Grundkurs 49.

als geschichtlich variable Dosierung erarbeitet[1039] und könne nicht aus Wesensstrukturen der Wirklichkeit abgeleitet werden.[1040] Da eine völlige Rationalisierung von Entscheidungen nicht möglich sei, gehöre der „Appell an das Gewissen, d.h. in unserem Fall an die selbstkritische Haltung gegenüber der besessenen Macht zu den notwendigen Voraussetzungen für ein menschenwürdiges, immer neu zu findendes Verhältnis zwischen Macht und Freiheit."[1041]

- Träger der Autorität ist das Individuum:
Die Autorität als Repräsentant gesellschaftlicher Regelungen habe die Aufgabe, aufgrund der objektiven Gegebenheiten die Reibungen zwischen den voneinander unableitbaren Freiheiten zu beseitigen und mithilfe verbindlicher Regeln die Beziehungen zwischen Gliedern der Gesellschaft festzulegen, wobei gleichzeitig auf die Einheit des Gesellschaftssystems zu achten sei.[1042] Dabei müsse die Autorität oft zwischen verschiedenen sachgemässen Lösungen entscheiden und sich sogar gegen legitim zustande gekommene Gesetze wehren, falls diese die Freiheit des Anderen übermässig beschneiden.[1043] Darum ist für Rahner der Träger einer Autorität immer auch ein Subjekt der Freiheit,[1044] also ein konkreter Einzelner.[1045]

- Bei der Machtausübung ist die Verhältnismässigkeit einzuhalten:
Die Gewaltausübung solle proportional zur Bedeutung jener gesellschaftlichen Regelung sein, die durchzusetzen ist. Wenn sittliche Werte und Verstösse gegen sie ohne Einfluss auf die gesellschaftliche Ordnung sind, habe die profane Autorität keine Strafgewalt. Mit dieser Regel hat Rahner den öffentlich-rechtlichen Bereich vor Augen, nicht aber Organisationen, deren Mitgliedschaft im öffentlich-rechtlichen Sinn freiwillig ist.[1046]

- Macht setzt nicht Einvernehmlichkeit voraus:
Eine Macht, die sich nur abgestimmt auf die einvernehmliche Freiheitsentscheidung des Anderen abstützt, ist für Rahner eine Utopie. Die spon-

---

[1039] Vgl. K. RAHNER, Macht und Freiheit 124f.
[1040] Vgl. K. RAHNER, Autorität 188.
[1041] Vgl. K. RAHNER, Macht und Freiheit 129.
[1042] Vgl. K. RAHNER, Autorität 191.
[1043] Vgl. K. RAHNER, Würde und Freiheit des Menschen 201.
[1044] Vgl. K. RAHNER, Autorität 190.
[1045] Vgl. K. RAHNER, Autorität 194.
[1046] Vgl. K. RAHNER, Autorität 196f.

tane Freiheit der einzelnen Subjekte würde in einem solchen System zu einer reinen Möglichkeit degradiert, weil man sich immer schon zum Voraus restlos verständigt haben oder schon im Einvernehmen leben müsste.[1047] Dennoch erfordere die Würde der Freiheit des Anderen, dass diese möglichst in die eigene Freiheitsentscheidung einbezogen wird. Mit Würde meint Rahner den Anspruch auf Beachtung, Bewahrung und Verwirklichung dessen, was der Mensch notwendig ist und zu sein hat.[1048] Die Bewahrung der Freiheit des Anderen könne entweder durch eine rationale Kommunikation erfolgen, in der ein gemeinsamer Freiheitsraum von beiden Seiten akzeptiert wird – oder aber durch die Liebe. In der Liebe werde die freie Entscheidung des Anderen im Voraus angenommen.[1049] In diesem ausserordentlichen Fall gebe die Freiheit die eigene Macht für den Anderen auf. Diese Freiheit von sich selbst bezeichnet Rahner als die grösste Freiheit, die es gibt.[1050]

- Die Würde und Freiheit des Anderen sind unbedingt zu respektieren: Respekt ist gemäss Rahner selbst dann gefordert, wenn der Andere sich sittlich falsch entscheidet. Abhängig von den äusseren Bedingungen sei

---

[1047] Vgl. K. RAHNER, Macht und Freiheit 123.

[1048] Vgl. K. RAHNER, Würde und Freiheit des Menschen 184f.

[1049] Dazu räumt Rahner allerdings ein, dass dies in den meisten Fällen nicht erwartet und keinesfalls gefordert werden könne (vgl. K. RAHNER, Macht und Freiheit 124).

[1050] Vgl. K. Rahner, Wer ist dein Bruder? 23. Über die Überwindung der Macht durch Liebe spricht Rahner u.a. in seinem kurzen Text «In der Liebe aufgehoben». Der Kontext des Beitrags ist der Gehorsam gegenüber Autoritäten. Dieser gründe letztlich auf dem Respekt vor der Würde der Menschen, die ohne autoritative Regelungen „nicht in Frieden und ohne Schädigung miteinander leben und verkehren könnten". Der unbedingte Respekt vor der unableitbaren Persönlichkeit des Anderen erfordere, dass man auf ihn höre und auch bereit sei, nachzugeben. Es handle sich hier um einen Vorgang, der die nüchterne Sachgerechtigkeit mit Zwischenstufen übersteige, bis „so etwas wie eine liebende Annahme und Aufnahme der personalen Freiheit des anderen" erreicht werde, bei der „eine Person ihre Freiheit liebend bereit öffnet für die Freiheit des anderen" (vgl. K. RAHNER, In der Liebe aufgehoben 325f). Die Freiheit des Anderen werde in der Liebe in die eigene Freiheit aufgenommen und in ihr aufgehoben. Konsequenterweise könne diese Beziehung nicht innerlich von einer Reziprozität abhängig gemacht werden. Die Bewegung, die Rahner hier beschreibt, ist ein liebendes Vergessen, das unumkehrbar vom Subjekt wegführt: „Wahre Liebe geht von sich weg, um nicht mehr zu sich zurückzukehren" (K. RAHNER, Die unverbrauchbare Transzendenz Gottes 69). Die Selbstwerdung geschehe in Selbstlosigkeit und setze vollständig auf das „Prinzip der Unverbrauchbarkeit der Transzendenz" (vgl. ebd. 70), sie sei selbstlose Liebe zu Gott, „bei der das humanitäre Kunststück des Interessenausgleichs von vornherein nicht in Frage kommt" (vgl. ebd. 72).

darum darauf zu achten, dass die Würde und Freiheit der anderen Person immer in hinlänglichem Umfang gewährt werde.[1051] Der schlechthinnige Entzug des Freiheitsraumes könne nicht zur Aufgabe eines Menschen oder einer Gesellschaft gehören. Eine berechtigte Einschränkung der Freiheit durch Zwang sei dann vertretbar, wenn Menschen in einem gemeinsamen Daseinsraum sich vor unberechtigten Übergriffen schützen wollen. Eine feste Grenzziehung zwischen Freiheit und dem legitimen Prinzip des berechtigten Zwangs (den Rahner als niedrigeres Prinzip einstuft) sei nicht a priori möglich, weil die Grenze von der Einzelsituation abhänge. Damit wird die Grenzziehung zwischen Freiheit und Zwang zur permanenten Verpflichtung des Menschen, die Würde und Freiheit zu bewahren.

- Macht kann sich auch anders als durch physische Gewalt durchsetzen: Autorität könne mit sittlich einwandfreier Gewalt verbunden sein. Rahner verweist aber auch auf andere Wege, um Autorität durchzusetzen.[1052] Ohne konkrete Beispiele zu nennen, erinnert er daran, dass es sittlichen Verpflichtungen gebe, die sich aus der personalen Liebe ergeben. Diese würden auch nicht durch eine Zwangsgewalt durchgesetzt.[1053]

Rahners verstreute Bemerkungen über den Umgang mit Macht zeigen, dass Macht und Einschränkung der Freiheit in einem zwiespältigen Verhältnis zueinanderstehen. Es wird aber auch deutlich, dass Macht „zum natürlichen Wesen der Freiheit gehört und nur sekundär deren Widerpart ist".[1054] Die Balance von Macht und Freiheit muss immer in der konkreten historischen Situation gefunden werden mit dem Ziel, die Würde und Freiheit des Menschen zu bewahren.

1.3.3. „Gebrochen positives Verhältnis zur Macht"

Die Grenze zwischen Macht und Freiheit ist im Denken Rahners nirgends vorgezeichnet. Darum bekomme die geschichtliche Konkretisierung von Macht unvermeidlich den Charakter eines Wagnisses.[1055] Wie soll der mit Macht ausgestattete Mensch mit diesem Wagnis umgehen? Rahner verweist auf die Liebe:

[1051] Vgl. hierzu Rahners Bemerkungen zur Toleranz in: K. RAHNER, Dialog und Toleranz.
[1052] Vgl. K. RAHNER, Autorität 196, 202.
[1053] Vgl. K. RAHNER, Autorität 196.
[1054] Vgl. K. RAHNER, Macht und Freiheit 127.
[1055] Vgl. K. RAHNER, Theologie der Freiheit 111f; DERS., Würde und Freiheit 199.

Der liebende Mensch, der dieses Wagnis eingehe, nehme sich in seiner kreatürlichen Abhängigkeit wahr, in der er nicht über sich selbst verfügt, sondern vertrauend „einer geschichtlichen Auslegung durch Gott entgegen harrt".[1056]

Auch wenn Macht zum Wesen der Freiheit gehöre, ist dies für Rahner keine einfach zu akzeptierende Selbstverständlichkeit.[1057] Das zeige sich am Verhältnis zum Reich Gottes: Im Reich Gottes, auf das hin die laufende Geschichte hinstrebe, gehe der Pluralismus spontaner Freiheiten in die vollendete Liebe zueinander auf. Der Mensch sei zwar nicht fähig, die Entmachtung der Macht und damit das Reich Gottes herbeizuzwingen, er könne aber die sich historisch verändernde Dialektik von Freiheit und Macht ertragen und in kritischer Distanz zur Macht darauf hoffen, dass diese durch den Geist Gottes zugunsten der liebenden Freiheit „wenigstens asymptotisch" aufgehoben werde, auch wenn ihre völlige Überwindung nicht dieser Geschichte angehöre. Der hoffende Mensch, der im Spannungsfeld von Freiheit und Macht ein kritisches Verhältnis zur Macht einnehme, engagiere sich dadurch für eine grössere Freiheit, auch wenn es dabei immer wieder geschehen könne, dass die neue Freiheit auch neue Macht und Gewalt hervorruft.[1058]

Zusammengefasst ist für Rahner die Macht der liebenden Freiheit zwar unterlegen, in der laufenden Geschichte aber nicht überwindbar, woraus er schliesst, dass der Mensch „ein gebrochen positives Verhältnis zur Macht haben kann und soll". Macht bleibe dem Menschen als zwiespältige Aufgabe anvertraut: einerseits als Bedrohung und Begrenzung, andererseits aber auch als Mittel, um grössere Freiheitsräume für mehr Menschen zu schaffen.[1059]

1.3.4. Reziproke Demütigung als Kriterium der Unterscheidung

Das „gebrochen positive Verhältnis zur Macht" könne dazu führen, dass der Herrschende die von ihm ausgeübte Macht als Selbst-Demütigung empfindet, schreibt Rahner. Es scheint, dass er in dieser Rückkoppelung einen subjektiven Anhaltspunkt sieht, der es dem Mächtigen erlaubt, richtigen und falschen Gebrauch der Macht zu unterscheiden.

[1056] Vgl. K. RAHNER, Theologie der Freiheit 102f.
[1057] Vgl. K. RAHNER, Macht und Freiheit 125.
[1058] Vgl. K. RAHNER, Macht und Freiheit 125f.
[1059] Vgl K. RAHNER, Macht und Freiheit 126f.

„Nur wenn er die Macht empfindet als das Vorläufige, als das dem Mächtigen selbst auferlegte, als Bitterkeit und die Demütigung seiner Ehrfurcht und seiner Liebe zum personalen Geheimnis des individuum ineffabile, das der andere ist, würde er seine Macht richtig gebrauchen."[1060]

Als kognitiven Grund für diese Demütigung nennt Rahner die Einsicht in die historische Bedingtheit aller Macht und das Bewusstsein, dass auch der Mächtige bereits den Tod in sich trägt.[1061] Wer demütig, d.h. selbstkritisch, bescheiden und dienstwillig Macht ausübe, verzichte auch ohne Anerkennung auf ein Gut, das er durchaus legitim behalten und verteidigen könnte.[1062] Er erkenne sich als ohnmächtig und nehme mit Blick auf das Kreuz diese Ohnmacht als das Heil an.[1063]

1.3.5. Personale und agonistische Beziehung zur Macht

Die Begegnung mit dem Anderen ist für Rahner, wie weiter oben erwähnt, der Schlüssel zur Selbsterfahrung: In diesem Miteinander verwirklicht sich eine Welt, die von Subjekten strukturiert ist und in der die Sachwelt nur als „Moment am Menschen" vorkommt.[1064] Trifft das Subjekt auf einen anderen Menschen, kann es sich ihm versperren oder in Freiheit öffnen.[1065] Im zwischenmenschlichen Bereich wäre es für Rahner denkbar, dass sich das Subjekt in Freiheit von sich selbst total absetzt. In einem solchen Akt der Liebe finde der Mensch im Anderen sein wahres Wesen.[1066] Agonie oder freie Selbständigkeit hätten in einer solchen Beziehung allerdings keine Aktualität.

Was bedeutet das aber für die gesellschaftlichen Beziehungen? Liebesgemeinschaften, in denen Agonie zur reinen Möglichkeit wird, sind in Rahners Anthropologie zwar denkbar. Der Mensch ist aus Rahners anthropologischer Sicht aber auch wesentlich gesellschaftlich und kann darum nicht anders, als an der

---

[1060] K. Rahner, Theologie der Macht 464f. An anderer Stelle nennt Rahner dieses personale Geheimnis „die freie Würde des anderen" (ebd. 467).
[1061] Vgl. K. RAHNER, Theologie der Macht 467.
[1062] Vgl. K. RAHNER, Demut und Selbsteinschätzung 522f.
[1063] Vgl. K. RAHNER, Theologie der Macht 467.
[1064] Vgl. K. RAHNER, Über die Einheit von Nächsten- und Gottesliebe 84.
[1065] Vgl. K. RAHNER, Der neue Auftrag der einen Liebe 96; DERS., Über die Einheit von Nächsten- und Gottesliebe 85.
[1066] Vgl. K. RAHNER, Die unverbrauchbare Transzendenz Gottes 69. Rahner räumt allerdings ein, dass diese Bewegung innerweltlich nur „asymptotisch" möglich ist und die völlige Überwindung der Macht nicht dieser Welt angehöre (K. RAHNER, Macht und Freiheit 126).

Gesellschaft teilnehmen.[1067] Liebesgemeinschaft und Gesellschaft sind für Rahner nicht unvereinbar. Allerdings sei die zwischenmenschliche Beziehung im privaten und gesellschaftlichen Bereich von unterschiedlicher Art und damit nicht vollständig vergleichbar. Rahner geht davon aus,

> „dass das Verhältnis zwischen dem Menschen als Individuum und individuellem Freiheitssubjekt einerseits und dem Menschen als Glied einer Gesellschaft andererseits nicht das einer absoluten Identität ist, durch die der eine Aspekt des Menschen restlos in den anderen übertragen werden könnte."[1068]

Auf privater Ebene sieht Rahner also die Möglichkeit, dass sich Macht und Freiheit in der Liebe verlieren können. Anders schätzt er die Durchsetzung von Macht in der Öffentlichkeit ein. Dort gehe es ausser um die Begrenzung von Freiheit auch darum, mehr Freiheitsraum für mehr Menschen zu schaffen.[1069] Ein gesellschaftliches Prinzip der absoluten Gewaltlosigkeit stuft er sogar als unsittlich ein, weil es den Vollzug menschlicher Freiheit und damit die Verantwortung des Subjekts ausschliesse.[1070]

1.3.6. Macht ist Prinzip der Demokratie

Macht in der Öffentlichkeit hat mit den Strukturen der Gemeinschaft jenseits der personalen Ich-Du-Relation zu tun. In diesem Bereich, meint Rahner, könne eine Übereinkunft zwischen mehreren Freiheiten nur durch eine rationale wechselseitige Kommunikation geschehen, in der der gemeinsame Freiheitswille des gemeinsamen Freiheitsraumes festgestellt und akzeptiert werde. Als Begründung dieses Diskurses nennt er die Würde jeder Freiheit.[1071]

Da die Rationalität jedoch selbst der Spontaneität der Freiheit entspringe und zudem in jeder geschichtlichen Situation mehrere sachgemässe Lösungen denkbar seien, könne sich die Macht nicht nur auf Rationalität stützen und davon Entscheide ableiten. Freiheit könne sich allein deshalb schon nicht als neutrale Kraft des rational Einsichtigen verwirklichen, weil sich der Freiheitsraum des Einen permanent durch jenen des Anderen verändere. Die Steuerung des Freiheitsraumes sei selbst durch Freiheit bestimmt. Geschichte sei darum nie

---

[1067] Vgl. K. Rahner, Autorität 192.
[1068] K. Rahner, Autorität 187.
[1069] Vgl. K. Rahner, Macht und Freiheit 126.
[1070] Vgl. K. Rahner, Theologie der Macht 459.
[1071] Vgl. K. Rahner, Macht und Freiheit 124.

ganz kalkulierbar. Die Freiheit des Einzelnen und einzelner Gruppen und die der Gesellschaft erforderten darum immer wieder, dass die gegebenen notwendigen Freiheitsräume neu gefunden und hergestellt werden.[1072] Macht müsse demnach im rationalen Diskurs unter Wahrung des Respekts vor der Freiheit des Anderen realisiert werden, fordert Rahner in einem Beitrag über Dialog und Toleranz in einer humanen Gesellschaft.[1073]

Im rationalen Diskurs und im Respekt vor der Würde der Freiheit des Anderen sieht Rahner die Wurzeln einer freiheitlichen Demokratie. Dazu gehöre nicht nur eine selbstkritische Haltung gegenüber der Macht, die man selbst besitzt.[1074] Der demokratische Diskurs solle sich – mit zunehmendem Freiheitsraum der Bürger auch dem Staat selbst gegenüber – auch an einer Verfassung orientieren können. Wo diese Form von Rationalität unterbunden werde, sei der Moloch des totalen Staates gegeben.[1075] Rahner weist auch darauf hin, dass es illusorisch wäre zu glauben, dass die Macht und die ihr innewohnende Gewalttätigkeit allein mit rationalem Diskurs in harmonische Übereinkunft aufgelöst werden könne. Eine Auflösung der Macht zugunsten einer rationalisierten Freiheit allein wäre für Rahner eine Ideologie, die ignoriere, dass die Gesellschaft in der sich wandelnden Geschichte einen immer neuen Ausgleich der Interessen finden müsse.[1076]

Wäre es nicht besser, fragt Rahner eher hypothetisch, wenn die menschliche Freiheit durch das sachlich Richtige begrenzt und „Zwangsbeglückung" anstelle der Freiheit zum Unglück träte? Rahner äussert sich dazu zurückhaltend. Eine „Zwangsbeglückung" im Namen irgendeiner Rationalität lasse sich nur dann rechtfertigen, wenn damit eine Verteidigung und Vergrösserung des Freiheitsraumes für eine grössere Zahl von Menschen ermöglicht werde. Macht und Gewalt seien dann vertretbar, wenn sie nicht nur ein an sich erstrebenswertes Gut des Menschen erzwingen, sondern auch als Bedingung für mehr Freiheit verständlich gemacht werden können. Gesellschaftliche Ordnungen, die Zwang im Hinblick auf andere Ziele als die Vergrösserung des Raumes für menschliche

---

[1072] Vgl. K. RAHNER, Dialog und Toleranz 735.
[1073] Vgl. K. RAHNER, Dialog und Toleranz 741.
[1074] Vgl. K. RAHNER, Macht und Freiheit 129.
[1075] Vgl. K. RAHNER, Würde und Freiheit des Menschen 201.
[1076] Vgl. K. RAHNER, Macht und Freiheit 124f.

Freiheit ausüben, stuft Rahner als generell unmenschlich[1077] und totalitär[1078] ein.

Kommunikation und Respekt vor der Freiheit des Anderen sind also für Rahner Grundlagen der Gesellschaft. Daran knüpft die Frage nach den Grenzen der Dialogbereitschaft und des Respektes an. Gibt es so etwas wie eine legitime Intoleranz? Muss sich das Gemeinwohl aus Toleranz tödlich bedrohen lassen? Rahner bestreitet nicht die Notwendigkeit von Zwängen und Begrenzungen, er fordert aber von jenen, die Macht haben, die Bereitschaft – soweit möglich – „in einem Dialog immer neu zu erkunden und zu erfahren, wie der andere (oder eine andere gesellschaftliche Gruppe) sein und sich verstehen will".[1079]

1.3.6.1. Macht als Freiheitsverpflichtung im politischen Raum

Mit Demokratie meint Rahner eine Gesellschaftsform, die abhängig von den historischen Voraussetzungen der Mitglieder einer Gesellschaft einen möglichst grossen Freiheitsraum für die einzelnen Menschen und eine möglichst weitgehende Beteiligung aller am Leben und an den Entscheidungen dieser Gesellschaft gewährleistet.[1080] Rahner möchte die Demokratie im Sinn der aktiven Teilnahme möglichst Vieler an staatlicher Willensbildung in der Natur des Menschen verankert sehen.[1081]

Dabei verweist er auf die Pastoralkonstitution des Zweiten Vatikanischen Konzils:[1082] Dieses umschreibt die Natur des Menschen als das in Freiheit auf Gott

---

[1077] Vgl. K. RAHNER, Macht und Freiheit 129.
[1078] Vgl. K. RAHNER, Macht und Freiheit 127.
[1079] Vgl. K. RAHNER, Dialog und Toleranz 741. Toleranz schliesst bei Rahner also auch die Frage nach dem Blickwinkel des Anderen ein. Damit unterscheidet sich Rahner etwa von Siebenrock, der die Grenzen der Toleranz und die Pflicht zum Widerstand prinzipiell dort ansetzt, wo Grundrechte gefährdet werden (vgl. R. SIEBENROCK, Religionsfreiheit 152).
[1080] Vgl. K. RAHNER, Demokratie in der Kirche? 134.
[1081] Vgl. K. RAHNER, Demokratie als staatsethisches Prinzip 499–501. Ders., K. RAHNER, Demokratie in der Kirche? 142.
[1082] „In vollem Einklang mit der menschlichen Natur steht die Entwicklung von rechtlichen und politischen Strukturen, die ohne jede Diskriminierung allen Staatsbürgern immer mehr die tatsächliche Möglichkeit gibt, frei und aktiv teilzuhaben an der rechtlichen Grundlegung ihrer politischen Gemeinschaft, an der Leitung des politischen Geschehens, an der Festlegung des Betätigungsbereichs und des Zwecks der verschiedenen Institutionen und an der Wahl der Regierenden." («Gaudium et spes» Nr. 75. In: K. RAHNER / H. VORGRIMLER, Kleines Konzilskompendium).

verwiesene, aber immer auch geschichtliche Wesen, das sich in dieser Geschichte unter anderem an der Schaffung und Erhaltung demokratischer Strukturen verwirklichen soll. Die sittliche Begründung dieser Forderung sei das „geistig personale Wesen des Menschen in Freiheit und Verwiesenheit auf Gott". Ergänzend dazu erwähnt Rahner eine zweite Stelle der Pastoralkonstitution, in der die Gemeinschaft selbst und die damit verbundene richtige Ausübung politischer Gewalt ebenso in der menschlichen Natur begründet werden.[1083]

Rahners Rechtfertigung der Existenz des Staates und seiner demokratischen Struktur durch die menschliche Natur scheint also ganz vom Aspekt der Freiheit im Hinblick auf die Freiheit des Anderen bestimmt zu sein: Die Existenz von Staat und Demokratie rechtfertigt er durch eine menschliche Natur, zu der die Freiheit und im öffentlichen Bereich die Macht gehört. Macht ist mit Rahner als jenes Existenzial zu verstehen, das zu Demokratie oder zur Schaffung der Voraussetzungen für Demokratie verpflichtet.

1.4. Schlussfolgerungen und weiteres Vorgehen

In Rahners Anthropologie ist Macht ein Existenzial, das mit gesellschaftlichen oder gesellschafts-politischen Aspekten der Freiheit zu tun hat und zur menschlichen Natur gehört. Macht bleibt bei ihm aber zwiespältig, weil es auch Gewalt impliziert.[1084] Eindeutige Regeln im Umgang mit Gewalt schliesst er aus.[1085]

1.4.1. Liebe und Freiheit sind der Macht übergeordnet

Macht, Freiheit und Liebe sind für Rahner gottgewollte, aber nicht gleichwertige Existenziale: Macht ist der Freiheit untergeordnet und Freiheit kann sich in der Liebe verlieren.

Rahner sieht in der Macht zwar etwas Gottgewolltes. Er definiert Macht aber auch als etwas, dem Gewalt inhärent ist. Zwang oder Gewalt können für ihn

---

[1083] „Offenkundig sind also die politische Gemeinschaft und die öffentliche Autorität in der menschlichen Natur begründet und gehören zu der von Gott vorgebildeten Ordnung, wenngleich die Bestimmung der Regierungsform und die Auswahl der Regierenden dem freien Willen der Staatsbürger überlassen bleiben." («Gaudium et spes» Nr. 74. In: K. RAHNER / H. VORGRIMLER, Kleines Konzilskompendium).
[1084] Vgl. K. RAHNER, Macht und Freiheit 122.
[1085] Vgl. K. RAHNER, Theologie der Macht 460f.

legitim sein. Rahner stuft aber die Freiheit höher als die Macht ein, wobei man die beiden Existenziale nicht einfach trennen könne.[1086] Diese Einordnung von Zwang und Gewalt wirkt sich auf die Art und Weise aus, wie Rahner ethische Fragen im Zusammenhang mit Macht stellt: Er diskutiert jeweils Umstände, unter denen Macht einzuschränken ist und rekurriert dabei auf die Freiheit.

1.4.2. Rahner und die agonistische Gabe

Was bedeutet das bezogen auf mögliche Sphären der Gaben? Rahners Anthropologie geht von der Freiheit und der Liebe aus. Gemäss seiner transzendentalen Anthropologie wirkt sich jedes Existenzial auf das ganze Wesen des Menschen aus, da der Mensch „ursprünglich und zielhaft einer ist".[1087] Auf persönlicher Ebene kann sich Freiheit für die Liebe aufgeben.

Anders argumentiert Rahner, wenn er auf die politische Ebene zu sprechen kommt. Im öffentlichen oder demokratischen Diskurs wäre die liebende Aufgabe der eigenen Freiheit unhaltbar, weil dadurch auf eine wechselseitige Kommunikation mit einer gemeinsamen Rationalität verzichtet würde. Dies käme dem Verzicht auf ein demokratisches, ja auf jedes politische Zusammenleben gleich. Rahners Erwartungen an einen demokratischen Diskurs ist also ein Wettkampf von Meinungen in der die Würde jeder Freiheit respektiert wird. Das entspricht der Arendtschen Interpretation des agonistischen Diskurses in der athenischen Polis: Die Funktion der Freiheit auf individueller Ebene erhält in der politischen Sphäre ihre besondere Ausprägung als Agonie freier Individuen.

Dennoch kann Rahners Charakterisierung des demokratischen Diskurses nicht vorbehaltslos als historische Realisierung des agonistischen oder zeremoniellen Gabentauschs verstanden werden. Rahner sieht zwar die Macht grundsätzlich in einem offenen, von gegenseitigem Respekt geprägten und damit agonistischen Kontext eingebettet. In einem Gabenzyklus würde das auch eine erzwungene Abfolge einzelner Schritte des Diskurses ausschliessen. Gleichzeitig vertritt Rahner aber auch einen Machtbegriff, der Gewalt und Zwang einschliesst. Eine Folge davon ist, dass der agonistische Diskurs jederzeit durch die der Macht innewohnenden Gewalt ausser Kraft gesetzt werden kann. Dies

---

[1086] Vgl. K. RAHNER, Würde und Freiheit des Menschen 198.
[1087] Vgl. K. RAHNER, Würde und Freiheit des Menschen 189.

spricht gegen eine uneingeschränkte Deutung von Rahners Verständnis von Demokratie und rationalem Diskurs als agonistischem Vorgang mit einer Verfassung als Unterpfand.

Im zweiten Teil dieses Kapitels soll nun eine Definition von Macht vorgestellt werden, die Macht und Gewalt nicht verschränkt und erlaubt, Macht als wesentlich agonistisch auszulegen. Absicht dieser Argumentationslinie ist die Öffnung von Rahners „Theologie der Macht" zu einer „Theologie der Agonie" und „agonistischen Ethik".

2. Hannah Arendts agonistischer Machtbegriff

Für die weitere Klärung des Machtbegriffs orientiere ich mich an Hannah Arendt (1906–1975), die durch ihr frühes Werk «Vita activa oder Vom tätigen Leben» den Begriff der Agonie in den politischen Wissenschaften neu belebte. Mit der Frage der Macht beschäftigte sie sich besonders gedrängt im mittleren Teil des Bandes «Macht und Gewalt»,[1088] der auf eine ihrer Vorlesungen zurückgeht.

2.1. Gewalt ist keine Extremform von Macht

Ausgangspunkt von Arendts Machtanalyse ist ihre Beobachtung, dass in der umfangreichen Literatur über die Macht Einstimmigkeit darüber bestehe, dass Gewalt „die eklatanteste Manifestation von Macht" sei.[1089] Arendt grenzt sich von dieser „Gleichsetzung" von Macht und Gewalt dezidiert ab.[1090] Gewalt sei weder Manifestation der Macht, noch sei Macht der sanfte Modus der Gewalt.[1091] Das Zusammenwirken von Macht und Gewalt skizziert sie anhand verschiedener Herrschaftstypen:

- Als Extremfall bezeichnet sie die Gewaltkonstellation „Einer gegen alle": Ohne Zuhilfenahme von Gewaltinstrumenten sei diese Situation nicht

---

[1088] Vgl. H. ARENDT, Macht und Gewalt 36–58.
[1089] Vgl. H. ARENDT, Macht und Gewalt 36.
[1090] Vgl. H. ARENDT, Macht und Gewalt 74.
[1091] Vgl. H. ARENDT, Macht und Gewalt 58. Eine Erklärung der in der Gegenwart dominierenden Sicht auf das Verhältnis von Macht und Gewalt gibt Arendt in einer Notiz über den Sinn von Politik: Wenn Menschen zusammen handeln, entstehe immer Macht. Da dies wesentlich in einem politischen Raum geschehe, der unter modernen Bedingungen weitgehend von Gewalt beherrscht sei, entstehe der Anschein, dass Macht und Gewalt dasselbe seien (vgl. DIES., Was ist Politik 73).

realisierbar.[1092] Macht zeitige sich in dieser Konstellation als gesetzlose und willkürliche Herrschaft eines Einzelnen. Für Arendt ist dieser Extremfall in der Realität nicht möglich. Kein Staat könne sich ausschliesslich auf Gewaltmittel abstützen. Selbst totalitäre Staaten bräuchten eine Machtbasis, und sei es nur eine überlegen organisierte Gruppe von Spitzeln und Geheimpolizisten.[1093]

- Als verheerendste Form der Tyrannei stuft Arendt die Terrorherrschaft ein, die sie als Tyrannei ohne Tyrannen bezeichnet.[1094] Im Terrorstaat werde die Gesellschaft durch Denunziantentum atomisiert und damit die Beziehung zwischen den Menschen zerstört. Nicht mehr bezahlte Agenten würden das Zusammenleben bedrohen, sondern jeder Mensch, mit dem man in Berührung kommt: Morgen schon könnte er zur Denunziation gezwungen werden.[1095] In einem solchen Umfeld sei es nicht mehr möglich, das Gewusste und Erfahrene auszutauschen und sich als gemeinsame Wirklichkeit bestätigen lassen zu können. Folge davon sei eine alle Lebensbereiche durchdringende Ohnmacht und Angst.[1096] Arendt typisiert diesen Machtform als „Niemand gegen Alle": Diese totale Herrschaft werde durch eine Bürokratie ausgeübt und dies sei „die vielleicht furchtbarste Herrschaftsform", weil es eine Niemandsherrschaft sei, in der keiner zur Verantwortung gezogen werden könne.[1097] Bürokratie entstehe im Überhandnehmen der reinen Verwaltung, die alle Bürger in Übereinstimmung mit aussermenschlichen Prozessen gleichermassen ohnmächtig mache.[1098] Inhaltlich gehe es dieser Herrschafts-

---

[1092] Vgl. H. ARENDT, Macht und Gewalt 43.
[1093] Vgl. H. ARENDT, Macht und Gewalt 51.
[1094] Vgl. H. ARENDT, Macht und Gewalt 80f.
[1095] Vgl. H. ARENDT, Macht und Gewalt 56.
[1096] Vgl. H. ARENDT, Elemente und Ursprünge 902, 978.
[1097] Vgl. H. ARENDT, Macht und Gewalt 39. Das Bild des Niemand als Nicht-Personen, das Arendt hier heranzieht, beruht auf ihrer Deutung von Adolf Eichmann als unzuständiger Befehlsempfänger. Unter anderen wirft ihr Franziska Augstein im Nachwort zu Arendts Vorlesungen «Über das Böse» vor, naiv gegenüber der Selbstdarstellung von Eichmann gewesen zu sein. Eichmann habe durchaus Eigeninitiative bei seiner Arbeit entwickelt und sei darum nicht repräsentativ für eine Nicht-Person sondern für – ebenfalls banale – „Jedermänner" (vgl. F. AUGSTEIN, Taten und Täter 190).
[1098] Vgl. H. ARENDT, Elemente und Ursprünge 954f.

form nicht mehr um Machthunger sondern darum, dass die eigene Ideologie recht behält.[1099]
- Minderheiten oder Einzelne, die sich gewaltfrei gegen Mehrheiten durchgesetzt haben, fasst Arendt in einer eigenen Machtkategorie zusammen. Derartige Vorgänge erklärt sie damit, dass die Mehrheit auf den Gebrauch der Macht verzichtet habe, weil ihr für die Verteidigung des Status quo der Aufwand nicht wert gewesen sei. In Wirklichkeit hätte sich jedoch eine solche Mehrheit bereits von Beginn an stillschweigend mit der Minderheit verbündet.[1100]
- In der Demokratie sieht Arendt einen Machttypus, der unterdrückende Züge annehmen kann: Eine Demokratie, in der sich die Macht nur auf einfache Mehrheitsentscheide stütze, könne ohne Gewalt eine Minderheit unterdrücken und Meinungsuniformität erzeugen.[1101] Arendts klassisches Beispiel dafür ist die amerikanische Revolution, in der das Los der Sklaven politisch unsichtbar gemacht worden sei.[1102]
- Auch die Einvernehmlichkeit ist ein Machttypus: Eine Gemeinschaft ohne Pluralität an Meinungen befinde sich in einem gewalt-, ja sogar machtlosen Zustand. Potenziell bestehe die Macht dennoch weiter, denn sobald jemand sich gegen die Gemeinschaft stelle, würde die Machtkonstellation „Alle gegen einen" aufscheinen.[1103]

Aus der Zusammenstellung von verschiedenen Herrschaftstypen, die Arendt unter anderem in «Macht und Gewalt» erwähnt, zeichnet sich nur undeutlich eine Trennungslinie zwischen Macht und Gewalt ab. Dass Gewalt und Macht in der Realität nicht klar unterscheidbar sind, hat Arendt auch nicht bestritten.[1104] Beide treten kombiniert auf und zeigen nur in extremen Konstellationen klare

---

[1099] Vgl. H. ARENDT, Elemente und Ursprünge 940.
[1100] Vgl. H. ARENDT, Macht und Gewalt 43f.
[1101] Vgl. H. ARENDT, Macht und Gewalt 43.
[1102] Diesen Aspekt beleuchtet Arendt unter anderem im 2018 erstmals publizierten Essay: H. ARENDT, Die Freiheit frei zu sein 24f.
[1103] Vgl. H. ARENDT, Macht und Gewalt 51. Mit diesem agonistischen Verständnis von Macht unterscheidet sich Arendt von Konsensmodellen, wie jenem von J. Habermas, für den die Verständigung der „Selbstzweck" des kommunikativen Handelns sei. (J. HABERMAS, Philosophisch-politische Profile 231).
[1104] Vgl. H. ARENDT, Macht und Gewalt 47.

Konturen.[1105] Arendts Kategorisierung von Machtkonstellationen verdeutlicht immerhin,

- dass politische Gewalt in irgendeiner Form Macht voraussetzt, und seien es nur atomisierte Bürger,[1106] und
- dass ein totales Verschwinden von Macht selbst bei Einvernehmlichkeit nicht denkbar ist.

Die These, dass Gewalt und Macht zwei Aspekte desselben Phänomens sind, wird mit Arendts Typisierungen nicht widerlegt. Hilfreicher ist ihre analytische Unterscheidung von Macht und Gewalt, worauf im folgenden Abschnitt eingegangen wird.

2.2. Macht ist wesentlich für das Gemeinwesen

Wo zusammen gelebt wird, existiert Macht. Für Arendt ist Macht die menschliche Fähigkeit, sich mit anderen Menschen zusammenzuschliessen, mit ihnen zusammen etwas Neues zu beginnen und sich Ziele zu setzen.[1107] Zum Ursprung und zur Legitimation von Macht schreibt Arendt:

> „Macht entsteht, wann immer Menschen sich zusammentun und gemeinsam handeln, ihre Legitimation beruht nicht auf Zielen und Zwecken, die eine Gruppe sich jeweils setzt, sie stammt aus dem Machtursprung, der mit der Gründung der Gruppe zusammenfällt."[1108]

Nicht das Verfolgen von Zielen und Zwecken schafft demnach Macht, vielmehr ist Macht für Arendt Voraussetzung dafür, dass eine Gemeinschaft sich überhaupt Ziele und Zwecke setzen kann.[1109] Weil die Macht in der Gründung der Gruppe ihren Ursprung habe, sei auch die Frage nach dem Endzweck der staatlichen Macht nicht zielführend.

> „Die Antwort wird sich entweder in einem Zirkel bewegen – etwa: er [der Endzweck; Ergänzung L.H.] soll das Zusammenleben von Menschen ermöglichen – oder sie [die Gruppe; Ergänzung L.H.] wird utopische Ideale aufstellen, das Glück der grösseren Zahl, die klassenlose Gesellschaft, aber auch die Gerechtigkeit,

---

[1105] Vgl. H. ARENDT, Macht und Gewalt 45f.
[1106] „Es hat nie einen Staat gegeben, der sich ausschliesslich auf Gewaltmittel hätte stützen können" (H. ARENDT, Macht und Gewalt 51).
[1107] Vgl. H. ARENDT, Macht und Gewalt 81.
[1108] H. ARENDT, Macht und Gewalt 53.
[1109] Vgl. H. ARENDT, Macht und Gewalt 52f.

Freiheit und dergleichen mehr, die, wenn man sie im Ernst zu verwirklichen versucht, unweigerlich zu einer Zwangsherrschaft führen."[1110]

Gemäss Arendt kann Macht nur dort aufkommen, wo zusammen gelebt wird und dieses Zusammenleben auf der Pluralität von Menschen beruht. Für die Legitimation von Macht brauche es demnach Andere.[1111] Macht könne nur zwischen Menschen entstehen, die nach dem Prinzip der Gleichheit[1112] zusammen handeln, und sie verschwinde, sobald sie sich wieder zerstreuen.[1113] Mächtige Individuen seien Personen, die ermächtigt sind, im Namen der Gruppe zu handeln.[1114] Die Legitimation von Institutionen und Organisationen könne nur in gegenseitigen Versprechen, gegenseitigen Verpflichtungen und gegenseitigen Abkommen liegen.[1115]

Exemplarischer Ort der Bildung und Erhaltung von Macht ist für Arendt, wie bereits im ersten Kapitel erwähnt, die athenische Polis, deren politische Versammlungen Orte eines öffentlichen Diskurses gewesen seien, in dem Gleiche ihre Angelegenheiten miteinander durch gegenseitiges Überzeugen geregelt hätten.[1116] Diese politischen Versammlungen seien agonistische Räume gewesen, in denen ausdrücklich nicht auf Gewalt gesetzt wurde, schreibt Arendt.[1117] Es habe zum Selbstverständnis der Polis gehört, dass die in der Versammlung Anwesenden nicht übereinander herfallen,[1118] sondern sich gegenseitig überzeugen[1119] und sich zusammenschliessen, um im Einvernehmen zu handeln.[1120] Für Arendt ist also der agonistische, politische Machtraum Voraussetzung für den Diskurs unter freien und gleichberechtigten Individuen. Freiheit und Macht bedingen sich gegenseitig.

[1110] H. ARENDT, Macht und Gewalt 53.
[1111] Vgl. H. ARENDT, Macht und Gewalt 45; DIES., Elemente und Ursprünge 956, 973.
[1112] Vgl. H. ARENDT, Macht und Gewalt 41.
[1113] Vgl. H. ARENDT, Vita activa 252.
[1114] Vgl. H. ARENDT, Macht und Gewalt 45.
[1115] Vgl. H. Arendt, Über die Revolution 235.
[1116] Einzige Ausnahme sei der Krieg gewesen, wo sie einander befohlen und gehorcht hätten (vgl. H. ARENDT, Was ist Politik? 39, 93).
[1117] Vgl. H. ARENDT, Über die Revolution 11.
[1118] Vgl. H. ARENDT, Vita activa 66.
[1119] Vgl. H. ARENDT, Über die Revolution 11.
[1120] Vgl. H. ARENDT, Macht und Gewalt 45.

„Im Sinne einer nachweisbaren Realität fallen Politik und Freiheit zusammen, sie verhalten sich zueinander wie die beiden Seiten der nämlichen Sache."[1121]

Daraus schliesst Arendt, dass die Sache der Freiheit gegen jegliche Art von Zwangsherrschaft zumindest im Abendland das Wesen der Politik ist.[1122]

2.3. Gewalt ist funktional und nie legitim

Macht ist für Arendt ein Selbstzweck, der mit Öffentlichkeit und Kommunikation unter Gleichen zusammenfällt. Gewalt hingegen habe keinen Selbstzweck und sei kein Absolutes wie die Macht.[1123] Gewalt entwickle sich bevorzugt dort, wo Macht gefährdet ist und weniger aus Ohnmacht.[1124] Machthaber, denen die Macht entgleitet, könnten selten der Versuchung widerstehen, sie durch Gewalt zu ersetzen. Darum öffne Machtverlust der Gewalt Tür und Tor, schreibt Arendt.[1125] Einmal sich selbst überlassen, ziele Gewalt auf die Vernichtung der Macht ab. Wo nackte Gewalt auftrete, sei die Macht verloren. Illusorisch wäre es, mit Gewalt Macht erzeugen zu wollen. Gewalt könne Macht nur vernichten.[1126]

In Bezug zur Zeit sind Macht und Gewalt gegensätzlich ausgerichtet: Während Macht sich durch die Berufung auf die Begründung der Gruppe in der Vergangenheit legitimiere und durch die gegenwärtige Unterstützung des Volkes, die

---

[1121] H. ARENDT, Zwischen Vergangenheit 202.
[1122] Vgl. H. ARENDT, Über die Revolution 9. Thommen weist auf einen Unterschied zur Demokratie im heutigen Sinne hin: Bei der athenischen Demokratie habe es sich um einen Personenverband gehandelt, der umfassende politische Selbstbestimmung gehabt habe, während Demokratie etwa in der Formulierung von Abraham Lincoln ein Territorialverband sei mit einer „Regierung des Volkes durch das Volk für das Volk" (vgl. L. THOMMEN, Archaisches und klassisches Griechenland 124, 126).
[1123] Vgl. H. ARENDT, Macht und Gewalt 52f. Im gleichen Abschnitt hält Arendt auch fest, dass utopische Ideale nie Endzweck sein dürfen. Utopien, die man im Ernst zu verwirklichen versuche, würden unweigerlich zu Zwangsherrschaft führen (ebd.). Diese Aussage scheint im Widerspruch zu Arendts Bemerkung zu stehen, dass der Sinn der Politik Freiheit sei (vgl. DIES., Was ist Politik 28). Der Widerspruch lässt sich dadurch auflösen, dass Arendt einmal mit Freiheit den politischen Diskurs meint und das andere Mal die Freiheit von materiellen Zwängen. Letzteres lehnt Arendt als Utopie ab (vgl. H. ARENDT, Zwischen Vergangenheit und Zukunft 210).
[1124] Vgl. H. ARENDT, Macht und Gewalt 56.
[1125] Vgl. H. ARENDT, Macht und Gewalt 86.
[1126] Vgl. H. ARENDT, Macht und Gewalt 55f.

Institutionen und Gesetze bestätigt werde,[1127] müsse sich der Einsatz von Gewalt durch einen Zweck rechtfertigen, der in der Zukunft liegt. Arendt unterscheidet also zwischen Legitimation und Rechtfertigung. Macht hat mit Legitimität zu tun, während Gewalt nie legitim, sondern nur gerechtfertigt sein kann.[1128] Je näher das Ziel zeitlich liege, desto einfacher sei die Rechtfertigung. Der extreme Fall von Rechtfertigung sei die Notwehr, wo die Gefahr unmittelbar gegenwärtig ist.[1129]

An dieser Stelle sei angemerkt, dass Arendt unter Gewalt physischen Zwang, Furcht, Folter oder Hunger versteht, nicht aber psychologische Mittel wie die Beeinflussung durch Medien oder Werbung.[1130] Eine Begründung für diese Abgrenzung gibt sie nicht. Zur symbolischen Macht, also jener Gewalt, die laut Bourdieu „auf sehr sanften Wegen ausgeübt wird und die so unbemerkt wirkt"[1131], „wo nackte Gewalt unmöglich ist"[1132], äussert sich Arendt ebenfalls nicht.[1133]

2.4. Freier Diskurs setzt Macht voraus

Den Grund für die Teilnahme am Diskurs im politischen Raum, der zugleich Machtraum ist, ist für Arendt das Interesse an einer gemeinsamen Welt, die die individuelle Vergänglichkeit übersteigt[1134]. Dieser Raum könne nicht anders als agonistisch sein, denn wer die Gemeinschaft nicht aufgeben wolle, müsse darum streiten können, was gültig sein soll. Im Machtraum müsse sich eine Pluralität von Perspektiven immer von Neuem gegenseitig messen. Je mehr Standpunkte das Individuum zur Kenntnis nehme, desto repräsentativer werde

---

[1127] Vgl. H. ARENDT, Macht und Gewalt 42.
[1128] Die gegensätzliche Ausrichtung von Macht und Gewalt bezieht sich also auf den Zeitstrang. Bernsteins Arendt-Interpretation, dass Macht und Gewalt grundsätzlich „*antithetical concepts*" [Hervorhebung im Original] seien, geht jedoch weiter und unterstellt, dass diese von vergleichbarer Art sind (vgl. R. J. Bernstein, Why Read 96). Dass dies aber nicht der Fall sein kann, zeigt Arendts unterschiedliche Kategorisierung als legitim oder gerechtfertigt.
[1129] Vgl. H. ARENDT, Macht und Gewalt 53.
[1130] Vgl. H. ARENDT, Macht und Gewalt 33.
[1131] Vgl. P. BOURDIEU, Die verborgenen Mechanismen 130.
[1132] Vgl. P. BOURDIEU, Sozialer Sinn 244.
[1133] Gemäss Schönherr-Mann würde Arendt die symbolische Macht nicht als Form von Gewalt interpretieren, da Arendts Gewaltbegriff auch strukturellen Zwang ausschliesse (vgl. SCHÖNHERR-MANN, Hannah Arendt 139).
[1134] Vgl. H. ARENDT, Vita activa 70.

sein Urteil, schreibt Arendt.[1135] Der umgekehrte Weg führe zur Auflösung des Machtraumes.

„Eine gemeinsame Welt verschwindet, wenn sie nur noch unter einem Aspekt gesehen wird; sie existiert überhaupt nur in der Vielfalt ihrer Perspektiven."[1136]

Insofern ist der Sinn oder das Ziel der Politik Kommunikation und nicht die Einstimmigkeit. Entscheide aus dem Machtraum werden gemeinsam getragen, ohne dass eine Monopolisierung einer Mehrheitsmeinung erzwungen wird.

2.5. Abgrenzung der Macht von der privaten und gesellschaftlichen Sphäre

Arendts begriffstheoretische Differenzierung zwischen Macht und Gewalt gilt für den politischen Raum. Zum Kern von «Vita activa» gehört aber auch die Abgrenzung des politischen Raumes vom privaten und dem gesellschaftlichen Raum mit sozialen und ökonomischen Aspekten. Der politische Bereich ist jener von politisch Gleichgestellten, die miteinander im freien Diskurs stehen. Die Agonie ist jene Dynamik, die diesen Diskurs vorantreibt.[1137] Politik in diesem Sinne hätten jedoch nur wenige grosse Epochen gekannt und verwirklicht, räumt Arendt ein.[1138]

In der athenischen Polis habe politische Gleichheit lediglich den gleichen Anspruch der Freien auf politische Tätigkeit gemeint und sei vorzugsweise die Redefreiheit gewesen, schreibt Arendt und betont, dass diese Gleichheit nichts mit Gerechtigkeit zu tun habe.[1139] Arendt verweist darauf, dass es den Griechen in der Politik ausschliesslich um Richtlinien und Direktiven gegangen sei, nicht aber um die konkrete Umsetzung durch Gesetze.[1140] Die Tätigkeit des Gesetzgebers sei streng von der politischen getrennt gewesen und Gesetzgebern überlassen worden, die nicht einmal Bürger der Stadt sein mussten. Erst bei den Römern seien die Gesetze, und damit die Frage der Gerechtigkeit, in den Bereich des Politischen gefallen.[1141]

[1135] Vgl. H. ARENDT, Über das Böse 143.
[1136] H. ARENDT, Vita activa 73.
[1137] Vgl. H. ARENDT, Little Rock 103.
[1138] Vgl. H. ARENDT, Was ist Politik? 41f.
[1139] Vgl. H. ARENDT, Was ist Politik? 40.
[1140] Vgl. H. ARENDT, Was ist Politik? 125f.
[1141] Vgl. H. ARENDT, Was ist Politik? 109, 111.

Den privaten Raum charakterisiert Arendt als Sphäre der Familien, Clans oder Stämme, die nicht für jedermann einsehbar und hörbar ist und in der subjektive Aspekte zulasten der Vielfalt von Perspektiven gepflegt werden können. Im Gegensatz zum öffentlichen Raum handle es sich nicht um eine Wirklichkeit, die aus einer Pluralität von Perspektiven bestehe,[1142] sondern um eine Organisationsform, die ursprüngliche Verschiedenheit oder die Gleichheit aller Menschen zugunsten der Verwandtschaft aufhebe. Es gelte das Prinzip der Ausschliesslichkeit, welches ermögliche, dass „individuen-ähnliche Gebilde sich von und gegeneinander absetzen".[1143] Der private Raum entziehe sich allgemeinen Gesetzen, könne im Widerspruch zu gesellschaftlichen oder politischen Normen stehen und sei dem Prinzip des Zwanges und dem Recht des Stärkeren unterworfen.[1144] Trotz ihrer Vorbehalte gegenüber dem privaten Raum räumt Arendt ein, dass dieser auch die geschützte Sphäre sei, in der wir uns jene Menschen aussuchen, mit denen wir freundschaftliche und liebende Beziehungen eingehen.[1145] Wer sich ausschliesslich im öffentlichen Raum bewege, verliere an persönlicher Tiefe und erleide eine charakterliche Verflachung.[1146]

Zwischen dem privaten und dem politischen Raum wird in «Vita activa» die Existenz einer gesellschaftlichen Sphäre vertreten. Arendt spricht damit einen Raum an, in dem die Menschen der Neuzeit ihre meiste Zeit in Form von Beruf, Vergnügen oder Geselligkeit verbringen. In der griechischen Polis habe es dafür noch nicht einmal ein Wort gegeben. Auch das lateinische Wort „societas" habe ursprünglich nur ein Bündnis bezeichnet, das die Menschen für einen bestimmten Zweck eingegangen seien.[1147] In der zur Neuzeit gehörenden gesellschaftlichen Sphäre gelte der Grundsatz, dass sich gleich und gleich gern gesellen und zwischen Gruppen, Einkommen oder ethnischer Herkunft unterschieden werde. Es gelte dort das Prinzip der Diskriminierung.[1148] Diskriminierung ist in den Augen Arendts ein gesellschaftliches Recht, sich mit gleichgesinnten Individuen zusammenschliessen und Zugangsbedingungen für gesellschaftliche Gruppierungen aufstellen zu dürfen. Das habe zwangs-

---

[1142] Vgl. H. ARENDT, Vita activa 71–73.
[1143] Vgl. H. ARENDT, Was ist Politik? 10.
[1144] Vgl. H. ARENDT, Was ist Politik? 100.
[1145] Vgl. H. ARENDT, Little Rock 107.
[1146] Vgl. H. ARENDT, Vita activa 86f.
[1147] Vgl. H. ARENDT, Vita activa 34.
[1148] Vgl. H. ARENDT, Little Rock 104f.

läufig zur Folge, dass Gruppen, die sich unterschiedlich positionieren und identifizierbar werden, von anderen Gruppen im gleichen Lebensbereich abgrenzen.

Ein konkretes Beispiel des Rechts auf Diskriminierung glaubte Arendt im Schulwesen gefunden zu haben. Im September 1957, drei Jahre nach der offiziell aufgehobenen Rassentrennung in den USA, versuchten in Little Rock, Arkansas, schwarze Schüler die örtliche High-School zu besuchen. Das brachte die lokale Bevölkerung und die dortigen Behörden derart in Aufruhr, dass Washington sich genötigt sah, mit eigenen Sicherheitskräften die Schüler auf dem Weg zur Schule zu beschützen.[1149] Arendt äusserte sich in ihrem Beitrag «Little Rock» ablehnend zum Vorgehen Washingtons und löste damit einen Sturm der Entrüstung aus. In «Little Rock» versuchte sie, anhand von Beispielen eine Grenze zwischen zulässiger gesellschaftlicher und unzulässiger politischer Diskriminierung zu ziehen: Zur politischen Gleichheit gehöre der Zugang zu öffentlichen Dienstleistungen, ohne die im Alltag niemand auskomme, etwa das Recht, in einem Bus zu sitzen, wo man wolle, oder in Geschäftsvierteln Hotels und Restaurants zu betreten.[1150] Die Zugangsverweigerung zu einer öffentlichen Schule war für Arendt hingegen eine zulässige politische Diskriminierung.

Arendts Stellungnahme zum Schulstreit ist bis heute umstritten. Seitens der Bürgerrechtsbewegung wurde ihr vorgeworfen, die Problematik zwischen Schwarzen und Weissen in den Vereinigten Staaten nicht verstanden zu haben.[1151] Benhabib qualifiziert in ihrer Arendt-Biografie «Little Rock» als einen Fehlschlag, der das Scheitern der Unterscheidung von Politischem und Gesellschaftlichem zeige.[1152] Für sie ist Arendts Unterscheidung zu wenig substanziell, da gesellschaftliche Diskriminierung letztlich immer nach dem Prinzip politischer Gleichheit anfechtbar sei.[1153]

Mir scheint, dass Arendt die politische Sphäre in den USA zu optimistisch eingeschätzt hat, als sie «Little Rock» verfasste. Sie unterstellte die getrennte Exis-

---

[1149] Vgl. M. WEISSPFLUG, Hannah Arendt 62.
[1150] Vgl. H. ARENDT, Little Rock 106.
[1151] Vgl. M. WEISSPFLUG, Hannah Arendt 86. Arendt hat später in privater Korrespondenz eingeräumt, die Sicht der vom Schulstreit betroffenen Jugendlichen falsch eingeschätzt zu haben (vgl. S. BENHABIB, Hannah Arendt 244f).
[1152] Vgl. S. BENHABIB, Hannah Arendt 246.
[1153] Vgl. S. BENHABIB, Hannah Arendt 242.

tenz einer politischen Sphäre von Gleichen neben einer gesellschaftlichen Sphäre mit dem Recht auf Diskriminierung. Dabei fehlt es gerade in «Vita activa» nicht an Hinweisen auf den Verlust der politischen Sphäre in der Neuzeit. Dort spricht Arendt vom Übergreifen des Gewaltprinzips aus dem privaten über den öffentlichen Bereich in die Politik hinein. In der Politik habe sich dieses Prinzip in der Neuzeit als Nationalstaat durchgesetzt. In ihm habe der private und gesellschaftliche Raum seine eigene politische Form gefunden.[1154]

> „Was wir heute Gesellschaft nennen, ist ein Familienkollektiv, das sich ökonomisch als eine gigantische Über-Familie versteht und dessen politische Organisationsform die Nation bildet."[1155]

Während im griechischen Haushalt die Gewalt auf einen einzelnen Haushaltvorstand beschränkt gewesen sei, könne in der Neuzeit die Despotie durch das Machtmonopol des Nationalstaates zur Gefahr für alle werden,[1156] weil sich die Gesellschaft nicht mehr vom Politischen scheide und unterscheide und Politik nur noch den funktionalen Überbau sozialer Interessen bilde.[1157] In «Vita activa» spricht Arendt auch von einem „Absterben des öffentlich politischen Bereichs in der Neuzeit"[1158]. Arendts Unterscheidung von Politischem und Gesellschaftlichem und das daraus abgeleitete Recht auf Diskriminierung im gesellschaftlichen Bereich bezieht sich auf den Idealfall. Diesem, räumt sie ein, habe nur in „wenigen Glücksfällen der Geschichte" eine eigenständige Realität entsprochen.[1159]

Arendts Analyse der Ereignisse in der Gemeinde Little Rock ist unter anderem darum misslungen, weil sie bei dem Vorfall ein politisches Umfeld voraussetzte, das ihrem eigenen Verständnis der politischen Sphäre kaum entsprach: Die Zeit, in der es zu den Auseinandersetzungen um die Schule in Little Rock kam, zählt nicht zu den von Arendt erwähnten „Glücksfällen der Geschichte".

[1154] Vgl. H. ARENDT, Vita activa 38f.
[1155] Vgl. H. ARENDT, Vita activa 39.
[1156] Vgl. H. ARENDT, Was ist Politik? 77.
[1157] Vgl. H. ARENDT, Vita activa 43.
[1158] Vgl. H. ARENDT, Vita activa 69.
[1159] Vgl. H. ARENDT, Was ist Politik? 42.

2.5.1. Handeln aus Güte

Als individuelle Beweggründe für das Übergreifen des Gewaltprinzips im Privatbereich auf das Gesellschaftliche und Politische nennt Arendt die auf den ersten Blick unverdächtigen Tugenden Güte und Mitleid. Arendt hat in «Vita activa» den im Sinne von Seneca aus Güte erfolgten Handlungen ein eigenes Kapitel gewidmet.[1160] Sie stuft die tätige Güte als „eine in sich stimmende Lebensform" ein, die aber im öffentlichen Bereich unmöglich sei:[1161] Güte zeichne sich durch eine „merkwürdige Negativität" gegenüber der Öffentlichkeit aus, da sie sich in der Welt betätige, aber nicht in ihr in Erscheinung treten dürfe und „in die Gesellschaft Gottes flüchten" müsse, der der einzig mögliche Zeuge guter Werke sei. Gute Werke fänden zwar in derselben Welt statt wie alle anderen Tätigkeiten, aber sie würden sich vor ihren Bewohnern verbergen. Wo ein gutes Werk öffentlich in Erscheinung trete, könne es zwar von Nutzen oder von grossem Wert sein, wie bei Aktionen von Wohltätigkeitsorganisationen oder solidarischen Aktionen, es verliere aber dadurch den Charakter der Güte, da die Güte es nicht ertrage, gesehen oder bemerkt zu werden. Güte, die sich öffentlich aufspiele, wirke zerstörerisch.

> „Güte aber, die ihrer Verborgenheit überdrüssig, sich anmasst, eine öffentliche Rolle zu spielen, ist nicht nur nicht mehr eigentlich gut, sie ist ausgesprochen korrupt, und zwar durchaus im Sinne ihrer eigenen Massstäbe; sie kann daher im Öffentlichen nur einen korrumpierenden Einfluss haben, wo immer sie sich zeigt."[1162]

Tätige Güte sollte also nie zu einem Bestandteil eines öffentlichen Raums werden.

Mehr als drei Jahrzehnte vor Erscheinen von Jacques Derridas Abhandlung über die Unmöglichkeit der gütigen Gabe formulierte Arendt also das Paradox, dass derjenige, der sich bewusst ist, ein gutes Werk zu tun, nicht mehr gut ist. Immerhin, räumt Arendt ein, sei er ein nützliches oder pflichtbewusstes Mitglied der Gesellschaft geworden.[1163] Wie bei Derrida dürfen gute Werke auch bei

---

[1160] H. Arendt, Vita activa 89–97.
[1161] Vgl. H. Arendt, Vita activa 95.
[1162] H. Arendt, Vita activa 95.
[1163] Vgl. H. Arendt, Vita activa 91.

Arendt nicht einmal in der eigenen Erinnerung bleiben, „schon das Andenken an sie vernichtet sie in ihrem Gutsein"[1164].

Wie verhält es sich dann aber mit der tätigen Nächstenliebe, die jenseits intimer Privatsphäre tätig wird? Arendt räumt ein, dass die Realisierung guter Werke nicht immer zuverlässig dem Privaten oder Öffentlichen zugewiesen werden könne.[1165] Intimitäten des Privatlebens würden zu einer öffentlichen Wirklichkeit, allein schon, wenn darüber gesprochen werde. Im Diskurs würden aus Empfindungen Wirklichkeiten, durch die wir uns der Realität der Welt und unserer selbst versichern.[1166] Anders herum betrachtet, bedeute Privatheit somit auch, „der Wirklichkeit, die durch das Gesehen- und Gehörtwerden entsteht", beraubt zu sein und keine objektive Beziehung zu Anderen zu haben.[1167] Als Bereiche, die privat bleiben, nennt Arendt den Schmerz, der sich nicht mitteilen lasse oder auch die Liebe, die sich nicht öffentlich zur Schau stellen lasse, und sich durch eine ihr „inhärente Weltlosigkeit" auszeichne[1168], welche den geliebten Menschen „in einer aus allen weltlichen Bezügen herausgelösten Reinheit erblicke"[1169].

Tätige Nächstenliebe muss somit als Handlung verstanden werden, die wie jede andere Handlung sich der gesellschaftlichen Rationalität aussetzt und dort zu rechtfertigen ist, wobei die Nächstenliebe selbst dem Diskurs und der Reflexion der guten Werke entzogen bleibt.

2.5.2. Handeln aus Mitleid

Ähnlich wie beim Handeln aus Güte argumentiert Arendt beim Handeln aus Mitleid: Zu ihren zentralen Aussagen über die Revolution gehört die These, dass die Französische Revolution gerade darum kläglich gescheitert sei, weil sie das Problem der Armut politisch lösen wollte. Sie habe die Befreiung von Armut zur Voraussetzung der Befreiung von politischer Unterdrückung gemacht.[1170] Zugleich sei die politische Freiheit der Menschen im Namen von Glück und

---

[1164] Vgl. H. ARENDT, Vita activa 93.
[1165] Vgl. H. ARENDT, Vita activa 96.
[1166] Vgl. H. ARENDT, Vita activa 62f.
[1167] Vgl. H. ARENDT, Vita activa 73.
[1168] Vgl. H. ARENDT, Vita activa 64.
[1169] Vgl. H. ARENDT, Vita activa 309.
[1170] Vgl. H. ARENDT, Die Freiheit, frei zu sein 27.

Wohlergehen des Volkes ins Private verdrängt und damit das Volk von der Teilnahme an der Macht ausgeschlossen worden.[1171] Arendt kommt in ihren Untersuchungen über vergangene Revolutionen zum Schluss, dass Versuche, die soziale Frage mit politischen Mitteln zu lösen, generell in Terror und Despotismus führen.[1172]

Den französischen Revolutionären wirft Arendt vor, sie hätten in der Anteilnahme und im Mitleid die Kraft des gesellschaftlichen Zusammenhalts gesehen.[1173] Wer vor den Wohlfahrtsausschuss unter Robespierre gekommen sei, hätte glaubhaft machen müssen, dem Wohl des Volkes zu dienen. Mitleid habe in der französischen Revolution die Form eines gewalttätigen Gefühls angenommen, das politische Identität auf Kosten der Pluralität hergestellt habe.[1174] Das habe den politischen Diskurs verdrängt und in den Terror geführt.[1175] Für Arendt ist das Mitleiden zwar „die nobelste der Leidenschaften", die gegenüber einem Individuum empfunden wird. Problematisch werde es indessen, wenn es sich auf ein leidendes Kollektiv (das „Volk", der „Wille des Volkes", die „misérables") richte. Daraus entstehe eine Stimmung, die der Solidarität gleiche, allerdings die zur Politik gehörende Pluralität von freien Individuen vernichte. Solidarität ist in Denken Arendts ein politisches Prinzip, das eine von Empfindungen unabhängige, aber dauerhafte Interessengemeinschaft mit den Armen anstrebt.[1176] Wie die Güte ist also auch das Mitleiden im Denken von Arendt ein Antrieb, der sich nicht zur öffentlichen Schaustellung eignet. Sobald sie in den öffentlichen Diskurs einfliessen, würden sie zu Heuchelei.[1177]

2.6. Schlussfolgerungen und weiteres Vorgehen

2.6.1. Unklare Grenzen zwischen den gesellschaftlichen Sphären

Arends Aufteilung in eine private, eine gesellschaftliche und eine politische Sphäre weist auf verschiedene Gravitationsfelder mit-menschlicher Existenz hin. Unter ihnen scheint es analoge Strukturen zu geben, die in den einzelnen

---

[1171] Vgl. H. ARENDT, Die Freiheit, frei zu sein 27, 31.
[1172] Vgl. u.a. H. ARENDT, Zwischen Vergangenheit und Zukunft 249; DIES., Die Freiheit, frei zu sein 32.
[1173] Vgl. H. ARENDT, Über die Revolution 101.
[1174] Vgl. G. STRASSENBERGER, Hannah Arendt 137f.
[1175] Vgl. H. ARENDT, Über die Revolution 143.
[1176] Vgl. H. ARENDT, Über die Revolution 112.
[1177] Vgl. H. ARENDT, Über die Revolution 120–122.

gesellschaftlichen Bereichen unterschiedliche Transformationen annehmen: Was im privaten Bereich als Mitleid empfunden wird, wird im gesellschaftspolitischen Bereich als Solidarität thematisiert und erscheint auf der politischen Ebene als dauerhafte Interessengemeinschaft mit den Armen. Die dem privaten Bereich zuzuschreibende „Liebe" erscheint auf der politischen Ebene transformiert als „Respekt" oder „politische Freundschaft".[1178]

Arendts Drei-Bereiche-Systematik ist mangels Klarheit aber auch umstritten. Manchmal scheint Ihre Aufteilung in verschiedene Sphären einleuchtend: Etwa wenn sie von der Güte spricht, die sich vor dem Raum, der den Menschen gemeinsam ist, verbirgt; oder aber wenn sie den Respekt vor der Weltsicht des Anderen thematisiert, der die gemeinsame Welt voraussetzt.[1179] Stark umstritten ist jedoch Arendts Trennlinie zwischen dem öffentlichen und politischen Bereich: Ihre Freundin Mary McCarthy stellte 1972 an einem Arendt gewidmeten Symposion in Toronto die These auf, dass es in einem Staat mit einer Verfassung einschliesslich eines Rahmenwerks von Gesetzen gemäss Arendt verboten sein müsste, im politischen Raum über wirtschaftliche Rahmenbedingungen und menschliche Wohlfahrt zu sprechen, zumal beide nicht Ziel der Politik sind. Wäre aber das Ziel der Politik einzig die Freiheit, bliebe ihr nur noch das Reden über Kriegsentscheide übrig.[1180] Die kontroverse Diskussion über die Abgrenzung der verschiedenen gesellschaftlichen Bereiche zeigt, dass die drei Sphären zumindest soweit verschränkt sind, dass zwischen ihnen Kolonialisierungsbewegungen Realität sind.

2.6.2. Agonistische Rationalität für alle öffentlichen Sphären

Der Einwand, dass die sozialen Sphären verschränkt sind, impliziert auch eine mögliche Kolonisierung von privater und gesellschaftlicher Sphäre durch die Politik. Das deckt sich wiederum mit Arendts Überzeugung, dass Freiheit nicht ausschliesslich an die Politik gekoppelt ist. In «Vita activa» bemerkt sie, dass das Handeln und das Sprechen kontingent sind, und entsprechend auch der vom Menschen hervorgebrachte öffentliche Raum, dessen Grenzen nie fixiert

---

[1178] Vgl. H. ARENDT, Vita activa 310.
[1179] Vgl. H. ARENDT, Vita activa 94f. Ähnlich spricht Arendt von der Liebe: „In der Leidenschaft, mit der die Liebe nur das Wer des Anderen ergreift, geht der weltliche Zwischenraum, durch den wir mit anderen verbunden und zugleich von ihnen getrennt sind, gleichsam in Flammen auf." (DIES., Denken ohne Geländer 204).
[1180] Vgl. G. STRASSENBERGER, Hannah Arendt 141.

oder vorhersehbar sind.[1181] Scherl interpretiert dies dahingehend, dass die Regeln des öffentlichen Diskurses auch Räume erfassen können, die bisher als gesellschaftlich oder privat galten.[1182] In diese Richtung weist eine Passage in Arendts Zürcher Vortrags «Freiheit und Politik» von 1958, in der sie darauf hinweist, dass man die Gedankenfreiheit, die Willensfreiheit und die Freiheit künstlerischer Produktivität mit vernichten müsste, sollte die politische Freiheit abgeschafft werden:

> „Man muss sich mit anderen Worten all der Gebiete bemächtigen, die wir gewohnt sind, als ausserhalb des Politischen liegend zu betrachten, weil auch in ihnen ein politisches Element enthalten ist."[1183]

Man kann also mit Arendt für die Durchlässigkeit der Gravitationsfelder mitmenschlicher Existenz argumentieren, allerdings immer mit dem Vorbehalt oder dem Anspruch, dass die in der Politik praktizierte agonistische Rationalität in gesellschaftliche Sphären vordringt und nicht umgekehrt.[1184] Sobald das gesellschaftliche Recht auf Diskriminierung auf die politische Sphäre übergreife, sei das verheerend, schreib Arendt im Beitrag zu den Ereignissen in Little Rock.[1185]

2.6.3. Vergleich mit Hénaffs Sphären der Gabe

Am Schluss dieses Kapitels soll noch auf Parallelen der Arendtschen Sphären und Hénaffs Gabenarten verwiesen werden:

- Arendts Handeln aus Güte gleicht Hénaffs wohltätigem Geschenk. Es ist ein nicht-agonistisches privates Verhalten mit öffentlich sichtbaren Auswirkungen. Beide, Arendt und Hénaff, verweisen in ihren Texten über die Güte auf Seneca.
- Arendts Charakterisierung des politischen Diskurses geht vom gegenseitigen Respekt aus und dem Willen, als politisch Gleichberechtigte zu handeln.[1186] In Hénaffs zeremonieller Gabe der Anerkennung wird ver-

---

[1181] Vgl. H. ARENDT, Vita activa 238.
[1182] Vgl. M. SCHERL, Zwischen Abgrenzung und Entgrenzung 99f.
[1183] Vgl. H. ARENDT, Mensch und Politik 53.
[1184] Vgl. H. ARENDT, Vita activa 43.
[1185] Vgl. H. ARENDT, Little Rock 105.
[1186] Insofern vertreten Arendt und Rahner dieselbe Ansicht.

gleichbares agonistisches Handeln beschrieben. Hénaff weist diese Gabe wie Arendt der politischen Sphäre zu.

- Zwischen Hénaffs solidarischer Gabe und Arendts Verständnis von Solidarität drängen sich hingegen keine direkten Vergleiche auf. Im Denken Arendts kann ein Gefühl, das sich im Anblick des Fremden in Not äussert, erst zur Solidarität werden, wenn es das reine Mitleiden übersteigt, und „die Armen und Schlechtweggekommenen" ebenso einbezieht wie „die Starken und Reichen".[1187] Die Sphäre der solidarischen Gabe wäre demnach gemäss Arendt ein rationaler Diskurs, wo sich Gebende und Empfangende in einem öffentlichen Rahmen als Gleiche treffen. Auch wenn Arendt die Solidarität nicht der politischen Sphäre zuweisen wollte, lässt sich gestützt auf sie die These vertreten, dass für die Solidarität genauso wie für die Politik eine agonistische Rationalität gilt.[1188]

2.6.4. Weiteres Vorgehen

Im Vergleich zum ersten Kapitel hat sich der Blickwinkel auf theologische Aspekte der agonistische Gabe etwas geändert. Bei den im ersten Kapitel besprochenen Gabentheologen ging es primär um die Geschenke. Nur in Ausnahmefällen wurde die Agonie thematisiert. Im aktuellen fünften Kapitel liegt der theologische Fokus auf der Reflexion des Agonistischen. Dies ist jedoch kein Themen- sondern ein Perspektivenwechsel. Die Gabe, als objektivierendes Element des agonistischen Austauschs existiert auch im modernen politischen Kontext: Gemäss Rahner kann sich der agonistische Diskurs unter Gleichen als Verfassung objektivieren.[1189] Für Arendt wird der agonistische Diskurs in einer Verfassung greifbar, der die Teilnehmer des öffentlichen Diskurses zustimmen.[1190]

Im folgenden Kapitel sollen aus Rahners und Arendts Erkenntnisse über die Macht grundsätzliche ethische Forderungen formuliert werden. Systematisch halte ich mich an Franz Böckle, da er die Rahnersche transzendentale Anthropologie für die Ethik systematisiert hat. In Abgrenzung zu Rahner orientiere ich

---

[1187] Vgl. H. ARENDT, Über die Revolution 113.
[1188] S. dazu meine Schlussfolgerungen zu Theodor Ahrens im ersten Kapitel, 2.3.13: Rückblick auf die theologische Gabentauschdiskussion und Ausblick.
[1189] Vgl. K. RAHNER, Würde und Freiheit des Menschen 201.
[1190] Vgl. H. ARENDT, Ich will verstehen 117.

mich an Arendts gewaltfreiem Machtbegriff. Da Arendt ihren Machtbegriff von der agonistisch-demokratischen Meinungsfindung in der politischen Sphäre her entwickelt, beschränken sich meine agonistisch-ethischen Konkretisierungen im Schlusskapitel auf Grundsätze im Umgang mit politischer Macht.

Sechstes Kapitel: Handeln in der Sphäre der Macht

Im dritten Kapitel über die Gabe aus anthropologischer Sicht wurde gezeigt, dass die Gabe den Habitus der Grosszügigkeit und des Gedemütigt-werden-Könnens voraussetzt. Über die Phänomene der Demütigung erschliessen sich jedoch unterschiedliche Formen der Macht- oder Gewaltausübung, die zum Teil die Agonie nicht nur ausschliessen, sondern sogar für immer verunmöglichen.

Absicht des Schlusskapitels ist die Formulierung ethischer Grundsätze im Umgang mit Gewalt. Dabei halte ich mich an Arendts Einsicht, dass Gewalt instrumental ist und vom Standpunkt einer gewaltfreien, agonistischen Macht her beurteilt werden muss. Systematische Basis dieser ethischen Reflexion ist Böckles «Fundamentalmoral».

1. Moraltheologische Systematik

Mit dem Namen Franz Böckle (1921–1991) verbindet sich ein ethischer Ansatz, der mit dem Begriff „theonome Autonomie" assoziiert wird, womit eine autonome Moral gemeint ist, die aus dem Anspruch Gottes an den Menschen begründet wird.[1191] Die Synthese seines „im christlichen Glauben gegründeten Vernunftethos"[1192] präsentierte Böckle in der «Fundamentalmoral» von 1977.

Böckle Ansatz fügt sich in den theologischen Strang ein, den Rahner entworfen hat, und setzt dessen Transzendentaltheologie in der Moraltheologie systematisch um.[1193] Wie bei Rahner stellt auch Böckles Transzendentalpragmatik auf eine theologische Anthropologie ab, der zufolge die menschliche Natur durch die spezifische Seinsweise eines personal Seienden geprägt ist,[1194] das sie über sich selbst hinaus verweist und sie dadurch für die Kommunikation mit dem Absoluten, aber auch mit anderen Menschen, interpersonal bestimmt.[1195] Unter der transzendentalen Bedingung der Freiheit erfahre der Mensch die Sittlichkeit im Vollzug eines unbedingten Entschlusses. Die ultimative Begründung

---

[1191] Vgl. S. A. F. Vaz, Autonome Moral 135.
[1192] Vgl. H. Halter, Franz Böckle 821.
[1193] Vgl. H. Halter, Franz Böckle 821.
[1194] Vgl. F. Böckle, Fundamentalmoral 238.
[1195] Vgl. F. Böckle, Fundamentalmoral 242.

des Sollens ist, wie bei Rahner, auch bei Böckle die Freiheit des Menschen[1196], die sich in der radikalen Beanspruchung durch Gott wahrnimmt.[1197] In seiner Freiheit, die im Rahmen der Kontingenzerfahrung vollzogen werde, sei sich der Mensch selbst zur Aufgabe gestellt, letztes Ziel der menschlichen Selbstfindung sei die vollkommene Freiheit, das Gute schlechthin.[1198] Böckle umschreibt transzendentale Freiheit als das ursprüngliche Sich-Erschliessen des Willens zu sich selbst.[1199]

1.1. Präsittliche Gegebenheiten und sittlich relevante Einsichten

In einem transzendentaltheologischen Ansatz kann Ethik nicht von der Erkenntnis und Begründung sittlicher Normen ausgehen, womit sich die Frage nach der ethischen Relevanz des bei Rorty gefundenen Grausamkeitverbots oder den von Walzer vertretenen „geteilten Werten" stellt. Eine Antwort bietet Böckle mit der Unterscheidung zwischen Gütern und Werten sowie sittlichen Normen. Als Güter und Werte bezeichnet er sittlich relevante Einsichten, die in den Einzelhandlungen gegeneinander abzuwägen seien, während Normen auf Handlungen bezogen seien und diese sittlich qualifizieren würden.

Güter und Werte seien unserem Handeln objektiv vorgegeben.[1200] Die Rechtsphilosophie beschreibe diese als Rechtsgüter. Als Beispiele dafür erwähnt Böckle Leben, leibliche Integrität, individuelle Freiheit, aber auch Ehe, Familie, Eigentum und Staat.[1201] Sittliche Normen charakterisiert Böckle als stereotype Handlungsmuster wie etwa Treue, Gerechtigkeit und Solidarität. Aus der Tatsache, dass eine solche Norm in Geltung ist, folgt für Böckle noch nicht

---

[1196] Vgl. F. BÖCKLE, Fundamentalmoral 36f, 83.
[1197] Vgl. F. BÖCKLE, Vorwort. Rosenberger unterstellt, dass das leitende Konstruktionsprinzip bei Böckle die Sollenserfahrung sei. Demgegenüber stellt er die These auf, dass eine theologische Ethik beim Begriff der Freiheit beginnen müsse (vgl. M. ROSENBERGER, Frei zu leben 381). Ich kann Rosenbergers Abgrenzung gegenüber Böckle nicht nachvollziehen, da auch bei Böckle die Freiheit die transzendentale Bedingung der Sittlichkeit ist: „Es ist dies der Grundakt der Selbstbestimmung im Vollzug transzendentaler Freiheit, deren adäquates und erfüllendes Ziel nur unbedingte Freiheit, d.h. allein die freilassende Freiheit Gottes sein kann" (F. BÖCKLE, ebd.).
[1198] Vgl. F. BÖCKLE, Fundamentalmoral 122f.
[1199] Vgl. F. Böckle, Fundamentalmoral 144.
[1200] Vgl. F. BÖCKLE, Fundamentalmoral 259.
[1201] Vgl. F. BÖCKLE, Fundamentalmoral 259.

deren Legitimität. Dazu brauche es eine wertende Stellungnahme zu deren Geltungsgründen.[1202]

Aus dem Vorhandensein von Rechtsgütern, Grundwerten oder sittlichen Normen lassen sich gemäss Böckle demnach keine sittlich relevanten Einsichten ableiten.[1203] Damit ist auch gesagt, dass die Sozialwissenschaften keine ultimative Begründung des Sollens liefern können.[1204] Böckle spricht in diesem Zusammenhang von präsittlichen Gegebenheiten.[1205] Sittlich relevante Einsichten seien erst auf dem Hintergrund eines bestimmten Selbst- und Weltverständnisses des Menschen möglich,[1206] was aber immer auch Güter- und Wertprioritäten voraussetze. Die sittliche Ordnung zeige sich immer nur in einer von Menschen im Rahmen einer bestimmten Sinngebung interpretierten Natur.[1207]

1.2. Freiheit wächst mit der Einsicht in die Endlichkeit

In dieser interpretierten Natur erscheine der personale Mensch als geschichtlich und gesellschaftlich eingebettete Existenz, die in die Schuld und Leidensgeschichte der Menschheit verwickelt sei[1208] und aus der er sich aus eigener Kraft nicht befreien könne.[1209] Gesellschaft und Geschichte würden immer auf uns einwirken, unsere Handlungen seien durch vorausgegangene Entschlüsse eingeschränkt.[1210] Auch die Urteilsfindung ist für Böckle nie eine Wahl aus voraussetzungslosem Anfang. Ein Geflecht aus vorausgegangenen Entschlüssen schränke die Freiheit der nachfolgenden Urteile und Akte ein. Diese Passivität sei konstitutiv für die Kreatürlichkeit. Alles andere käme einer creatio ex nihilo gleich.[1211]

[1202] Vgl. F. BÖCKLE, Fundamentalmoral 38.
[1203] Vgl. F. BÖCKLE, Fundamentalmoral 260.
[1204] Vgl. F. BÖCKLE, Fundamentalmoral 29.
[1205] Vgl. F. BÖCKLE, Fundamentalmoral 246, 259f.
[1206] Vgl. F. BÖCKLE, Fundamentalmoral 285, 287.
[1207] Vgl. H. HALTER, Franz Böckle 823.
[1208] Vgl. F. BÖCKLE, Fundamentalmoral 133.
[1209] Vgl. F. BÖCKLE, Fundamentalmoral 135.
[1210] Gudula Frieling wirft Böckle vor, dass seine Fundamentalmoral auf einen Aufbau des Gottesreiches setze, der sich nur personal im Inneren des Menschen ereigne (vgl. G. FRIELING, Christliche Ethik 230). Frieling übersieht, dass der personale Mensch sich gemäss Böckle nur als geschichtlich eingebettete Existenz realisieren (vgl. F. BÖCKLE, Fundamentalmoral 45f) und Freiheit sich nicht anders als in leiblicher Existenz vollziehen kann (vgl. ebd. 143).
[1211] Vgl. F. BÖCKLE, Fundamentalmoral 41f.

Freiheit sei in diesem Kontext als Antwort auf geschichtlich konkrete Herausforderungen zu sehen, für die eine Lösung erst noch erfunden werden müsse.[1212] Böckles Reflexion auf die Subjektivität führt nicht zu einer ultimativen Begründung ethischen Handelns, sondern zu einer vertieften Einsicht in die Endlichkeit.[1213] Je mehr der Mensch die determinierenden Einflüsse durchschaue und auch sein Wollen als Verleiblichung der Wechselwirkung mit der Welt erkenne, umso mehr könne der Raum der Freiheit wachsen.[1214] Sittliche Autonomie, wie sie Böckle versteht, ist also Selbstbindung des Subjekts an das Gesetz vernünftiger Selbstbestimmung.[1215]

1.3. Die Handlungsprämissen müssen kommunizierbar bleiben

Was bedeutet das für das im christlichen Horizont entstandene christliche Ethos? Materiell, hält Böckle fest, überschreite die autonome Wert- und Normbegründung nicht den Horizont des Menschen und sei darum auch eine Botschaft für alle Menschen.[1216] Rein historisch sei christliche Ethik zwar durchaus auch inhaltlich bestimmt. Doch aus einer schöpfungs-theologischen Perspektive könne es ein „christliches Proprium" nicht geben. Damit stelle sich für den Christen die Aufgabe, das christliche Ethos auch zu vermitteln. Christliches Ethos müsse kommunizierbar sein.

> „Das Urteil über das, was daraus für das menschliche Handeln zu fordern ist, muss prinzipiell einsichtig und kommunikabel bleiben. Die Prämisse, der Verstehenshorizont für die Modifikation der Güter, ist freilich nur im Glauben erfahrbar."[1217]

Bei der Normbegründung der von Böckle vertretenen autonomen Ethik wird auch das biblische Ethos nicht als etwas von aussen Hinzukommendes verstan-

---

[1212] Vgl. F. BÖCKLE, Fundamentalmoral 42.
[1213] Vgl. F. BÖCKLE, Fundamentalmoral 74.
[1214] Vgl. F. BÖCKLE, Fundamentalmoral 44, 46. Böckles Bemerkung zum „verleiblichten Wollen" erinnert an Bourdieus Einschätzung der „Freiheit" für die Soziologie: „Doch anders als der Augenschein es will, ist die befreiende Kraft der Sozialwissenschaft um so grösser, je mehr an Notwendigkeit sie wahrnimmt und je besser sie die Gesetzmässigkeiten der sozialen Welt erkennt. Jeder Fortschritt in der Erkenntnis der Notwendigkeit ist ein Fortschritt in der möglichen Freiheit. [...] Ein unerkanntes Gesetz ist wie Natur, ist Schicksal [...]; ein erkanntes Gesetz erscheint als Möglichkeit von Freiheit." (P. BOURDIEU, Soziologische Fragen 44).
[1215] Vgl. F. BÖCKLE, Fundamentalmoral 51.
[1216] Vgl. F. BÖCKLE, Fundamentalmoral 17.
[1217] Vgl. F. BÖCKLE, Fundamentalmoral 301.

den. Ausgehend vom Ethos Jesu sei die grundlegende Forderung des Evangeliums die Anerkennung der absoluten Verwiesenheit menschlicher Existenz auf Gott und auf die in Jesus erfolgte Zuwendung Gottes an die Menschen. Das wiederum verlange eine entsprechend intensive Zuwendung zum Menschen.[1218]

1.4. Schlussbemerkungen zu Böckle und Ausblick

Mit Hilfe der Moraltheologie von Franz Böckle können die in früheren Kapiteln festgestellten ethischen Regeln im generellen Zusammenhang mit Macht – konkret das Grausamkeitsverbot, die Einschränkungen der Gewalt und die Anerkennung – als präsittliche Werte eingestuft werden. Böckles anthropologischer Ansatz setzt auf die Kommunizierbarkeit ethischer Prämissen, deren Ursprung in der transzendentalen Freiheit liegt. Seine Fundamentaltheologie bleibt allerdings auf die transzendentale Freiheit fokussiert. Die Rahnersche Sicht auf die Macht thematisiert Böckle nicht. Wenn aber mit Rahner die Macht als ein notwendig zur Freiheit gehörendes Existenzial zu verstehen ist, dann ist auch sie dem Ursprung ethischer Prämissen zuzurechnen. Ergänzend zu einer Ethik der transzendentalen Freiheit braucht es eine Ethik der (transzendentalen) Macht.

1.4.1. Eine agonistische Ethik erfordert eine pluralistische Gesellschaft

Die Grundsätze einer „agonistischen Ethik" sind allerdings auch in Böckles Ethik der transzendentalen Freiheit vorgegeben. Einerseits ist dies die Eingrenzung der Subjektivität auf eine transzendentale Freiheit, welche die Anerkennung anderer Freiheit einschliesst.[1219] Andererseits ist dies ein Gesellschaftskonzept, in dem die Person als verantwortungsfähiges Individuum wahrgenommen wird. Böckle lehnt kollektivistische Gesellschaftsmodelle ab, weil die Person in der Anonymität des Kollektiven nicht mehr fassbar wird und zur Verantwortung gezogen werden kann.[1220] Daraus leitet sich als erster Grundsatz einer agonistischen Ethik die Forderung ab, dass ein agonistischer Diskurs eine pluralistische Gesellschaft mit selbstverantwortlichen Individuen voraussetzt. Damit zusammen hängt die Frage nach der Übernahme von Verantwortung im Staat und dem Gehorsam oder der Abgrenzung gegenüber legitimen Institutionen.

[1218] Vgl. F. BÖCKLE, Fundamentalmoral 203.
[1219] Vgl. F. BÖCKLE, Fundamentalmoral 81f.
[1220] Vgl. F. BÖCKLE, Fundamentalmoral 106.

1.4.2. Eine agonistische Ethik erfordert eine „erweiterte Denkungsart"

Beim ethischen Urteil will Böckle ausdrücklich über Kant hinausgehen, da bei Kant das Subjekt letztlich jenseits von „Geschichte, Wissenschaftsentwicklung und Gesellschaft" bleibe.[1221] Stattdessen fordert Böckle einen Begriff der Anschauung, der auf Praxis bezogen ist, und das persönliche Erleben sowie die anerkannten Meinungen, Normen und Sitten eines Gemeinwesens umfasst.[1222] Eine Normbildung müsse in einem menschlich-kulturellen Prozess verstanden werden,[1223] beinhalte die Reflexion auf die Ermöglichung in Freiheit und Bedingtheit in Sozietät[1224] und umfasse die Entdeckung immer neuer sinnhafter Möglichkeiten.[1225] Diese Reflexion stütze sich auf Grundwerte, deren Einsicht und Geltung bereits anerkannt sind.[1226]

Böckles Forderung nach einer gesellschaftlichen Einbettung der Urteile findet sich bei Arendt systematisiert in ihrer Lesart von Kants «Kritik der Urteilskraft»[1227]. Sie interpretiert den Rückgriff auf anerkannte Meinungen, Normen und Sitten eines Gemeinwesens nicht in einem individualethischen, sondern in einem politischen Kontext. Das Urteilen im politischen Kontext setze voraus, dass sich der Bürger über seine subjektiven Privatbedingungen hinwegsetze und den Standpunkt Anderer einnehmen könne. Damit mache sich das Subjekt reflektierend auf den Weg zu einem allgemeinen, unparteiischen Standpunkt.[1228] Je öfter sich das Individuum von Standpunkt zu Standpunkt bewege, ohne die eigene Identität aufzugeben, desto allgemeiner werde sein Standpunkt.[1229]

Die Fähigkeit, sich an die Stelle des Andern zu versetzen, hat nennt Arendt mit Kant die Einbildungskraft. Sie vergegenwärtige den Anderen[1230] und zeitige sich in einem potenziell öffentlichen Raum, denn nur dort lasse sich der Standpunkt

---

[1221] Vgl. F. BÖCKLE, Fundamentalmoral 138f.
[1222] Vgl. F. BÖCKLE, Fundamentalmoral 269f.
[1223] Vgl. F. BÖCKLE, Fundamentalmoral 86.
[1224] Vgl. F. BÖCKLE, Fundamentalmoral 279.
[1225] Vgl. F. BÖCKLE, Fundamentalmoral 277.
[1226] Vgl. F. BÖCKLE, Fundamentalmoral 176.
[1227] Vgl. I. KANT, Kritik der Urteilskraft 176. Arendt interpretiert den ersten Teil der «Kritik der Urteilskraft» als Philosophie der Politik (vgl. H. ARENDT, Mensch und Politik 73).
[1228] Vgl. H. ARENDT, Das Urteilen 68f.
[1229] Vgl. H. ARENDT, Das Urteilen 69f. DIES., Wahrheit und Lüge, 61f.
[1230] Vgl. H. ARENDT, Mensch und Politik 73.

aller Anderen überprüfen.[1231] Die Einbildungskraft befähige den Menschen, am Dialog mit den Zeitgenossen teilzunehmen.[1232] Ziel dieser Einnahme verschiedener Perspektiven sei, den Standpunkt des Anderen mit dem eigenen in Übereistimmung zu bringen. Der ethische Anspruch an diesem durch Reflexion erlangten Standpunkt bestehe darin, nicht nur die Zustimmung der Anderen zu erhalten, sondern auch mit sich selbst eins zu sein.[1233] Die Übereinstimmung im Dialog mit sich selbst ist für Arendt die ethische Basis, die dem politischen Diskurs vorausgeht.[1234]

Arendts Einordnung der Ethik in die Ästhetik als reflektierende Urteilskraft entspricht nicht Kants Absicht, ethische Unterscheidungen von der praktischen Vernunft abzuleiten.[1235] Sie ist sich auch dessen durchaus bewusst.[1236] Die Absicht ihrer eigenwilligen Kantinterpretation besteht darin, politische Fragen durch eigenes Denken und Überzeugung im öffentlichen Diskurs zu lösen, indem ohne vorgeschriebene Regeln vom Besonderen zum Allgemeinen fortgeschritten wird.[1237] Dem gegenüber hat Böckle hat in seiner «Fundamentalmoral» nirgends auf Kants dritte Kritik verwiesen. Seine Forderung nach einem Subjekt innerhalb von Geschichte, Wissenschaftsentwicklung und Gesellschaft kommt dennoch dem kantschen Gemeinsinn nahe sowie Kants Anleitung zum Urteilen.

„An anderen Personen, an der gesamten Wirklichkeit und an sich selbst wird zutiefst erfahren, ob behauptete Welteinsichten durch ihren Vollzug im Leben ratifiziert werden."[1238]

Unklar ist bei Böckle, ob diese Orientierung an anderen Personen auch Empathie einschliesst. Arendt jedenfalls schliesst beim Perspektivenwechsel die Empfindungen Anderer radikal aus und beruft sich auf Kants „Maxime einer

---

[1231] Vgl. H. ARENDT, Das Urteilen 68.
[1232] Vgl. H. ARENDT, Zwischen Vergangenheit und Zukunft 127.
[1233] Vgl. H. ARENDT, Über das Böse 97.
[1234] Vgl. H. ARENDT, Sokrates, 57, 62. Hier vertritt Arendt eine sokratische Sicht. Bei Kant macht die Selbstverachtung, verstanden als Sanktion des Gewissens, den inneren Widerspruch sichtbar (vgl. H. ARENDT, Über das Böse 51).
[1235] Vgl. S. BENHABIB, Hannah Arendt 292.
[1236] Vgl. H. ARENDT, Mensch und Politik 72f: „Dass der erste Teil der «Kritik der Urteilskraft» eigentlich eine Philosophie der Politik ist, ist in der Kant-Literatur nur selten bemerkt worden".
[1237] Vgl. H. ARENDT, Vom Leben des Geistes 75f.
[1238] F. BÖCKLE, Fundamentalmoral 276.

niemals passiven Vernunft"[1239]. Denken im aufgeklärten Sinn meine selbst zu denken und nicht die Übernahme fremder Gedanken.[1240] Für Arendt muss also Perspektivenwechsel im öffentlichen Raum im Rahmen eines rationalen Diskurses stattfinden.

1.4.3. Eine agonistische Ethik erfordert die Gleichheit aller

Arendts Lektüre der dritten grossen Kritik ist wie erwähnt der Zuschnitt des Urteilens auf eine politische Handlung.[1241] Mit Blick auf die Agonie, die voraussetzt, dass Freiheit nur unter Gleichen möglich ist, bewegt sich die urteilende Reflexion notwendigerweise einem immer neuen Horizont entgegen: In ihrem Denken besteht das Wesen des politischen Handelns darin, einen neuen Anfang zu setzen.[1242] Somit repräsentiert jede politische Handlung einen neuen Anfang mit eigenem Standpunkt. Konsequenterweise können Urteile nicht zum Vornherein langfristige Gültigkeit beanspruchen, sondern sind permanent gegenüber dem geänderten Horizont zu reflektieren, eine Forderung, die wir schon bei Rahner angetroffen haben. Als Alternative zur Agonie, also des freien Zusammenlebens und miteinander Redens, sieht Arendt die Herrschaft über Andere und damit die These, dass die Menschen nicht als Gleiche geschaffen sind.[1243]

In einer agonistischen Anthropologie muss ein politisches Gebilde sich immer darauf ausrichten, vom öffentlichen Diskurs ausgeschlossene Gruppen zu identifizieren und in den Diskurs der Gleichen aufzunehmen. Der unaufhaltsame Prozess der „erweiterten Denkungsart" hat also nicht nur Konsequenzen auf die Art des Diskurses im Machtraum sondern auch auf den Umgang mit Gruppen, die vom öffentlichen Diskurs ausgeschlossen sind.

2. Vergleich der Machtbegriffe und ethische Folgerungen

Im vorangehenden Kapitel über Rahner und Arendt wurde auf Arendts Abkoppelung der Gewalt von der Macht hingewiesen. Der zweite Teil dieses Schlusskapitels will die besprochenen Erfordernisse einer agonistischen Ethik

---

[1239] Vgl. I. KANT, Kritik der Urteilskraft 175.
[1240] Vgl. H. ARENDT, Das Urteilen 69.
[1241] Vgl. L. A. SAUER, Welt „ohne Geländer" 190.
[1242] Vgl. H. ARENDT, Zwischen Vergangenheit und Zukunft, 126.
[1243] Vgl. H. ARENDT, Wahrheit und Lüge 70.

konkretisieren und damit durch einige ethische Richtlinien im Umgang mit Macht konkrete Anstösse für eine „agonistische Ethik" geben. Die vorgestellten ethischen Leitsätze werden anhand von Arendt und Rahner reflektiert, allerdings aufgrund der unterschiedlichen Denksysteme getrennt voneinander, jedoch mit dem Ziel die inhaltlich gleiche Leitlinie im Lichte der beiden Denksysteme begründen zu können.

Dabei ist vor allem zu berücksichtigen, dass Arendt und Rahner den Freiheitsbegriff völlig unterschiedlich definieren. Während Rahner Freiheit als Selbstverfügung der Person über sich selbst in allen menschlichen Dimensionen charakterisiert, verknüpft Arendt Freiheit mit dem gleichen Anspruch auf Teilnahme am politischen Diskurs.[1244] Freiheit ist bei Arendt also Redefreiheit. Den ursprünglichen Sitz dieser Freiheit lokalisiert sie „ausschliesslich im politischen Bereich".[1245] Der fundamentale Unterschied zu Rahners transzendentalphilosophischem Begriff der Freiheit als Selbstvollzug des Menschen, die sich in der Erfahrung mit anderen Personen erfährt, zeigt sich besonders klar in Arendts Feststellung, dass Freiheit nicht in einem „wie immer gearteten Inneren des Menschen"[1246] entstehe, sondern in dem Zwischenraum, der sich dort bildet, wo Menschen zusammenleben. Arendt definiert Freiheit als bürgerliche Partizipation:

> „Der Einzelne in seiner Vereinzelung ist niemals frei; er kann es nur werden, wenn er den Boden der Politik betritt und auf ihm agiert."[1247]

2.1. „Macht ist durch freie Individuen verantwortet."

Macht ist weder bei Rahner noch bei Arendt eine objektive Entität, etwa im Sinne eines objektiven Kollektivs, die dem Individuum gegenübersteht.

- Für Arendt wäre eine solche objektivierende Annahme unsinnig, da Macht erst im Zusammenwirken von freien Bürgern entsteht und mit dem Auseinandergehen dieser Bürger wieder verschwindet.
- Das Rahnersche Freiheitssubjekt kann nicht anders als auf Fremdbestimmung zu antworten, da es seine Freiheit in einer vorgefundenen

---

[1244] Vgl. H. ARENDT, Was ist Politik? 40.
[1245] Vgl. H. ARENDT, Vita activa 41.
[1246] Vgl. H. ARENDT, Was ist Politik? 99.
[1247] H. ARENDT, Was ist Politik? 99.

Situation vollzieht, „die selber immer geschichtlich und zwischenmenschlich bestimmt ist"[1248]. Für Rahner gehört es zur menschlichen Existenz, dass wir unvermeidlich an einem Raum des Freiheitsvollzugs – zu dem auch der Machtraum gehört – partizipieren müssen, der uns vorgegeben ist und in dem unser Handeln sich auf die Freiheitssituation anderer Menschen auswirkt.[1249] Das individuelle Handeln hat demnach auch Konsequenzen auf den politischen Machtraum.[1250]

Macht hat ihren Sitz in der Pluralität und ist demnach bei Arendt wie auch bei Rahner immer durch eine Vielzahl von einzelnen Individuen verantwortet. Kollektive handeln nicht, es sind immer Individuen, die Macht schaffen und umsetzen. Wo sich Macht bildet, wird diese von Individuen getragen und damit auch verantwortet. Anthropologisch lässt sich das bei Rahner wie bei Arendt durch deren existentialistische Zeitbegriffe begründen:

- Bei Arendt steht in der Mitte zwischen Vergangenheit und Zukunft nicht die Gegenwart im Sinne eines Kontinuums, sondern eine Lücke, in der der Mensch in dauernder Auseinandersetzung mit anderen Standpunkten seinen Standpunkt bezieht. Nur während man handelnd seinen Standpunkt bezieht und das Kontinuum der Zeit aufbricht, ist man frei, „weil Handeln und Freisein ein und dasselbe sind".[1251] Handeln unterliegt aber auch der „Unwiderruflichkeit des Getanen"[1252]. Es beruht also auf einem Urteilsakt, der sich nicht wieder einfangen lässt.[1253]
Wenn also der eigene Standpunkt bezogen wird, wird gemäss Arendt der indifferente Zeitpunkt durch einen menschlichen Akt unterbrochen und es entstehen Vergangenheit und Zukunft.[1254] Im Unterschied zu einem reaktiven Verhalten unterbricht das freie Handeln voraussagbare Prozesse.[1255] Freiheit wird demnach in der menschlichen Fähigkeit sichtbar,

---

[1248] Vgl. K. RAHNER, Grundkurs 113.
[1249] Vgl. K. RAHNER, Grundkurs 118. Der Kontext dieser Argumentation ist Rahners Sicht auf die „Erbsünde".
[1250] Böckle spricht von Mitverantwortung für Institutionen (vgl. F. BÖCKLE, Fundamentalmoral 141).
[1251] Vgl H. ARENDT, Zwischen Vergangenheit und Zukunft 206.
[1252] Vgl. H. ARENDT, Vita activa 300.
[1253] Vgl. R. BEINER, Hannah Arendt über das Urteilen 215.
[1254] Vgl. H. ARENDT, Zwischen Vergangenheit und Zukunft 14.
[1255] Vgl. H. ARENDT, Macht und Gewalt 35.

immer wieder zu urteilen und neu zu beginnen.[1256] Diese individuelle Haltung ermöglicht es erst, dass im agonistischen Diskurs zusammen mit anderen urteilenden Individuen Macht entstehen kann.

- Rahner sieht den Menschen als eine je eigene personale Geschichte, die rückwärts und nach vorne begrenzt ist. Der Mensch bewegt sich in einer Geschichte mit einem irreversiblen Richtungssinn. Seine Handlungen werden dadurch ebenfalls irreversibel und er selber zu einem verantwortlichen Freiheitswesen. Seine geschichtliche Situation ist durch die freie Geschichte aller Anderen konstituiert und in der begrenzten individuellen Geschichte der persönlichen Freiheit auferlegt.[1257] Damit wird der Einzelne mitverantwortlich für die ihm unabwendbar aufgetragene Teilnahme an der Geschichte. Seine Freiheitstaten sind als von Gott gegebene irreversible Möglichkeit zu sehen, die seine Teilnahme an der Geschichte der Gleichgültigkeit entreissen.

2.2. „Macht darf nicht zu Gehorsam zwingen."

Was aber, wenn die Machtentscheide in der Umsetzung zu Formen der Gewalt führen, die ein Individuum nicht verantworten will oder kann? In dieser Frage nach dem Gehorsam vertreten Rahner und Arendt zwar unterschiedliche Grundsätze, sie sind sich aber darin einig, dass kein Gehorsam ein schuldhaftes Verhalten rechtfertigen kann.

2.2.1. Arendt

Der Machtbegriff von Arendt ist horizontal konzipiert und schliesst ein Herrschaftsverhältnis aus, womit es auch sinnlos wäre, von Befehlenden und Gehorchenden zu sprechen.[1258] Freiheit im agonistisch-politischen Raum muss verstanden werden, als „Nicht-beherrscht-Werden und Nicht-Herrschen"[1259]. Die Definition des Gesetzes als Befehl, der Gehorsam verlangt, ist für Arendt eine unzulässige Vermengung des religiösen und politischen Feldes, die durch eine Verallgemeinerung der Gebote Gottes auf die Gesetze entstehe.[1260] Nicht ein Gebot sei ausschlaggebend, Macht und Gesetz anzuerkennen, sondern der

---

[1256] Vgl. H. ARENDT, Elemente und Ursprünge 969f.
[1257] Vgl. K. RAHNER, Grundkurs 113ff.
[1258] Vgl. H. ARENDT, Macht und Gewalt 44f.
[1259] Vgl. H. ARENDT, Was ist Politik? 99.
[1260] Vgl. H. ARENDT, Macht und Gewalt 40.

Wunsch, weiterhin an der Gemeinschaft teilzuhaben.[1261] Es gehöre zum politischen Diskurs, dass Gesetze, denen die Bürger ihre Zustimmung gegeben haben, auch von den Unterlegenen unterstützt werden, denn die primordiale Sorge in der politischen Auseinandersetzung gelte der Gemeinschaft, die sich auf die zustimmende Einhaltung der Gesetze ihrer Mitglieder abstützen muss.[1262] Arendt zieht den Vergleich zu den Spielregeln:

> „Denn der springende Punkt dieser Regeln ist nicht, dass ich mich ihnen freiwillig unterwerfe oder dass ich ihre Gültigkeit freiwillig anerkenne, sondern dass ich praktisch nicht mitspielen kann, wenn ich mich ihnen nicht füge; [...]"[1263]

Gehorsam im Sinne einer Delegation der Verantwortung an eine Machtinstitution lehnt Arendt also ab.[1264] Sie stuft Gehorsam sogar als ein „bösartiges" Wort ein, das aus dem politischen und moralischen Denken gestrichen werden sollte, da es nur Unterstützung der bestehenden Macht bedeuten könne. Die Frage „warum hast Du gehorcht?", solle grundsätzlich durch „warum hast Du Unterstützung geleistet?" ersetzt werden.[1265] Die Schuldfrage bleibe immer beim Individuum.[1266]

Hier drängt sich die Frage auf, wie man handeln soll, wenn in einer totalitären Herrschaft die Gesellschaft so organisiert wird, dass die freie Rede ausgeschaltet ist. Für Arendt gilt in diesem Fall die Kooperations- oder Unterstützungs-

---

[1261] Vgl. H. ARENDT, Macht und Gewalt 42, 96. Mit Blick auf die Unterdrückung durch Mehrheiten ist hier zu ergänzen, dass auch Minoritäten an der Gemeinschaft teilnehmen können müssen, ohne sich einem Meinungsmonopol unterzuordnen.
[1262] Vgl. H. ARENDT, Macht und Gewalt 42, 96.
[1263] H. ARENDT, Macht und Gewalt 96.
[1264] Als ärgste Form des Gehorsams bezeichnet Arendt die Herrschaft durch Bürokraten, die sich wie Eichmann als „unzuständige Befehlsempfänger" verstehen. Arendt glaubte in den letzten Jahren ihres Lebens in ihrer Gesellschaft ein Scheitern von Macht feststellen zu können. Dieses sei aber weniger eine Folge von Gewalt, sondern von konsequent gigantisch gewordenen, anonymen Verwaltungsapparaten. In dieser Konstellation sei niemand verantwortlich. Mit derselben Argumentation, dass sich niemand verantwortlich fühlt, kritisiert Arendt kollektive Schuldbekenntnisse, denn dadurch würden die wirklich Schuldigen oder Verantwortlichen von Missständen geschützt; „wo alle schuldig sind, ist es keiner" (vgl. H. ARENDT, Macht und Gewalt, 39f, 65, 82).
[1265] Vgl. H. ARENDT, Persönliche Verantwortung 38.
[1266] Vgl. H. ARENDT, Persönliche Verantwortung 18–20.

verweigerung.[1267] In ihrem politischen Essay «Ziviler Ungehorsam»[1268] unterscheidet Arend zwei Arten der Verweigerung:

- Als private Art des zivilen Ungehorsams nennt Arendt das Verhalten des „guten Menschen", der seine Verweigerung mit einer starken moralischen Überzeugung, dem verpflichtenden individuellen Gewissen oder durch „ein innerweltliches oder transzendentes ‚höheres Gesetz'" rechtfertigt.[1269] Dabei handle es sich nicht um ein Mitglied einer Gruppe sondern um Einzelpersonen, „die sich subjektiv und aufgrund ihres Gewissens gegen die Gesetze und Bräuche des Gemeinwesens stellen".[1270] Ein Beispiel dafür seien Kriegsdienstverweigerer.[1271] Dem individuellen Verweigerer gehe es gemäss Arendt nicht um Politik, sondern darum, nicht einem Anderen Unrecht antun zu müssen.[1272]
- Die politisch relevantere Variante des Protests ist in den Augen Arendts der zivile Ungehorsam des „guten Bürgers", der sich einer organisierten Minderheit zugehörig fühlt und in aller Öffentlichkeit bestimmte Gesetze missachtet.[1273] Diese Gruppe werde durch die gemeinsame Meinung zusammengehalten, dass die Regierung einen Kurs verfolgt, „dessen Gesetz- und Verfassungsmässigkeit schwerwiegende Zweifel aufwirft".[1274] Arendt illustriert diese Art von Ungehorsam anhand der amerikanischen Geschichte der Bürgerrechtsbewegungen.[1275] Eine wesentliche Eigen-

---

[1267] Vgl. H. ARENDT / J. FEST, Eichmann war von empörender Dummheit 47; DIES., Persönliche Verantwortung 38.
[1268] H. ARENDT, In der Gegenwart 283–321.
[1269] Vgl. H. ARENDT, In der Gegenwart 287.
[1270] Vgl. H. ARENDT, In der Gegenwart 317f.
[1271] Vgl. H. ARENDT, In der Gegenwart 293f.
[1272] Vgl. H. ARENDT, In der Gegenwart 298. Schierbaum weist darauf hin, dass der zivile Ungehorsam für Arendt auch eine politische Bedeutung haben kann, weil er anerkannte Verhaltensweisen in Frage stellt (S. SCHIERBAUM, Umgang mit sich selbst im Dialog 261).
[1273] Ziviler Ungehorsam ist für Arendt kein kriminelles Verhalten, auch wenn gegen Gesetze verstossen wird: „Es gibt einen ungeheuren Unterschied zwischen dem Kriminellen, der das Licht der Öffentlichkeit scheut, und dem zivilen Gehorsamsverweigerer, der in offener Herausforderung das Gesetz in seine eigenen Hände nimmt." (H. ARENDT, In der Gegenwart 300).
[1274] Vgl. H. ARENDT, In der Gegenwart 299.
[1275] Im Aufsatz «Ziviler Ungehorsam» stellt Arend sogar die Forderung auf, das Recht auf zivilen Ungehorsam in einem Zusatz zur US-Verfassung zu verankern (vgl. H. ARENDT, In der Gegenwart 305, 320).

schaft des zivilen Ungehorsams sei die Gewaltlosigkeit. Gewaltlosigkeit unterscheide zivilen Ungehorsam von der Rebellion[1276].

2.2.2. Rahner

Bei Rahner konkretisiert sich die Frage nach dem Gehorsam im Zusammenhang mit der Autorität. Diese stuft er nicht a priori als sittlich einwandfrei ein.[1277] Der Mensch könne sich seiner Freiheit und Verantwortung nicht entziehen, indem er sich als Agent des Gehorsams verstehe. Der Selbstvollzug des Subjekts dürfe nie blosse Funktion der Gesellschaft und ihres Funktionierens sein.[1278] Rahner verbindet diese Verpflichtung aber auch mit der Demut, sich dessen bewusst zu bleiben, dass der Mensch immer auch der Fehlende bleibe, der hinter seiner Verantwortung – und auch seinen realen Möglichkeiten – herhinke.[1279] Positiv formuliert bedeutet Gehorsam bei Rahner die Einhaltung von Regelungen, um den Anderen „in seiner Würde, in seiner Geltung und in seinem Recht" zu respektieren.[1280]

Wie soll sich der Mensch verhalten, wenn mit Gewalt verhindert wird, Verantwortung für die Macht zu übernehmen? In diesem Fall gilt für Rahner der Gehorsam gegenüber dem, was die Treue zum Gewissen gebietet, dessen Gegenstand das Gerechte und Menschenwürdige sei. Diese Treue zum Gewissen sei der eigentliche Grund, der das Engagement für utopische Ideale in den Tod fordere – auch dort, wo sich kein Erfolg abzeichne, hielt Rahner in einer Ansprache in Ehrung der Opfer der „Weissen Rose" fest.[1281]

2.2.3. Fazit

Gehorsam rechtfertigt weder bei Arendt noch bei Rahner individuelles Handeln. Rahner und Arendt binden die Rechtfertigung des Gehorsams an das Gewissen an: Für Rahner bleibt die transzendentale Verwiesenheit auf das absolute Geheimnis entscheidend, das den bedingungslosen Gehorsam gegenüber dem Gewissen und die Annahme der Unverfügbarkeit des eigenen Da-

---

[1276] Vgl. H. ARENDT, In der Gegenwart 301.
[1277] Vgl. K. RAHNER, Autorität 196.
[1278] Vgl. K. RAHNER, Grundkurs 49; DERS., Macht und Freiheit 128.
[1279] Vgl. K. RAHNER, Grundkurs 396.
[1280] Vgl. K. RAHNER, In der Liebe aufgehoben 324.
[1281] Vgl. K. RAHNER, Die Treue zum Gewissen 47–50.

seins impliziere.[1282] Gehorsam ist also bei Rahner in einem transzendentaltheologischen Bezugssystem zu verstehen.[1283] Bei Arendt beruht die Rechtfertigung durch das Gewissen auf dem Urteil, das man sich bildet, nachdem man auch andere Perspektiven kennengelernt hat.[1284]

2.3. „Gewalt ist nur kurzfristig rechtfertigbar und nur im Hinblick auf Freiheit."

Wie kann politisches Handeln verantwortet werden, wenn dieses mit dem Einsatz von Gewalt verbunden ist? Worauf soll sich das Individuum bei der Beurteilung eines Gewalteinsatzes durch die Macht ausrichten oder abstützen? Aufgrund der ersten Leitlinie ist Gewalt durch ein Kollektiv von Individuen verantwortet. Ziel einer ethisch gerechtfertigten Handlung ist gemäss Rahner – wie auch von Böckle – das Wachsen des Raumes der Freiheit.

- Gewalt durch Institutionen der Macht ist in den Augen Rahners grundsätzlich erlaubt. Ein gesellschaftliches Prinzip der Gewaltlosigkeit stuft er sogar als unsittlich ein, sieht aber die Möglichkeit der Rechtfertigung erst dann gegeben, wenn Gewalt Freiheit zum Ziel hat. Zwang mit anderen Zielen als die Freiheit sei generell unmenschlich.[1285] „Macht und Gewalt" – Rahner nennt die beiden Begriffe oft zusammen – sind für Rahner dann legitim, wenn sie Bedingung der Freiheit sind und „als eine Verteidigung und Vergrösserung des Freiheitsraums als solchen und ganzen für eine grössere Zahl von Menschen verständlich gemacht werden können"[1286].
- Wie Rahner setzt auch Arendt Gewalt nicht mit dem Bösen gleich. Da es sich beim Staat um ein Zusammenleben von Menschen und nicht von

---

[1282] Vgl. K. Rahner, Grundkurs 63f.
[1283] Vgl. M. Wirth, Kritik des Gehorsams der Theologie Karl Rahners 298f.
[1284] Eine Rekonstruktion des Gewissensbegriffs bei Arendt präsentierte Eva von Redecker in «Gravitation zum Guten»: Das geistige Vermögen für verantwortliches Handeln sei die Vorstellungskraft, die es ermögliche, die Perspektive anderer, möglichst repräsentativer Personen einzunehmen, und aufgrund dessen, wie uns etwas dann erscheint, zu urteilen. Der Urteilende versetze sich dabei nicht in die Situation des empathisch Betroffenen, sondern verstehe sich als relativ unparteilicher Betrachter. „Das Gewissen ist demnach der Erscheinungsraum, in dem die Einbildungskraft moralische Phänomene so vergegenwärtigt, dass sie zum Gegenstand der Urteilskraft werden können." (E. v. Redecker, Gravitation 114).
[1285] Vgl. K. Rahner, Macht und Freiheit 129.
[1286] Vgl. K. Rahner, Macht und Freiheit 127.

Engeln handle, brauche er das Gewaltmonopol, um den Krieg aller gegen alle zu verhindern.[1287] Dennoch bleibt sie gegenüber der Möglichkeit, Gewalt als Mittel einzusetzen, äusserst misstrauisch. Gewalt sei gänzlich ausserstande, Macht zu erzeugen, könne aber Macht vernichten.[1288] Dies sei dann der Fall, wenn sich die Mächtigen von der sozialen Einbettung lösen und das Zweck-Mittel-Verhältnis der Gewalt umkehren.[1289] Das Primäre und Ausschlaggebende müsse immer die politische Macht[1290] und der Sinn der Politik die Freiheit bleiben[1291], fordert Arendt.

Rahner und Arendt vertreten also die grundsätzliche Forderung, dass Gewalt nur im Hinblick auf Freiheit legitimierbar ist, wobei Arendt eine Mehrung der Freiheit durch Gewalt ausschliesst. Zusätzlich zu der schon von Böckle geforderten Freiheit als Ziel rechtfertigbarer Handlungen weisen Arendt und Rahner im Zusammenhang mit Gewalt auf den Aspekt der Zeit hin.

2.3.1. Arendt

Arendt fordert, dass die Pflege des Machtraumes durch Gewalt – falls überhaupt – als möglichst kurzfristige Reaktion erfolgen soll. Sobald Gewalt rationalisiert werde, werde aus der Reaktion eine heuchlerische Aktion.[1292] Dahinter steckt Arendts Überlegung, dass man im Augenblick einer Handlung nie voraussagen könne, was die langfristigen Folgen einer Handlung sind, denn mit jedem weiteren Handeln würden Prozesse unterbrochen und deren Verlauf geändert.[1293] Je länger der Zeithorizont, desto unvorhersehbarer sei die Wirkung und damit die Gefahr, dass das Mittel den Zweck bestimme, Gewalttätigkeit auf alle Bereiche des politischen Lebens übergreife und die Welt am Ende gewalttätiger sei als zuvor.[1294] Würden die mit Gewalt verfolgten Ziele nicht schnell erreicht, führe das zu einem Überhandnehmen von Gewaltausschreitungen in sämtlichen Bereichen des politischen Lebens.[1295]

[1287] Vgl. H. ARENDT, Was ist Politik? 37.
[1288] Vgl. H. ARENDT, Macht und Gewalt 57.
[1289] Vgl. H. ARENDT, Macht und Gewalt 56.
[1290] Vgl. H. ARENDT, Macht und Gewalt 53.
[1291] Vgl. H. ARENDT, Was ist Politik? 28.
[1292] Vgl. H. ARENDT, Macht und Gewalt 67.
[1293] Vgl. H. ARENDT, Macht und Gewalt 35.
[1294] Vgl. H. ARENDT, Macht und Gewalt 78–80.
[1295] Vgl. H. ARENDT, Macht und Gewalt 79.

Wie schon weiter oben erwähnt, sieht Arendt in der Notwehr jene Form von Gewalt, die sich am einfachsten rechtfertigen lässt. Bei der unmittelbaren Selbstverteidigung richtet sich Gewalt gegen Gewalt. Ihre reflexartige Abwehr rechtfertige die Notwehr. Aber auch jenseits von Notwehr ist Gewalt für Arendt rechtfertigbar. Arendt anerkennt, dass Regierungen bestimmte Ergebnisse verfolgen und dafür auch Gewalt einsetzen können. Gewalt dürfe um des Gesetzes willen angewandt werden.[1296] Übergeordnete Voraussetzung für die Rechtfertigung staatlicher Gewalt bleibe aber, dass die Machtstruktur den Zielen des Gewalteinsatzes vorausliege und diese überdauere.[1297]

2.3.2. Rahner

Auch Rahner stuft eine Steuerung des gesellschaftlichen Freiheitsraumes durch Rationalisierung als unmöglich ein. Sein Argument besagt, dass die Steuerung selbst ein Freiheitsakt in einer nicht vollständig kalkulierbaren Geschichte ist. Je weiter das Ziel einer Gewalthandlung in der Zukunft liege, desto unberechenbarer und damit weniger legitim sei der Einsatz von „Macht und Gewalt", sofern dieser überhaupt als Mittel zur Steuerung des Freiheitsraumes verstanden werde.[1298]

2.3.3. Fazit

Gewalt ist bei Arendt und Rahner möglicherweise legitim, wenn sie Freiheit zum Ziel hat. Dabei gilt bei beiden, dass die Verfolgung eines bestimmten Zwecks mit Hilfe von Gewalt – falls überhaupt – mit einem möglichst kurzen zeitlichen Horizont geschehen muss. Langfristigen Gewaltstrategien lehnen beide ab, weil ihre Folgen unabsehbar sind.

2.4. „Gewalt ist öffentlich im politischen Diskurs zu rechtfertigen."

In einer autonomen Ethik müssen Handlungsprämissen generell kommunizierbar sein. Für die Politik bedeutet das, dass Politiker ihre Ziele in der gemeinsamen Öffentlichkeit rechtfertigen müssen. Konkret wird diese Forderung jeweils dort, wo zur Erreichung politischer Ziele Zwangs- und Gewaltmittel eingesetzt werden.

[1296] Vgl. H. ARENDT, Elemente und Ursprünge 314.
[1297] Vgl. H. ARENDT, Macht und Gewalt 52f.
[1298] Vgl. K. RAHNER, Macht und Freiheit 128f.

2.4.1. Arendt

Die gemeinsame Öffentlichkeit entsteht gemäss Arendt in der Dynamik des anhaltenden öffentlichen Diskurses.[1299] Gemeinsamkeit bedeute nicht Konsens, sondern entstehe dann, wenn Menschen als Gleiche miteinander kommunizieren.[1300] Wo eine Vielfalt von Perspektiven sich in den Diskurs einbringen könne, legitimiere sich Macht als Selbstzweck. Neben dieser fundamentalen Einsicht fordert Arendt aber auch, dass im politischen Diskurs über Zwangsmittel Rechenschaft abgegeben werden müsse, die zur Erreichung politischer Ziele (Wohlfahrt oder Sicherheit von Leben und Eigentum) benötigt werden. Dies sei der Fall, sobald sich anstelle der gewaltfreien Rede Zwang und Gewalt zwischen die Menschen schiebe,[1301] wie es in der modernen Gesellschaft durch die Institutionalisierung des Gewaltmonopols des Staates geschehen sei.[1302]

2.4.2. Rahner

In der Rahnerschen Transzendentaltheologie erscheinen Macht und Gewalt immer als historisch bedingte Phänomene. Darum brauche es einen Diskurs, in dem gesellschaftliche Regelungen ständig überarbeitet werden. Zudem weist Rahner darauf hin, dass Macht und deren innere Gewalttätigkeit nie adäquat rationalisierbar seien.[1303] Einer Rechtfertigung von Gewalt hafte demnach immer etwas Defizitäres an, welches ein ständiges Weiterführen des Diskurses erfordere. Dass dieser Diskurs öffentlich sein soll, leitet sich aus Rahners Forderung ab, dass Entscheidungen der Gesellschaft unter möglichst weitgehender Beteiligung aller erfolgen sollen.[1304]

[1299] Vgl. H.-M. SCHÖNHERR-MANN, Hannah Arendt 126. Arendt fokussierte in ihren Überlegungen zur Macht stark auf die politische Öffentlichkeit. Die modernen Kommunikationsräume, die auch vielen von der Öffentlichkeit ausgeschlossenen Menschen zur Verfügung stehen, kannte sie nicht. H.-M. Schönherr-Mann bemerkt dazu, dass es inzwischen viele Machträume gibt, die Arendt noch nicht als politisch anerkennen konnte (H.-M. SCHÖNHERR-MANN, Hannah Arendt 123f).
[1300] H.-M. SCHÖNHERR-MANN, Hannah Arendt 115.
[1301] Vgl. H. ARENDT, Was ist Politik? 125f.
[1302] Vgl. H. ARENDT, Vita activa 41.
[1303] Vgl. K. RAHNER, Macht und Freiheit 125.
[1304] Vgl. Fünftes Kapitel, Abschnitt 1.3.6.1.

2.4.3. Fazit

Zumindest im Hinblick auf die moderne Gesellschaft sind Rahner wie auch Arendt der Ansicht, dass es in der Umsetzung politischer Ziele zu Zwang und Gewalt kommen kann. Derartige Massnahmen sind aber in einem (Rahner: möglichst) öffentlichen Diskurs permanent zu überprüfen.

2.5. „Jeder Mensch soll grundsätzlich Zugang zum Machtraum haben."

Sowohl Arendt wie auch Rahner vertreten anthropologische Ansätze, die für jeden Menschen grundsätzlich Zugang zum Machtraum fordern. Beide argumentieren mit der Pluralität.

2.5.1. Arendt

Arendts anthropologischer Ausgangspunkt ist menschliches Leben, das in eine Welt hineingeboren ist, „die direkt oder indirekt von der Anwesenheit anderer Menschen zeugt".[1305] Gesellschaft gehört demnach für Arendt von Geburt an zum Menschen. Entscheidend ist für sie jedoch, wie diese sich bildet. Eigentlich beruhe jede Gesellschaftsbildung auf Vorurteilen, die bestimmen, welche Arten von Menschen zugelassen oder ausgeschlossen werden, räumt Arendt ein. Im Vorurteil würden sich Menschen einander zugehörig fühlen.[1306] Vorurteile seien jedoch gefährlich, wenn sie im politischen Bereich Einzug halten. Im Vorurteil verberge sich nämlich immer ein Stück Vergangenheit, das einem Urteil als Erfahrung des Gegenwärtigen vorgreife und es verhindere. Demgegenüber beruhe das Handeln im Diskurs unter Gleichen auf einem Urteil, das sich nur auf die Evidenz des Beurteilten berufen könne.[1307]

Arendts Gegenentwurf zur Gemeinschaft, die sich aus einem diskriminierenden Zugehörigkeitsgefühl entwickelt, ist die Pluralität, die aufs Engste mit der Gleichheit verknüpft ist.[1308] Die Freiheit des Politischen hänge von der Anwesenheit und Gleichheit möglichst vieler ab, nur so könne sich eine Sache unter

---

[1305] Vgl. H. ARENDT, Vita activa 33.
[1306] Vgl. H. ARENDT, Was ist Politik? 18.
[1307] Vgl. H. ARENDT, Was ist Politik? 19f.
[1308] Vgl. H. ARENDT, Was ist Politik? 170. Schon in ihrer Dissertation über Augustinus vertrat sie die Auffassung, dass Menschen grundsätzlich plural sind (vgl. F. A. KURBACHER, Einleitung XXIV).

vielen Aspekten zeigen.[1309] Politischer Raum setze Pluralität voraus.[1310] Wo die Vielfalt der Perspektiven verschwindet, würde auch die gemeinsame Welt verschwinden, die auf Kooperation, Kommunikation und Interaktion aller Beteiligten beruhe.[1311] Schlimmstenfalls drohe die politische Gefahr, dass die Vielzahl an Individuen vereinnahmt würde[1312] und die „schlechteste aller Staatsformen", die Tyrannei sich durchsetze.[1313] Da sich bei Arendt die Gleichheit nicht von einer Zugehörigkeit ableitet, ist unter der Bedingung der Gleichheit auch keine Ausgrenzung möglich, und damit sind grundsätzlich alle Menschen zum Machtraum zuzulassen.

2.5.2. Rahner

In Rahners transzendentaler Anthropologie ist Macht, verstanden als ein notwendig an die Freiheit gebundenes Existenzial, eine schöpfungsmässige Anlage, die wesentlich zum Individuum gehört. Daraus leitet er die „unbefangene Annahme des Pluralismus der menschlichen Existenz" ab, der sich nicht in ein vom Menschen „durchschautes, beherrschtes System" integrieren lässt. Der Mensch habe sich dieser pluralen Wirklichkeit auszusetzen. Dies gehöre zur absoluten Sinngebung menschlichen Lebens. Die Selbstmitteilung Gottes sei „in einem wirklichen, echten, unbefangenen, vertrauensvollen Sich-Weggeben an diesen Pluralismus der menschlichen Existenz" vermittelt.[1314]

2.5.3. Fazit

Während der Mensch bei Rahner sich als freies Wesen in Gesellschaft und Geschichte verwirklichen soll, verwirklicht sich für Arendt Freiheit im politischen Raum. Hier zeigt sich wieder der fundamental unterschiedliche Freiheitsbegriff von Rahner und Arendt. Arendt denkt Freiheit vom agonistischen Raum der Politik her, während Rahner die Freiheit von der individuellen Existenz in die plu-

---

[1309] Vgl. H. ARENDT, Was ist Politik? 98.
[1310] Vgl. H. ARENDT, Vita activa 17, 301.
[1311] Vgl. H. ARENDT, Vita activa 73; K. MEYER, Der Kreislauf von Macht und Gewalt 50. An anderer Stelle bemerkt Arendt, dass das Privatleben den Griechen „idiotisch" (dem privaten Bereich angehörig, den der Bürger sein Eigen nennt (DIES., Vita activa 35)) erschienen sei, weil dort die Vielfältigkeit, über etwas zu reden, nicht möglich gewesen sei und damit die Möglichkeit zu erfahren, wie es in der Welt zugehe (vgl. DIES., Was ist Politik? 52).
[1312] Vgl. H. ARENDT, Über die Revolution 120.
[1313] Vgl. H. ARENDT, Mensch und Politik 52.
[1314] Vgl. K. RAHNER, Grundkurs 391f.

rale, politische Sphäre hineinträgt. Bezogen auf den grundsätzlichen Zugang aller zum Machtraum bedeutet das im Sinne Arendts, dass alle Menschen am politischen Diskurs unter Freien teilhaben sollen. Beim transzendentaltheologischen Freiheitsbegriff von Rahner betrifft diese Forderung jeden gemeinsamen Daseinsraum, in dem Subjekte mit voneinander unableitbarer Freiheit in einem gegenseitigen Bedingungsverhältnis aufeinandertreffen.[1315]

3. Schlussbemerkung

Bourdieu hat Arbeitslose beschrieben, denen mangels Aussicht auf eine Verbesserung ihrer Lage nur noch das Lottospiel als Möglichkeit einer Aktivität mit gleichen Chancen bleibt. Die Demütigung, die diesen Menschen am Rand der Gesellschaft angetan wird, besteht darin, dass sie einsehen müssen, dass sie ihre Situation aus eigener Kraft nicht ändern können. Was die gesellschaftlich besser Gestellten von jenen „ganz unten" unterscheidet, ist die Beteiligung an einem Spiel, das Bourdieu euphemistisch unter dem Paradigma der Gabe beschrieb. Zentrum von Bourdieus Paradigma ist die Verkennung eines sozialen Wettbewerbs, der in Tat und Wahrheit ausgeschaltet ist. Bourdieus Interpretation der Agonie unterstellt dem gesellschaftlichen Wettbewerbsverhalten agonistisch verschleierte, in Wirklichkeit aber nicht-agonistische Mechanismen. Dem gegenüber sind Arendts agonistischer Raum und – mit einem Vorbehalt[1316] – Rahners demokratischer Freiheitsraum Orte, an denen freie Individuen in einem transparenten Meinungswettstreit stehen, der immer wieder von Neuem beginnt. Wer heute unterliegt, kann in einem agonistischen Raum morgen obsiegen.

Die vorliegende Arbeit interpretiert die agonistische Gabe für die moderne Gesellschaft als demokratische Freiheit. Agonie ist nicht wie bei Bourdieu Kampf um Herrschaft oder Positionierung, sondern ein öffentliches Ringen um Überzeugungen. Die Transformation des agonistische Gabentauschs unter Häuptlingen in die heutige Gesellschaft ist das öffentliche Ringen um Überzeugungen. Das genuine Feld der agonistischen Gabe ist ein wie auch immer gearteter öffentlicher Diskurs unter Gleichen in der Regel mit einer Verfassung als gemeinsames, objektives Unterpfand. In diesem Diskurs muss sich die gemeinsame Rationalität immer wieder bestätigen.

[1315] Vgl. K. RAHNER, Autorität 186.
[1316] S. fünftes Kapitel, 1.4.2.: Rahner und die agonistische Gabe.

Literaturverzeichnis

ADLOFF, FRANK / PAPILLOUD, CHRISTIAN: Alain Caillés *Anthropologie der Gabe* – Eine Herausforderung für die Sozialtheorie? In: CAILLÉ, ALAIN, Anthropologie der Gabe, Frankfurt a. M. 2008 (erschienen als Einleitung zur deutschsprachigen Ausgabe).

ADLOFF, FRANK / LEGGEWIE: Das konvivialistische Manifest. Für eine neue Kunst des Zusammenlebens. Bielefeld 2014.

ADLOFF, FRANK: Politik der Gabe. Für ein anderes Zusammenleben. Hamburg 2018.

ADLOFF, FRANK: Ambivalenzen des Gebens. Hilfe zwischen Hierarchie und Solidarität. In: WestEnd. Neue Zeitschrift für Sozialforschung 16/1 (2019) 91–100.

AHRENS, THEODOR: Vom Charme der Gabe. Theologie interkulturell. Frankfurt a. M. 2008.

AHRENS, THEODOR: Einwürfe. Missionswissenschaftliche Studien. Hamburg 2015 (Studien zu interkultureller Theologie an der Missionsakademie 6).

ALBERTSON, DAVID: On „The Gift" in Tanners Theology. A Patristic Parable. In: Modern Theology, 21 (2005) 107–118.

VON ALBRECHT, MICHAEL: Seneca. Eine Einführung. Ditzingen 2018.

ANTER, ANDREAS: Theorien der Macht zur Einführung. Hamburg ^{3}2017 (überarbeitete Ausgabe).

ARENDT, HANNAH: Persönliche Verantwortung in der Diktatur. In: DIES., Israel, Palästina und der Antisemitismus. Aufsätze. Berlin 1991, 7–38.

ARENDT, HANNAH: Little Rock. In: DIES.: Zur Zeit. Politische Essays. Hamburg 1999, erweiterte und aktualisierte Neuausgabe.

ARENDT, HANNAH: In der Gegenwart. Übungen im politischen Denken II. München 2000 (herausgegeben von LUDZ, URSULA).

ARENDT, HANNAH: Denktagebuch. 1950 bis 1973. Band 1 und 2, München 2002 (herausgegeben von LUDZ, URSULA und NORDMANN, INGEBORG).

ARENDT, HANNAH: Ich will verstehen. Selbstauskünfte zu Leben und Werk. München ^{3}2007 (herausgegeben von LUDZ, URSULA).

ARENDT, HANNAH: Wahrheit und Lüge in der Politik. München ⁵2009.

ARENDT, HANNAH / FEST, JOACHIM: Eichmann war von empörender Dummheit. Gespräche und Briefe. München 2013.

ARENDT, HANNAH: Zwischen Vergangenheit und Zukunft. Übungen im politischen Denken I. München ³2015 (herausgegeben von LUDZ, URSULA).

ARENDT, HANNAH: Über die Revolution. München ⁶2016.

ARENDT HANNAH: Vita activa oder Vom tätigen Leben. München ¹⁸2016.

ARENDT, HANNAH: Über das Böse. Eine Vorlesung zu Fragen der Ethik. München ¹¹2016 (herausgegeben von KOHN, JEROME).

ARENDT, HANNAH: Elemente und Ursprünge totaler Herrschaft. Antisemitismus, Imperialismus, totale Herrschaft. München ²⁰2017.

ARENDT, HANNAH: Macht und Gewalt. München ²⁶2017.

ARENDT, HANNAH: Denken ohne Geländer. Texte und Briefe. München ⁹2017.

ARENDT, HANNAH: Das Urteilen. München ³2017.

ARENDT, HANNAH: Die Freiheit frei zu sein. München 2018.

ARENDT, HANNAH: Mensch und Politik. Stuttgart 2018.

ARENDT, HANNAH: Sokrates. Apologie der Pluralität. Berlin ⁴2019.

AUGSTEIN, FRANZISKA: Taten und Täter. In: ARENDT, HANNAH: Über das Böse. Eine Vorlesung zu Fragen der Ethik. München ¹¹2016, 177–195 (erschienen als Nachwort).

BARLÖSIUS, EVA: Pierre Bourdieu. Frankfurt a. M. ²2011.

BATAILLE, GEORGES: Die Aufhebung der Ökonomie. Der Begriff der Verausgabung, der verfemte Teil, Kommunismus und Stalinismus. In: DERS.: Das theoretische Werk. Band 1, München 1975, 33–234.

BAUER, ULLRICH / BITTLINGMAYER, UWE H. / KELLER, KARSTEN u.a. (Hrsg.): Bourdieu und die Frankfurter Schule. Kritische Gesellschaftstheorie im Zeitalter des Neoliberalismus. Bielefeld 2014.

BAYER, OSWALD: Art. Gabe. II. Systematisch-theologisch. In: RGG⁴ 3 (2000) 445f.

BAYER, OSWALD: Ethik der Gabe. In: HOFFMANN VERONIKA (Hrsg.): Die Gabe. Ein Urwort der Theologie. Frankfurt a.M. 2009, 99–123.

BECK, TERESA KOLOMA / SCHLICHTE KLAUS: Theorien der Gewalt zur Einführung. Hamburg ²2017.

BEINER, ROLAND: Hannah Arendt über das Urteilen. In: ARENDT, HANNAH: Das Urteil. München ⁴2017, 132–232.

BENHABIB, SEYLA: Hannah Arendt. Die melancholische Denkerin der Moderne. Frankfurt a.M. 2006 (erw. Neuauflage).

BERNSTEIN, RICHARD J.: Why Read Hannah Arendt Now. Cambridge 2018.

BEUKER, JOANE: Gabe und Beziehung. Ein Beitrag zur Differenzierung des Gabebegriffs und zum theologischen Verständnis der Ehe. Berlin 2014.

BEUKER, JOANE: Von der Asymmetrie der göttlichen und menschlichen Gabe. In: HOFFMANN, VERONIKA (Hrsg.): Die Gabe. Ein Urwort der Theologie. Frankfurt a. M. 2009, 183–204.

BILLINGS J., TODD; John Milbank's Theology of the "Gift" and Calvins Theology of Grace: a Critical Comparison. In: Modern Theology 21/1 (2005) 87–105.

BÖCKLE, FRANZ: Fundamentalmoral. München ⁶1994.

BÖCKLE, FRANZ: Vorwort. In: GILLEN, ERNY: Wie Christen ethisch handeln und denken. Zur Debatte um die Autonomie der Sittlichkeit im Kontext katholische Theologie. Würzburg 1989.

BOURDIEU, PIERRE: Die politische Ontologie Martin Heideggers. Frankfurt a. M. 1988.

BOURDIEU, PIERRE: Antworten auf einige Einwände. In: EDER, KLAUS (Hrsg.), Klassenlage, Lebensstil und kulturelle Praxis-Beiträge zu einer Auseinandersetzung mit Pierre Bourdieus Klassentheorie. Frankfurt a. M. 1989, 395–410.

BOURDIEU, PIERRE: Die Intellektuellen und die Macht. Hamburg 1991.

BOURDIEU, PIERRE: Rede und Antwort. Frankfurt a. M. 1992.

BOURDIEU, PIERRE: Homo academicus. Frankfurt a. M. 1992.

BOURDIEU, PIERRE: Die verborgenen Mechanismen der Macht. Hamburg 1992 (Schriften zu Politik & Kultur 1).

BOURDIEU, PIERRE: Sozialer Sinn. Kritik der theoretischen Vernunft. Frankfurt a. M. 1993.

BOURDIEU, PIERRE: Soziologische Fragen. Frankfurt a. M. 1993.

BOURDIEU, PIERRE / WACQUANT, LOÏC J.D.: Reflexive Anthropologie. Frankfurt a. M. 1996.

BOURDIEU, PIERRE: Die fortschrittlichen Kräfte. In: DERS. / CLAUDE DEBONS / DETLEF HENSCHE u.a. (Hrsg.): Perspektiven des Protests. Initiativen für einen Wohlfahrtsstaat. Hamburg 1997, 11–25.

BOURDIEU, PIERRE: Der Tote packt den Lebenden. Hamburg 1997 (Schriften zu Politik & Kultur 2).

BOURDIEU, PIERRE / u.a.: Das Elend der Welt. Zeugnisse und Diagnosen alltäglichen Leidens an der Gesellschaft. Konstanz 1997 (Édition discours 9).

BOURDIEU, PIERRE: Die feinen Unterschiede. Kritik der gesellschaftlichen Urteilskraft. Frankfurt a. M. ^{10}1998.

BOURDIEU, PIERRE: Praktische Vernunft. Zur Theorie des Handelns. Frankfurt a. M. 1998.

BOURDIEU, PIERRE: Die Regeln der Kunst. Genese und Struktur des literarischen Feldes. Frankfurt a. M. 1999.

BOURDIEU, PIERRE: Das religiöse Feld. Texte zur Ökonomie des Heilsgeschehens. Konstanz 2000 (Édition discours 11).

BOURDIEU, PIERRE: Die zwei Gesichter der Arbeit. Interdependenzen von Zeit- und Wirtschaftsstrukturen am Beispiel einer Ethnologie der algerischen Übergangsgesellschaft. Konstanz 2000 (Édition discours 25).

BOURDIEU, PIERRE: Das politische Feld. Zur Kritik der politischen Vernunft. Konstanz 2001 (Édition discours 29).

BOURDIEU PIERRE: Wie die Kultur zum Bauern kommt. Über Bildung, Schule und Politik. Hamburg 2001 (Schriften zu Politik & Kultur 4).

BOURDIEU PIERRE: Der Einzige und sein Eigenheim. Hamburg, erweiterte Neuauflage 2002 (Schriften zu Politik & Kultur 3).

BOURDIEU, PIERRE: Gegenfeuer. Konstanz 2004 (Édition discours 37).

BOURDIEU, PIERRE: Meditationen. Zur Kritik der scholastischen Vernunft. Frankfurt a. M. 2001.

BOURDIEU PIERRE: Ein soziologischer Selbstversuch. Frankfurt a. M. 2002.

BOURDIEU, PIERRE: Der Einzige und sein Eigenheim. Hamburg 2002, erw. Neuausgabe.

BOURDIEU, PIERRE: Schwierige Interdisziplinarität. Zum Vermächtnis von Soziologie und Geschichtswissenschaft. ELKE OHNACKER / FRANZ SCHULTHEIS (Hrsg.) Münster 2004.

BOURDIEU, PIERRE: Die männliche Herrschaft. Frankfurt a. M. 2005.

BOURDIEU, PIERRE: Entwurf einer Theorie der Praxis auf der ethnologischen Grundlage der kabylischen Gesellschaft. Frankfurt a. M. ^{2}2009.

BOURDIEU, PIERRE: Unverbesserlicher Optimist. Hamburg 2012 (Schriften zu Politik & Kultur 5).

BOURDIEU, PIERRE: Kunst und Kultur. Zur Ökonomie symbolischer Güter. FRANZ SCHULTHEIS / STEPHAN EGGER (Hrsg.), Berlin 2014 (Schriften zur Kultursoziologie 4).

BOURDIEU, PIERRE: Über den Staat. Vorlesungen am Collège de France 1989–1992. Frankfurt a. M. 2014.

BOURDIEU, PIERRE: Politik. Schriften zur Politischen Ökonomie 2. Frankfurt a. M. 2014.

BOURDIEU, PIERRE: Über die „scholastische Ansicht". In: GEBAUER, GUNTER / WULF, CHRISTOPH (Hrsg.): Praxis und Ästhetik. Neue Perspektiven im Denken Pierre Bourdieus. Frankfurt a. M. ^{2}2016, 341–365.

BREA, GERSON: Lieben oder Verzeihen? Fluchtpunkte des Politischen. In: HERB, KARLFRIEDRICH / GEBHARDT, MAREIKE / MORGENSTERN, KATHRIN (Hrsg.): Raum und Zeit. Denkformen des Politischen bei Hannah Arendt. Frankfurt a. M. 2014, 157–164.

LAMPRECHT, MARKUS / FISCHER, ADRIAN / STAMM, HANSPETER: Sport Schweiz 2014: Sportaktivität und Sportinteresse der Schweizer Bevölkerung. Magglingen 2014.

CAILLE, ALAIN: Don, intérêt et désintéressement. Bourdieu, Mauss, Platon et quelques autres. Paris, erweiterte Auflage 2014.

CAILLÉ, ALAIN: Weder methodologischer Holismus noch methodologischer Individualismus – Marcel Mauss und das Paradigma der Gabe. In: MOEBIUS, STEPHAN / PAPILLOUD CHRISTIAN (Hrsg.): Gift – Marcel Mauss' Kulturtheorie der Gabe. Wiesbaden 2006, 161–214.

CAILLE, ALAIN: Anthropologie der Gabe. Frankfurt a. M. 2008.

CAILLÉ, ALAIN: Anti-utilitarisme et paradigme du don. Pour quoi ? Paris 2014.

CENTLIVRES, PIERRE: Marcel Mauss (1872–1950). In WOLFGANG MARSCHALL (Hrsg.): Klassiker der Kulturanthropologie. Von Montaigne bis Margaret Mead. München 1990, 171–197.

CHEAL, DAVID: „Showing them you love them: gift-giving and the dialectic of intimacy". Sociological Review 35/1 (1987a) 150–169.

CHEAL, DAVID: Moral Economy. In: KOMTER, AAFKE E.: The Gift. An Interdisciplinary Perspective. Amsterdam 1996, 81–94. (Nachdruck von DERS. The Gift Economy, London 1988).

COSER, LEWIS A.: Theorie sozialer Konflikte. Wiesbaden 2009.

DAHRENDORF, RALF: Konflikt und Freiheit. Auf dem Weg zur Dienstklassengesellschaft. München 1972.

DALFERTH, INGOLF U.: Umsonst. Eine Erinnerung an die kreative Passivität des Menschen. Tübingen 2011.

DALFERTH, INGOLF U.: Die Selbstverkleinerung des Menschen. In: Zeitschrift für Theologie und Kirche 105/1 (2008) 94–123.

HOPING, HELMUT: Freiheit und Sünde. Zur Bedeutung von Martin Luthers „De servo arbitrio" für die theologische Anthropologie. In: DANZ, CHRISTIAN / TÜCK, JAN-HEINER (Hrsg.): Martin Luther im Widerstreit der Konfessionen. Historische und theologische Perspektiven. Freiburg i. Br. 2017, 227–244.

DÄRMANN, IRIS: Theorien der Gabe zur Einführung. Hamburg 2010.

DERRIDA, JACQUES: Falschgeld: Zeit geben I. München 1993.

DUDEN (Redaktion): Etymologie. Herkunftswörterbuch der deutschen Sprache. Mannheim 1963.

EBACH, JÜRGEN / GUTMANN, HANS-MARTIN / FRETTLÖH, MAGDALENE L. u.a. (Hrsg.): „Leget Anmut in das Geben". Zum Verhältnis von Ökonomie und Theologie. Gütersloh 2001.

EDER, KLAUS (Hrsg.): Klassenlage, Lebensstil und kulturelle Praxis. Beiträge zu einer Auseinandersetzung mit Pierre Bourdieus Klassentheorie. Frankfurt a. M. 1989.

EDER, KLAUS: Der Klassenhabitus in Abgrenzung zum Klassenbewusstsein bei Karl Marx. In: LENGER, ALEXANDER / SCHNEICKERT, CHRISTIAN / SCHUMACHER, FLORIAN: Pierre Bourdieus Konzeption des Habitus, Grundlagen, Zugänge, Forschungsperspektiven. Wiesbaden 2013, 57–73.

ENDERS, MARKUS: Vom Glück des Gebens, des Verzeihens und des Vergebens. Phänomenologische Überlegungen zu drei elementaren Vollzügen personaler Interaktion. In: HOFFMANN VERONIKA / LINK-WIECZOREK ULRIKE / MANDRY, CHRISTOF (Hrsg.): Die Gabe. Zum Stand der interdisziplinären Diskussion. München 2016, 287–303.

EGGER, STEPHAN / SCHULTHEIS, FRANZ: Der Glaube und sein Mehrwert. Pierre Bourdieus „Ökonomie symbolischer Güter". In: BOURDIEU, PIERRE, Kunst und Kultur. Zur Ökonomie symbolischer Güter. Berlin 2014 (Schriften zur Kultursoziologie 4).

PFEIFER WOLFGANG (Leitung): Etymologisches Wörterbuch des Deutschen. München ^{4}1999.

FISKE, ALAN PAGE: Structures of Social Life: The Four Elementary Forms of Human Relations. New York 1991.

FRETTLÖH, MAGDALENE L.: Gott segnen. Systematisch-theologische Überlegungen zur Mitarbeit des Menschen an der Erlösung im Anschluss an Psalm 115. In: Evangelische Theologie 56 (1996) 482–510.

FRETTLÖH, MAGDALENE L.: Der Charme der gerechten Gabe. Motive einer Theologie und Ethik der Gabe am Beispiel der paulinischen Kollekte für Jerusalem. In: EBACH, JÜRGEN u.a. (Hrsg.): „Leget Anmut in das Geben": Zum Verhältnis von Ökonomie und Theologie. Gütersloh 2001, 105–161.

FREVERT, UTE: Die Politik der Demütigung. Schauplätze von Macht und Ohnmacht. Frankfurt a.M. 2017.

FRICK, MARIE-LUISA: Zivilisiert streiten. Zur Ethik der politischen Gegnerschaft. Ditzingen 2017.

FRIEDRICH SILBER, ILANA: L'intérêt de Bourdieu pour le désintéressement. Un exemple de „double vérité"? In: DE FORMEL, MICHEL / OGIEN, ALBERT (Hrsg.): Bourdieu, théoricien de la pratique. Paris 2011.

FRIELING, GUDULA: Christliche Ethik oder Ethik für Christen? Die Universalität christlicher Ethik auf dem Prüfstand. Regensburg 2016.

FUCHS-HEINRITZ, WERNER / KÖNIG, ALEXANDRA: Pierre Bourdieu. Eine Einführung. Konstanz 2005.

GABRIEL, KARL / REUTER, HANS-RICHARD: Sozialstaat und Konfessionen in Deutschland. In: WEGNER, GERHARD (Hrsg.): Die Legitimität des Sozialstaates. Religion – Gender – Neoliberalismus. Leipzig 2015, 75–87.

GEBAUER, GUNTHER / WULF CHRISTOPH: Zeitmimesis. Über den alltäglichen und wissenschaftlichen Gebrauch von Zeit. In: DIES. (Hrsg.): Praxis und Ästhetik. Neue Perspektiven im Denken Pierre Bourdieus. Frankfurt a. M. ^{2}2016, 292–316.

GELHARD, ANDREAS: Levinas. Leipzig 2005 (Grundwissen Philosophie).

GODBOUT, JACQUES T.: Homo Donator versus Homo Oeconomicus. In: VANDEVELDE, ANTOON: Gifts and Interests. Leuven 2000, 23–46.

GODELIER, MAURICE: Das Rätsel der Gabe. Geld, Geschenke, heilige Objekte. München 1999.

GOLDMANN, LOREN: Richard Rorty. Homo Academicus Politicus. In: Analyse & Kritik. Journal of Philosophy and Social Theory 41/1 (2019) 31–69.

GRÄSSER, ERICH: Der zweite Brief an die Korinther. Kapitel 8,1–13,13. Gütersloh 2005.

GREGORY, CHRISTOPHER A.: Gifts and Commodities. London 1982.

GRUND, ALEXANDRA: Bindekraft und Polyvalenz der Gabe. Einführung. In: DIES. (Hrsg.): Opfer, Geschenke, Almosen. Die Gabe in Religion und Gesellschaft. Stuttgart 2015, 9–21.

HABERMAS, JÜRGEN: Philosophisch-politische Profile. Frankfurt a.M. 1981, erw. Ausgabe.

HALTER, HANS: Franz Böckle (1921–1991). In: HILPERT KONRAD (Hrsg.): Christliche Ethik im Portrait. Leben und Werk bedeutender Moraltheologen. Freiburg i. Br. 2012, 817–839.

HAHN, HANS PETER: Einleitung. In: MAUSS, MARCEL, Schriften zum Geld. HAHN, HANS PETER / SCHMIDT, MARIO / SEITZ, EMANUEL (Hrsg.), Berlin 2015, 9–24.

HAILER, MARTIN: Ökumenische Verständigung als Gabentausch. In: Theologische Quartalschrift 197/4 (2017) 320–336.

HAN, BYUNG-CHUL: Was ist Macht? Stuttgart 2005.

HÉNAFF, MARCEL: Der Preis der Wahrheit. Gabe, Geld und Philosophie. Frankfurt a.M. 2009.

HÉNAFF, MARCEL: Alterität und Anerkennung. In: Journal für Religionsphilosophie 2 (2013) 15–30.

HÉNAFF, MARCEL: Die Gabe der Philosophen. Gegenseitigkeit neu denken. Bielefeld 2014.

HÉNAFF, MARCEL: Violence dans la raison. Conflit et cruauté. Paris 2014.

HÉNAFF, MARCEL: Rätsel der Grausamkeit. Von Unmenschlichkeit und Freiheit. In: Lettre International 109 (2015) 12–20.

HÉNAFF, MARCEL: Gabe, Markt und soziale Gerechtigkeit. In: WEGNER, GERHARD (Hrsg.): Die Legitimität des Sozialstaates. Religion – Gender – Neoliberalismus. Leipzig 2015, 27–59.

HÉNAFF, MARCEL: Das soziale Band, das politische Band: Allianz, Gewalt, Anerkennung. In: BEDORF, THOMAS / HERRMANN, STEFFEN (Hrsg.): Das soziale Band. Geschichte und Gegenwart eines sozialtheoretischen Grundbegriffs. Frankfurt a. M. 2016, 51–71.

HERB, KARLFRIEDRICH / GEBHARDT, MAREIKE / MORGENSTERN, KATHRIN (Hrsg.): Raum und Zeit. Denkformen des Politischen bei Hannah Arendt. Frankfurt a. M. 2014.

HETZEL, ANDREAS: Interventionen im Ausgang von Mauss: Derridas Ethik der Gabe und Marions Phänomenologie der Gebung. In: MOEBIUS, STEPHAN / PAPILLOUD, CHRISTIAN (Hrsg.): Gift – Marcel Mauss' Kulturtheorie der Gabe. Wiesbaden 2006, 269–291.

HILLEBRANDT FRANK: Der Tausch als strukturbildende Praxisform. Zur symbolischen Dimension eines sozialen Mechanismus moderner Ökonomie. In: FLORIAN MICHAEL / HILLEBRANDT FRANK (Hrsg.): Pierre Bourdieu: Neue Perspektiven für die Soziologie der Wirtschaft. Wiesbaden 2006, 147–168.

HIRSCH, MICHAEL / VOIGT RÜDIGER: Symbolische Gewalt. Politik, Macht und Staat bei Pierre Bourdieu. Baden-Baden 2017.

HOFFMANN, TILL JOHANNES: Verschwendung. Philosophie, Soziologie und Ökonomie des Überflusses. Frankfurt a. M. 2009 (Arbeit, Bildung Gesellschaft, Band 16).

HOFFMANN, VERONIKA (Hrsg.): Die Gabe. Ein „Urwort" der Theologie? Frankfurt a. M. 2009.

HOFFMANN, VERONIKA: Skizzen zu einer Theologie der Gabe. Rechtfertigung – Opfer – Eucharistie – Gottes- und Nächstenliebe. Freiburg i. Br. 2013.

HOFFMANN, VERONIKA / LINK-WIECZOREK, ULRIKE / MANDRY, CHRISTOF (Hrsg.): Die Gabe. Zum Stand der interdisziplinären Diskussion. München 2016.

HOFFMANN, VERONIKA: (Gottes) Gute Gaben? Misslingen, Missbrauch und andere Probleme mit der Gabe. In: HOFFMANN, VERONIKA / LINK-WIECZOREK, ULRIKE / MANDRY, CHRISTOF (Hrsg.): Die Gabe. Zum Stand der interdisziplinären Diskussion. München 2016, 239–256.

HOFFMANN, VERONIKA: Gabe und Opfer: Ambivalenzen der Wechselseitigkeit. In: GOTTLÖBER, SUSAN / KAUFMANN, RENÉ (Hrsg.): Gabe, Schuld, Vergebung. Festschrift für Hanna-Barbara Gerl-Falkovitz. Dresden 2011, 131–166.

HOFFMANN, VERONIKA: Christus – die Gabe. Zugänge zur Eucharistie. Freiburg i. Br. 2016.

HOLM, BO KRISTIAN: Wechsel ohnegleichen. Über die Grundstruktur der Rechtfertigung und Heiligung und das Austauschen von „Gaben" in Luthers „Tractatus de libertate christiana". In: Neue Zeitschrift für systematische Theologie 40 (1998) 182–196.

HOLM, BO KRISTIAN: Gabe und Geben bei Luther. Das Verhältnis von Reziprozität und reformatorischer Rechtfertigungslehre. Berlin 2006 (Theologische Bibliothek Töpelmann, Band 134).

HOLM, BO KRISTIAN: Der fröhliche Verkehr. Rechtfertigungslehre als Gabe-Theologie. In: HOFFMANN, VERONIKA (Hrsg.): Die Gabe. Ein „Urwort" der Theologie. Frankfurt a. M. 2009, 33–53.

HOLM, BO KRISTIAN: Positive Ökonomie als Promissio. In: HOFFMANN, VERONIKA / LINK-WIECZOREK, ULRIKE / MANDRY, CHRISTOF (Hrsg.): Die Gabe. Zum Stand der interdisziplinären Diskussion. München 2016, 141–162.

HONNETH, AXEL: Kampf um Anerkennung. Zur moralischen Grammatik sozialer Konflikte. Frankfurt a. M. 1992.

HORN, FRIEDRICH W.: Die Kollektenthematik in der Apostelgeschichte. In: DERS., Paulusstudien. Tübingen 2017, 132–151

JOAS, HANS / KNÖBL, WOLFGANG: Sozialtheorie. Zwanzig einführende Vorlesungen. Berlin ^{4}2013.

JOAS, HANS: Die Entstehung der Werte. Frankfurt a. M. ^{6}2013.

KALLSCHEUER, OTTO: Weder Habermas noch Heidegger. Philosophische und politische Existenz bei Hannah Arendt. In: BENHABIB SEYLA: Hannah Arendt. Die melancholische Denkerin der Moderne. Frankfurt a.M. 2006, Nachwort zur erw. Ausgabe 361–379.

KANT, IMMANUEL: Kritik der Urteilskraft, Hamburg ^{3}2009 (Philosophische Bibliothek Band 507).

KEIL, SIEGFRIED: Vom Almosen zum Rechtsanspruch – zum Paradigmenwechsel in der bundesrepublikanischen Sozial- und Familienpolitik. In: GRUND, ALEXANDRA (Hrsg.): Opfer, Geschenke, Almosen. Die Gabe in Religion und Gesellschaft. Stuttgart 2015, 172–184.

KIAUKA, TOMAS: Die Problematik der „Zeit" in der Theologie der Gegenwart. In: Res Humanitariae 12/1 (2012) 253–269.

KIRCHENAMT DER EKD UND SEKRETARIAT DER KATHOLISCHEN BISCHOFSKONFERENZ (Hrsg.): Zur wirtschaftlichen und sozialen Lage in Deutschland. Diskussionsgrundlage für einen Konsultationsprozess über ein gemeinsames Wort der Kirchen. Bonn 1994 (Gemeinsame Texte 3).

KLAIBER, WALTER: Der zweite Korintherbrief. Neukirchen-Vluyn 2012.

KNOLL, MANUEL / SPIEKER, MICHAEL (Hrsg.): Michael Walzer: Sphären der Gerechtigkeit. Ein kooperativer Kommentar. Stuttgart 2014.

KNOTT, MARIE LUISE: Auf der Suche nach den Grundlagen für eine neue politische Moral. In: HANNAH ARENDT: Was heisst politische Verantwortung in einer Diktatur? München 2018, 53–89.

KOMTER, AAFKE E.: Social Solidarity and the Gift. Cambridge 2005.

KREUZER, THOMAS: Die Kunst der Gabe. Aspekte des kirchlichen Fundraisings. In: Ökumenische Rundschau 68/1 (2019) 42–52.

KRIMPHOVE, PETRA: „Es wird hier einfach erwartet" – Philanthropie in den USA und in Deutschland. In: DRUYEN THOMAS (Hrsg.): Vermögenskultur. Verantwortung im 21. Jahrhundert. Wiesbaden 2011, 131–152.

KURBACHER, FRAUKE A. (Hrsg.): Einleitung. In: ARENDT, HANNAH: Der Liebesbegriff bei Augustin. Versuch einer philosophischen Interpretation. Hamburg 2018.

LANGENFELD, AARON / LERCH, MAGNUS: Theologische Anthropologie. Paderborn 2018 (Grundwissen Theologie).

LÉVI-STRAUSS, CLAUDE: Einleitung in das Werk von Marcel Mauss. In: MAUSS, MARCEL, Soziologie und Anthropologie. Bd. 1 und Bd. 2, Wiesbaden 2010, 7–41.

LEVINAS, EMMANUEL, Die Zeit und der Andere. Hamburg ^{4}2003.

LÉVINAS, EMMANUEL: Wenn Gott ins Denken einfällt. Diskurse über die Betroffenheit von Transzendenz. Freiburg i. Br. ^{2}1988.

LÉVINAS, EMMANUEL: Totalität und Unendlichkeit. Versuch über die Exteriorität. Freiburg i.Br. 1987.

Lévinas, Emmanuel: Jenseits des Seins oder anders als Sein geschieht. Freiburg i. Br. ²1998.

Ley, Thomas / Meyhöfer, Frank: Soziologie des Konflikts. Eine Einführung. Hamburg 2016.

Liebsch, Burkhard: Umsonst: Die Gabe als nachträglich zu bewahrheitende Gegebenheit. In: Allgemeine Zeitschrift für Philosophie 38 (2013) 29–59.

Liebsch, Burkard: Gabe gegen Anerkennung? – Anerkennung als Gabe? In: Hoffmann, Veronika / Link-Wieczorek, Ulrike / Mandry, Christof (Hrsg.): Die Gabe. Zum Stand der interdisziplinären Diskussion. München 2016, 51–75.

Link-Wieczorek, Ulrike: Kann Gott unseren Schuldigern vergeben? Über die Schwierigkeit der Vergebung. In: Hoffmann, Veronika / Link-Wieczorek, Ulrike / Mandry, Christof (Hrsg.): Die Gabe. Zum Stand der interdisziplinären Diskussion. München 2016, 326–345.

Lintner, Martin M.: Eine Ethik des Schenkens. Von einer anthropologischen zu einer theologisch-ethischen Deutung der Gabe und ihrer Aporien. Wien 2006 (Studien der Moraltheologie, Band 35).

Lüdemann, Susanne: Jacques Derrida zur Einführung. Hamburg, ergänzte Auflage ²2013.

Lüdtke, Hartmut: Expressive Ungleichheit. Zur Soziologie der Lebensstile. Opladen 1989.

Luhmann Niklas: Soziale Systeme. Grundriss einer allgemeinen Theorie. Frankfurt a. M. 1984.

Malinowsky, Bronislaw: Argonauten des westlichen Pazifik. Ein Bericht über Unternehmungen und Abenteuer der Eingeborenen in den Inselwelten von Melanesisch-Neuguinea. Frankfurt a. M. ²2001.

Mallard Grégoire, Gift Exchange. The Transnational History of a Political Idea. Cambridge 2019.

Marion, Jean-Luc: Réduction et donation. Recherches sur Husserl, Heidegger et la phénoménologie. Paris 1989.

MARION, JEAN-LUC: Sättigung als Banalität. In: MICHAEL GABEL / HANS JOAS (Hrsg.): Von der Ursprünglichkeit der Gabe. Jean-Luc Marions Phänomenologie in der Diskussion. Freiburg 2007, 96–139.

MARION, JEAN-LUC: Gegeben sei. Entwurf einer Phänomenologie der Gegebenheit. München 2015.

MAUSS, MARCEL / HUBERT, HENRI: Introduction à l'analyse de quelques phénomènes religieux. In: MAUSS, MARCEL: Œuvres. Band 1: Les Fonctions Sociales du Sacré. Paris 1968, 3–39.

MAUSS, MARCEL: Die Gabe. Form und Funktion des Austauschs in archaischen Gesellschaften. Frankfurt a. M. 1990.

MAUSS, MARCEL, Soziologie und Anthropologie. Bd. 1: Theorie der Magie /Soziale Morphologie; Bd. 2: Gabentausch – Todesvorstellung – Körpertechniken. Wiesbaden 2010.

MAUSS, MARCEL: Gift-Gift. In: MOEBIUS, STEPHAN / PAPILLOUD, CHRISTIAN (Hrsg.), Gift – Marcel Mauss' Kulturtheorie der Gabe. Wiesbaden 2006, 13–17.

MAUSS, MARCEL: Selbstdarstellung von Marcel Mauss. Mauss' Werk, von ihm selbst dargestellt (~1930). In: MOEBIUS, STEPHAN / PAPILLOUD, CHRISTIAN (Hrsg.), Gift – Marcel Mauss' Kulturtheorie der Gabe. Wiesbaden 2006, 343–359.

MAUSS, MARCEL: Wirkliche und praktische Beziehungen zwischen Psychologie und Soziologie. In: DERS.: Soziologie und Anthropologie, Band 2: Gabentausch – Todesvorstellung – Körpertechniken. Wiesbaden 2010, 145–173.

MAUSS, MARCEL: Schriften zum Geld. HAHN, HANS PETER / SCHMIDT, MARIO / SEITZ, EMANUEL (Hrsg.), Berlin 2015.

MEYER, KATRIN: Der Kreislauf von Macht und Gewalt. In: ROTH, PHILLIP H. (Hrsg.): Macht. Aktuelle Perspektiven aus Philosophie und Sozialwissenschaften. Frankfurt a. M. 2016, 45–62.

MIGGELBRINK, RALF: Ekstatische Gottesliebe im tätigen Weltbezug. Der Beitrag Karl Rahners zur zeitgenössischen Gotteslehre. Altenberge 1989 (Münsteraner theologische Abhandlungen, 5).

MIGGELBRINK, RALF: Lebensfülle. Für die Wiederentdeckung einer theologischen Kategorie. Freiburg i. Br. 2009 (Quaestiones Disputatae 225).

MILBANK, JOHN: Can a Gift Be Given? Prolegomena to a Future Trinitarian Metaphysic. In: Modern Theology 11/1 (1995) 119–161.

MILBANK, JOHN: Theology and social theory. Beyond secular reason. Oxford ²2006.

MOEBIUS STEPHAN: Marcel Mauss. Konstanz 2006 (Klassiker der Wissenssoziologie).

MOEBIUS, STEPHAN: Die Zauberlehrlinge. Soziologiegeschichte des Collège de Sociologie (1937 – 1939). Konstanz 2006.

MOEBIUS, STEPHAN / PAPILLOUD, CHRISTIAN (Hrsg.): Gift – Marcel Mauss' Kulturtheorie der Gabe. Wiesbaden 2006.

MOOS, THORSTEN: Religiöse Rationalität des Helfens. Systematisch-theologische Beiträge zu einer Theorie diakonischer Praxis. In: Zeitschrift für Evangelische Ethik 63/2 (2019) 104–116.

MOUFFE, CHANTAL: Über das Politische. Wider die kosmopolitische Illusion. Frankfurt a.M. 2007

MOUFFE, CHANTAL: Agonistik. Die Welt politisch denken. Frankfurt a. M. 2014.

MÜLLER, HANS-PETER: Pierre Bourdieu. Eine systematische Einführung. Berlin 2014.

MÜLLER, MARTIN: Private Romantik, öffentlicher Pragmatismus? Richard Rortys transformative Neubeschreibung des Liberalismus. Bielefeld 2014 (Edition Moderne Postmoderne).

NECKEL, SIGHARD: Soziale Scham: Unterlegenheitsgefühle in der Konkurrenz von Lebensstilen. In: GEBAUER, GUNTHER / WULF CHRISTOPH: Praxis und Ästhetik. Neue Perspektiven im Denken Pierre Bourdieus. Frankfurt a. M. ²2016, 270–291.

NEGEL, JOACHIM: Überfülle und Erlösung. Trinitätstheologische, soteriologische und eschatologische Implikationen des Gabediskurses. In: HOFFMANN, VERONIKA / LINK-WIECZOREK, ULRIKE / MANDRY, CHRISTOF (Hrsg.): Die Gabe. Zum Stand der interdisziplinären Diskussion. München 2016, 257–283.

NULLMEIER, FRANK: Politische Theorie des Sozialstaates. Frankfurt a. M. 2000 (Theorie und Gesellschaft, Band 46).

NULLMEIER, FRANK: Die Legitimation des Sozialstaates. In: WEGNER, GERHARD (Hrsg.): Die Legitimität des Sozialstaates. Religion – Gender – Neoliberalismus. Leipzig 2015, 255–280.

OSTROWER, FRANCIE: Why the wealthy give. The Culture of Elite Philanthropy. Princetown New Jersey 1995.

PAPILLOUD, CHRISTIAN: Bourdieu lesen. Einführung in eine Soziologie des Unterschieds. Bielefeld 2003.

PAPILLOUD, CHRISTIAN: Hegemonien der Gabe. In: MOEBIUS, STEPHAN / PAPILLOUD, CHRISTIAN (Hrsg.), Gift – Marcel Mauss' Kulturtheorie der Gabe. Wiesbaden 2006, 245–267.

PÖDER, CHRISTINE, SVINTH-VÆRGE: Reziprozität im Gebet. Die Dialektik des Gebens und Empfangens bei K. Barth. In: BO KRISTIAN HOLM / PETER WIDMANN (Hrsg.): Word – Gift – Being. Justification – Economy – Ontology. Tübingen 2009, 145–164.

POLANYI, KARL: The Great Transformation. Politische und ökonomische Ursprünge von Gesellschaften und Wirtschaftssystemen. Frankfurt a.M. 1978 (engl. 1944).

PRINZ, ALOIS: Hanna Arendt oder Die Liebe zur Welt. Berlin ^{3}2013.

PROBUCKA, DOROTA: Ethics in Ancient Greece and Rome. Berlin 2019 (Historisch-genetische Studien zur Philosophie und Kulturgeschichte, 5).

QUADFLIEG, DIRK: Die Unmöglichkeit der Gabe anerkennen. Anerkennung und Zeitlichkeit bei Hénaff, Ricoeur und Derrida. In: HETZEL ANDREAS / QUADFLIEG DIRK / SALAVERRÍA HEIDI (Hrsg.): Alterität und Anerkennung. Baden-Baden 2011 (Schriftenreihe Zeitgenössische Diskurse des Politischen, 2) 77–91.

RAFFELT, ALBERT / VERWEYEN, HANSJÜRGEN: Karl Rahner, München 1997.

RAHNER, KARL / VORGRIMLER, HERBERT: Kleines Konzilskompendium. Sämtliche Texte des Zweiten Vatikanischen Konzils. Freiburg i. Br. ^{35}1967.

RAHNER, KARL: Grundkurs des Glaubens. Freiburg i. Br. ^{4}1976.

RAHNER KARL: Zum theologischen Begriff der Konkupiszenz. In: DERS.: Sämtliche Werke, Band 8: Der Mensch in der Schöpfung. Freiburg i. Br. 1998, 3–32.

Rahner, Karl: Theologische Bemerkungen zum Zeitbegriff. In: Ders.: Sämtliche Werke, Band 15: Verantwortung der Theologie. Im Dialog mit Naturwissenschaften und Gesellschaftstheorie. Freiburg i. Br. 2001, 622–637.

Rahner, Karl: Würde und Freiheit des Menschen. In: Ders.: Sämtliche Werke, Band 10: Kirche in den Herausforderungen der Zeit. Studien zur Ekklesiologie und zur kirchlichen Existenz. Freiburg i. Br. 2003, 184–206.

Rahner, Karl: Über die Einheit von Nächsten- und Gottesliebe. In: Ders.: Sämtliche Werke, Band 12: Menschsein und Menschwerdung Gottes. Studien zur Grundlegung der Dogmatik, zur Christologie, Theologischen Anthropologie und Eschatologie. Freiburg i. Br. 2005, 76–91.

Rahner, Karl: Der neue Auftrag der einen Liebe. In: Ders.: Sämtliche Werke, Band 12: Menschsein und Menschwerdung Gottes. Studien zur Grundlegung der Dogmatik, zur Christologie, Theologischen Anthropologie und Eschatologie. Freiburg i. Br. 2005, 92–100.

Rahner, Karl: Über das christliche Sterben. In: Ders.: Sämtliche Werke, Band 12: Menschsein und Menschwerdung Gottes. Studien zur Grundlegung der Dogmatik, zur Christologie, Theologischen Anthropologie und Eschatologie. Freiburg i. Br. 2005, 334–339.

Rahner, Karl: Theologie der Macht. In: Ders.: Sämtliche Werke, Band 12: Menschsein und Menschwerdung Gottes. Studien zur Grundlegung der Dogmatik, zur Christologie, Theologischen Anthropologie und Eschatologie. Freiburg i. Br. 2005, 451–468.

Rahner, Karl: Die Treue zum Gewissen: Die Opfer der „Weissen Rose". In: Ders.: Sämtliche Werke, Band 23: Glaube im Alltag. Schriften zur Spiritualität und zum christlichen Lebensvollzug. Freiburg im Breisgau 2006, 47–50.

Rahner, Karl: Vom Geheimnis der Heiligkeit, der Heiligen und ihrer Verehrung. In: Ders.: Sämtliche Werke, Band 23: Glaube im Alltag. Schriften zur Spiritualität und zum christlichen Lebensvollzug. Freiburg im Breisgau 2006, 68–88.

Rahner, Karl: Alltagstugenden. In: Ders.: Sämtliche Werke, Band 23: Glaube im Alltag. Schriften zur Spiritualität und zum christlichen Lebensvollzug. Freiburg i. Br. 2006, 126–137.

Rahner, Karl: Selbsterfahrung und Gotteserfahrung. In: Ders.: Sämtliche Werke, Band 23: Glaube im Alltag. Schriften zur Spiritualität und zum christlichen Lebensvollzug. Freiburg i. Br. 2006, 179–187.

Rahner, Karl: Wer ist dein Bruder? In: Ders.: Sämtliche Werke, Band 29: Geistliche Schriften. Späte Beiträge zur Praxis des Glaubens. Freiburg i. Br. 2007, 12–37.

Rahner, Karl: Die unverbrauchbare Transzendenz Gottes und unsere Sorge um die Zukunft. In: Ders.: Sämtliche Werke, Band 29: Geistliche Schriften. Späte Beiträge zur Praxis des Glaubens. Freiburg i. Br. 2007, 67–78.

Rahner, Karl: In der Liebe aufgehoben. In: Ders.: Sämtliche Werke, Band 29: Geistliche Schriften. Späte Beiträge zur Praxis des Glaubens. Freiburg i. Br. 2007, 323–328.

Rahner, Karl: Theologie der Freiheit. In: Ders.: Sämtliche Werke, Band 22: Dogmatik nach dem Konzil. 2. Teilband: Theologische Anthropologie und Ekklesiologie. Freiburg i. Br. 2008, 91–112.

Rahner, Karl: Macht und Freiheit. In: Ders.: Sämtliche Werke, Band 22: Dogmatik nach dem Konzil. 2. Teilband: Theologische Anthropologie und Ekklesiologie. Freiburg i. Br. 2008, 122–132.

Rahner, Karl: Demut und Selbsteinschätzung. In Ders.: Sämtliche Werke, Band 25: Erneuerung des Ordenslebens. Zeugnis für Kirche und Welt. Freiburg i. Br. 2008, 521–523.

Rahner, Karl: Demokratie in der Kirche? In: Ders.: Sämtliche Werke, Band 24: Das Konzil in der Ortskirche. Schriften zu Struktur und gesellschaftlichem Auftrag der Kirche. Freiburg i. Br. 2010, 134–149.

Rahner, Karl: Dialog und Toleranz als Grundlage einer humanen Gesellschaft. In: Ders.: Sämtliche Werke, Band 28: Christentum in Gesellschaft. Schriften zur Pastoral, zur Jugend und zur christlichen Weltgestaltung. Freiburg i. Br. 2010, 731–741.

Rahner, Karl: Autorität. In: Ders.: Sämtliche Werke, Band 28: Christentum in Gesellschaft. Schriften zur Pastoral, zur Jugend und zur christlichen Weltgestaltung. Freiburg i. Br. 2010, 184–205.

Rahner, Karl: Demokratie als staatsethisches Prinzip. In: Ders.: Sämtliche Werke, Band 28: Christentum in Gesellschaft. Schriften zur Pastoral, zur Jugend und zur christlichen Weltgestaltung. Freiburg i. Br. 2010, 499–501.

Rahner, Karl: Theologie und Anthropologie. In: Ders.: Sämtliche Werke, Band 22: Dogmatik nach dem Konzil. Erster Teilband: Zur Grundlegung der Theologie, der Gotteslehre und Christologie. Teil A, Freiburg i. Br. 2013, 283–300.

Rahner, Karl: Theologische Bemerkungen zum Begriff „Zeugnis". In: Ders.: Sämtliche Werke, Band 22: Dogmatik nach dem Konzil. Erster Teilband: Zur Grundlegung der Theologie, der Gotteslehre und Christologie. Teil A, Freiburg i. Br. 2013, 383–395.

Rahner, Karl: Die Weihe des Laien zur Seelsorge. In: Ders.: Sämtliche Werke, Band 1: Frühe spirituelle Texte und Studien. Grundlagen im Orden. Freiburg i. Br. 2014, 196–207.

Rahner, Karl: Gerecht und Sünder zugleich. In: Ders.: Sämtliche Werke, Band 5: De Gratia Christi. Schriften zur Gnadenlehre. Erster Teilband, Freiburg i. Br., 2015, 194–205.

Rat der EKD und der Deutschen Bischofskonferenz: Für eine Zukunft in Solidarität und Gerechtigkeit. Wort des Rates der Evangelischen Kirche in Deutschland und der Deutschen Bischofskonferenz zur wirtschaftlichen und sozialen Lage in Deutschland. München 1997.

Redecker, Eva v.: Gravitation zum Guten. Hannah Arendts Moralphilosophie. Berlin 2013.

Rehbein, Boike: Die Soziologie Pierre Bourdieus. Konstanz 2006.

Ricoeur, Paul: Wege der Anerkennung. Erkennen, Wiedererkennen, Anerkanntsein. Frankfurt a. M. 2006.

Rorty, Richard: Kontingenz, Ironie und Solidarität. Frankfurt a. M. 1991.

Rorty, Richard: Stolz auf unser Land. Die amerikanische Linke und der Patriotismus. Frankfurt a. M., 1999.

Rorty, Richard: Die Intellektuellen und die Armen. In: Ders.: Die Schönheit, die Erhabenheit und die Gemeinschaft der Philosophen. Frankfurt 2000 (Erbschaft unserer Zeit. Vorträge über die Wissenschaft der Epoche, Band 5) 9–41.

Rorty, Richard: Die Schönheit, die Erhabenheit und die Gemeinschaft der Philosophen. In: Ders.: Die Schönheit, die Erhabenheit und die Gemeinschaft der Philosophen. Frankfurt 2000 (Erbschaft unserer Zeit. Vorträge über die Wissenschaft der Epoche, Band 5) 57–87.

Rorty, Richard: Erwiderung auf Ulrich Baltzer. In: Schäfer, Thomas / Tietz, Udo / Zill, Rüdiger (Hrsg.): Hinter den Spiegeln. Beiträge zur Philosophie Richard Rortys mit Erwiderungen von Richard Rorty. Frankfurt a. M. 2001, 49–55.

Rorty, Richard: Philosophie als Kulturpolitik. Frankfurt a. M. 2008.

Rorty, Richard: Philosophie & die Zukunft. Essays. Frankfurt a. M. 2000.

Rosenberger Michael: Frei zu leben. Allgemeine Moraltheologie. Münster 2018.

Roth, Phillip H. (Hrsg.): Macht. Aktuelle Perspektiven aus Philosophie und Sozialwissenschaften. Frankfurt a. M. 2016.

Saarinen, Risto: The Language of Giving in Theology. In: Ders. Luther and the Gift. Tübingen 2017, 242–275 (erstmals erschienen in NZSTh 52 (2010) 268–301.

Saarinen, Risto: Die Gabe als Sprachphänomen: sich geben, als etwas anerkennen. In: Veronika Hoffmann, Ulrike Link-Wieczorek, Christof Mandry (Hrsg.): Die Gabe. Zum Stand der interdisziplinären Diskussion. München 2016, 30–48.

Saarinen, Risto: Liebe, Anerkennung und die Bibel. Die Gabetheorien der heutigen Theologie. In: Jahrbuch für Biblische Theologie 29 (2014) 321–338.

Saarinen, Risto: Im Überschuss. Zur Theologie des Gebens. In: Holm, Bo Kristian / Widmann Peter (Hrsg.): Word – Gift – Being. Justification – Economy – Ontology. Tübingen 2009, 73–85.

Saarinen Risto: God and the Gift. An Economical Theology of Giving. Collegeville Minn. 2005.

Sandler, Willibald: „Denn sie wissen, was sie tun" – Freiheit, Heilsverantwortung und Erlösbarkeit des Menschen bei Raymund Schwager und Karl Rahner. In: Niewiadomski, Józef (Hrsg.): Das Drama der Freiheit im Disput. Die Kerngedanken der Theologie Raymund Schwagers. Freiburg i. Br. 2017, 116–149.

Sauer, Linda Ana: Welt „ohne Geländer" – Erweiterte Denkungsart und politische Urteilskraft bei Hannah Arendt im Anschluss an Immanuel Kant. In: Herb, Karlfriedrich / Gebhardt, Mareike / Morgenstern, Kathrin (Hrsg.): Raum und Zeit. Denkformen des Politischen bei Hannah Arendt. Frankfurt a. M. 2014, 175–195.

Schäfer, Heinrich Wilhelm: Zur praxeologischen Hermeneutik der Theologie. In: Ansgar Kreutzer / Hans-Joachim Sander (Hrsg.): Religion und soziale Distinktion. Resonanzen Pierre Bourdieus in der Theologie. Freiburg 2018 (Quaestiones Disputatae), 109–157.

Schäfer, Hilmar: Bourdieu gegen den Strich lesen. Eine poststrukturalistische Perspektive. In: Šuber, Daniel / Schäfer, Hilmar / Prinz, Sophia (Hrsg.): Pierre Bourdieu und die Kulturwissenschaften. Zur Aktualität des undisziplinierten Denkens. Konstanz 2011, 63–85.

Scherl, Magdalena: Zwischen Abgrenzung und Entgrenzung – Feministische Lesearten des öffentlichen Raumes bei Hannah Arendt. In: Herb, Karlfriedrich / Gebhardt, Mareike / Morgenstern, Kathrin (Hrsg.): Raum und Zeit. Denkformen des Politischen bei Hannah Arendt. Frankfurt a. M. 2014, 93–104.

Scherr, Albert: Subjektivität und Habitus. Pierre Bourdieus Beitrag zu einer soziologischen Theorie des Subjekts und das Problem der ungesetzlichen Wahrnehmungen, Deutungen und Handlungen. In: Bauer, Ullrich / Bittlingmayer, Uwe H. / Keller, Karsten u.a. (Hrsg.): Bourdieu und die Frankfurter Schule. Kritische Gesellschaftstheorie im Zeitalter des Neoliberalismus. Bielefeld 2014, 163–185.

Schierbaum, Sonja: Umgang mit sich selbst im Dialog. Hannah Arendts Modell des Denkens. In: Zeitschrift für philosophische Forschung 73/2 (2019) 244–265.

Schmidt, Mario / Seitz, Emanuel: Geld im Ganzen der Gesellschaft. Was Teile bei Mauss zu erkennen geben. In: Dies. u.a. (Hrsg.): Marcel Mauss, Schriften zum Geld. Berlin 2015, 216–237.

Schönherr-Mann, Hans-Martin: Hannah Arendt. Wahrheit, Macht, Moral. München 2006.

Schmitz, Bertram: Der Koran: Sure 2 „Die Kuh". Ein religionshistorischer Kommentar. Stuttgart 2009.

SCHRIFT, ALAN D.: Pourquoi les philosophes devraient lire Mauss (aux États-Unies en particulier). In: DIANTEILL, ERWAN (Hrsg.): Marcel Mauss, en théorie et en pratique. Anthropologie, sociologie, philosophie. Paris 2014, 252–269.

SCHULTHEIS, FRANZ: Bourdieus Wege in die Soziologie. Genese und Dynamik einer reflexiven Sozialwissenschaft. Konstanz 2007.

SCHULTHEIS, FRANZ: Unternehmen Bourdieu. Ein Erfahrungsbericht. Bielefeld 2019.

SCHWINGEL, MARKUS: Analytik der Kämpfe. Macht und Herrschaft in der Soziologie Bourdieus. Hamburg 1993.

SCHWINGEL, MARKUS: Bourdieu zur Einführung. Hamburg 1995.

SENECA, LUCIUS ANNAEUS: De Beneficiis. Cambridge Mass. 1935 (SENECA: Moral Essays, Bd. 3, mit engl. Übersetzung von John W. Basore).

SIEBENROCK, ROMAN: Religionsfreiheit – mehr als nur ein Menschenrecht. In: Diakonia 50/3 2019 146–155.

STAROBINSKI, JEAN: Gute Gaben, schlimme Gaben. Die Ambivalenz sozialer Gesten. Frankfurt a. M. 1994.

STAUDIGL, BARBARA: Emanuel Lévinas. Göttingen 2009.

STRASSENBERGER, GRIT: Hannah Arendt zur Einführung. Hamburg 2015.

SUDERLAND, MAJA: „Worldmaking" oder „die Durchsetzung der legitimen Weltsicht". Symbolische Herrschaft, symbolische Macht und symbolische Gewalt als Schlüsselkonzepte der Soziologie Pierre Bourdieus. In: BAUER, ULLRICH / BITTLINGMAYER, UWE H. / KELLER, KARSTEN u.a. (Hrsg.): Bourdieu und die Frankfurter Schule. Kritische Gesellschaftstheorie im Zeitalter des Neoliberalismus. Bielefeld 2014, 121–161.

TANNER, KATHRYN: Economy of Grace. Minneapolis 2005.

TANNER, KATHRYN: Trinity. In: CAVANAUGH, WILLIAM T. / SCOTT, PETER M. (Hrsg.): The Wiley Blackwell Companion to Political Theology. Chichester ^{2}2019, 363–375.

TANNER, KATHRYN: Christianity and the New Spirit of Capitalism. New Haven 2019.

THOMMEN, LUKAS: Archaisches und klassisches Griechenland. Stuttgart 2019.

TOEPLER, STEFAN: Stiftungen in den USA – Wachstum, Regulation und die neue Kritik am Stiftungswesen. In: EGGER, PHILIPP / HELMING, BERND / PURTSCHERT, ROBERT (Hrsg.): Stiftung und Gesellschaft. Eine komparative Analyse des Stiftungsstandortes Schweiz mit Deutschland, Liechtenstein, Österreich und den USA. Basel 2006, 193–210.

TRINKAUS, STEPHAN / VÖLKER SUSANNE: Reproduktion (réproduction) und Wandel. In: FRÖHLICH GERHARD / REHBEIN BOIKE (Hrsg.): Bourdieu Handbuch. Leben – Werk – Wirkung. Stuttgart 2009, 210–215.

VAZ, SAVIO ANTONIO FERREIRA: Autonome Moral und christlicher Glaube. Die methodische Neuausrichtung der theologischen Ethik. Sankt Ottilien, 2014 (Pallotinische Studien zu Kirche und Welt, Band 12).

VERWEYEN, HANSJÜRGEN: Gottes letztes Wort. Grundriss der Fundamentaltheologie. Düsseldorf ²1991.

WAGNER, HANS-JOSEF: Sinn als Grundbegriff in den Konzeptionen von Georg Herbert Mead und Pierre Bourdieu. Ein kritischer Vergleich. In: GEBAUER, GUNTHER / WULF, CHRISTOPH (Hrsg.): Praxis und Ästhetik. Neue Perspektiven im Denken Pierre Bourdieus. Frankfurt a. M. ²2016, 317–340.

WALDENFELS, BERNHARD: Das Un-Ding der Gabe. In: DERS. / GONDEK, HANS-DIETER (Hrsg.), Einsätze des Denkens. Zur Philosophie von Jacques Derrida. Frankfurt a. M. 1997, 395–409.

WALZER, MICHAEL: Sphären der Gerechtigkeit. Ein Plädoyer für Pluralität und Gleichheit. Frankfurt a. M., deutsche Neuauflage 2006.

WEINER, ANNETTE: Inalienable Possessions: The Paradox of Keeping-while-Giving. Berkeley, California 1992.

WEISSPFLUG MAIKE: Hannah Arendt. Die Kunst politisch zu denken. Berlin 2019.

WENZLER, LUDWIG: Zeit als Nähe des Abwesenden. Nachwort zu: LEVINAS, EMMANUEL, Die Zeit und der Andere. Hamburg ⁴2003, 67–92.

WERBICK JÜRGEN: Anerkennung: die Gabe der Freiheit. In: HOFFMANN, VERONIKA / LINK-WIECZOREK, ULRIKE, MANDRY / CHRISTOF (Hrsg.), Die Gabe. Zum Stand der interdisziplinären Diskussion. München 2016, 76–91.

WESTERHORSTMANN, KATHARINA: Das Liebesgebot als Gabe und Auftrag. Moraltheologie im Licht des jüdisch-christlichen Dialogs. Paderborn 2014 (Studien zu Judentum und Christentum Band 29).

WILD, THOMAS: Hannah Arendt. Leben, Werk, Wirkung. Frankfurt a. M. 2006

WIRTH, MATHIAS: „Gott ist nicht das Eigentliche, das Vampierartige". Die Kritik des Gehorsams in der Theologie Karl Rahners und eine reformiert-ethische Verhältnisbestimmung. In: Theologische Zeitschrift 74/3 (2018) 279–305.

WOHLMUTH, JOSEF, „... mein Leib, der für euch gegeben" (Lk 22,19): Eucharistie – Gabe des Todes Jesu jenseits der Ökonomie. In: HOFFMANN, VERONIKA (Hrsg.): Die Gabe. Ein „Urwort" der Theologie? Frankfurt a. M. 2009, 55–72.

WOLF, KURT: Gabe der Freiheit, Schöpferfruchtbarkeit, Hingabe bis zur Stellvertretung. Anökonomie bei Emmanuel Levinas. In: HOFFMANN, VERONIKA / LINK-WIECZOREK, ULRIKE / MANDRY, CHRISTOF (Hrsg.), Die Gabe. Zum Stand der interdisziplinären Diskussion. München 2016, 127–140.

WOLKENHAUER, JAN: Senecas Schrift *De beneficiis* und der Wandel im römischen Benefizwesen. Göttingen 2014.

Aus unserem Verlagsprogramm:

Ivan Rako
Die Karfreitagsliturgie in den evangelischen Kirchen in Deutschland
Entwicklung, Struktur und Theologie
Hamburg 2021 / 704 Seiten / ISBN 978-3-339-12174-5

Alicja Kostka
**Scheitern und Aufrichten –
Untersuchungen aus theologischer Perspektive**
Hamburg 2021 / 392 Seiten / ISBN 978-3-339-12138-7

Gerhard Rottenwöhrer
Evangelium, Theologie, Christsein
Beiträge zu ihrer Beziehung
Hamburg 2020 / 590 Seiten / ISBN 978-3-339-11550-8

Arnd Herrmann
Angst und Angstbewältigung bei den Apostolischen Vätern
gegenüber den philosophischen Konzepten ihrer Zeit
Hamburg 2020 / 184 Seiten / ISBN 978-3-339-11488-4

Biju Benjamin
**Social Salvation and Humanization:
The Concept of Salvation in the Writings of Walter Rauschenbusch
and Madathilparampil Mammen Thomas**
Hamburg 2019 / 312 Seiten / ISBN 978-3-339-10862-3

Joon Hyuk Choi
**Soziales Engagement im 19. Jahrhundert bei Johann Hinrich Wichern
und Wilhelm Löhe**
Hamburg 2018 / 320 Seiten / ISBN 978-3-8300-9831-7

Claus Bernet und Klaus Fuchs-Kittowski (Hrsg.)
**Emil Fuchs: Der erste Brief des Paulus an die Thessalonicher,
Galaterbrief und Korintherbrief**
*Eine Auslegung des Evangeliums im Kontext von Verfolgung
und Widerstand (1944–1945)*
Hamburg 2018 / 274 Seiten / ISBN 978-3-8300-9771-6

Dirk Wördemann
Impulse zur neutestamentlichen Exegese und Bibeldidaktik
Hamburg 2018 / 128 Seiten / ISBN 978-3-339-10320-8

Andreas Hirsch
**Die Christologie deutschsprachiger katholischer Dogmatiklehrbücher
in der Umbruchszeit nach dem II. Vatikanum**
Hamburg 2017 / 474 Seiten / ISBN 978-3-8300-9705-1

Cristian Sibişan
**Theanthropologie – Grundzüge der Anthropologie und Christologie
André Scrimas**
Hamburg 2017 / 478 Seiten / ISBN 978-3-8300-9480-7

VERLAG DR. KOVAČ
FACHVERLAG FÜR WISSENSCHAFTLICHE LITERATUR

Postfach 57 01 42 · 22770 Hamburg · www.verlagdrkovac.de · info@verlagdrkovac.de